Heidemarie Lex-Nalis | Katharina Rösler
Geschichte der Elementarpädagogik in Österreich

Heidemarie Lex-Nalis | Katharina Rösler

Geschichte der Elementarpädagogik in Österreich

Unter Mitarbeit von Juliana Albrecher, Ulrike Bleicher, Lisa Berger-Buchelt, Silvia Forstner, Andrea Groh, Daniela Krassnig, Tamara Pfeifer, Birgit Schwab, Elisabeth Sild und Bianca Stohwasser

BELTZ JUVENTA

Die Autorinnen

Dr. Heidemarie Lex-Nalis war ausgebildete Kindergärtnerin-und Horterzieherin, Rhythmikerin, Soziologin und Pädagogin. Lange Jahre wirkte sie als Lehrkraft und später Direktorin der Bildungsanstalt für Kindergartenpädagogik in Wien und war als Vortragende und Beraterin im Bildungs- und Sozialbereich tätig.

Dr. Katharina Rösler ist Historikerin und Germanistin, Lehrende im Studiengang Sozialmanagement in der Elementarpädagogik und Leiterin des Zentrums für wissenschaftliches Schreiben an der Fachhochschule Campus Wien.

FSC www.fsc.org MIX Papier aus verantwortungsvollen Quellen FSC® C089473

Dieses Buch ist erhältlich als:
ISBN 978-3-7799-3787-6 Print
ISBN 978-3-7799-4815-5 E-Book (PDF)

1. Auflage 2019

in der Verlagsgruppe Beltz · Weinheim Basel
Werderstraße 10, 69469 Weinheim

Herstellung und Satz: Ulrike Poppel
Druck und Bindung: Beltz Grafische Betriebe, Bad Langensalza
Printed in Germany

Weitere Informationen zu unseren Autor_innen und Titeln finden Sie unter: www.beltz.de

Inhalt

Vorwort

In diesem Buch wird erstmals versucht, eine Gesamtdarstellung der österreichischen Elementarpädagogik nachzuzeichnen – von ihren Wurzeln bis in die Gegenwart, daher liegt es auf der Hand, dass nicht jeder Aspekt detailliert in den Blick genommen werden kann. In den Fokus der Betrachtungen gelangen ideengeschichtliche Zugänge und Personen, die den Aufbau und die Entwicklung der österreichischen Elementarpädagogik, des Kindergartenwesens, der Ausbildung sowie der Profession beeinflusst haben. Nicht zuletzt wird versucht anhand der Veränderung der Rechtsgrundlagen und der zugehörigen politischen Kontexte den spezifischen österreichischen Weg nachzuzeichnen, der sich von der Entwicklung in Deutschland abhebt. Das vorliegende Buch ist darüber hinaus mit dem Forschungsprojekt „Von der Erziehungsanstalt zum Bildungsrahmenplan" am Studiengang Sozialmanagement in der Elementarpädagogik der Fachhochschule Campus Wien verknüpft und präsentiert das Ergebnis der Nachforschungen und die Spurensuche der Autorinnen.

Dr. Heidemarie Lex-Nalis, Koryphäe und Pionierin der Elementarpädagogik, legte den Grundstein zu dieser Publikation und wollte damit auch ihr Lebenswerk gesichert sehen. Da sie unerwartet während der Forschungsarbeit im Februar 2018 verstarb, findet sich zum Geleit der Wortlaut ihres letzten Interviews, das sie einmal mehr als Kämpferin für die österreichische Elementarpädagogik auszeichnet. Ein großes Dankeschön geht an dieser Stelle an Mag. Sabine Hattinger-Allende, die mir dieses Originalzeugnis zur Verfügung gestellt hat.

Die Stadt Wien präsentiert die Biografie von Heidemarie Lex-Nalis unter „https://www.geschichtewiki.wien.gv.at/Heidemarie_Lex-Nalis" wie folgt: „* 28. Mai 1950 Spittal an der Drau, † 24. Februar 2018 Wien […]. Nach ihrer Ausbildung zur Kindergartenpädagogin in Klagenfurt und – als eine der ersten Frauen – Ablegung der Berufsreifeprüfung an der Universität Wien absolvierte Heidemarie Lex-Nalis Studien an der Hochschule für Musik und darstellende Kunst in Wien (Lehrbefähigung für Rhythmisch-Musikalische Volks- und Jugendbildung), an der Johannes-Kepler-Universität in Linz (Mag. rer. soc. oec. für Wirtschaftswissenschaften und Soziologie) und an der Alpen-Adria-Universität in Klagenfurt (Dr. phil. für Sozialpädagogik und Sozialpsychologie). Ihre berufliche Laufbahn begann sie 1968 als Kindergartenpädagogin und Hortpädagogin bei der Stadt Wien, seit 1972 unterrichtete sie in verschiedenen Einrichtungen der Aus- und Weiterbildung für Kindergärtner und Kindergärtnerinnen und war in der Folge auch Lehrerin an Bildungsanstalten für Kindergartenpädagogik (heute BAfEP) in Linz sowie an der Fachschule für Sozialberufe/Behindertenarbeit (heute Schule für Sozialbetreuungsberufe Gallneukirchen, Behindertenarbeit & Behindertenbegleitung) in Gallneukirchen, Oberösterreich. Von 1980 bis 1984 arbeitete sie als Lehrerin an der Heilerziehungspflegeschule in Herne/Deutschland, als Lehrbeauftragte an der FH für Sozialpädagogik in Bochum sowie als Praxisberaterin in mehreren Einrichtungen der Diakonie für Menschen mit Behinderung. 1984 bis 1993 war sie Lehrerin für Praxis, Didaktik, Heil- und Sonderpädagogik, Kommunikation und Gruppendynamik an der Bildungsanstalt für Kindergartenpädagogik (heute: BAfEP) in Wien-Ettenreichgasse. Sie leitete die Bildungsanstalt für Kindergartenpädagogik (heute: BAfEP) in der Ettenreichgasse in Wien-Favoriten von 1993 bis 2003 und bis 1998 auch die BAKIP (heute BAfEP) Langegasse beziehungsweise Albertgasse in Wien. Heidemarie Lex-Nalis war Mitbegründerin des bundesweiten Netzwerks ‚Plattform EduCare'. Dieses fördert den Austausch von Pädagog[Innen] [Anm. d. Verf.] und Kindergartenträgern, bezog aber immer wieder auch zu bildungspolitisch wichtigen Fragen Stellung. In diesem Zusammenhang setzte sich Heidemarie Lex-Nalis mit großem Engagement für eine Aufwertung des wichtigen Berufsfeldes der Kindergartenpädagogik ein und betonte die große Bedeutung der Elementarpädagogik für die Gesellschaft und ihre Kinder. Heidemarie Lex-Nalis gilt als Pionierin in Sachen Elementarpädagogik. Sie machte sich für eine tertiäre Ausbildung im Elementarbildungsbereich stark und war als unermüdliche Kämpferin für die Qualitätsentwicklung in der Elementarpädagogik bekannt. Ihr Engagement galt der Verbesserung der Rahmenbedingungen für elementarpädagogische Einrichtungen und Institutionen. Neben ihrer Tätigkeit im Rahmen der Elementarpädagogik war Heidemarie Lex-Nalis seit 1979 als Fachbereichsleiterin beim PSD-Psychosoziale Dienste Wien sowie in der Beratung, Aus- und Weiterbildung in Einrichtungen für behinderte Menschen – insbesondere im Rahmen der Gemeinnützigen Stiftung Helga Keil-Bastendorff – tätig. Sie widmete sich dem Aufbau und der Leitung von gemeinwesenintegrierten Einrichtungen für geistig- und mehrfach behinderte beziehungsweise chronisch psychisch kranke Menschen im Rahmen der Psychiatriereform in Wien. Zudem war sie im Vorstand des Vereins für Gemeinwesenintegration und Normalisierung (GIN) in Wien vertreten. Zu einem weiteren Tätigkeitszweig gehörten Aufbau und Leitung von Supervisionslehrgängen für Praxis-Didaktiklehrkräfte sowie Aufbau und Leitung eines psychotherapeutischen Propädeutikums für Kindergartenpädagogen und -pädagoginnen sowie die Begleitung der Studenten und Studentinnen der Coachingausbildung im Rahmen der ARGE Bildungsmanagement. Schließlich war Heidemarie Lex-Nalis seit 2014 Lehrbeauftragte im Rahmen der Studiengänge für Elementarpädagogik an der FH Campus Wien und an den Universitäten Graz und Salzburg. Die Sektion Elementarpädagogik der ÖFEB – Österreichische Gesellschaft für Forschung und Entwicklung im Bildungswesen wurde nicht unwesentlich aufgrund ihrer Anregungen gebildet. 2014 wurde ihr Engagement mit der Otto-Glöckel-Medaille der Stadt Wien ausgezeichnet."

Ihr Wunsch war es, dass dieses Buch sowohl zu einer fundierten Diskussionsgrundlage wird, wenn es um Verbesserungen und Veränderungen im österreichischen Kindergartenwesen geht, als auch als Arbeitsbuch für angehende KindergartenpädagogInnen in Ausbildungseinrichtungen genützt wird, insbesondere im Hochschulbereich, um sich selbst als ElementarpädagogIn in der Geschichte der eigenen Disziplin zu verorten. Ebenso soll es Primarschul-, Inklusions- und SozialpädagogInnen, SozialarbeiterInnen und PsychologInnen unterstützen und informieren, die in ihrem Arbeitsalltag mit dem Kindergartenwesen konfrontiert sind. Nicht zuletzt eignet es sich als Lektüre für BildungspolitikerInnen und Verantwortliche in Trägereinrichtungen.

Ergänzt werden die Perspektiven der beiden Autorinnen durch die Perspektiven von zehn Jungforscherinnen, Studentinnen des Studiengangs Sozialmanagement in der Elementarpädagogik, die sich speziell mit der Zeit ab 1938 auseinandergesetzt haben: Albrecher Juliana, Berger-Buchelt Lisa, Bleicher Ulrike, Groh Andrea, Forstner Silvia, Krassnig Daniela, Pfeifer Tamara, Schwab Birgit, Sild Elisabeth und Stohwasser Bianca; deren Mitarbeit an den jeweiligen Kapiteln wird direkt in den Kapitelüberschriften ausgewiesen.

Last but not least möchte ich mich ganz herzlich bei der Plattform EduCare bedanken, die dieses Projekt sowohl inhaltlich unterstützt, als auch dafür gesorgt hat, dass der Text einem fundierten sprachlichen Lektorat unterzogen werden konnte.

Heidemarie Lex-Nalis im Winter 2017
Katharina Rösler im Frühjahr 2019

1 Reformbemühungen. Ein Rückblick und Ausblick auf bewegte Zeiten

Ein Gespräch mit Heidemarie Lex-Nalis und Marcy Whitebook

Moderation: Sabine Hattinger-Allende

Rahmenveranstaltung: Feministische Perspektiven auf Sorge- und Bildungsarbeit in der Frühen Kindheit am 20. Mai 2017 an der Universität Wien

Sabine: Olivia und ich haben uns überlegt, das Gespräch mit euch als eine Art Generationenübergabe zu gestalten; mit zwei Frauen, die über Jahrzehnte für Reformen in der Elementarpädagogik gekämpft haben. Wir wollen zuhören und lernen und wissen, was eigentlich funktioniert hat und was nicht funktioniert hat und was sich verändert hat und was wir als Erbe, als Schatz mitbekommen. Wir haben uns deshalb einige Fragen überlegt, die wir euch beiden stellen werden. Und die erste Frage ist eher als ein Blitzlicht gedacht. Wir würden gerne etwas über eure ersten Erfahrungen im Beruf als Elementarpädagogin wissen und warum, wo und wie dieses Gefühl entstanden ist, da etwas verändern zu wollen; also woher kam das? Und als erstes möchte ich Heide bitten, uns ein wenig über diese frühen Jahre zu erzählen.

Heide: Also ich habe mit 18 Jahren, aus Kärnten kommend, bei der Stadt Wien als Kindergärtnerin angefangen. Ich hatte 40 Kinder in der Gruppe, zwischen drei und sechs Jahre alt, und eine Leiterin, die einfach von vor-vorgestern war. Ich habe damals nicht das Gefühl gehabt, dass ich irgendwas von dem was ich gelernt habe und mir wichtig war, umsetzen kann. Ich wurde dann auch in der Krippe eingesetzt. Das hatte ich überhaupt nicht gekannt, weil unter dreijährige Kinder waren am Land nicht im Kindergarten. Und ich habe, ohne große Kenntnisse aus der Psychoanalyse oder Tiefenpsychologie zu haben, einfach gemerkt, dass das nicht in Ordnung ist, wenn die Kinder eine Stunde lang am Topf sitzen müssen, bis sie was hineingemacht haben. Mit roten Rändern am Popo. Und wenn die Leiterin immer nur kommt und schaut, ob alles ordentlich und sauber ist und die Schnuller desinfiziert sind. Nur solche Dinge waren wichtig. Ich durfte die Kinder nicht tragen, die geweint haben. Man hat mir immer gesagt: Also das, was Sie da machen wollen, das verstehen die noch gar nicht. Und das waren so die Dinge, wo ich mir relativ bald gedacht habe: Da werde ich nicht alt. Da gehe ich, weil das will ich so nicht. Und ich will dafür sorgen, dass das überhaupt niemand so tun muss. Und politisch war ich immer. Ich bin seit meinem sechsten Lebensjahr politisch sozialisiert, sodass ich mich auch erinnern kann, dass das für mich schon immer wichtig war, etwas nicht hinzunehmen, sondern dagegen anzukämpfen.

Sabine: Das war dein eigener Antrieb oder kam von deiner Familie?

Heide: Es waren die Kinderfreunde, es waren die Roten Falken, es war der Verband sozialistischer Mittelschüler, es war die sozialistische Jugend. Die Familie war eher so, wie das so üblich war. Die großväterliche, mütterliche Familie, die waren noch Bergbauern. Meine Familie, meine Eltern waren die Ersten, die in der Stadt als Arbeiter ihr Dasein fristen mussten und schlecht mit diesem Rollenwechsel zurechtgekommen sind. Das war immer noch das Bäuerliche und man ist als Arbeiter ja nichts wert, wenn man aus einem bäuerlichen Milieu kommt.

Sabine: Das ist spannend, die Kinderfreunde also. Dankeschön. Und dann würde ich gleich die Frage auch an Marcy weitergeben.
[...]
Sabine: Danke Marcy. Die zweite Frage, die ich zuerst an Heide stelle, ist: Was hast du alles probiert, um die Probleme zu lösen, was hat funktioniert, was hat nicht funktioniert und was ist dabei entstanden?

Heide: Der erste Problemlösungsversuch war, in die Ausbildung der Kindergärtnerinnen hineinzukommen und dort einmal auszuprobieren, wie man dieses seltsame System der Praxisbegleitung aufbrechen kann. Wie kann man den jungen Frauen einfach Lust, die Lust lassen? Ich habe das dann Jahrzehnte erlebt: Sie kommen mit viel Lust und Freude darauf, mit Kindern zu arbeiten; und nach zwei Jahren ist daraus Frust geworden. Damals ist das Wort „ausgebrannt“ aufgekommen, und ich habe mir gedacht: Ja, unsere Schülerinnen sind mit 17 ausgebrannt. Die haben überhaupt keine Idee mehr, wofür sie hinausgehen, sind kleine Maschinen. Und damals war es nicht möglich, mit der Ausbildung dann etwas anderes zu machen. Das war eine Sackgasse. Nach vier Jahren musstest du hinausgehen. Also war mein Ansinnen, ihnen die Lust an der Praxis und am Selber-gestalten-Können zu geben. Im Grunde genommen ist es ein unglaublich selbstbestimmter Beruf. Nur das wird als solches nicht wahrgenommen. Also mir war es wichtig, diese Lust zu vermitteln. Ich habe auch viele musikalische Gegenstände unterrichtet, weil ich auf der Musikhochschule studiert hatte. Und die andere Geschichte ist, dass ich mich relativ schnell bei den Lehrern unbeliebt gemacht habe. Und bei der Direktorin auch. Weil ich natürlich auch das System Schule kritisiert habe. Wie die Schule versucht, mündige

Pädagoginnen zu erziehen, mit Mitteln, mit denen am Ende niemals eine mündige Frau herauskommt.

Sabine: Und was hast du da genau gemacht?

Heide: Ich bin in den Konferenzen aufgestanden, habe eine Schülergruppe gegründet, mit der ich eine Schülerzeitung herausgegeben habe. Da habe ich ganz klar die Dinge angekreidet. Ich habe auch die Praxis nicht akzeptiert, dass es nur bestimmte Kindergärten gibt, mit denen zusammengearbeitet wird, sondern habe eine eigene Gruppe aufgebaut, mit der ich draußen in der Praxis zusammenarbeiten konnte.

Sabine: Da warst du schon Praxislehrerin?

Heide: Da war ich schon Praxislehrerin, ja.

Sabine: Und dann? Du bist ja dann noch Direktorin geworden.

Heide: Ja. Dann habe ich mir zuerst gedacht: Ich werde Abteilungsleiterin. Das ist der Bereich für die berufspraktischen Gegenstände. Da hatte ich aber eine Direktorin, eine Kommunistin, die zu mir gesagt hat: Also es wird Zeit, dass da wer kommt, der in diesem ganzen System aufräumt. Und du bist die Einzige, der ich das zutraue. Und ich habe überhaupt nicht damit gerechnet und habe mir gedacht: Eigentlich hat sie recht. Das geht mir eh so auf die Nerven, was da von dem Unterrichtsministerium kommt. Das würde ich mir ganz gerne einmal ein bisschen genauer anschauen. Und schauen, was man da dagegen unternehmen kann. Die Kirche, zum Beispiel. Die Kirche dominiert das Kindergartenwesen seit 200 Jahren in Österreich.

Sabine: Und dann?

Heide: Ja, das hab ich dann gemacht; mit sehr viel Widerstand. 30 Direktoren, davon zwei aus dem Berufsfeld, stockkatholisch, schwarz, bis auf drei Schulen von 30. Und da habe ich angefangen dafür zu kämpfen, dass man diesen Schultyp in der Form abschafft. Das war natürlich ein großer Skandal, sozusagen als Nestbeschmutzer aufzutreten. Aber vor allem habe ich alle Mitteilungen die aus dem Unterrichtsministerium gekommen sind, hinterfragt, weil da sind Mitteilungen gekommen, die von IDA, Arbeitsgemeinschaft der kirchlichen Schulen akkordiert, direkt an die BAKIPs. Und da sind so Dinge drinnen gestanden, die so formuliert waren, als wären sie Gesetz. Und die Direktoren haben sie angenommen und ich habe den nächsten Juristen angerufen im Unterrichtsministerium und gesagt: Muss ich das machen? Das passt meiner Meinung nach nämlich nicht mit den Schulgesetzen zusammen. Ich habe einfach ständig und immer wieder hineingebohrt. Dann habe ich eine 20-seitige Eingabe zur Veränderung der Ausbildung der Didaktik-Lehrer geschrieben. Es kann sich das von Ihnen niemand vorstellen, welch enges System das ist. 30 BAKIPs und die Lehrer für den berufsbegleitenden Bereich brauchen keine Ausbildung. Die sind ausgebildet an dieser Schule und dann waren sie brav und dann kommen sie als Besuchsübungskindergärtnerinnen in diese Schule und dann sind sie wieder ein paar Jahre brav und hadern, dass sie endlich zur Frau Professor werden und in den Lehrkörper aufsteigen können. Und dieses Bild vermitteln diese braven überangepassten Frauen an die Schülerinnen. Diese Ausbildung existiert bis heute. Es ist mir nicht gelungen, da irgendetwas zu verändern, aber ich werde nicht müde sein, das alle Tage und überall laut und deutlich zu sagen. Hier sind Frauen am Werk, die ein uraltes Frauenbild darstellen und 14- bis 19-jährige junge Frauen sind unglaublich prägbar. Und mit diesen Bildern im Kopf gehen die hinaus in den Beruf und da können wir nochmals so toll sagen: Wir sind keine Tanten mehr. Ich kenne viele, viele Kindergartenpädagoginnen die innerlich noch sehr die Tante sind.

Sabine: Ich kann mich erinnern, dass du auch den Bildungsplan für deine BAKIP selbst in die Hand genommen hast. Auch nicht im Einklang mit dem Bildungsministerium, oder?

Heide: Naja, also. Schulleiter sind viel autonomer, als man das normalerweise annimmt bei der ganzen Diskussion. Sie nützen ja die Möglichkeiten gar nicht, und ich habe sie halt bis auf den letzten Punkt und Komma genutzt, indem ich die gesamte Organisation der Praxis umgekrempelt habe. Und solche Geschichten wie: Ich gehe und setze mich in die Praxis und schau dir zu, was du hier machst, was du von deinem Plan umsetzt oder nicht. Und dann tust aber so, als wäre ich eh nicht da. Das waren so die, so wird Praxis gemacht. Und dann kommt noch dazu, dass die Kindergärtnerin sagt: Und wenn die Praxislehrerin kommt, dann tun wir halt so, wie die will, weil sonst tun wir so eh nicht. Das muss man sich einmal vorstellen, welche Haltungen hier vermittelt werden. So tun als ob – das ist für mich eine ganz typische Geschichte von Kindergartenpädagoginnen. So tun als ob ich gescheit wäre, und mit irgendwelchem Halbwissen an die Eltern herantreten. So tun als ob ich den ganzen Tag alles im Griff hätte, und und und. Also das ist das, was ich bekämpfen wollte; Schülerinnen einfach ausprobieren lassen. Und dieses Selber-ausprobieren-Dürfen, Selber-Draufkommen, was mag denn ich gerne, was würde ich gerne Kindern weitergeben. Das war halt einfach nicht vorgesehen, und das ist aber überhaupt kein Problem, wenn man das autonom an einer Schule verändert. Und das hat mich schon sehr stark gemacht, weil ich natürlich dann auch gesehen habe: Das ist machbar in dem Alter. Dann haben wir ja auch die postsekundäre Ausbildung aufgebaut an der Schule. Mit einem ganz eigenen Lehrkörper, der auch weiß, wie man mit Erwachsenen umgeht – engagierten Leuten. Und da haben wir dann noch einmal den Unterschied erlebt, wie man mit Erwachsenen arbeiten kann, und wie man mit Jugendlichen zwischen 14 und 19 arbeiten kann. Man kann wunderbar mit Jugendlichen arbeiten, wenn man nicht hinterher 19-jährige Professionisten entlassen muss. Und wie arbeite ich mit 19- bis 50-Jährigen. Auch 50-Jährige haben wir in der Klasse gehabt. Also viele, viele Erfahrungen gesammelt, bevor ich dann gesagt habe: Und das könnte man ja auch verallgemeinern und raus aus der eigenen Schule hinein in den ganzen Bereich. Alle 30 Schulen, das Unterrichtsministerium, und irgendwann einmal ist mir das dann auch zu wenig geworden.

Sabine: Und dann? (alle lachen)

Heide: Und dann, dann habe ich eine österreichweite Plattform gegründet. Also ich habe sie nicht gegründet, ich habe sie nur zum Leben erweckt, muss ich ehrlicherweise sagen. Es waren halt ein paar Menschlein, die sich getroffen haben, und ich habe mir gedacht: Es gibt viele Menschen, Professionisten genauso wie Leute, Trägerorganisationen oder Eltern, die sich auch gerne damit auseinandersetzen wollen, was sich eigentlich verändern sollte. Versuchen wir eine Lobby aufzubauen. Und dieses Aufbauen einer Lobby, das habe ich sehr schnell verstanden, geht eigentlich nur mit Hilfe der Journalisten. Die Politik hat sich bis heute in keiner Weise von uns beeindrucken lassen. Aber wenn es einmal in drei Zeitungen und im Morgenjournal kommt, dann fangen sie an ein bisschen nachzudenken. Aber immer nur kleine Schritte, und fragen tun sie uns nach wie vor nicht.

Sabine: Was erst durch die Plattform entstanden ist, ist ein Netzwerk von vielen verschiedenen Akteuren in der Elementarpädagogik in ganz Österreich. Das gab es vorher nicht. Auch dass man heute auch in Wien weiß, was in Vorarlberg passiert, während man das vorher ja gar nicht wusste. Oder?

Heide: So ist es. Ja. Aber Netzwerken bedeutet halt auch, auf die eigene politische Meinung sehr oft verzichten müssen. Weil es relativ leicht ist, eine negative Koalition zusammenzubringen, aber wenn es dann darum geht zu fragen, wo es denn hingehen soll, dann wird es schon sehr viel schwieriger, diese unterschiedlichen Vorstellungen zusammenzubringen. Gerade was jetzt den Bereich Bildung oder Sorge anbelangt. Da gehen dann ganz schnell die Meinungen auseinander. Wir haben zum Beispiel die von der Industriellenvereinigung sehr stark unterstützt. Das ist eigentlich die einzige Lobby, die uns unterstützt. In meinem Leben hätte ich mir das nicht gedacht. Hätte mich vor 20 Jahren da jemand gefragt ob ich der Industriellenvereiningung als Expertin zur Verfügung stehe, hätte ich... (alle lachen). Aber es ist natürlich auch klar in welche Richtung das geht, wenn die IV etwas in die Hand nimmt. Und ich bin dann schon auch eine, die strategisch denkt und wo ich mir sage: Na bis dahin ist das gut, dass wir eine Lobby haben, dass der ganze Bereich überhaupt in die Öffentlichkeit kommt, ins politische Bewusstsein kommt - Ist ja auch passiert. Aber irgendwann ist auch klar, dass ich letztendlich nicht unbedingt dasselbe Ziel verfolge, wie etwa einen Bildungskompass und Potenzialanalysen möglichst vom ersten Lebensjahr an und alles in Richtung Vorbereitung auf die Schule; auf eine Schule, die ich schon so gar nicht will, wie sie existiert. Also dort geht es schon auseinander. Und der andere Bereich, der Sorgebereich ist auch einer, der überhaupt keine Eigenständigkeit mehr hat, im Unterschied zu den Zeiten der Ersten Republik in Wien, wo das noch ein ganz klares Selbstverständnis war: Wir grenzen uns ab von diesen fröbelschen Kindergärten mit den Mütterlichkeitsidealen für die Kindergärtnerin. Wir sind klar eine sozialpädagogische Einrichtung. Ja, mit vielen Dingen, die auch aus der heutigen Zeit nicht mehr so toll waren. Aber es gibt das gar nicht, also dieses Bewusstsein, dass wir ein Sorgeberuf sind. Wo ich mich auf Eltern – jetzt rund um die Flüchtlingsdebatte zum Beispiel – wo ich mich auch emphatisch mit diesen Menschen, die da zu mir kommen, auseinandersetzen muss. Wo ich mich einstellen muss auf diese Menschen, wo ich überlegen muss, mit wem könnte ich mich vernetzen, dass es ihnen besser geht, diesen Eltern und diesem Kind – den Gedanken gibt es jetzt nicht für den Kindergarten. Wir sind Bildung. Und Bildung hört dort auf, wo man sich um die persönlichen Belange kümmern soll. Da nützen mir die ganzen Schlagworte nichts, mit Sozialraum und was wir da sonst jetzt alles haben an neuen Termini. Ich weiß, dass die Pädagoginnen so nicht denken. Und das heißt also: ja, Ausbildung im tertiären Bereich, aber wie die ausschauen soll, da wird man schon ganz schnell ganz unterschiedliche Vorstellungen haben – aber wir kriegen sie eh nicht. Wenn dann kriegen wir sie jetzt an den Pädagogischen Hochschulen und dort raffen die Lehrer schon alles an sich. Und an den Pädagogischen Hochschulen gibt es keine elementarpädagogischen Expertinnen. Und die gibt es nicht, weil wir keine Lehrstühle haben. Wir haben einen einzigen Lehrstuhl und einen halben, und den seit fünf Jahren. Das heißt, wir haben kein wissenschaftlich ausgebildetes Personal und die Pädagogischen Hochschulen haben das zwar auch nicht, aber sind so lange in dem Ausbildungsgeschäft, dass sie sagen: Das können wir auch. Das, was die Primarschule verlangt von ihren PädagogInnen, das machen wir jetzt mit den ElementarpädagogInnen auch. Das heißt, sie stellen keine elementarpädagogischen ExpertInnen ein, und das bedeutet, dass die Ausbildung in Richtung Vorschule gehen wird. Und für so eine Ausbildung verkämpfe ich mich auch nicht.

Sabine: Also, zusammenfassend: Könnte man sagen, eines der Probleme. die du siehst, ist, dass es ganz viele unterschiedliche Akteure und Interessen gibt und die Schwächsten sind diejenigen, die aus der elementarpädagogischen Praxis kommen und da heraus eigentlich eine neue Praxis entwickeln wollen. Aber alle anderen Akteure sind viel stärker, wie die Industriellenvereinigung, die Lehrerinnen, die...

Heide: So ist es.
[...]
Sabine: Danke für eure Ausführungen. Auch wenn ihr die Probleme nicht alle lösen konntet, so habt ihr doch beide unglaublich viel geleistet und uns ein großes Erbe übergeben. Wie zum Beispiel ein Institut, eines der einzigen auf der Welt oder überhaupt das einzige, das sich mit den Arbeitsbedingungen und Löhnen von ElementarpädagogInnen beschäftigt. Oder eine Plattform, die das erste Mal ermöglicht, dass alle miteinander kommunizieren und zumindest versuchen etwas zu verändern. Und deshalb möchte ich erst mal sagen: Dankeschön!

Heide: Zumindest haben wir das Thema hoffähig gemacht. Und jetzt gilt es, die Kolleginnen zu empowern; das ist das, was mir als das Wichtigste erscheint. Es muss von unten kommen, und solange die eigentlich gar nichts ändern wollen, nur jammern, dann passiert da halt nichts.
[...]
Sabine: Und jetzt möchte ich euch noch die letzte Frage stellen: Welche Ratschläge wollt ihr uns noch mitgeben?

Heide: Vieeeel Geduld. Viel Verständnis oder vielleicht auch nur Geduld damit, dass Politik unglaublich langsam arbeitet. Dass gesellschaftliche Veränderung, das hat uns Max Weber schon gesagt, das Bohren von harten Brettern bedeutet. Und dass es eine wirkliche Veränderung des gesellschaftlichen Bewusstseins braucht, um hier eine Veränderung herbeizuführen, und jeder dort anfangen muss wo er sitzt. Also nicht warten auf irgendwen, der das richtet für einen.
[...]
Heide: Ja. Meine Studenten hören von mir immer: Brav sein hat sich noch nie gelohnt!
[...]
Heide: Es war viel aktionistischer in unserer Zeit. Verboten Plakate kleben. Ja es war vieles verboten und man hat trotzdem versucht, die Dinge unter die Menschen zu bringen, die einem wichtig waren. Wir haben immer genau gewusst, wo die Stasi steht. Ja jetzt geht alles über das Internet, bei uns auch. Wir erreichen schon viele Leute damit.

Sabine: Gut, ich würde sagen, wir beenden das jetzt. Wir sind alle schon unglaublich müde. Ich möchte nochmal danke sagen an alle, die gekommen sind, weil wir haben ja wirklich überhaupt kein Geld gehabt. Und ihr seid trotzdem gekommen, weil es euch das einfach wert ist. Ich finde es unglaublich toll, dass wir so viele großartige Frauen zusammengebracht haben. Und dann will ich noch danke, danke lieber Jakob sagen, der uns mit diesem Raum gerettet hat und überhaupt heute mit ganz vielen Dingen. Und dann möchte ich noch danke an den Johannes sagen, der heute den ganzen Tag so viel übersetzt hat.

2 Zurück zu den Wurzeln – Von der Frühen Neuzeit zum bürgerlichen Zeitalter

Für eine wissenschaftliche Disziplin ist es zentral, sich sowohl mit aktuellen Forschungsansätzen als auch mit den eigenen historischen Wurzeln auseinander zu setzen. Bezogen auf die Elementarpädagogik heißt das, die vielfältigen Kontexte rund um Kinder, deren Lebenswelten, deren Erziehung und Betreuung aus historischer Perspektive zu erfassen. Laut Frithjof Grell birgt gerade diese spezielle Sichtweise eine große Chance für die Disziplin, ihre Vorstellungen von frühkindlicher Bildung und frühkindlichen Lernprozessen zu hinterfragen, damit „Kinder nicht zu Opfern falscher Projektionen" (Grell 2013, S. 162) werden, und um sie gezielter und forschungsgeleiteter in den Blick nehmen zu können. Er plädiert vehement für eine verstärkte kritische Erforschung pädagogischer Theorien, Konzepte und Texte, die derzeit noch nicht umfassend stattfinde (vgl. Grell 2013, S. 162). Die Forschungssituation in Österreich gestaltet sich ähnlich, daher will vorliegendes Werk zum Schließen einer kleinen Lücke beitragen. Dazu muss allerdings angemerkt werden, dass es sich nur um einen kompakten Überblick und einzelne detailliertere Darstellungen eines spezifischen österreichischen Weges handeln kann. Denn die Herausforderung, die Engel für die österreichische Krankenpflege ausweist, gilt auch für die Elementarpädagogik: Eine Gesamtdarstellung zu erreichen, gestaltet sich äußerst schwierig, da beispielsweise „je nach Zeitpunkt der Betrachtung [...] auch ungarische, tschechische, italienische [...]" etc. etc. Aspekte berücksichtigt werden müssten (vgl. Engel 2002, S. 15).

In diesem Sinne ist zu Beginn der Blick auf die Frühe Neuzeit zu richten – damals vollzieht sich in Österreich, beginnend mit dem Tod Maximilians I. und der darauffolgenden Regierungszeit Kaiser Karl V., der Übergang zur Habsburgermonarchie. Diese besteht allerdings noch aus einzelnen Ständestaaten bzw. „Länderkonglomeraten" (Winkelbauer 2016, S. 161) mit zugehörigen Landesherren, die wiederum in einer Union, genannt Monarchie, verbunden sind. Eine zentralistische Organisation erfolgt erst in der zweiten Hälfte des 18. Jahrhunderts (vgl. Winkelbauer 2016, S. 160–162). Direkt nach dem Ableben des Kaisers Maximilian weigert sich ein Zusammenschluss von Angehörigen der Adelsschicht, der Geistlichkeit sowie auch des (Wiener) Bürgertums die Herrschaft der noch von Maximilian eingesetzten landesfürstlichen Regierungsbehörde interimistisch anzuerkennen. Eine zentrale Rolle in diesen aufständischen Aktivitäten spielt ein Wiener Bürger, nämlich Martin Siebenbürger,

Jurist, Professor an der Wiener Universität und Bürgermeister von Wien (1520–1521). Auch wenn er dafür später im Wiener Neustädter Blutgericht, nach der Einsetzung von König Ferdinand I. zum Tode verurteilt wird (vgl. Winkelbauer 2016, S. 162–165), zeigt dieses Beispiel doch anschaulich den erstarkenden politischen und gesellschaftlichen Einfluss einer damals, im Vergleich zum Adelsstand, noch jungen Gesellschaftssicht: des Bürgertums. In der ursprünglichen mittelalterlichen Weltanschauung kennt man die Zuordnung zur Gruppe „Bürger, Bürgerinnen" noch nicht, diese kommt erst parallel zur Entstehung und dem Anwachsen von städtischen Siedlungen bzw. von Städten in den Blick. Erste Zusammenschlüsse von bürgerlichen Gruppen (Eidgenossenschaften) lassen sich im Zuge von Städtegründungen bereits ab dem 11. Jahrhundert festmachen (vgl. Opll 2004, S. 136). Im Laufe des 11. Jahrhunderts sind dann auch erste Zusammenschlüsse zu bürgerlichen Organisationen (z. B. Eidgenossenschaften) und die Teilhabe von Bürgern am öffentlichen Leben nachweisbar (vgl. Opll 2004, S. 138–139). Der Einfluss auf das gesamte politische und kulturelle Geschehen nimmt dann aber vor allem ab der frühen Neuzeit stark zu. Gerade die Disziplin der Pädagogik, Elementarpädagogik eingeschlossen, ist in Mitteleuropa eng verknüpft mit der Etablierung des Bürgertums, mit der Entwicklung des Bildes der (bürgerlichen) Familie und dem Blick auf die Kindheit.

Die These des Kindheitsforschers Ariès (1975), dass die Kindheit erst ab der Neuzeit von der Gesellschaft als eigenständige Lebensphase wahrgenommen wird (vgl. Ariès 1975/1984, S. 10, S. 559–561), wurde im Laufe der letzten zwei Jahrzehnte widerlegt (siehe z. B. Baader 2003, S. 53); auch das Mittelalter kannte bereits Konzepte von Kindheit. Ebenso ist bei Ariès zu lesen, dass die Kindheit in der Kunst bis in 17. Jahrhundert keinen Platz hatte (Ariès 1975/1984, S. 92), jedoch ein eigenes Gemälde, das sich der Kindheit widmet, stammt von 1560 vom Maler Pieter Breughel dem Älteren (1525–1569). „Kinderspiele" ist im Wiener Kunsthistorischen Museum ausgestellt und vermittelt uns einen Eindruck vom Leben der Kinder dieser Zeit. Auf dem Bild sind über 230 Kinder dargestellt, die mehr als 80 verschiedene Spielearten erproben – Rollenspiele, Wurfspiele, Reifentreiben, Topfschlagen, Seifenblasen, Purzelbaumschlagen, Fang- und Kreisspiele und andere Bewegungsspiele, wie z. B. Gehen auf Stelzen und Gummiziehen. Man sieht Spielzeug wie Kreisel, Steckenpferd, Puppen, Windräder, Seile und umfunktionierte Gegenstände wie Messer, Fässer und aufgeblasenen Schweinsblasen (vgl. Friedl 2015, S.12–13). Das Kindheitsbild, das den deutschsprachigen Raum und die Debatten über Betreuung bis heute prägt, ist allerdings stark vom bürgerlichen romantischen Kindheitsmythos beeinflusst. Um 1800 entstehen die bürgerlichen Kleinfamilien, in denen sowohl die Mutter als auch die Kinder nicht erwerbstätig sind. Darüber hinaus wird im geistigen Klima der Aufklärung auch die christliche Erbsündenlehre in Frage gestellt und das Kind somit zu einem reinen Wesen ohne Schuld und

Lasten. Die primäre Aufgabe des Kindes ist es zu lernen und sich zu entwickeln (vgl. Baader 2004, S. 417–418). Erstmals rückt so die Kindheit auch als Forschungsgegenstand in den Blick und Ansätze des modernen Erziehungswesens entstehen (vgl. Konrad 2004, S. 18). Jacobi (2014) sieht die Wurzeln dafür bereits im 16. Jahrhundert begründet, nämlich in der beginnenden normativen Aufwertung der Familie, auch bedingt durch die Spaltung der Kirche in ein katholisches und ein protestantisches Glaubensbekenntnis. Die protestantische Kirche schaffte das Zölibat ab und gründete stattdessen Pfarrersfamilien als neues Erziehungsvorbild. Für das Bürgertum wurden die Erziehungsgrundsätze in den protestantischen Pfarrerhaushalten zum Vorbild und dieses Familienmodell somit zunehmend „zum Hort der frommen Lebenspraxis" (Jacobi 2014, S. 24). Besonders in den protestantischen Regionen Europas, wie zum Beispiel Nord- und Mitteldeutschland, wurde die Familie, wie erwähnt vor allem die Mutter, zur wichtigsten Erziehungsinstanz. Dies nahm auch großen Einfluss auf die später entstehende Erziehungslehre von Friedrich Fröbel, die später noch ausführlich Thema sein wird.

In Österreich hingegen setzt sich die Reformation aufgrund von territorialen Machtverhältnissen sehr heterogen und nur in Teilen der Monarchie durch. Das Kaiserhaus, die herrschenden Landesherren der einzelnen Länder sowie der grundbesitzende Klerus bekannten sich zum Katholizismus und leiteten schon von Beginn der frühen Reformation an immer wieder Gegenmaßnahmen, wie Flugschriftenverbote oder Hinrichtungen von reformierten Predigern, ein. Die Anerkennung des Augsburger Bekenntnisses unter Maximilian II., die die Grundlage für die Entstehung von evangelischen Pfarren legte, war vor allem der finanziellen Lage des Kaiserhauses geschuldet und musste vom lutherisch orientierten landesständischen Adel teuer bezahlt werden (vgl. Leeb 2003, S. 145–208). Das Erziehungs- und Bildungswesen für Kinder blieb überwiegend in katholischer Hand, vor allem bei den Ordensgemeinschaften bzw. bei den Pfarren. Die Pfarrschulen hatten keinen allgemeinen Bildungsauftrag, sondern vor allem zum Ziel, geistlichen Nachwuchs oder „Hilfskräfte für den Gottesdienst" (Bruckmüller 2001, S. 188) auszubilden. Daneben entstand ab diesem Zeitpunkt der Bikonfessionalität auch ein evangelisches Schulwesen. Herauszuheben sind in Bezug darauf die sogenannten „Lateinschulen", die sich für einen breiteren Zugang von Angehörigen der weltlichen Gesellschaft zum Lateinischen, damals noch zentrale Bildungssprache, einsetzten (vgl. Bruckmüller 2001, S. 187–188).

Allerdings vollzogen sich zeitgleich mit der Durchsetzung des lutherischen Protestantismus durch die evangelischen Adelsstände bereits die Anfänge der Gegenreformation. Das Wirken des missionarischen Jesuitenordens gegen die reformatorischen Entwicklungen bis hin zur Gründung eigener Jesuitenschulen zur Ausbildung von katholischen Eliten wurde zudem durch das Kaiserhaus gefördert (vgl. Leeb 2003, S. 239–241). So wurde Österreich im Zuge des 17.

Jahrhunderts großflächig wieder rekatholisiert, das reformatorische Gedankengut blieb als „Geheimprotestantismus" (Leeb 2003, S. 278) bestehen. Erst die Regierungszeit Josephs II. (1780–1790), die unter dem Einfluss der Aufklärung stand, brachte mit dem Toleranzpatent von 1781 die endgültige Legalisierung der evangelischen Glaubensgemeinschaften mit sich (vgl. Tropper 2003, S. 295).

2.1 Menschenrecht, Kontrolle und (Schul-)Reform

Allgemein bezeichnet man als Aufklärung unterschiedliche kulturelle und philosophische Strömungen, die das politische Klima im Europa des 18. Jahrhunderts beeinflussten und „Kritik am Anspruch der Offenbarungsreligionen auf die absolute Wahrheit und auch am Absolutismus, insbesondere an der Staatsform der absoluten Monarchie" (Tropper 2003, S. 283) äußerten und förderten. Das bedeutete konkret, dass auch die politischen Herrschaftsverhältnisse, das Gottesgnadentum und somit die Autoritäten aus Klerus und Adel von der Bevölkerung, allem voran vom Bürgertum, in Frage gestellt wurden. John Locke (1632–1704), Begründer des bürgerlichen Liberalismus, stellt in seinen Schriften das Naturrecht des Menschen auf Gleichheit, Freiheit und Eigentum in Zentrum, wobei jede Person verpflichtet sei, die Rechte der anderen zu achten. Dieses sozusagen göttliche Gesetz sollte über dem staatlichen Gesetz stehen und die Regierung vom Volk eingesetzt werden. Auf der Ebene der Familie bedeutete das, dass Eltern ihre Kinder nicht zum Gehorsam erziehen sollten, sondern zu mündigen, vernünftigen und freien Menschen (vgl. Schwaabe 2010, S. 150–159). Ereignisgeschichtlich gipfelten im Jahre 1789 die revolutionären Bestrebungen in der Französischen Revolution und der Ausrufung der Staatsform der Republik in Frankreich anstelle des absolutistisch regierenden Königshauses, was für ganz Europa weitreichende Folgen hatte.

In Österreich sind zwar die Wurzeln mancher reformerischer Entwicklungen schon unter Maria Theresia spürbar, wie zum Beispiel die Theresianische Schulreform, jedoch brachte vor allem die Regierungszeit Josephs II. Neuerungen in vielen Bereichen mit sich. Beeinflusst vom Gedankengut der Aufklärung förderte Joseph II. die Wissenschaften, die Künste, das Erziehungs- und Gesundheitswesen und erließ weitreichende Reformen auf dem Gebiet der Justiz und der Kirche, ohne jedoch das Recht des Herrscherhauses in Frage zu stellen. Die österreichische Spielart der Aufklärung erfolgte also zunächst weniger von unten nach oben, sondern mehr von oben herab, getragen durch den Kaiser selbst und die adeligen Eliten in allen Kronländern. Zugleich vollzog sich eine innerkatholische Reformbewegung, die zwar eine Distanzierung von Rom bedeutete, aber das katholische Bekenntnis an sich nicht revolutionierte (vgl. Mazohl 2016, S. 347–358). Nach dem Tod Josephs II. übernahm Leopold II. (1790–1792) für kurze Zeit die Regierungsgeschäfte, dieser gilt als eher pragmatischer Nachfolger des „Reformkaisers". Nach dessen plötzlichen Ableben gelangt Franz II. auf den Kaiserthron, dessen Herrschaft geprägt war von einer Epoche kriegerischer Auseinandersetzungen in Folge der Französischen Revolution, die ganz Europa erschütterte und erst mit dem Wiener Kongress 1815 endete (vgl. Mazohl 2016, S.308–309). Dieser bedingte eine Neuordnung der Machtverhältnisse im kontinentalen Europa und stärkte die Position der Habsburgermonarchie entscheidend, vor allem durch Allianzverträge mit Preußen und Russland. Erstmals sind in diesem Zeitraum auch Tendenzen zu einer „gemeinsamen europäischen Friedenspolitik" wahrzunehmen, zugleich zielt die sogenannte „Heilige Allianz" auf eine gottgewollte innere Ordnung im Staat ab, die für die Bevölkerung die Einschränkung der öffentlichen Meinungsfreiheit, Zensur und Überwachung bedeutet (vgl. Mazohl 2016, S. 367–368). Sozialgeschichtlich gesehen ist das 18. Jahrhundert also nicht nur als Jahrhundert der Modernisierungen im Sinne der Aufklärung zu verstehen, sondern es markiert zugleich den Beginn verstärkter Eingriffe des Staates in gesellschaftliche Vorgänge, den Ausbau des Staats- und Beamtenapparates, des Polizei- und Militärwesens und den Ausbau sozialdisziplinierender Maßnahmen, die sich dann bis ins 19. Jahrhundert fortsetzen und verfestigen. Der Historiker Pfeisinger zeigt auf, dass die Wurzeln staatlicher sozialer Kontrolle aus der „Sozialregulierung" (Pfeisinger 2006, S. 78) abzuleiten sind, die vonnöten war, um die wachsende Bevölkerung und die Nahrungsmittelknappheit, vor allem in den Städten, besser verwalten und auffangen zu können. Im Laufe des Jahrhunderts vollzieht sich allerdings parallel zur wachsenden Globalisierung, zur Weiterentwicklung der Technik, der Infrastruktur und vor allem der Humanwissenschaften eine gesamtgesellschaftliche Disziplinierung. Langsam setzt sich die moralische Auffassung durch, dass jede Person, die im Staat lebt, sich diesem unterordnen und eine Funktion erfüllen soll, je nach gesellschaftlicher Zugehörigkeit. Wie in den anwachsenden Manufakturen und Industrien „fabriziert" auch der Staat durch gute Erziehung zuverlässige Menschen mit Tugenden wie strenge Selbstdisziplin, Gehorsam, Anspruchslosigkeit, Fleiß und Arbeitsamkeit (vgl. Pfeisinger 2006, S. 77–84). Ein plakatives Beispiel dafür ist das Vorgehen des Staates gegen den steigenden Anteil der nichtsesshaften und der in Armut lebenden Bevölkerung durch die Gründung von disziplinierenden Einrichtungen wie Zucht-, Waisen-, Armen- und Arbeitshäusern oder Besserungsanstalten. Diese erfüllen eine Aufbewahrungs- und Kontrollfunktion sowie eine erzieherische Funktion, um durch Zwangsarbeit, Isolation, Bestrafung, rigorose Regeln und regelmäßigen Gottesdienst eine neue Arbeitspädagogik und Unterordnung im Sinne des Staates zu vermitteln (vgl. Ammerer/Veits-Falk 2010, S. 146).

Als Maria Theresia 1740 die Herrschaft über das Habsburgerreich übertragen wurde, lag die Verantwortlichkeit für das Primarschulwesen überwiegend in der Hand der katholischen Kirche. In einem „Bericht über das österreichische Unterrichtswesen" ist zu lesen: „Bis zu den Tagen der grossen Kaiserin, von welcher die Anfänge aller staatlichen Einflussnahme auf die einzelnen Elemente des Volkslebens datiren, war das kirchliche Moment in allen Lebensverhältnissen der österreichischen Länder von so überwiegender Bedeutung, dass auch die gesammte Unterrichts Verwaltung von Provinz zu Provinz ihren einzigen Zusammenhang in der Einheit der nahezu alleinherrschenden katholischen Kirche fand" (Ficker 1873, S. 1). Die meisten Primarschulen waren an den Pfarrgemeinden angeschlossen, die dafür zu sorgen hatten, dass Schulmeister angestellt wurden (vgl. Engelbrecht 1984, S. 21). Auch die großen Ordensgemeinschaften der Jesuiten und Benediktiner und die ab der Mitte des 17. Jahrhunderts gegründeten männlichen und weiblichen Schulorden – Piaristen, Christenlehrbruderschaft, Ursulinen, Englische Fräulein – unterhielten Primarschulen für Buben und Mädchen. Vereinzelt waren neben den Pfarrgemeinden und Orden auch die Grundherren am Land und die Vertreter der Gemeinden in den Städten und Märkten für das Schulwesen verantwortlich (vgl. ebd., S. 24–25, S. 31). Angeboten wurde neben dem Religionsunterricht auch Lesen, Schreiben und Rechnen (vgl. ebd., S. 21). Die allermeisten Kinder – vor allem auf dem Land – besuchten dennoch bis Mitte des 18. Jahrhunderts keine Schule. Zum einen, weil sie zur Arbeit auf den Bauernhöfen gebraucht wurden, zum andern aber auch, weil die Obrigkeit befürchtete, dass in Schulen „die Verbreitung hetzerischer Gedanken" stattfinden könne. Die Kinder der Adelsschicht und des wohlhabenden Bürgertums wurden von Privatlehrern unterrichtet (vgl. ebd., S. 24).

Während der Regierungszeit Maria Theresias (1740–1780) bildete sich allmählich ein Staat mit Behörden und einem Beamtenapparat heraus, die Österreich bis heute prägen. Dies machte auch ein Umdenken in der Bildungspolitik notwendig, da die bisher an den niederen und mittleren Schulen vermittelten Unterrichtsinhalte für die Qualifikation der zukünftigen Staatsbeamten ungeeignet waren. Gerard van Swieten (1700–1772) wurde mit dem Aufbau eines staatlichen Schulwesens betraut. „Erste Schritte waren 1760 die Einrichtung einer staatlichen Zentralbehörde für das Unterrichtswesen und die Gründung eines staatseigenen Buchverlages zur kostenlosen Versorgung der armen Kinder mit Schulbüchern" (Weitlaner 2017, S. 108). Schlussendlich wurde im Jahr 1774 die allgemeine Schulpflicht für beide Geschlechter eingeführt und der aus Schlesien stammende Johann Ignaz von Felbiger wurde beauftragt, die rechtlichen und organisatorischen Grundlagen zu schaffen. Die von ihm verfasste „Allgemeine Schulordnung" ist das erste umfassende Schulgesetz für den österreichischen Raum. Schulpflichtig waren alle Kinder vom sechsten bis zum zwölften Lebensjahr. Trivialschulen – später Volksschulen – sollten in jedem Pfarrort, Hauptschulen in größeren Städten und eine Normalschule nur in der Provinzhauptstadt errichtet werden (vgl. Weitlaner 2017, S. 109). Mit diesem Schulgesetz wurde die Erziehung zur Staatsangelegenheit, die von manchen Bevölkerungsgruppen auch als zu weitgehende Einmischung in die privaten

Belange empfunden wurde. Die Möglichkeit des Hausunterrichtes war also weiterhin gegeben (vgl. Hörmannseder 2013, S. 12). Auch blieben die Trivialschulen zunächst den Pfarrämtern unterstellt (vgl. Ficker 1873, S. 5). Die Dauer des Schuljahres wurde für Stadt und Land unterschiedlich vorgeschrieben. In der Stadt begann das Schuljahr am 3. November und dauerte bis zum Palmsonntag. Auf dem Land, wo die Kinder im Sommer und Herbst auf den Höfen arbeiteten, war der Schulbeginn mit Anfang Dezember festgesetzt und sollte zumindest bis Ende März dauern. In den sogenannten Trivialschulen wurden grundlegende Kenntnisse wie die Religion, das Lesen geschriebener und gedruckter Texte, die Rechenkunst und Wirtschaft vermittelt. In den (dreiklassigen) Hauptschulen kamen Geometrie, Haushaltungskunde, Landwirtschaftslehre, Geographie und Geschichte dazu (vgl. Weitlaner 2017, S. 109). Auch die Ausbildung von Lehrern und Lehrerinnen wurde vom Staat in sogenannten „Normal- bzw. Musterschulen" übernommen. Die Wiener Normalschule öffnete zum Beispiel am 1. Mai 1775 im St.-Anna-Gebäude in der Johannesgasse. Felbiger war nicht nur Generaldirektor des gesamten Volksschulunterrichts (vgl. Czeike 2004, S. 270–271), sondern legte in der von ihm entworfenen Schulordnung auch die Dauer und den Lehrplan für die Lehrerbildung fest. Er war der Meinung, dass die Qualität des Schulwesens von den Lehrern abhängt und so dauerte der „Präparandenkurs" durchschnittlich drei Monate. Die Regelung sollte auch für bereits im Dienst stehende Lehrer Anwendung finden, was naturgemäß auf Widerstand stieß. Einerseits durch die Lehrerschaft selbst, andererseits durch die Gemeinden, die den Weiterbildungsaufenthalt nicht bezahlen wollten (vgl. Engelbrecht 1984, S. 106). Helmut Engelbrecht sieht in dieser von Maria Theresia in die Wege geleiteten und von ihrem Sohn Joseph II. fortgeführten Schulreform nicht nur sozialpolitisch motivierte Hintergründe, sondern auch machtpolitische Überlegungen. „Die Errichtung von Staatsschulen ermöglichen es bestimmen zu können, was Untertanen wissen und gelehrt bekommen sollten, und was nicht" (Engelbrecht 1984, S. 102). Vor der Schulreform hielt wie erwähnt die katholische Kirche, allen voran der Jesuitenorden das Bildungsmonopol sowie die Lehrinhalte, die sich verstärkt auf Religion und Latein konzentrierten, fest in der Hand. Letztlich gelang eine Zurückdrängung dieses Einflusses nur in kleinen Schritten, nicht zuletzt aufgrund des Mangels an weltlichen Lehrkräften, der sich erst nach und nach ausglich (vgl. Stachel 1999, S. 115).

2.2 Das „Erwachen" der Pädagogik

Für die Verbreitung des Gedankenguts und Schrifttums der Aufklärung in Europa ist wie skizziert besonders eine Gesellschaftsschicht in den Blick zu nehmen: die des Bürgertums, speziell die des Bildungsbürgertums. Dieses setzte sich zusammen aus „Beamten und Professoren, Hauslehrern und Gymnasiallehrern, Anwälten und Notaren, Ärzten und Apothekern, Künstlern und Journalisten“ (Budde 2009, S. 8). Bildung wurde sozusagen zum Ersatz für Religiosität, die dafür in den Hintergrund trat. Der Einfluss des zweiten bürgerlichen Gesellschaftssegmentes, des sogenannten Wirtschaftsbürgertums, das sich vor allem durch Kapitalvermögen auszeichnete, wie Unternehmer, Besitzer oder Direktoren von Manufakturen, Handelshäusern, Fabriken etc., stieg erst im Laufe des 19. Jahrhunderts im Zuge der Industrialisierung (vgl. Budde 2009, S. 10–11). Das Bürgertum grenzte sich selbst auf der einen Seite zur Adelsschicht sowie auf der anderen Seite zur Schicht der ArbeiterInnen ab. Innere Exklusionsmechanismen betrafen vor allem Frauen und die jüdische Bevölkerung. Die bürgerliche Gesellschaft pflegte eine grundsätzlich positive Haltung zu Arbeit und Fleiß sowie ein reges kulturelles Leben. Die Entstehung bürgerlicher Öffentlichkeit begann vor allem durch die Gründungswellen von Vereinen aller Art, literarischen Gesellschaften, Salons und Lesezirkeln, die allerdings von der Obrigkeit kritisch überwacht wurden, da man die Verbreitung revolutionären Gedankenguts seit der Französischen Revolution fürchtete. Besonderes Augenmerk bei der Überwachung wurde auf die Logen der Freimaurerbewegung gelegt (vgl. Budde 2009, S. 15–24).

Als bürgerlicher Kern fungierte die Familie mit dem Vater als Oberhaupt, der Mutter als Hüterin des Familienlebens sowie der Kinder in eingeschränkter Anzahl. Die Produktions- und Berufswelt, für die der Mann verantwortlich war, und das häusliche Reproduktionsleben mit den Kindern, wofür wiederum die Frau Verantwortung trug, waren streng getrennt. Zusätzlich zur Idee der Eheschließung aus Liebe kam auch erstmals die Idee des kindlichen Eigenrechts auf. Man wandte sich der Bedürfnisbefriedigung der einzelnen Kinder mit mehr Energie zu, was parallel zu wachsender Hygiene und besserer Gesundheitsversorgung zu sinkenden Kinderzahlen führte. Erziehung, die häufig auf Selbstdisziplin und Leistungsdruck fußte, nahm so ebenfalls einen hohen Stellenwert im bürgerlichen Leben ein (vgl. Budde 2009, S. 25–35). Zudem setzte sich die Idee einer allgemeinen Volksbildung, einer generellen Alphabetisierung immer mehr durch. Gestützt auf den Rationalismus in den Wissenschaften sollte eine alle Schichten erfassende Bildung weiterhin aufklären, den Menschen besser, glücklicher und geistig mündig machen. Der damit verbundene Glaube an den Fortschritt musste „als Ethos der Gesellschaftsverbesserung und Menschheitsbeglückung erst in die Menschen hineingetragen werden“ (Scheipl/Seel 1987, S. 13). Dieses fast messianische Sendungsbewusstsein führte zu einer großen pädagogischen Aufbruchsstimmung. Man bekannte sich auch in Österreich zur optimistischen Auffassung, dass „von einer guten Erziehung und Leitung in den ersten Jahren die ganze künftige Lebensart aller Menschen, und die Bildung der Genies, und der Denkensart ganzer Völkerschaften abhängt, die niemals kann erreicht werden, wenn nicht durch wohl getroffene Erziehungs-

und Lehranstalten die Finsternis der Unwissenheit aufgeklaret [...] wird" (Allgemeine Schulordnung 1774 zit. n. Scheipl/Seel 1987, S. 13). Die Aufklärungspädagogik ist also durch großes reformpädagogisches Bemühen charakterisiert, welches einerseits von den in der philosophischen und theologischen Aufklärung wirkenden Ideen (Rationalismus, Empirismus, Utilitarismus) getragen war und andererseits von einem sehr individualistischen Naturalismus (vgl. Hamann 1993, S. 74).

Als wichtigste philosophische Vorbilder sind Johannes Comenius oder Komensky (1592–1670), der bereits genannte John Locke (1632–1704) und Jean-Jaques Rousseau (1712–1778) zu nennen. Johannes Comenius, geboren in Ostmähren (Tschechien), schrieb mehrere Lehrbücher zur Förderung kindlicher Lernprozesse und zur didaktischen Neugestaltung schulischer Lerninhalte, deren Grundideen und -forderungen bis ins 21. Jahrhundert Aktualität haben (vgl. Kuhlmann 2013, S. 22–25). Durch seine Schriften zeigte er zum ersten Mal auf, dass Frühe Bildung nicht nur an sich bedeutsam ist, sondern auch die Didaktik ein zentrales Instrument im gesamten Bildungskontext darstellt (vgl. Grell 2013, S. 151). Comenius entwickelte bereits zur Zeit der frühen Aufklärung ein viergliedriges Bildungssystem zur Umsetzung seiner pädagogischen Ideen und stellt die „Mutterschul" – die Familie – auf die erste Stufe. Sein Werk „Informatorium der Mutterschul" (1629–1632) gilt als die erste umfangreiche und in sich geschlossene Schrift zu Lehr- und Lernmethoden in der frühen Kindheit (vgl. Franke-Meyer/Reyer 2015, S. 15). Mit diesem Werk trägt er auch dem klassischen „bürgerlichen Familienentwurf" Rechnung, in dem „die Kindheit nun als eigener, besonderer Lebensabschnitt mit spezifischen Entwicklungsaufgaben und -phasen verstanden wird, für den die Eltern verantwortlich sind" (Schmid 2014, S. 43).

John Locke veröffentlichte neben seinen allgemeinen Schriften 1693 auch seine „Gedanken über Erziehung" und erlangte damit weit über die Landesgrenzen hinaus Beachtung. Seine Werke wurden noch zu seinen Lebzeiten auf Französisch und Niederländisch übersetzt. Locke glaubte im Sinne der Aufklärung an die grenzenlose Macht der Erziehung und formulierte damit das pädagogische Credo der Aufklärung. Er ging davon aus, „dass die menschliche Seele bei der Geburt eine *tabula rasa*, ein leeres Blatt sei und ausschließlich durch Erfahrung, durch Wahrnehmung der Sinne *(sensation)* und durch Selbstwahrnehmung (*reflection*) zu Erkenntnis bzw. Vorstellungen gelange" (Schmid 2014, S. 49). Sein Erziehungsziel war ein selbstständiger Mensch, dem Selbstdisziplin „zur zweiten Natur" geworden ist. Um dies zu erreichen, propagierte er „weiche psychologische Techniken" wie Lob und Beschämung, denn körperliche Strafen sollten nur im Notfall eingesetzt werden (vgl. ebd., S. 49). Er verweist auch darauf, dass die frühe Kindheit eine besonders prägende Lebensphase unter anderem für das Erlernen von sozialen Fertigkeiten sei und somit zukunftsweisend für die Vernunft im Erwachsenenalter (Konrad 2004, S. 19). Damit hält er sozusagen ein – wenn auch gesellschaftlich instrumentalisiertes – Plädoyer für Frühe Bildung.

Auch Jean-Jaques Rousseau (1712–1778) stieß mit seinem mehrbändigen Erziehungsroman „Emil oder über die Erziehung" in den bürgerlichen Kreisen Europas auf breite Resonanz. Die männliche Hauptfigur ist der heranwachsende Emil aus einer wohlhabenden Familie, der von seinem Erzieher, der als Rousseaus Alter Ego fungiert, ausgebildet wird. Rousseaus Ideen waren revolutionär, will er doch die religiösen Dogmen aus der Erziehung verbannen. Stattdessen legt er den Fokus auf Emils Begeisterungsfähigkeit, unverbildete Lernfreude und natürliche Neugier und plädiert somit „für die Selbsttätigkeit des Kindes als zentrale Bildungskraft" (Franke-Meyer/Reyer 2015, S. 26). Er zeigt somit auf, dass die Lernprozesse von Kindern sowohl aktiv ablaufen, als auch passiv – „von ihren eigenen Lernerfahrungen geprägt" (Grell 2013, S. 153–154). Das Bildungsziel Rousseaus zielt vor allem auf das Erlangen einer moralischen Freiheit und das Erlernen vernünftigen Denkens ab. Als geeigneten Bildungsraum dafür betrachtet er das private Haus bzw. die Familie, nicht ein öffentliches Schulsystem (vgl. Hansmann 2008, S. 47). Er vertritt zudem die Auffassung, dass sich Erziehung nicht an den Wünschen der Erwachsenen und deren Zukunftsvorstellungen für das Kind orientieren soll, sondern an den Bedürfnissen der Kinder: „Liebt die Kinder, fördert ihre Spiele, ihre Freuden, ihr liebenswürdiges Wesen" (Rousseau 1971, S. 55). ErzieherInnen sind sogar aufgefordert, sich zurückzunehmen, und das Kind selbstständig lernen zu lassen, denn „[...] alles ist gut, wie es aus den Händen des Schöpfers kommt; alles entartet unter den Händen des Menschen" (ebd., S. 9). Emil soll seine Erziehung abschließen können und danach „vernünftig sein, aber nicht leidenschaftslos, selbstbewusst, aber nicht unbescheiden, selbständig, aber doch fügsam, von Selbstlieb erfüllt, ohne mitleidlos zu sein und vor allem versessen auf den Nutzen aller seiner Handlungen; er wird ein Mensch, der einem bürgerlichen Staat, wie ihn Rousseau wünscht, ein guter ‚nützlicher' Bürger sein" (Günther et al. 1973, S. 149). Das bedeutet auch, Kinder müssen lernen, eine vernünftige Sozialordnung im Staat einzuhalten. So betont Rousseau gleich im ersten Buch, dass jeder Mensch seinen Platz im sozialen Gefüge habe und auch für diesen Platz erzogen werden müsse (vgl. Rousseau 1971, S. 14). Zusammenfassend lässt sich festhalten, dass also im Laufe des 18. Jahrhunderts die Bildung des Menschen, die Gestaltung des Lebens sowie die damit verbundene Erziehung von Kindern zu zentralen gesellschaftlichen Themen wurden und eine Vielfalt an pädagogischen Schriften entstanden, für Eltern, für Kinder selbst und für PädagogInnen. Zugleich wurde damit begonnen, weiterführende Überlegungen zur wirtschaftlichen Not von Kindern aus ärmeren Schichten und deren Unterstützung durch ein entsprechendes Erziehungssystem anzustellen, zum Beispiel von Christian Gotthilf Salzmann oder in weiterer Folge dann ganz entscheidend von Johann Heinrich Pestalozzi (vgl. Stumpf 2015, S. 57 ff.).

Den Beginn einer universitären Pädagogik im Habsburgischen Österreich markieren die ersten „Vorlesungen über Erziehungskunst" 1771 von Karl Heinrich Seibt an der Universität in Prag. Integriert waren diese Vorlesungen an der „Fakultät der schönen Wissenschaften und der Moral" (Brezinka 2003, S. 5). Brezinka erörtert, dass die Lehren von Seibt einer moralisierenden Pädagogik im Geiste eines christlich-humanistisch- patriotischen Aufklärungspathos folgten und eher Predigten glichen. „Die Kraft eines Staates liegt in der Moralität oder dem sittlichen Charakter ihrer Bürger. Es komme bei den Kindern darauf an, ihren Geist durch Wissenschaften aufzuklären und ihr Herz durch Moral zu bessern, also aufgeklärtere, vernünftigdenkende und tugendhaftere Bürger zu schaffen, die nicht nur für ihre individuelle Glückseligkeit arbeiten, sondern an der Glückseligkeit ihrer Mitbürger" (ebd., S. 7). Um 1800 entwickelte sich an der Universität Wien eine neue, den bisherigen Auffassungen kritisch gegenüberstehende wissenschaftliche Pädagogik, die sich in erster Linie mit Fragen der Schulbildung beschäftigte. Die international wenig bekannten Vertreter Franz Michael Vierthaler (1758–1827), Franz de Paula Gaheis (1763–1809) und Vincenz Eduard Milde (1777–1853) rückten von der in der Aufklärung vorherrschenden Auffassung ab, „die bloß die bürgerliche Brauchbarkeit des einzelnen vor Augen hatte und dieses Ziel durch Lenkungs- und Bevormundungsmaßnahmen zu erreichen suchte" (Engelbrecht 1984, S. 210). Sie verließen die anerkannten Positionen des 18. Jahrhunderts und erklärten, dass mit der Erziehung zur „Selbsttätigkeit, Selbständigkeit und Selbstbildung der einzelne Mensch sich vervollkommnen und zur Wahrheit und Sittlichkeit finden könne" (ebd., S. 210).

Die erste pädagogische Lehrkanzel an der Universität Wien im Rahmen der Ausbildung von „Lehrern an Trivial-, Haupt- und Realschulen, sowie der Hauslehrer und Hofmeister" wurde 1806 errichtet. Die Leitung erhielt der oben erwähnte Vincenz Eduard Milde – ein Hofkaplan ohne Doktorat. Eine Krankheit zwang Milde aber dazu, sein Amt bereits vier Jahre später wieder aufzugeben (vgl. Breinbauer/Grimm/Jäggle 2006, S. 7 f.). Mit dem neuen Philosophischen Studienplan vom 9. August 1805 bekam die Pädagogik im dritten Jahr des Studiums der Philosophie ihren fixen Platz mit zwei Stunden wöchentlich (vgl. Philosophischer Studienplan 1805, S. 87–89, S. 93 ff.). Niemand dürfe zukünftig „[...] das ehrwürdige Amt eines Erziehers auf sich nehmen, der nicht die hier angeordneten Vorlesungen über Pädagogik gehört und sich mit einem Zeugnisse des guten Fortgangs versehen hat" (Philosophischer Studienplan 1805, S. 88). Gemeint waren damit als Zielgruppe allerdings nur die „höheren Privaterzieher", die die Kinder des Adels und der wohlhabenden Bürger zu Hause unterrichteten (vgl. Brezinka 2000, S. 37). Für diese war der Unterricht verpflichtend, die Kandidaten für das Regelschulsystem hingegen erlernten in eigenen „pädagogischen und catechetischen Vorlesungen" (Philosophischer Studienplan 1805, S. 89) die Vermittlung der Schulgegenstände. Drei Jahre später, 1808, wurden die pädagogischen Vorlesungen auch für zukünftige Gymnasiallehrer und für jene Theologen, die als Leiter von Volksschulen eingesetzt werden wollten, zur Pflicht (vgl. Brezinka 2000, S. 38). Gelehrt wurde nach dem 1811/12 erschienenen zweibändigen „Lehrbuch der allgemeinen Erziehungskunde" von Milde. Dieses Lehrbuch trägt laut Brezinka dazu bei, dass „die Pädagogik an den österreichischen Hochschulen auf einem relativ hohen Niveau beginnen konnte" (ebd., S. 40) und „war bis Mitte des 19. Jahrhunderts das einzige zugelassene Vorlesebuch für die pädagogischen Vorlesungen an den österreichischen Universitäten" (Breinbauer/Grimm/Jäggle 2006, S. 8). Auch Engelbrecht bezeichnet Milde bereits als „Wegbereiter der modernen Pädagogik" und als „Glücksfall für die Pädagogik" (Engelbrecht 1984, S. 211). Mildes Themenvielfalt wurde 200 Jahre nach Gründung des ersten Lehrstuhles für Pädagogik, im Jahr 2006, in einem Sammelband kritisch beleuchtet und in den Kontext zeitgenössischer Strömungen gestellt (vgl. Breinbauer/Grimm/Jäggle 2006, S. 8 ff.). Die Vereinigung von Religionswissenschaft und Erziehungslehre dauerte bis zur „Thunschen Universitätsreform", die als Ergebnis der bürgerlichen Revolution 1848 die Religion als Pflichtfach abschaffte (vgl. Brezinka 2000, S. 15). Gegenwärtig ist Pädagogik und Bildungswissenschaft in Österreich eine eigenständige, vielfältige universitäre Disziplin. Die Anhebung des Faches Elementarpädagogik auf die universitäre Ebene ist aber nach wie vor ein hochaktuelles und politisch vieldiskutiertes Thema.

2.3 Der Beginn der institutionellen Kinderbetreuung in Europa

Wie skizziert, rückte Ende des 18. Jahrhunderts das Kind im frühen Alter immer mehr in den Fokus von philosophischen Überlegungen. Man begann die Jahre vor dem Eintritt in die Schule als „einen besonders prägungsfähigen und erziehungsbedürftigen Lebensabschnitt zu entdecken" (Konrad 2004, S. 16). Diese Entwicklung muss unter dem Gesichtspunkt der Industrialisierung und der dadurch bedingten Veränderung der Erwerbstätigkeit betrachtet werden. Diese Veränderungen machen aber auch eine Unterteilung der Betrachtung von bürgerlichen und proletarischen Kindeswelten und der damit verbundenen Entwicklung von institutionalisierten Kinderbetreuungs- und -bildungseinrichtungen notwendig.

In den bäuerlichen Familienformen der vorindustriellen Zeit lebten mehrere Generationen unter einem Dach zusammen. Diese großen Hausgemeinschaften, die ebenso fest in die Nachbarschaft eingebunden waren, umfassten alle verwandten, aber auch nicht-verwandten Personen, die zum bäuerlichen Hof gehörten, wie beispielsweise Knechte oder Mägde. Es gab klare Aufgabenverteilungen für die anfallenden Arbeiten und Verpflichtungen (vgl. Ariès 1975, S. 10; Konrad 2004, S. 14). Die Menschen in den damaligen Großstädten lebten ebenso in großen Familienverbänden zusammen, der Alltag der Kinder spielte sich häufig auf den Gassen und Straßen ab. Aufgrund hoher Kinderanzahlen bei gleichzeitig hoher Sterblichkeitsrate wird in der Familienforschung immer wieder die These aufgeworfen, dass Eltern ihren Kindern weniger Liebe, Zärtlichkeit und Aufmerksamkeit entgegenbrachten (vgl. Konrad 2004, S. 16). Darauf bezugnehmend betont Gestrich, dass vor allem die wirtschaftliche Lage der Familie ausschlaggebend für die emotionale Ambivalenz gegenüber dem Nachwuchs war (vgl. Gestrich 2013, S. 36-37).

Mit dem Beginn der Industrialisierungswelle ab Mitte des 18. Jahrhunderts veränderte sich der Alltag von jenen Familien, die zum Überleben auf fremdbestimmte Arbeit angewiesen waren, von Grund auf. Die Erwerbsarbeit, bisher Bestand des täglichen Lebens zu Hause, verlagerte sich zunehmend für Männer, Frauen und auch Kinder in die Werkhallen der Industrie. Zuvor hatte die ganze Familie, bedingt durch die Saison, die Jahreszeit oder die Auftragslage, einmal mehr oder einmal weniger gearbeitet, um die Existenz zu sichern. Gerade von jüngeren Kindern wurde nicht ganz so lange und harte Arbeit erwartet wie von älteren. In den Fabriken und Manufakturen spielte all dies keine Rolle mehr, und so „[…] ging zunächst jegliches solches Maß verloren: Nie hatten so viele Leute so unablässig und so viele Stunden am Tag gearbeitet“ (Bühler-Niederberger/Sünker 2014, S. 82). In manchen Regionen wurden Kinder zur Arbeit in „Bergwerken, in der Schwerindustrie als Kaminfegerjungen – eine besonders gefährliche Beschäftigung – , als Dienstboten […] oder als Hilfsarbeiter bei Handwerkern herangezogen“ (Bühler-Niederberger/Sünker 2014, S. 82). Friedrich Engels (1820–1895) zum Beispiel, Mitbegründer des wissenschaftlichen Sozialismus, erhebt in „Die Lage der arbeitenden Klasse in England“ eine vernichtende Anklage gegen die englische Bourgeoisie, die er für die Verelendung der Arbeiterfamilien verantwortlich macht (vgl. Engels 1845, S. 325). Jürgen Kuczynski beschreibt in seinem Buch „Geschichte der Kinderarbeit in Deutschland 1750–1939“ eine besondere Art der Ausbeutung von Kindern in einer sogenannten „Erziehungs- und Beschäftigungsanstalt“, die in Wahrheit jedoch eine Manufaktur war, die von Kindern betrieben wurde. Arbeitsbeginn für die 40 Buben im Alter zwischen neun und zwölf Jahren war 6:00 Uhr morgens, Arbeitsende um 19:30 Uhr (vgl. Kuczynski/Hoppe 1958, S. 72–77). Von Maria Theresia, die in Österreich als Wohltäterin für Kinder und Jugendliche gilt, ist ebenso überliefert, dass sie Fabrikanten dabei unterstützte, Waisenkinder als ArbeiterInnen zu beschäftigen. Diese Art der Beschäftigung entsprach durchaus dem Zeitgeist der Aufklärung, wonach Kinder ärmerer Schichten frühzeitig zu einem Leben als produktive Arbeitskräfte erzogen werden sollten (vgl. Bühler-Niederberger/Sünker 2014, S. 85). Überhaupt war eine Verbindung zwischen Waisen- und Arbeitshäusern gängige Praxis, beziehungsweise wurde von Waisenkindern konkret erwartet, finanziell zum Erhalt der Waisenhäuser beizutragen (vgl. Scheutz 2014, S. 52 –56).

Ein generelles Arbeitsverbot für Kinder unter zehn Jahren in den Industriebetrieben wurde in Österreich erst in der Gewerbeordnung vom 20. Dezember 1859 erlassen (vgl. RGBl 65. Stück 1859, § 86, § 87), ebenso ein Nachtarbeitsverbot, ein Vereinbarkeitsgebot mit der schulischen Ausbildung und die Verkürzung der Arbeitszeiten für unter 16-Jährige.

Aber auch das Leben auf dem Land, sei es als Klein- oder Kleinstbauer, sei es als Tagelöhner, Magd oder Knecht bot wenig Auskommen und Perspektive und wurde zunehmend gegen ein scheinbar besseres Leben in der Stadt getauscht. In vielen Regionen kam es zu einer massiven Landflucht oder sogar zu Auswanderungswellen in die USA. In Österreich war beispielsweise das Burgenland betroffen, wo es weder genug Land gab, das zu bebauen möglich gewesen wäre, noch Fabriken oder Manufakturen. So zogen immer mehr Menschen nach Wien, die mit Arbeitsplätzen in der immer größer werdenden Textilindustrie und dem Baugewerbe lockte. Die Folge davon war, dass Wien um 1750 zur größten Stadt in Mitteleuropa wurde (vgl. Steidl 2003, S. 51). Frauen und Kinder fanden hier vorwiegend in der Wiener Textilerzeugung oder im Dienstleistungssektor Arbeitsmöglichkeiten. Sowohl in der „hausindustriellen Seidenerzeugung“ als auch in den Seidenmanufakturen wurden alle Familienmitglieder eingesetzt, da bestimmte Vorgänge an den Webstühlen die Mitarbeit einer zweiten Person, meistens Knaben, erforderte (vgl. Steidl 2003, S. 116). Der einst schützende Sozialraum der großen Haushaltsfamilie oder Nachbarschaft existierte nicht mehr und die neu entstandenen Klein- oder Kernfamilien waren vielfach nicht in der Lage, ihre Kinder angemessen zu betreuen. Auch das bürgerliche Kleinfamilienmodell sah die Trennung von Wohnen und Arbeiten vor, im Unterschied zur proletarischen Familie hatte allerdings nur der Mann für den Unterhalt zu sorgen. Die Frau lebte als Hausfrau und Mutter, die angeregt von den Ideen der Aufklärung dafür sorgte, dass Kindheit und die Kinder mehr Beachtung finden müssten (vgl. Schmid 2014, S. 42 ff.; Konrad 2004, S. 14). Kindern des Bürgertums wurden zum ersten Mal eigene Räume zugeteilt und die Produktion von Spielzeug, Büchern und Möbeln für Kinder stieg an (vgl. Bühler-Niederberger 2011, S. 99). Als Zentren der Produktion von Papierspielzeug und Spielbilderbüchern lassen sich London und Wien festmachen (vgl. Pohlmann 2011, S. 71). Dies war auch die Zeit, in der in allen Teilen Europas Einrichtungen für proletarische und bürgerliche Kinder vor dem Eintritt in die Schule entstanden.

In Frankreich erkannten Luise Scheppler (1763–1837) und der evangelische Pfarrer Friedrich Oberlin (1740–1826) im Zuge ihrer Anstrengungen, das Schulwesen zu verbessern, die Bedeutung der ersten Lebensjahre und errichteten 1769/70 die sogenannten „Strickschulen“ oder „Wohnstuben für Stricken“, da er den Müttern aus seinem Pfarrsprengel mangelnde Erziehungsfähigkeiten zusprach (vgl. Konrad 2004, S. 31). Diese Einrichtungen hatten einen klar definierten Bildungsauftrag zu erfüllen: Neben der christlichen Erziehung erlernten die jungen Kinder hier das Spinnen und Stricken und die für diese Arbeit notwendigen Tugenden. Oberlin ging davon aus, dass dies den Kindern dazu verhelfen würde, Arbeit in der in dieser Region verbreiteten Textilindustrie zu finden. Darüber hinaus war ihm die Spracherziehung sehr wichtig. „Die Kinder sollten ihre heimische Mundart, das sogenannte Patois, ablegen und korrektes Französisch lernen, weil Oberlin die Bedeutung der Kommunikationsfähigkeit für ein auf dem Handel basierendes zeitgemäßes Wirtschaften erkannt hat" (ebd., S. 30). Mit der Zeit begann er, den Kindern mehr und mehr altersentsprechende Aufgaben zuzuteilen (vgl. ebd., S. 30). So wurde das Stricken und Spinnen allmählich durch Spiele, leichte Gartenarbeit, Naturkunde, Turnen und Buchstabenmalen ergänzt. Zur Beschäftigung der kleineren Kinder wurde ebenso mit Papier gebastelt, Figuren aus Steinchen oder kleinen Hölzern gelegt sowie einfach Gegenstände geordnet. Die weiblichen Aufsichtspersonen in der Einrichtung wählte Luise Scheppler selbst aus und übernahm auch ihre fachliche Qualifizierung. Die Frauen wurden allerdings nicht als Lehrerinnen, sondern als „Führerinnen der zarten Jugend" oder „conductrices" bezeichnet (vgl. Konrad 2004, S. 31). Die Strickschulen wurden zum Vorbild für die in Deutschland gegründeten Industrieschulen, die an der Wende vom 18. ins 19. Jahrhundert entstanden (vgl. Reyer 2015, S. 11) und Franke-Meyer bezeichnet Oberlin als Symbolfigur für die weitere Entwicklung der evangelischen Kleinkinderschul-Bewegung in Deutschland (vgl. Franke-Meyer/Reyer 2015, S. 104).

In England errichtete der utopische Sozialist Robert Owen 1908 die erste „Infant School" in der von ihm geführten Baumwollfabrik, die durch sozialreformerische Maßnahmen zu einer Musterfabrik wurde (Aden-Grossmann 2011, S. 18). Owen betrachtete die Umweltfaktoren wie Armut/Reichtum, Wohnverhältnisse, Nahrung usw., die auf ein Kind einwirken, als essenziell für die Charakterbildung und setzte sich im besonderen Maße für die Erziehung von Kindern in Gemeinschaftseinrichtungen ein, die wiederum mit genügend wirtschaftlichen Ressourcen wie Essen, Kleidung, geeigneten Räumlichkeiten etc. ausgestattet sein mussten (vgl. Gehrig 2007, S. 80–81). Im Gegensatz zu Oberlin wirkte Owen in einem schon relativ hoch entwickelten Industriekapitalismus mit all seinen Folgen, wie etwa der Kinderarbeit. Arbeitenden Eltern traute er wegen mangelnder materieller Möglichkeiten, aber auch wegen fehlender Einsicht nicht zu, ihre Kinder gut zu erziehen, und so plädierte er für die „frühe Herausnahme der Kinder aus den Herkunftsfamilien" und die Überführung der Erziehung in öffentliche Verantwortung (vgl. Konrad 2004, S. 32). In seinem „Essay über das Prinzip der Charakterbildung und seine Anwendung in der Praxis" begründete er den frühestmöglichen Beginn seiner Erziehung, die mit dem Beginn des Laufenkönnens einsetzen sollte. Er ging davon aus, dass Kinder in den ersten Lebensjahren sehr gut belehrbar und charakterlich formbar sind und dass ihnen in dieser Zeit sowohl Gutes als auch Schlechtes beigebracht werden könne (vgl. Friedl 1979, S. 9). In den Infant Schools sollten Kinder ohne Strafen und ohne Furcht vor Strafen erzogen werden. Die Räume waren so gestaltet, dass die Kinder „durch Anschauung zur Fragestellung" kommen sollten. Neben Spiel, Gesang und Tanz gehörten auch Geographie, Naturkunde und körperlich-militärische Übungen zum Lehrplan (vgl. Aden-Grossmann 2011, S. 18). Obwohl Owen davon überzeugt war, dass ein friedliches Zusammenleben aller Menschen durch Erziehung gelingen kann, erkannte er aber auch, dass die wahren Ursachen der Armut und des Elends des Proletariats in den ungerechten Eigentumsverhältnissen liegen. Mit der Gründung der Siedlung New Harmony in Nordamerika (1825) verwirklichte er seine Ideen von einer kollektiven Lebensform und der Erziehung von Kindern in Gemeinschaftseinrichtungen (vgl. ebd., S. 18). Owens Ideen blieben für die Weiterentwicklung der Elementarpädagogik jedoch unberücksichtigt. Die pädagogischen Konzepte der Einrichtungen, die in Owens Nachfolge in England entstanden, waren eindeutig von einem Menschenbild, das den Bedürfnissen der Arbeitgeber entsprach, geprägt. Sie stellten eine erste Etappe der Arbeitsqualifikation dar (vgl. Friedl 1979, S. 15).

In der von Samuel Wilderspin (1791–1866) 1820 errichteten Kleinkindereinrichtung hatten gesellschaftsverändernde Ideen ebenso keinen Platz. Ihm ging es darum, „Kinder des Proletariats mit dem frühkapitalistischen System zu versöhnen" (Konrad 2004, S. 34), um damit die drohende Revolutionsgefahr zu bannen. Die 1825 vom reichen Bürgertum gegründete „Infant School Society" förderte Wilderspins Ideen (vgl. ebd., S. 36). In Wilderspins Infant Schools standen körperliche Ertüchtigung, das Vermitteln von elementaren Rechen-, Lese- und Schreibkenntnissen, etwas Geschichte, Geometrie und Naturkunde sowie biblische Studien im Mittelpunkt. Das „Freie Spiel" wurde „allenfalls in der Mittagspause gepflegt" (ebd., S. 35). Ein Lehrer hatte 120 Kinder zu unterrichten; um aber dennoch gute Lernergebnisse zu erzielen, entwickelte Wilderspin ein „Helfersystem", bei dem ältere Kinder zur Anleitung von jüngeren Kindern herangezogen wurden (vgl. Aden-Grossmann 2011, S. 19). Ungeachtet der Tatsache, dass Wilderspins Einrichtungen vielmehr einer Schule als einer Betreuungsmöglichkeit für jüngere Kinder entsprachen, verbreiteten sich seine Ideen bei GründerInnen von Bewahranstalten in ganz Europa (vgl. Konrad 2004, S. 36).

Im heutigen Deutschland sind es die sogenannten Philanthropen, die im letzten Drittel des 18. Jahrhunderts mit neuen pädagogischen Ideen einen entscheidenden Platz in der Ideengeschichte der elementaren Bildungseinrichtungen einnehmen. Sie vertraten die Auffassung, dass alle Kinder, unabhängig von ihrer Herkunft, zu eigenem Denken und nützlichem Handeln erzogen werden sollten. Der AdressatInnenkreis, den die Philanthropen mit ihren pädagogischen Ideen erreichen wollten, war das vorindustrielle Bürgertum, das inmitten der Feudalgesellschaft nach ökonomischem und politischem Einfluss strebte (vgl. Reyer 2015, S. 72). Bekannteste Vertreter sind Christian Heinrich Wolke

(1741–1826) und Joachim Heinrich Campe (1746–1818). Während Campe sich in seinen Werken, die sich mit Früher Bildung beschäftigen, ausschließlich an Mütter wandte (Franke-Meyer/Reyer 2015, S. 51–53), geht Christian Heinrich Wolke davon aus, dass Familien aus allen gesellschaftlichen Schichten mit der Erziehung von Kindern überfordert wären und plädiert für außerfamiliäre Einrichtungen: für die jüngsten Kinder gemeinsam mit ihren Müttern – vergleichbar mit heutigen Eltern-Kind-Gruppen – für die älteren mit dafür eigens geschultem Personal (vgl. Franke-Meyer/Reyer 2015, S. 55–56). In seinem Werk „Kurze Erziehungslehre oder Anweisung zur körperlichen, verständlichen und sittlichen Erziehung anwendbar für Mütter und Lehrer in den ersten Jahren der Kinder" taucht der Begriff „Bewahranstalt" erstmals auf. In Kapitel XVIII stellt er einen „Plan und Vorschlag zu einer Bewahr- und Vorbereitanstalt für junge Kinder beiderlei Geschlechts, während drei bis vier Jahre vor ihrem Eintritt in die Schule" vor (vgl. Wolke 1805, S. 205). Die Ausrichtung der Anstalt beschreibt er klassisch im Spannungsfeld zwischen Sorge und Bildung. Es gilt in solchen Einrichtungen also, sowohl die Kinder vor allem „Schädlichen, Tadelhaften, Unrichtigen, Unwahren und Irrigen zu bewahren" als auch „ihr Sprech- und Denkvermögen zu entwickeln, sie mit den allernöthigsten Kenntnissen zu versehen, und sie gehörig vorbereitet der Schule zu übergeben" (Wolke 1805, S. 205). Zukunftsweisend sind zudem Wolkes Überlegungen, Kinder entsprechend ihrem Alter unterschiedlichen Einrichtungen und unterschiedlichen Berufsgruppen zuzuweisen. Seine Anstalt bestand aus zwei Abteilungen: die Bewahranstalt für die sogenannten „Bewahrlinge" – Kinder zwischen drei und fünf Jahren – und die Vorbereitschule für die „Lerninge". Die Bewahrlinge wurden von „Bewahrerinnen" und die Lerninge von „Belehrpersonen" beaufsichtigt. Die Bewahrerinnen hatten zwar noch keine formale Ausbildung, ähnelten aber den später in den Fröbel-Seminaren ausgebildeten Kindergärtnerinnen (vgl. Wolke 1805, S. 207 ff.; Franke-Meyer/Reyer 2015, S. 60). Auch dem Raum wurde große Bedeutung beigemessen und so die Räumlichkeiten unterschiedlich möbliert. Die Räume der Bewahrlinge waren auf das Spielen ausgerichtet, die der Lerninge sollten auf verschiedene Handwerksberufe vorbereiten und zum „Vervollkommnen und Schärfen der Sinne" beitragen. Die dafür eingerichteten Räume bezeichnete er als „Denklehrzimmer" (vgl. Wolke 1805, S. 207 ff.; Franke-Meyer 2011, S. 63; S. 269; Reyer 2015, S. 78 f.).

Umgesetzt wurden Wolkes Ideen 1802 von Fürstin Pauline zu Lippe Detmold in der sogenannten „Aufbewahrungsanstalt kleiner Kinder", die als erste Einrichtung der öffentlichen Kleinkinderziehung in Deutschland gilt (Berger 2016, S. 16) und von der auch Wolke in seiner „Erziehungslehre" berichtet (vgl. Wolke 1805, S. 219). Ihr Anliegen war es, Müttern zu ermöglichen, einer außerhäuslichen Beschäftigung nachzugehen – also mit heutigen Begriffen die Vereinbarkeit von Familie und Beruf zu gewährleisten. So schreibt die Fürstin, um zur Gründung von Bewahranstalten anzueifern „wie manches bedrängte

Weib wäre ihrer peinlichsten Sorge entlastet, könnte den Ihrigen durch fleißige Arbeit und unermüdliche Geschäftigkeit zu weiterem Emporkommen recht viel sein, wenn die Pflege ihrer Kinder bis zum 4. Jahre es nicht verhinderte. Manche Mutter muss die Kinder verlassen und lebt nun im Kampf zwischen Brotsorgen und Angst, wie es ihren armen Kindern gehen wird, während sie ferne ist. Manche betrachtet ihre Kinder als Bürde und Unglück" (Pauline zu Lippe Detmold zit. n. Fellner 1918, S. 189).

Berger geht jedoch davon aus, dass diese Bewahranstalt nicht die erste außerfamiliäre Einrichtung für Kinder unter sechs Jahren war, sondern dass es bereits 1732 solche Einrichtungen für die Kleinkinderziehung in der „Herrnhuter Brüdergemeinde" gegeben hat. In den weiteren Jahrzehnten entstanden „Spielschulen" und „Kleinkinderschulen" für Kinder aus wohlhabenden Bevölkerungsschichten. So ist beispielsweise überliefert, dass Johann Wolfgang von Goethe und seine Geschwister die „Spielschule der Maria Magdalena Hoff" in Frankfurt besuchten (vgl. Berger 2016, S. 17).

In den Niederlanden und in Belgien gründete man nach dem Vorbild Oberlins und Wilderspins sogenannte Spielschulen, in die Kinder, sobald sie laufen konnten, geschickt wurden. „Zehn, zwanzig und mehrere Kinder von gleichem Alter und Stande wurden mit kleinen Beschäftigungen unterhalten. Hier lernen sie spielend buchstabieren, lesen, kleine moralische und geistliche Lieder, Stricken und dergleichen. Spielen blieb jedoch immer die Hauptbeschäftigung" (Konrad 2004, S. 41). In Italien wurden diese Einrichtungen „Kinderasyle" genannt – noch heute wird im Italienischen der Begriff „Asilo" für Kindergarten verwendet. Die Verbreitung der Konzepte liefert einen Hinweis dafür, dass die pädagogische Szene dieser Zeit europaweit gut vernetzt war (vgl. ebd., S. 41).

3 Die Entwicklung der österreichischen Kinderbetreuungseinrichtungen bis zum Ende des Ersten Weltkriegs

Bildung für Kinder im vorschulpflichtigen Alter wurde auch nach der Einführung der allgemeinen Unterrichtspflicht in der Habsburgermonarchie nicht als Aufgabe des Staates betrachtet. Die Errichtung und Erhaltung von Bewahranstalten waren ganz entscheidend von karitativen Vereinen, WohltäterInnen aus der Adelsschicht oder dem wohlhabenden Bürgertum abhängig und von der katholischen Kirche kontrolliert wurden (vgl. Gary 2006, S. 32–33). Die Einrichtung von Bewahranstalten ist also zunächst im Kontext der Armenfürsorge zu betrachten. Im Laufe des 19. Jahrhunderts ist eine generelle Bevölkerungszunahme zu verzeichnen, nicht zuletzt durch medizinische und technische Fortschritte sowie durch den Rückgang der Kindersterblichkeit. Die Städte begannen noch stärker zu wachsen als bisher: „Wien zählte im Jahr 1818 224 000 Einwohner, dreißig Jahre später, 1852, war die Zahl auf 431 000 angestiegen" (Mazohl 2016, S. 378). Die Agrarkrise verformte die Migrationswellen aus den ländlichen Gebieten aller Kronländer zum „Migrantenstrom". Missernten, unausgewogene Verteilung von Grund und Boden, Preisverfall von landwirtschaftlichen Produkten durch billige Importware, z. B. Getreide aus den USA, bedingten eine Pauperisierung der Landbevölkerung (vgl. Maderthaner/Musner 2000, S. 38–41). Zeitgleich wurden große Manufakturen und Fabriken rund um die Städte errichtet. Die Folgen waren Überbevölkerung, enge Wohnverhältnisse bei steigenden Mieten, Lebensmittelengpässe, Kriminalität, schlechte Arbeitsbedingungen für die arbeitende Bevölkerung und schlechte hygienische Versorgung. Waren beide Elternteile sowie die Geschwister erwerbstätig, blieben die jungen, noch nicht arbeitsfähigen Kinder die meiste Zeit sich selbst überlassen und bedurften Betreuung.

Gräfin Theresia Brunswick-Korompa (1775–1861) gründete in Krisztinastadt nahe der Ofener Burg im heutigen ersten Bezirk von Budapest „in ihrem eigenen Hause" die erste Bewahranstalt auf Habsburgischem Boden und setzte den Lehrer Matthäus Kern, der später auch in der Anstalt von Wertheimer wirkte, als pädagogische Leitung ein (vgl. Verein für Kindergärten in Österreich 1887, S. 9). Ihr Ziel war es, Kinder aus vorrangig armen Familien zwischen dem zweiten und sechsten Lebensjahr auf der Grundlage von Frömmigkeit und Sittlichkeit zu erziehen. Sie bezeichnete diese Anstalt als „Angyalkert", d.h. „Engelsgarten". Die Gräfin, die in Ungarn als Wegbereiterin der Frauenerziehung gilt (vgl. Lipóczi 2011, S. 62), hatte sich zum Ziel gesetzt, sich „aller bedürftigen Kinder, die von der göttlichen Vorsehung zu ihr geführt werden, anzunehmen" (Hornyák 2002, S. 7). Auf pädagogischen Reise durch Europa besuchte sie Pestalozzi in der Schweiz und die Kleinkindschulen in London (vgl. Hornyák 2002, S. 7). Nach ihrer Rückkehr nach Ungarn kontaktierte sie den Wiener Kaufmann Josef Ritter von Wertheimer (1800–1887), der sich in Wien zur selben Zeit um Genehmigung zur Errichtung von Bewahranstalten nach Wilderspins Vorbild bemühte. In der 1887 erschienenen „Geschichte der Kinderbewahranstalten und Kindergärten", ein Beitrag zur pädagogischen Schriftensammlung „Erziehung, Unterricht, Schulwesen", erfährt man Folgendes über Wertheimer: „Josef Ritter von Wertheimer genoss in seiner Kindheit eine sehr sorgfältige Erziehung und den Unterricht tüchtiger Lehrer. Obwohl Kaufmann und in seinem Berufe von strenger Pünktlichkeit und Pflichttreue, fand er dennoch Muße, an seiner Weiterbildung unausgesetzt zu arbeiten und sogar einen Curs über Pädagogik zu hören" (Verein für Kindergärten in Österreich 1887, S. 7). Wertheimer, der auf seinen Reisen durch Deutschland, Italien, Frankreich und England Wilderspins Kleinkinderschulen kennenlernte (vgl. ebd., S. 8), war von Wilderspins Ideen überzeugt. Er gab die deutsche Ausgabe „Über die frühzeitige Erziehung der Kinder und die englischen Kleinkinderschulen" zunächst auf eigene Kosten heraus und ergänzte sie mit eigenen Überlegungen. Wertheimers Anliegen war es, armen und benachteiligten Kindern Pflege und Bildung zukommen zu lassen und wählte dafür die Kleinkinderschulen als Vorbild. Mit der Begründung, dass in den Armenvierteln Wiens doppelt so viele Kleinkinder starben, verunglückten, verkrüppelt oder krank waren als in den wohlhabenderen Stadtteilen, beantragte er bei der Regierung die Schaffung von Bewahreinrichtungen. Die Regierung ließ dieses Ansuchen von 32 Pfarrämtern Wiens begutachten, doch lediglich zwei Pfarrer befanden dieses Ansinnen für richtig. Einer davon war der Pfarrer Johann Lindner am Rennweg im dritten Wiener Gemeindebezirk. In ihm fand Wertheimer einen Förderer seiner Idee und 1830 gelang es den beiden, die erste Kinderbewahranstalt in Wien zu eröffnen (vgl. Verein für Kindergärten in Österreich 1887, S. 9; Wertheimer 1858, S. 3). Kaiserin Caroline Auguste, die Ehefrau von Kaiser Franz I., die die pädagogischen Ideen Wertheimers anfänglich unterstützte, hegte jedoch bald den Verdacht, dass die Kinder der ärmeren Schichten in diesen Einrichtungen durch zu viel Aufklärung und Bildung ihr eigenes Los erkennen würden und sich gegen die Regierung auflehnen könnten. „Ich fürchte nur, dass die in solchen Schulen gebrachten Kinder die Liebe zu ihren Eltern verlieren, indem sie mehr Annehmlichkeiten des Lebens kennen lernen und empfangen, als in ihrem väterlichen Hause. Mit der Erschütterung der kindlichen Liebe geht aber auch jene an die Regierung verloren" (Kaiserin Caroline Auguste zit. n. Berger 2004, S. 3). Zum Zweck der Gründung und Überwachung weiterer Einrichtungen wurde 1831 vom erzbischöflichen Consortium ein Hauptverein bzw. „Centralverein" für Kinderbewahranstalten ins Leben gerufen. Präsident des Vereines wurde der Fürsterzbischof von Wien, der wiederum Verantwortliche aus den eigenen Reihen in die Ämter, z. B. als Leitung den Schuloberaufseher und Domherr August Turczan, einsetzte. Damit bekam die Kirche sozusagen das Kontrollrecht der Anstalten und Kaiserin Caroline Auguste wurde auf die „Vorbitte des Fürst Erzbischofs hin zur obersten Schutzfrau der Kinderbewahranstalten" (Wertheimer 1858, S. 4–5; Verein für Kindergärten in Österreich 1887, S. 10). Aus diesem Hauptverein der Kinderbewahranstalten entwickelte sich später 1874 der allgemeine „Kindergarten-Verein" (vgl. Gary 2006, S. 38). So bildeten sich die Bewahranstalten zu fixen - wenn auch nach wie vor auf private Spenden angewiesenen - Institutionen heraus (vgl. Wertheimer 1858, S. 5). In einem Reisebericht aus dem Jahre 1840 von Johann Christoph Kröger, einem deutschen Pädagogen und Theologen, wird die Situation in Wien so beschrieben, dass bereits 900 Kinder in sechs Einrichtungen betreut werden. In diesem Zeitdokument wird auch die Gründung der ersten Bewahranstalt durch die Gräfin Brunswick verzeichnet sowie die Gründung weiterer Einrichtungen in Wien und in allen größeren Städten der Monarchie (vgl. Kröger 1840, S. 85). Ab 1830 wurden in den darauffolgenden zwei Jahrzehnten in Graz, Linz, Tirol, Kärnten und Niederösterreich Einrichtungen nach dem Wiener Vorbild wie erwähnt von „wohltätigen" Vereinen, Privatpersonen oder der katholischen Kirche nahestehenden Einrichtungen gegründet (vgl. Heckel 1969, S. 14–16). Aus Berichten der ersten beiden Bewahranstalten in Klagenfurt 1834 geht deutlich hervor, dass auch bei diesen Gründungen schon nach Gesellschaftsschicht der Zöglinge unterschieden wurde. Die Begründung zur Errichtung einer zweiten „entgeltlichen" Bewahranstalt für Kinder aus wohlhabenden Kreisen war nämlich, dass „erstere an sich nur für Kinder aus der armen Klasse bestimmt und den Wünschen bemittelter Eltern, ihre Kinder verlässlicher und verständiger Leitung zu vertrauen, wegen Mangel an Raum nicht mehr Befriedigung bot" (Kuchar/Niegl/Wurst 1997, S. 20). In Vöcklabruck in Oberösterreich eröffnete der Ordensgründer der Franziskanerinnen, Sebastian Schwarz (1809–1870), im Jahre 1842 mit zwei jungen Frauen eine Kinderbewahranstalt für Zwei- bis Sechsjährige (vgl. Franziskanerinnen Vöcklabruck o.J.). Im Jahre 1843 gründete Wertheimer die erste israelitische Kleinkinder-Bewahranstalt, da jüdische Kinder sehr unter dem immer stärker aufkommenden Antisemitismus in Wien zu leiden hatten und außerdem kaum andere Betreuungsplätze fanden (vgl. Wertheimer 1858, S. 3; Berger 2004, S. 3). Die Halleiner Schulschwestern errichteten 1844 die erste Kinderbewahranstalt für die Kinder der Salinenarbeiter. In der Stadt Salzburg entstand eine Kinderbewahranstalt 1844 „auf Anregung feiner Damen und unter Mitwirkung der Geistlichkeit" (Engelbrecht 1984, S. 99). Nach 1848 wurden Bewahranstalten auch von Gemeinden errichtet, obwohl das Unterrichtsministerium den privaten Charakter dieser Anstalten wiederholt betonte (vgl. Engelbrecht 1984, S. 100). In dem bereits erwähnten Beitrag zur „Geschichte der Kinderbewahranstalten und Kindergärten“ von 1887 wird dokumentiert, dass seit 1871 in der gesamten Donaumonarchie bereits 20 774 Kleinkinder betreut wurden, es aber trotz guter Erfahrungen zu der Zeit noch immer nicht gelungen war, genügend Einrichtungen zu schaffen, und der früher wahrgenommene „Übelstand der Überfüllung und das Missverhältniss zwischen der Anzahl der Betreuungspersonen und der Zöglinge sich noch weiter verschlechtert hat“ (Verein für Kindergärten in Österreich 1887, S. 12–13). Zur Aufenthaltsdauer und den Beschäftigungsangeboten in Bewahranstalten ist 40 Jahre nach Entstehung der ersten Einrichtungen im „Bericht über den Zustand der Kinderbewahr-Anstalten Wiens und Umgebung im Jahre 1873“ zu lesen: „Die Kinder besuchen die Anstalten an den Wochentagen, und zwar von 7 bis 12 Uhr Vormittag und von 1 bis 7 Uhr Nachmittag im Sommer, im Winter von 8 bis 12 und von 1 bis 6 Uhr abends. Im Sommer bringen sie diese Zeit im Garten oder auf ihren Spielplätzen im Freien zu, und werden dort unter der Aufsicht mütterlicher Wärterinnen bewahrt und ihren Kräften und Fähigkeiten angemessen beschäftigt. Sie werden so schon frühzeitig an Gehorsam, Ordnung und Reinlichkeit gewöhnt, während die Eltern unbesorgt ihrem Broterwerbe nachgehen können und nicht bemüßigt sind, zur Wartung der kleinen ein größeres Kind seiner Schulpflicht zu entziehen. Überdies werden dadurch viele Unglücksfälle verhindert, die bei sich selbst überlassenen, in der Wohnung allein abgesperrten Kindern so häufig vorkommen! – Die Mädchen erhalten den ersten Unterricht im Stricken und Häckeln, wozu vom Central-Vereine und anderen Wohlthätern die Strickwolle beigeschafft wird, so zwar, dass sehr viele arme Kinder mit warmen Strümpfen, Jäckchen und dgl. versehen werden können“ (Central-Vereins-Kanzlei 1874, S. 3–4).

3.1 Die pädagogische Arbeit in den Kinderbewahranstalten

Die Ausrichtung und Funktion von Bewahranstalten in Österreich ist, wie auch bei den anfangs erwähnten Bewahranstalten in anderen europäischen Ländern, nicht eindeutig zu beantworten. Einig waren sich alle Trägerschaften darin, dass man sich jener Kinder annehmen müsse, deren Eltern zur außerhäuslichen Arbeit gezwungen waren. Eine weitere Gemeinsamkeit war das Ansinnen aller GönnerInnen und FürsprecherInnen, diese von Verwahrlosung und Kriminalisierung bedrohten Kindern zu gehorsamen, gesitteten und arbeitsamen, aber auch zu selbstständig denkenden Menschen – im Sinne des Staates – zu erziehen. In der Übersetzung Wilderspins von Wertheimer ist zu diesem Thema zu lesen: „Die Wegnahme der Kinder aus den Straßen dürfte aber auch das beste Mittel seyn, um den Verbrechen, welche jetzt so herrschend sind, künftig vorzubeugen. Ist es den Kindern einmal gelungen, eine Pflaume oder einen Apfel zu mausen, so werden sie nicht dabei stehen bleiben, sondern einen zweiten

Versuch unternehmen; und so werden sich viele im Bösen verhärten, bevor sie das siebente Jahr erreicht haben, in welchem sie dann die Straße sowohl der Schule, als jeder nützlichen Beschäftigung weit vorziehen werden" (Wilderspin 1828, S. 3).

Auch in der Ansprache, die anlässlich der Eröffnung einer Kleinkinder-Bewahranstalt 1831 in der Gemeinde Hernals gehalten wurde, tritt der Bewahrcharakter deutlich in den Vordergrund. „Kleinkinder-Bewahranstalten sollen die Stelle armer, durch Geschäfte und Arbeit verhinderter Aeltern vertreten, damit die kleinen, in dem zarten Alter von zwey bis fünf Jahren stehenden Kinder derjenigen, die ihr Brot im Schweiße ihres Angesichtes außer ihrem Hause mühsam verdienen müssen, vor körperlichen Schaden und vor geistigem Unglücke bewahret werden. Das ist der Zweck dieser Anstalten. Sie sollen bewirken, daß der Körper kleiner Kinder aus Mangel an Aufsicht nicht verkrüpple, und daß, was noch weit mehr ist, die Seele keinen Schaden leide" (Pletz 1831, S. 4–5). Weiters erfahren wir aus dieser Rede auch den sozial-erzieherischen Auftrag der Bewahranstalt. So steht darin, dass Kinder in diesem Alter noch gut zu biegen sind und es daher gut gelingt, ihren Willen zu brechen. Dies sei notwendig, da bereits bei Vierjährigen der Keim des Eigenwillens die Seele verderbe und später dazu führen könne, dass gegen Zucht und Ordnung und sogar gegen Vaterland und Kaiser rebelliert wird. Zum Abschluss wird an die christliche Gemeinde appelliert, dass die anvertrauten Kinder ans Gehorchen gewöhnt werden müssen und zu Tugend, Religiosität und Liebe zu den Eltern und zum Vaterlande erzogen werden müssen, um den ihnen von der „Vorsehung" zugewiesenen Platz in dieser Gesellschaft ausfüllen zu können (vgl. ebd., S. 6 ff.).

Als pädagogisches Personal fungierten ein Lehrer als Leitung und Kinderbewahrerinnen. In den ersten Anstalten von Gräfin Brunswick wurde neben dem fürsorgerischen Aspekt auch dem Unterricht nach schulischem Vorbild bei einem „kasernenmäßigen Tagesablauf" großer Stellenwert beigemessen und vor allem nach Wilderspins Vorbild der Infant School gearbeitet (vgl. Berger 2016, S. 19). Wilderspin fokussiert in seinen Schriften die frühe intellektuelle Förderung von Kindern wobei er davon ausging, dass „bevor man die Kunstkräfte des Lesens, Schreibens und Rechnens bildet, die Grundfähigkeiten der Anschauung, des Nachdenkens und des Sprechens entwickelt werden müssen; denn nicht minder als bei den physischen Operationen ist es auch bei den geistigen höchst nothwendig, ein sicheres Fundament zu legen, bevor die Arbeiter das Gebäude aufrichten, weil sonst Sturm und Wetter es bald niederreißen würden" (Wilderspin 1828, S. 13). Betont wird dabei der Unterschied des Lernens in der Schule von der in der Kleinkinderschule: „Der Geist, welcher diese Anstalten beseelt, unterscheidet sie merklich von den Nationalschulen; der Hauptgrundsatz in den Klein-Kinder-Schulen ist Liebe. Es muß das stete Bestreben des Lehrers seyn, sich die Herzen der Kinder zu gewinnen, und seinen Willen zu dem ihrigen zu machen; ihre Aufmerksamkeit muß durch äußere

Gegenstände erregt werden, und durch einen Unterricht, der nur dem Anschein nach unbedeutend ist, müssen sie zu einer Gewohnheit des Aufmerkens und Nachdenkens gelangen, von welcher die wohlthätigsten Folgen zu erwarten sind. Die Nationalschulen hingegen schwächen die Seelenkräfte, indem sie die Kinder nöthigen, ihr Gedächtniß mit den Wahrnehmungen Anderer anzufüllen, wovon die armen Kleinen oft das Wenigste verstehen. Nie werden diese zum selbstständigen Denken aufgemuntert, und dieß, ist ein Grundübel, welches die traurigsten Folgen nach sich ziehen muß" (ebd., S. 14). In weiteren Kapiteln des Buches kommen die unterschiedlichen Bildungsbereiche – Rechnen, Sprechen, Formenlehre – in den Blick. In Kapitel zehn und elf beschreibt er die Notwendigkeit des Anschauungsunterrichtes durch sinnliche Erfahrung des Herstellens von unterschiedlichen Konstruktionen aus unterschiedlichem Material, aber auch aus Bildern. Dabei schlägt er vor, dass die Kinder lernen, indem sie sich von einem Bild zum anderen bewegen, um dabei z. B. das Buchstabieren oder Geschichten aus der Bibel zu verstehen (vgl. ebd., S. 72–84).

Die Rolle und die wichtigsten Eigenschaften einer Lehrkraft werden in Kapitel sechs beschrieben – Wilderspin adressiert bereits beide Geschlechter, also Lehrer und Lehrerinnen. Er betont, dass „die besten Lehren unwirksam bleiben", wenn die Lehrpersonen den Zöglingen nicht stets mit gutem Beispiel vorangehen (vgl. Wilderspin 1828, S. 60). Dabei beruft er sich auch auf Locke, der die Seele des Kindes mit einem unbeschriebenen Blatt Papier vergleicht. „Wenn es des Erziehers Beruf ist, auf dieses Blatt unauslöschliche Lehren zu schreiben, so wird viel Geduld, Sanftmuth, Beharrlichkeit, Selbstbeherrschung, Kenntniß der menschlichen Natur, und vor allem Religiösität erfordert, um ein so großes Werk zu vollbringen" (ebd., S. 57). Diese Eigenschaften gesteht er eben auch Frauen zu und bekräftigt damit den Berufsstand der weiblichen Erzieherin: „Regsame, denkende Frauen können der geistigen Entwicklung dieser Kleinen ebenso gut vorstehen, als Männer, die ihnen nur in der physischen Kraft überlegen sind" (ebd., S. 60).

Letztendlich war er der Meinung, dass Kinder in diesem Alter vor allem Liebe und Zuneigung brauchen. „Wird der Keim des Guten nicht gelegt, so kann er sich auch nicht entfalten, und das Gemüth des Kindes, ja des Menschen überhaupt, läßt sich wohl mit einem Garten vergleichen, der, wenn er nicht gewartet wird, sich bald mit Unkraut aller Art anfüllt; und so wie dieses, fasst auch das Unkraut, das sich in die Seele drängt, die tiefsten Wurzeln, läßt keine gute Neigung und Gesinnung aufkommen und erstickt selbst das Gewissen" (ebd., S. 11).

Aus Wilderspins Übersetzung von Wertheimer lässt sich ein Auftrag nach altersgemäßer „Beschulung" jüngerer Kinder gut nachvollziehen, ebendies gilt für den pädagogischen Leitfaden Leopold Chimanis.

Im Jahr 1832 wurde der Schriftsteller und Pädagoge Leopold Chimani (1774–1844) vom Hauptverein für Kinderbewahranstalten beauftragt, eine theoretische Grundlage für die pädagogische Arbeit in den Anstalten zu verfassen. Laut dem „Wurzbach", eine Art historisches „Who is Who" des Kaisertums Österreich, war Chimani zu dieser Zeit ein angesehener Verfasser von Jugendschriften (vgl. Von Wurzbach 1857, S. 342). Den Posten des Direktors der Haupt- und Industrieschule Korneuburg musste er aus Gesundheitsgründen aufgeben und erhielt danach die Stelle eines Administrators des „Schulbücher-Verschleißes", eine Einrichtung, die alle in den Schulen verwendeten Bücher zentral verwaltete. Ab diesem Zeitpunkt verfasste Chimani zahlreiche historische, naturkundliche und moralische Erzählungen und Bücher für Kinder und Jugendliche, die oftmals reich bebildert sowie teilweise auch mit Spielbeilagen im Verlag von Heinrich Friedrich Müller herauskamen und als Höhepunkt der Kinderbuchproduktion des Biedermeier in Wien gelten (vgl. Pohlmann 2011, S. 75 ff.).

Die Zielgruppe der pädagogischen Auftragsschrift waren allerdings Erwachsene. Der „Theoretisch-praktische Leitfaden für Lehrer in Kinder-Bewahranstalten" gilt als erstes detailliertes Curriculum zur Arbeit in den österreichischen Kinderbewahranstalten. Bei der Verschriftlichung ging es sowohl darum, den in den Bewahranstalten tätigen „Lehrern und Aufseherinnen" (Chimani 1832, S. II) mehr Orientierung für ihre täglichen Aufgaben zu geben, als auch KritikerInnen der Einrichtungen positiv zu beeindrucken (vgl. Franke-Meyer 2011, S. 39). Ein Blick in das Inhaltsverzeichnis zeigt die umfangreichen Aufgaben des Personals in den Bewahranstalten. Der Autor gibt Anregungen zur körperlichen Entwicklung und Ertüchtigung, zur Entwicklung des Erkenntnisvermögens, des Gehörsinns und des Anschauungsvermögens sowie zur religiösen, moralischen und sittlichen Erziehung der Kinder durch Gesang, Gebet und Geschichten. Ebenso findet sich ein Vorschlag für eine Einteilung der Stunden in der Praxis, Anleitungen für Spiele, Handarbeiten und andere kleinere Beschäftigungen, zu denen auch Gartenarbeit gehört, denn die „[...] Kinder, welche die Bewahranstalten besuchen, werden mehrentheils durch die Arbeit ihrer Hände einst ihren Unterhalt sich verdienen müssen" (Chimani 1832, S. 27). Lehrer und Bewahrerinnen werden zudem im Vorwort darauf hingewiesen, das Alter der Kinder immer angemessen zu berücksichtigen, da jedes „weitere Vorschreiten im Entwickeln" und das Erlernen „unnützer und unverständlicher Worte" eine „schädliche Frühreife hervorbringe" und „ein eitles und für die künftigen Entwicklungsstufen der Kinder schädliches Treiben sei" (Chimani 1832, S. III). Trotz dieser fast fortschrittlichen Ansätze muss jedoch betont werden, dass Chimani selbst eine Bildung von Kindern aus den unteren Volksschichten eigentlich als überflüssig bewertete (vgl. Franke-Meyer 2011, S. 41).

Zusammengefasst lässt sich sagen, dass ab der Wende zum 19. Jahrhundert in vielen europäischen Ländern außerfamiliäre Betreuung für Kinder vor dem Schuleintritt erstmals in den Blick kommt. Die Errichtung der verschiedenen Einrichtungen erfolgte aus den unterschiedlichsten gesellschaftspolitischen

Interessen. Die Bewahranstalten waren vom sozialpolitischen und -reformerischen Geist des engagierten Bürgertums geprägt. In diesen Einrichtungen wurde gemeinsam mit der Kirche versucht, Proletarierkinder aus ihrem „Elend" zu befreien und zu gehorsamen BürgerInnen zu erziehen. Nicht nur zum Wohle der Kinder, sondern auch zum Erhalt von Recht, Moral, Sitte und Ordnung im Staat. Der karitative Gedanke in Verbindung mit den Wünschen der Bourgeoisie nach brauchbaren Arbeitskräften wurde zur pädagogischen Grundlage für die Bewahranstalten. Erziehungsansätze, die neben den Tugenden des Fabrikarbeiters auch auf die Vermittlung von Fähigkeiten, Kenntnissen und Verhaltensweisen, die zur Entfaltung der Persönlichkeit beitragen sollten, setzten sich nicht durch. Noch war die Arbeiterklasse nicht stark genug, um der Bourgeoisie die nötigen finanziellen Mittel für eine humane Erziehung von Proletarierkindern abzuringen (vgl. Heinsohn 1974, S. 34; Aden-Grossmann 2011, S. 18). Emanzipatorische Bestrebungen, Kinder aus dem Proletariat zu gebildeten und selbstbewussten Menschen zu erziehen, rückten erst mit dem Entstehen der Arbeiterparteien Ende des 19. Jahrhunderts wieder in den Vordergrund. Zugleich entwickelte das Bürgertum zunehmend Interesse an familienergänzenden Bildungsangeboten und es entstanden Kleinkinderschulen für Kinder aus dem aufstrebenden Bürgertum, dessen Frauen nicht zur Erwerbsarbeit gezwungen waren und die sich für ihre Kinder „den Luxus eines pädagogischen Schutz- und Schonraumes leisten konnten" (Konrad 2004, S. 17; Gary 1995, S. 9). Nicht zuletzt wurden auch Einrichtungen zur besseren Vereinbarkeit von Familie und Beruf gegründet. So begannen sich die beiden bis heute bestehenden Stränge öffentlicher Kleinkinderziehung – einerseits Bewahren, andererseits Erziehen und Fördern – abzuzeichnen (vgl. Heinsohn 1974, S. 16). Im Habsburgischen Österreich ist eine Gründungswelle von Bewahranstalten zu verzeichnen, deren erzieherischer Charakter sich aber in den zeitgenössischen Quellen nicht eindeutig fassen lässt. Auch die Abgrenzung zu anderen Einrichtungen, wie der Kleinkinderschule, gestaltet sich schwierig (vgl. Gary 1995, S. 9).

Einen zeitgenössischen Einblick der unterschiedlichen Typen von Einrichtungen gibt Alois Fellner, Schulinspektor und Direktor der Wiener Kindergärtnerinnen-Bildungsanstalt, in seinem „Wegweiser bei Gründung und Führung dieser Kleinkinder-Erziehungsanstalten" von 1892 wie folgt: „1. Die Krippe (creche), 2. die Bewahranstalt, 3. der Kindergarten, 4. das Kinderasyl und 5. der Volkskindergarten." (Fellner 1892, S. 12). Die Krippe definiert er als Betreuungseinrichtung für Kleinkinder von zwei Wochen bis drei Jahren, deren Eltern beide „außer dem Hause" arbeiten. Laut Fellner wurde die erste österreichische Krippe 1849 in Wien vom Arzt Carl Helm gegründet, die sogenannte Breitenfelder-Kinderkrippe (vgl. Fellner 1892, S. 26; vgl. Pölzl-Stefanec 2017, S. 57). Der Begriff selbst geht zurück auf die Krippe, in der das Jesuskind liegt. Der Zweck war vor allem, die Erwerbstätigkeit der Mütter von Anfang an wieder zu gewährleisten und zugleich auch die Säuglingssterblichkeit zu senken. Pölzl-Stefanec gibt jedoch zu bedenken, dass das Personal in den Krippen dafür keine spezielle verpflichtende Qualifikation nachweisen musste. Bestenfalls hatten die „Kindswärterinnen" die Ausbildung im Bildungsinstitut für Kindswärterinnen in Wien Wieden bzw. im St. Anna-Kinderspital durchlaufen. Häufig wurden einfach Witwen, Ordensschwestern, Säuglings- oder Kinderkrankenschwestern zur Betreuung eingesetzt. Trotzdem gab es in den 1860er Jahren in Wien bereits sieben Kinderkrippen (vgl. Pölzl-Stefanec 2017, S. 35). Als Folgeeinrichtung der Krippe empfiehlt Fellner den Volkskindergarten, der die Kinder betreut, sie mit Mahlzeiten versorgt, aber auch im Sinne Fröbels erzieht und somit als eine Verbindung zwischen Bewahranstalt und Kindergarten betrachtet werden kann. Das Kinderasyl stellt er als Einrichtung dar, die Waisen, verlassene Kinder oder Kinder, die ihren Eltern weggenommen wurden, versorgt und erzieht. In der Bewahranstalt steht für ihn die Versorgung von Kindern von drei bis sechs Jahren arbeitender Eltern im Vordergrund, damit diese vor Verletzungen geschützt sind und Mahlzeiten bekommen. Den Kindergarten hingegen beschreibt er als Betreuungsort für Kinder aus der bürgerlichen Schicht für einige Stunden des Tages (vgl. Fellner 1892, S. 12). Die theoretischen Abhandlungen zur pädagogischen Arbeit in den Bewahranstalten lassen jedoch darauf schließen, dass sowohl der Bewahrcharakter als auch die Ideen der Aufklärung, wonach Kinder durch konsequente Erziehung „formbar" wären, zur Anwendung gelangten.

3.2 Die Entstehung des Kindergartens

Zeitgleich zur Entstehung der „Bewahranstalten" in den verschiedenen europäischen Ländern entwickelte Friedrich Fröbel in Deutschland – beeinflusst von den Ideen der Aufklärung und dem Konzept einer natürlichen Erziehung bei Jean-Jacques Rousseau und Johann Heinrich Pestalozzi – ein pädagogisches Konzept der außerhäuslichen Erziehung. Johann Heinrich Pestalozzi fokussierte aktiv einen politischen außerhäuslichen Erziehungsauftrag, der Kinder aus allen Schichten in den Blick nimmt und diese unterstützen soll, selbstständig und selbsttätig durchs Leben zu gehen (vgl. Stumpf 2015, S. 57–60) im Sinne einer ganzheitlichen Erziehung (vgl. Osterwalder 2008, S. 53). Obwohl sein methodisches Grundlagenwerk von 1801 „Wie Getrud ihre Kinder lehrt" eigentlich von der Erziehung eines kleineren Kindes handelt, nehmen Pestalozzis vielfältige Konzepte in weiterer Folge vor allem Einfluss auf das Schulwesen, besonders auf die LehrerInnenbildung und die Lehrmaterialien für den Unterricht (vgl. Osterwalder 2008, S. 61 ff.). Friedrich Fröbels Ideen fanden hingegen vor allem europaweit Verbreitung im Kindergartenwesen, so auch in Österreich. Aus diesem Grund werden seine Lebensgeschichte und seine pädagogischen Ideen etwas ausführlicher dargestellt. Er wurde 1782 in Oberweißbach in Thüringen als sechstes und jüngstes Kind einer Pfarrersfamilie geboren. Seine Mutter starb noch vor Vollendung seines ersten Lebensjahres und seine Stiefmutter – so klagte Fröbel als Erwachsener – habe sich ihm nicht warmherzig und mütterlich zugewandt (vgl. Aden-Grossmann 2011, S. 25). Aus dieser Erfahrung schöpfte er die Erkenntnis, dass die ersten Lebensjahre eines Kindes von großer Bedeutung seien und die Mutter daher als zentrale Person ebenso eine Art Erziehung durchlaufen bzw. pädagogische Unterstützung erfahren müsse (vgl. ebd., S. 25). Nach achtjähriger Schulzeit – für damalige Verhältnisse eine außergewöhnlich lange Schulzeit – absolvierte er bei einem Förster eine Lehre als Feldmesser und begann danach mit dem Studium der Naturwissenschaften an der Universität in Jena. Dieses Studium musste er aus Geldmangel abbrechen und sich stattdessen auf einem großen Hofgut seinen Lebensunterhalt verdienen (vgl. Konrad 2004, S. 81). In den Jahren 1805 und 1806 war er als Lehrkraft an der Pestalozzi-Musterschule in Frankfurt am Main tätig, dies weckte schließlich sein Interesse an der Pädagogik als Konzept. Er besuchte den weit über die Grenzen der Schweiz hinaus bekannten Pädagogen Pestalozzi, um bei ihm studieren zu können. Er fand 1806 die Stelle eines Hauslehrers bei einer Familie mit drei Söhnen und verbrachte mit diesen zwei Jahre in Pestalozzis Heimschule Yverdon. Berger geht davon aus, dass Fröbel sowohl Pestalozzis Gedanken zur Bedeutung der mütterlichen Erziehung weitergeführt als auch dessen Prinzip der Selbsttätigkeit vertieft hat. „Schon damals war sich Fröbel der Notwendigkeit eines die ‚kindliche Eigenaktivität' berücksichtigenden Unterrichts für die ‚früheste Jugendbildung' bewusst, vermochte seine Ideen aber erst viele Jahre später in seinem ‚Kindergarten' zu verwirklichen" (Berger 2000, S. 10). Nach dieser Zeit kehrte er zu den Naturwissenschaften zurück und studierte in Göttingen und später in Berlin alte Sprachen, Physik, Chemie und Mineralogie. Er besuchte aber auch die Vorlesungen der Philosophen Johann Gottlieb Fichte und Friedrich Daniel Ernst Schleiermacher (vgl. Konrad 2004, S. 82; Franke-Meyer/Reyer 2015, S. 198). Fröbels Lebensgeschichte zeigt, dass er sich den Naturwissenschaften und der Pädagogik gleichermaßen zuwandte. Diese Kombination führte ihn zur Ansicht, dass in den Baugesetzen der Natur eine Erklärung für alle Erscheinungsformen der Welt zu finden sei (vgl. Konrad 2004, S. 82). Als er darüber hinaus überraschend für die Erziehung seiner drei vaterlosen Neffen sorgen musste, beschäftigte er sich ab dem Zeitpunkt theoretisch und praktisch ausschließlich mit Erziehungsfragen.

Die erste Einrichtung in der Praxis, die Fröbel 1816 in Keilhau gründete, war eine internatsmäßig geführte Einrichtung namens „Allgemeine Deutsche Erziehungsanstalt". Ab dieser Zeit verfasste er die ersten schriftlichen Abhandlungen, in denen er seine pädagogische Arbeit theoretisch zu begründen begann, die „Kleinen Keilhauer Schriften" (vgl. ebd., S. 83). In seinem 1826 erschienenen Hauptwerk „Die Menschenerziehung" finden sich die für die

Fröbelpädagogik prägnantesten Aussagen zum Spiel und zu seiner Auffassung, dass der Entwicklungsprozess von Kindern autonom ablaufe (vgl. ebd., S. 83). Erziehung hätte laut Fröbel vor allem die Aufgabe, diesen zu begleiten und dessen Unterstützung sowie entsprechende Förderung zu gewährleisten (vgl. Fröbel 1826, S. 5 ff.). Nach der Zeit in Keilhau übersiedelte Fröbel in die Schweiz und leitete ein Waisenhaus mit angeschlossener Elementarschule. Hier fasste er 1831 erstmals den Entschluss zur Erziehung von jungen Kindern in einer Einrichtung. Die sehr detaillierte Bezeichnung dieser Einrichtung „Anstalt zur Selbstbelehrung und Selbstbildung des Menschen, wie zur allgemeinen, so zur in sich einigen Ausbildung, desselben durch Spiele, schaffende Selbsttätigkeit und freitätigen Selbstunterricht, zunächst für Familien und Kleinkinder-Pflegeschulen, für Begründungs- und Volksschulen“ machte seine Absichten deutlich (vgl. Konrad 2004, S. 84).

Nach Deutschland zurückgekehrt, eröffnete er 1837 in Bad Blankenburg in Thüringen die Vorläuferanstalt des Kindergartens – die „Anstalt zur Pflege des Beschäftigungsbetriebes der Kindheit und Jugend“. Hier begann er seine Spielgaben zu entwickeln, für die er später berühmt werden sollte (vgl. ebd. S. 84). Fröbel war davon überzeugt, dass in erster Linie Mütter, Kinder im vorschulpflichtigen Alter erziehen sollten, dass es dazu jedoch einer pädagogischen Anleitung bedurfte. So kam er auf die Idee, die bereits bestehende Einrichtung zu einer Art „Modelleinrichtung“ zur Veranschaulichung seiner Theorien auszubauen. Seine 1840 verfasste Schrift „Entwurf eines Plans zur Begründung und Ausführung eines Kindergartens“ führte schließlich dazu, dass der Begriff „Kindergarten“ internationale Bekanntheit erfuhr (vgl. Konrad 2004, S. 85). Die Wortschöpfung geht im Kern darauf zurück, dass Fröbel Kinder bzw. Menschen als „Gewächse“ betrachtete, die entsprechend zu pflegen und zu erziehen sind, im Einklang „mit sich, mit Gott und Natur“; daher gilt es „für die erste Pflege und Erziehung der Kindheit gleichsam Gärtnerinnen und Gärtner zu bilden“ (Fröbel 1840, S. 8). Die Bezeichnung war bewusst gewählt, um die Lerninhalte, die Beschäftigungsmittel, aber vor allem den Bildungsauftrag des Kindergartens, der erst mit der vollständigen Schulreife endet, vom schulischen Unterricht klar abzugrenzen (Grell 2013, S. 157–158).

3.3 Fröbels Erziehungskonzept

Fröbels Ideen einer familienergänzenden Vorschuleinrichtung für Kinder aus allen Gesellschaftsschichten – auch aus den gehobenen – stießen in Deutschland und den angrenzenden Ländern auf großes Interesse, denn mit der Erstarkung des Bürgertums wuchs auch dessen Bedarf nach Bildungseinrichtungen. So richtete sich der erste Kindergarten in Rudolphstadt in Thüringen an den aufgeklärten Adel und an wohlhabende bürgerliche Mütter, die für die Erziehung ihrer Kinder professionelle Anleitung und Unterstützung für ihre eigenen Bemühungen suchten (Aden-Grossmann 2011, S. 29). Fröbel regte an, Elternvereine zu gründen, um weitere Kindergärten ins Leben zu rufen. Innerhalb weniger Jahre bis 1848 entstanden sieben Kindergärten, und auch einige Bewahranstalten übernahmen das Fröbel-Konzept (Aden-Grossmann 2011, S. 29).

Kritische Stimmen gegenüber Fröbel kamen zum Beispiel von Seiten der staatlichen Ordnungsmacht oder der konfessionellen Träger (vgl. Berger 2016, S. 82). Berger betont, dass das Konzept einer allseitigen und spielerischen Bildung aller kleinen Kinder nicht nur zu liberal erschien, es widersprach auch der Idee, dass Kinder aus der Unterschicht zur „proletarischen Sittlichkeit" erzogen werden sollten (vgl. Berger 2016, S. 82). Baader identifiziert ebenso das Element der Gleichheit als problematisch und zeigt auf, dass schon damals öffentliche Erziehung von Kleinkindern von manchen als Zerstörung der bürgerlichen (im Kern lutherisch-christlichen) Familiensphäre aufgefasst wurde. In Preußen verbot man die Fröbel-Kindergärten 1851 sogar, erst 1860 – acht Jahre nach Fröbels Tod – wurde das Verbot wieder aufgehoben. Reyer schreibt dazu: „Es dürfte in der Geschichte der Pädagogik einmalig sein, dass man durch Kinderspiele die staatliche Ordnung gefährdet sah" (Reyer 2006, S. 55). Auch in Österreich wurden die Ideen anfangs nicht nur positiv aufgenommen. So verurteilten die Wiener Christlichen Blätter die Fröbel-Kindergärten als „verderbliche Institution der Neuzeit" (Heckel 1969, S. 61).

Dennoch kam Fröbel bei der Umsetzung seiner Ideen das allgemeine politische Klima nach der Revolution von 1848 in Deutschland und Österreich sowie der damit verbundene gesellschaftliche Wandel, beispielsweise die Entwicklung der Frauen-, Lehrer- und Arbeiterbewegung, sehr entgegen.

Fröbel betrachtete die früheste Kindheit als eigene Phase des Lebens mit einem eigenen spezifischen Stellenwert innerhalb der menschlichen Entwicklung und baut sein Erziehungskonzept darauf auf (vgl. Berger 2000, S. 10–12). Er ging davon aus, dass die Erziehung des Kindes bereits mit seiner Geburt beginnt und stellte fest, dass Erziehung in diesem Alter im Wesentlichen auf „die Pflege und Herstellung positiver Gefühle" ausgerichtet sein sollte. Somit legte er auch den Grundstein für die Erziehung von Kindern unter drei Jahren (vgl. Aden-Grossmann 2011, S. 25). Dieses Ansinnen spiegelt sich in der 1844 herausgegebenen Sammlung „Mutter- und Koselieder". Diese versah er mit vielen Erklärungen und Belehrungen, aus denen hervorgeht, dass es darum ging, an die mütterliche Erziehung anzuknüpfen und der Mutter die Bedeutung ihrer zufälligen und spontanen Spiele mit dem Kind bewusst zu machen. In dieser Sammlung ist aber auch zu erkennen, dass Fröbel davon überzeugt war, dass mit Hilfe dieser Spiele und Lieder die Grob- und Feinmotorik, die Sinne und die Sprache gefördert werden (vgl. ebd., S. 26).

Seine Vorstellungen von Erziehung setzte Fröbel konkret in seinen Einrichtungen um, mithilfe der sogenannten „Fröbelschen Spielgaben“, eine „Ordnung von entwickelnd erziehenden Spiel- und Beschäftigungsmaterialien, die ein aufeinander aufbauendes System bilden“ (Berger 2016, S. 26). Diese Spielgaben, die zur Bildung von Kindern unter 6 Jahren eingesetzt werden sollten, umfassen sechs Holzkästen mit farbigen Wollbällen, Kugel, Würfel und Walze aus Holz sowie unterschiedlich geteilte Würfelformen. Darüber hinaus gibt es Beschäftigungsmaterialien wie Legetäfelchen, Stäbchen, Perlen, Steine oder Erbsen sowie formbare Materialien wie Ton oder Sand. Durch Bauen, Legen, Ausstechen, Schneiden, Fädeln, Zeichnen, Flechten, Falten oder Modellieren sollten die Kinder motorische, kreative und kognitive Fähigkeiten entwickeln (vgl. Aden-Grossmann 2011, S. 32; Berger 2016, S. 58; Konrad 2004, S. 87–88). Die zum herkömmlichen Spielzeug ergänzenden Spielgaben sollten ebenso dabei helfen, die „ersten gesetzmäßigen Zusammenhänge der Natur zu erfassen“ (Aden-Grossmann 2011, S. 32) und dazu anregen, immer wieder neue Lösungen zu finden. Aden-Grossmann zeigt auf, dass diese Beschäftigungsmittel letztlich sogar die moderne Kunst und Architektur beeinflussten, z. B. das 1919 von Gropius entworfene „Staatliche Bauhaus“, welches heute als „Heimstätte der Avantgarde der klassischen Moderne auf allen Gebieten der freien und angewandten Kunst“ (ebd., S. 34) gilt. Bewegungs- und Kreisspiele gehörten ebenfalls zu den bevorzugten Beschäftigungen, da sie symbolisch die Zugehörigkeit zu einer Gemeinschaft vermitteln und Kinder dabei lernen, sich als Glied eines Ganzen zu erleben (vgl. ebd., S. 27). Die Aufsichtspersonen, die „Kindergärtnerinnen“, sollten durch die „Pflege des kindlichen Spiels“ und die Verwendung des pädagogisch wertvollen Spielmaterials das gesunde Wachstum des Kindes fördern. Für Fröbel bedeutete dies, einen realen Garten anzulegen, der jeder Einrichtung angeschlossen sein und in dem auch jedes Kind sein eigenes Beet zur Bearbeitung besitzen sollte (vgl. Berger 2016, S. 24).

Um Frauen – zunächst Mütter und später auch kinderlose junge Frauen – für die pädagogische Arbeit mit den jungen Kindern auszubilden (Aden-Grossmann 2011, S. 38), begann Fröbel die erste von ihm gegründete „Spiel und Beschäftigungsanstalt“ 1839 als einjährigen Ausbildungskurs zu gestalten. Dieser Kurs der „Erziehung und Bildung von Kinderpflegerinnen, Kindermädchen und Kinderwärterinnen“ richtete sich auch an das Personal in Bewahranstalten (Konrad 2004, S. 98). Bereits 1849 wurden seine Bemühungen, eine Ausbildung zu schaffen, vom „Allgemeinen Bildungsverein deutscher Frauen“ unterstützt, der in Hamburg eine „Hochschule für das weibliche Geschlecht“ gründete. Rektor wurde Karl Fröbel, ein Neffe Friedrich Fröbels. Diese Hochschulausbildung wurde allerdings 1850 mit dem preußischen Kindergartenverbot wieder beendet. Eine weitere Ausbildungseinrichtung in Keilhau entstand noch zu Fröbels Lebzeiten (vgl. ebd., S. 99; Aden-Grossmann 2011, S. 39). Doch auch nach seinem Tod fanden seine Ideen in vielen Regionen Deutschlands und auch in Österreich BefürworterInnen in der Lehrerschaft und bei den Frauen des Bürgertums. Es kam zu zahlreichen Gründungen von Kindergärten und daran angeschlossenen Ausbildungseinrichtungen (vgl. Konrad 2004, S. 99; Gary 1995, S. 90).

Zusammenfassend ist festzuhalten, dass sich mit dem Wirken Fröbels ein neues Bild vom Kind durchsetzt. In Anlehnung an die Philosophen der Aufklärung und vor allem an Pestalozzis Pädagogik sah er im Kind kein defizitäres Wesen, das durch Erziehung zu einem wertvollen Menschen gemacht werden muss, sondern einen eigenständigen Menschen mit einer „schöpferischen Urkraft", die es zu pflegen und erzieherisch zu fördern gelte (vgl. Konrad 2004, S. 21). Seine Erkenntnis, dass das freie, selbsttätige Spiel vor allem im frühen Kindesalter große Bedeutung für die emotionale und intellektuelle Entwicklung des Kindes hat, findet sich bis heute in allen elementarpädagogischen Theorien. Aber auch die von ihm vorgeschlagenen Beschäftigungen wie Sprachförderung, Musik, vor allem Gesang, Bewegung, Rollenspiel und Tanz, Zeichnen, Malen und Gestalten, Förderung aller Sinne, Naturbeobachtung und Pflege, Erforschen und Experimentieren sind bis heute Bestandteil in den Bildungsplänen von Kindergärten z. B. im Bundesländerübergreifenden BildungsRahmenPlan für elementare Bildungseinrichtungen in Österreich (vgl. Charlotte Bühler Institut 2009). Die von ihm entwickelten Materialien wie Stäbchen, Baukästen, Flechtmaterial, Ton usw. finden sich gegenwärtig in allen Kindergartengruppen. Dass Fröbel den Begriff Kindergarten tatsächlich „erfunden" hat, wird in der Literatur angezweifelt, denn der Begriff tauche bereits im evangelischen Deutschland schon Jahre vorher auf (vgl. Konrad 2004, S. 23).

Unbestritten ist, dass seine Ideen vom Kindergarten gut mit der Einstellungsänderung zur öffentlichen Kleinkinderziehung, die sich im Laufe des 19. Jahrhunderts vollzog, zusammenpassten. Ende des 19. Jahrhunderts gab es praktisch kein europäisches Land, in dem die pädagogischen Konzepte für Kleinkindeinrichtungen sich nicht an Fröbel orientierten, aber auch in den USA verzeichnete die Fröbelpädagogik große Erfolge (vgl. Konrad 2004, S. 102, S. 104).

Darüber hinaus entdeckten die Frauenbewegungen einen neuen Beruf für sich, und die Lehrkräfte in den Volksschulen begannen den Kindergarten als willkommene Vorschuleinrichtung wahrzunehmen. Nicht zuletzt waren es die Wirtschaftstreibenden, die auf die Arbeitskraft der Mütter nicht mehr verzichten konnten. Der Fröbel-Kindergarten war nicht mehr die „fürsorgerische Notfallmaßnahme", sondern eine kindgemäße, pädagogisch wertvolle Einrichtung, die nach dem Vorbild der bürgerlich-liberalen Familienerziehung konzipiert wurde und wie ein „erweitertes, bewussteres und vollkommeneres Familienleben funktionieren sollte" (Konrad 2004, S. 86, S. 106).

Fröbels Ideen wurden von seinen Schülerinnen in die Welt getragen und nach eigenem Ermessen weiterentwickelt. Fröbels Großnichte Henriette Schrader-Breymann gründete nach einer Ausbildung bei ihrem Onkel selbst Kindergärten und Ausbildungsstätten für Kindergärtnerinnen in Deutschland (vgl. Kuhlmann 2013, S. 63–64). In ihren pädagogischen Ansätzen legt sie den Fokus vor allem auf soziales Lernen, ein aktives Einbringen in die Gemeinschaft und auf einen Wechsel aus kreativem Spiel und Anleitung – sie adressiert dabei Mädchen wie Buben gleichermaßen (vgl. Pfeiffer 2013, S. 57). Ihr verdanken wir auch den Gedanken des „Monatsgegenstandes", der bis weit in unsere Zeit im Kindergarten als Monatsplanung, die unter einem bestimmten Thema – vorwiegend orientiert an den Jahreszeiten und der Natur – stand, angewendet wurde (vgl. Berger 2016, S. 40). Bedeutend für das Berufsbild von Kindergärtnerinnen ist auch der von ihr geprägte Begriff der geistigen Mütterlichkeit (vgl. Berger 2016, S. 42) im Unterschied zur biologischen Mütterlichkeit. Diesem Bild zufolge verfügte die Kindergärtnerin über „Aufopferungsbereitschaft, Herzenswärme, Anpassungsfähigkeit, Empathievermögen und Hilfsbereitschaft" (ebd., S. 42). Die Pädagogin und Schriftstellerin Eleonore Heerwart begründete 1863 den deutschen Fröbelverein und 1892 den „Allgemeinen Kindergartenverein", der als erster Berufsverband im deutschen Sprachraum zu werten ist. Sie verbreitete die Fröbel-Ideen außerdem in England und Irland (vgl. ebd., S. 47). Bertha von Marenholtz-Bülow, engagierte Aktivistin in der Frauenbewegung sowie in der Fröbelbewegung, propagierte dann eigene Betreuungseinrichtungen für Kinder aus dem Bürgertum. Diese sollten sich von „Volkskindergärten" für Kinder von ArbeiterInnen und der ärmeren Bevölkerung abheben. Sie befürchtete, dass bei der gemeinsamen Erziehung, die Kinder aus den unteren Schichten über ihren Stand hinauswachsen würden, anstatt die für ihr zukünftiges Erwerbsleben notwendigen Tugenden zu erwerben (vgl. Berger 2016, S. 37). In Leipzig organisierten sich 1871 vorwiegend jüdische Fröbel-Kindergärtnerinnen zum „Verein für Familien- und Volkserziehung", der sich für die Errichtung von Volkskindergärten einsetzte. Von diesen Kindergärtnerinnen, allen voran Lina Morgenstern und Henriette Goldschmidt, wurde der Volkskindergarten allerdings „als Ort definiert, an dem Frauen Versöhnungsarbeit leisten und den negativen Auswirkungen des Industrialisierungsprozesses auf die Unterschichten entgegenwirken" (Rapp 2011, S. 77).

3.4 Die Weiterentwicklung von Fröbels Ideen und die Ausbildung von Kindergärtnerinnen

Fröbels Theorien von der Bedeutung des Spieles für die Vorbereitung des Kindes auf das (Arbeits-)Leben, seine Sichtweise von der Kindheit als Frühling und nicht zuletzt von der besonderen Bedeutung der Rolle der Mutter (vgl. Bamler/Schönberger/Wustmann 2010, S. 57) stießen sowohl beim österreichischen aufgeklärten Bürgertum als auch bei den staatlichen Behörden – insbesondere bei den Schulbehörden – auf großes Interesse, wie aus vielen Beiträgen der damaligen Fachzeitschriften in Österreich hervorgeht.

So liest man zum Beispiel bei Oskar Seydler – „Dozent der Kindergarten-Pädagogik am Lehrer-Pädagogium" in Wien – 1867 in einer Broschüre, die er anlässlich der „ersten österreichischen allgemeinen Lehrer-Versammlung" verfasste, zum Thema Kindergartenerziehung Folgendes: „Die Kindergärten sind nicht, wie immer noch die meisten Mütter glauben, bloß dazu da, dem Hause eine Last abzunehmen, und an Stelle des Hauses die Kinder vor Schaden zu behüten und ihnen die Zeit zu vertreiben; sondern sie sollen durch die in ihnen herrschende Erziehungs-Methode die Kinder für das spätere Schulleben vorbereiten, indem sie die geistigen und sittlichen Anlagen derselben auf eine dem Entwicklungsgange entsprechende Weise anregen und beschäftigen" (Seydler 1867, S. 4). Seydler verfasste in den kommenden Jahren weitere Schriften und warb bei Vorträgen in Schulen und Volksbildungsvereinen für die Errichtung von Fröbel-Kindergärten, indem er immer wieder darauf hinwies, dass der Kindergarten nichts mit den bisher bekannten Bewahranstalten und Warteschulen zu tun habe, die lediglich ein „Notbehelf" für berufstätige Mütter wären (vgl. Seydler 1869, S. 22). Er war davon überzeugt, dass die Fähigkeiten von Kindern im Vorschulalter durch entsprechendes Spiel- und Beschäftigungsmaterial gefördert werden sollten und dass dies dazu führen würde, dass das im Kindergarten angelegte „Fundament zur vollen Ausbildung des Geistes und des Herzens" in der Schule vollendet werden könne (vgl. ebd., S. 24–25). Im Gegensatz zu den Kinderbewahranstalten war der Fröbel-Kindergarten auch in Österreich der gehobenen Gesellschaftsschicht vorbehalten. Vom zeitgenössischen pädagogischen Standpunkt aus wurde der Kindergartenbesuch wie folgt betrachtet: „Aber selbst in dem Falle, dass das Familienleben ein gesundes ist und die Mutter edlen Sinn und gebildeten Geist besitzt, um die Mittel zur vernünftigen Erziehung ihres Kindes zu finden, ist es für ein Kind immerhin heilsam, einige Stunden des Tages eine Anstalt zu besuchen, um mit vielen seinesgleichen zusammen zu kommen, in der geistigen Gemeinschaft sich zu bilden und in derselben Spiele und Beschäftigungen vorzunehmen, die zur Ausbildung des kindlichen Geistes wesentlich beitragen und doch nur von einer größeren Anzahl von Kindern ausgeführt werden können" (Verein für Kindergärten in Österreich 1887, S. 13). Bereits im Jahre 1848 gründete Ida Weider in Graz den ersten Fröbel-Kindergarten (vgl. Michaelis/Keatly Moore 1891, S. 177; Berger 2004, S. 4) und im Jahre 1863 Georg Hendel in Wien den ersten Privat-Kindergarten nach dem Vorbild Fröbels. In seiner Schrift „Der erste österreichische Kindergarten in Wien" wies er auf die Notwendigkeit vorschulischer Bildung durch Erziehung in einem Kindergarten für Kinder im Alter von drei bis zum Schuleintritt hin (vgl. Heckel 1969, S. 55–56).

Zeitgleich wandelte Joseph Ritter von Wertheimer seine israelitische Bewahranstalt unter der Leitung von Albert Fischer 1863 in einen Kindergarten um. Ab diesem Zeitpunkt wurden alle Beschäftigungen in der Bewahranstalt entsprechend dem Fröbel-System durchgeführt (vgl. Baltruschat 1986, S. 18). Weitere Gründungen von Kindergärten nach dem Konzept Fröbels sind 1866 in Graz durch E. Kopper, 1868 in Wien, 1869 erneut in Graz, 1869 in Kufstein, 1870 in Triest, 1872 in Linz und 1873 in Klagenfurt zu verzeichnen (vgl. Berger 2004, S. 4). Kindergärten waren zudem häufig an Schulen angeschlossen, die pädagogische Arbeit fußte auf dem Vorbild Fröbels und die Öffnungszeiten beschränkten sich auf wenige Stunden am Tag. Als Träger dieser Kindergärten fungierten überwiegend private Wohltätigkeits- und Humanitätsvereine, und die Zielgruppe waren ausschließlich bürgerliche bzw. finanziell gut gestellte Familien. Czeike zeigt auf, dass die monatliche Besuchsgebühr ein bis zwei Gulden betrug – zu hoch für Kinder aus Arbeiterfamilien (vgl. Czeike 2004, S. 503).

Mitte der 1860er Jahre begann sich auch Fröbels Idee, eigenes Personal für Kindergärten, Bewahranstalten und Krippen auszubilden, in Österreich durchzusetzen. Bis zu diesem Zeitpunkt war es den privaten Erhaltern vorbehalten, mehr oder weniger angelerntes oder ausgebildetes Personal einzusetzen. Als bestens geeignet wurden Lehrer eingestuft, denen eine Kindswärterin zur Seite stand (vgl. Baltruschat 1986, S. 11). Man orientierte sich an Wilderspins Empfehlungen, der die Eigenschaften und Verhaltensweisen von Lehrern in seinem von Wertheimer übersetzten Buch beschrieb. Fachliche Kenntnisse wurden nicht genannt, es reichte ein „sittlicher Charakter und Allgemeinbildung“ (vgl. ebd., S. 11).

Der schon mehrmals als Pionier der öffentlichen Kleinkinderziehung genannte Joseph Ritter von Wertheimer war auch einer der Ersten, der erkannte, dass zur Arbeit mit vorschulpflichtigen Kindern eine eigene Fachausbildung notwendig sei. Auch seine Anforderungen an das Personal in Bewahreinrichtungen waren zunächst auf die Fähigkeiten und das Fachwissen von schulischen Lehrpersonen ausgerichtet. Ebenso vertrat er wie sein Vorbild Wilderspin die Meinung, dass sowohl Männer als auch Frauen grundsätzlich geeignet wären, die Aufsicht und Erziehung von jungen Kindern zu übernehmen, wenn man bestimmte Eigenheiten der Geschlechter berücksichtigt. Besonders bei Frauen „[…] hüte man sich vor einer leichtfertigen Dirne wie vor einer grämlichen Alten; […] Wohl kann es eine ganz schlichte Person seyn, aber sie muss mit Mutterliebe und Muttersinn ausgestattet sein“ (Wilderspin 1828, S. 253). Nachdem sich Wertheimer aber zusätzlich mit den Schriften Fröbels beschäftigte, schloss er sich dessen Auffassung an, dass lediglich Frauen mit spezifischer Ausbildung geeignet wären, mit jungen Kindern praktisch zu arbeiten.

Daraufhin errichtete er 1868 an dem ebenfalls von ihm gegründeten israelitischen Kindergarten eine „Bildungsanstalt für Kindermädchen, Bonnen und Gehilfinnen an Bewahranstalten“. Kindermädchen wurden zur Betreuung von Kindern bis zum zweiten Lebensjahr, Gehilfinnen für die Arbeit in Bewahranstalten und Bonnen für die Beaufsichtigung von Kleinkindern in Haushalten eingesetzt (vgl. Baltruschat 1986, S. 15; Gary 1995, S. 90–91). Als Leiter des Kindergartens und der Bildungsanstalt fungierte nach wie vor Albert Fischer. Im Lehrplan dieser Bildungsanstalt wurde erstmals in Österreich der Begriff Kindergärtnerin verwendet. Mit der Errichtung dieses Kurses begann sich auch die Idee erstmals durchzusetzen, dass es für die Arbeit mit vorschulpflichtigen Kindern einer Fachausbildung mit eigenständigen Inhalten bedarf. Der Ausbildungskurs dauerte elf Monate, umfasste 15 Wochenstunden und endete mit einer Abgangsprüfung. Aufnahmebedingung waren das Alter von 17 bis 20 Jahren, die Gesangsfähigkeit sowie Fertigkeiten im Klavierspiel. Darüber hinaus sollte sie einen „heiteren Sinn, Liebe zu Kindern und ein tadelloses Vorleben haben“ (vgl. Baltruschat 1983, S. 46). Unterrichtet wurden die Fächer Erziehungslehre und die Pflege der deutschen Sprache mit jeweils drei Wochenstunden, daneben auch die Fröbel'schen Spiel- und Beschäftigungsmittel, Gesang und Turnen mit zwei Wochenstunden und weiters Naturkunde, Raumlehre und Vorbereitung der praktischen Versuche in geringerem Stundenausmaß (vgl. ebd., S. 45).

In Kufstein in Tirol gründete der Pfarrer Matthäus Hoerfarter 1870 einen Kindergarten, dem er 1872 eine private Bildungsanstalt anschloss, die ab 1880 als einzige Kindergärtnerinnenausbildung in Österreich bereits zwei Jahre dauerte. Unterstützung erfuhr er dabei von Berta von Marenholtz-Bülow, die vor allem in Deutschland pädagogisch und als Gründerin von Kindergärten in der Nachfolge Fröbels wirkte (vgl. Baltruschat 1986, S. 26). Im Jahre 1882 gab Hoerfarter eine Anleitung zur Heranbildung von Kindergärtnerinnen innerhalb der bereits erwähnten pädagogischen Schriftensammlung „Erziehung, Unterricht, Schulwesen“ heraus. In dieser Schrift „Zur Pädagogik des Kindergartens“ lässt er zwar die oftmals bis in die Gegenwart vorherrschende Sicht auf Kindergärtnerinnen durchklingen, die „den Müttern als helfende Tanten an die Seite“ (Hoerfarter 1882, S. 2) gesetzt werden, allerdings betont er auch, „dass die Bildung der Kindergärtnerin umfassender sein muss, als die der Lehrerin“ (Hoerfarter 1882, S. 3), da sich diese viel stärker mit psychologischen Inhalten und dem Wesen des Kindes an sich beschäftigen müsse und weniger mit Lehrinhalten. Damit plädiert er für eine eigene von den LehrerInnenbildungsanstalten getrennte Ausbildung. Der Lehrplan, den er entwarf, berücksichtigte zum Beispiel die Fächer Anthropologie mit Schwerpunkt auf dem Wesen des Kindes, Diätetik und Pflege des Kindes, Pädagogik nach den Grundsätzen Fröbels sowie theoretische und praktische Ansätze des Kindergartens (vgl. Lex-Nalis 2013, S. 154).

Eine private Bildungsanstalt entstand auch 1874/1875 in Wien-Neubau, gegründet durch den Verein der jüdischen Kaufmannschaft (vgl. Lex-Nalis 2013, S. 154), die dann in den 1920er Jahren in eine städtische Bildungsanstalt umgewandelt wurde (vgl. Hofer 1997, S. 153). Viele Lehrer, die an dieser Anstalt unterrichteten, trieben durch ihre pädagogisch-didaktischen Schriften die Entwicklung im Kindergartenwesen voran. So wurde auch der Lehrplan enger mit der Praxis verwoben, inhaltlich immer weiter angereichert und dadurch sehr detailliert ausgestaltet. Er reichte fachlich von den Aufgaben und Pflichten des Kindergartens über die Psychologie des Kindes selbst bis hin zur detaillierten Verwendung der Beschäftigungsmittel und der Planung eines Tagesablaufs in einer Einrichtung. Dennoch blieb die Ausbildungsdauer auf ein Jahr begrenzt (vgl. Baltruschat 1986, S. 27–29). Die spätere BAKIP der Stadt Wien ist auf diese Institution zurückzuführen (vgl. Lex-Nalis 2013, S. 155).

Weitere private Bildungskurse wurden überwiegend von der katholischen Kirche ins Leben gerufen, an bestehende katholische Schulen oder Bildungsanstalten angeschlossen und von Ordensschwestern geführt. Die öffentliche Ausbildung von Kindergärtnerinnen erfolgte Ende des 19. bzw. Anfang des 20. Jahrhunderts im Rahmen der staatlichen Bildungsanstalten für Lehrer und Lehrerinnen, von denen es ab 1872 in den gesamten Kronländern fast 60 Einrichtungen gab (vgl. Baltruschat 1986, S. 26–30). Diese durchaus hohe Zahl kam durch den Aufschwung des Berufs Lehrerin bzw. Lehrer im Zuge des Reichsvolksschulgesetzes von 1869 zu Stande. Der Staat legte in diesem Gesetz die Schulpflicht auf acht Jahre fest und legte erstmals eine verpflichtende vierjährige staatliche Ausbildung in dafür errichteten Bildungsanstalten mit Abschluss für Männer wie Frauen zu Grunde, was den Lehrberuf an Schulen definitiv aufwertete (vgl. Flich 1996b, S. 80).

Bei dem Prozess, dass sich Frauen generell vor und um 1900 immer mehr in den verschiedensten Berufsfeldern etablieren konnten, spielte die bürgerlich geprägte Frauenbewegung eine wichtige Rolle. Diese forderte sowohl in Deutschland als auch in Österreich für Mädchen und Frauen nicht nur den Zugang zum höheren Schulwesen sowie letztlich zur Universität, sondern ebenso das Wahlrecht und den Zugang zum Arbeitsmarkt bzw. zu adäquaten, das heißt als „sittlich" geltenden (zu diesem Begriff vgl. Gestrich 2013, S. 106–107) Berufsfeldern wie Lehrerin (vgl. z. B. Budde 2009, S. 110–113) oder eben Kindergärtnerin. Pölzl-Stefanec weist darauf hin, dass gerade im deutschen Sprachraum das bürgerliche Frauenbild von der Rolle der Mutter und Hausfrau kulturell besonders stark geprägt war und der Beruf der Kindergärtnerin noch bis in die 1950er Jahre als Übergang für unverheiratete Frauen gesehen wurde (vgl. Pölzl-Stefanec, S. 32). Ein wirksames Instrument der Bewegung war der Zusammenschluss von Frauen in Vereinen, um gemeinsam – auch öffentlich oder schriftlich – in Erscheinung treten zu können. In Österreich sind als wichtigste und umfassend tätige Vereine der Wiener Frauen-Erwerb-Verein und der Verein für erweiterte Frauenbildung zu nennen (vgl. Flich 1996a, S. 56).

Generell erfolgt die Gründung von Vereinen, wie bereits dargestellt, in der zweiten Hälfte des 19. Jahrhunderts auch zur Interessensvertretung einzelner Berufsgruppen. Der Verein für Kindergärten in Österreich, der weibliche wie männliche Mitglieder zählte, wurde 1879 anlässlich des siebenten in Wien abgehaltenen österreichischen „Lehrertags" gegründet und konstituierte sich im selben Jahr (vgl. Verein für Kindergärten in Österreich 1887, S. 19). Bereits 1871 hatte sich zuvor in Linz auf dem vierten österreichischen Lehrertag die Sektion Kindergärten nach deutschem Vorbild als eigene Gruppe innerhalb der Berufsvertretungen der LehrerInnen herausgebildet (vgl. Verein für Kindergärten in Österreich 1887, S. 16). Das zentrale Vereinsorgan, die „Zeitschrift für das Kindergartenwesen. Unter Berücksichtigung von Krippe, Bewahranstalt und Elementarclasse" wurde 1881 von Alois Fellner, Albert Fischer – Vereinsvorstand bis 1886 – und P. Brunner ins Leben gerufen. In der ersten Ausgabe vom 1. Jänner 1882 wird als Vorläufer des Organs die von Alois Fellner herausgegebene Beilage „Der Volkskindergarten" zur Zeitschrift „Volksschule" für LehrerInnen genannt. Weiters werden die geplanten Aufgaben und Inhalte der Zeitschrift festgehalten: „Es soll aber außerdem das ganze Gebiet der Kleinkindererziehung [...] ins Auge gefasst werden [...]. Als weiteren wichtigen Gegenstand erachten wir die Heranbildung und fachliche Fortbildung von Kindergärtnerinnen" (Verein für Kindergärten in Österreich 1882, S. 2). Diese ist innerhalb der nächsten Ausgaben immer wieder ein präsentes Thema, ebenso finden sich Beiträge zur Annäherung des Berufes der Elementarlehrerin und der Kindergärtnerin, Beiträge zu Fröbels Gedankengut, aber auch Anregungen für den pädagogischen Alltag. Im Laufe der Zeit entstanden in den Bundesländern und Städten auch eigene Fachvereine, zum Beispiel ab 1886 der Verein für Kindergärten in Graz unter der Leitung R. Elschniggs, die auch eine Vernetzung mit den LehrerInnenverbänden erwirkte (vgl. Heckel 1991, S. 37).

3.5 Die gesetzliche Verankerung des Kindergartenwesens

Obwohl das österreichische Reichsvolksschulgesetz vom 14. Mai 1869 einen positiven Schritt für den Beruf Lehrerin bzw. Lehrer bedeutete, wird der Kindergarten noch als „Anhängsel" der Volksschule betrachtet. Entsprechend den örtlichen Bedürfnissen sollten „Anstalten zur Pflege, zur Erziehung und zum Unterrichte noch nicht schulpflichtiger Kinder" mit einzelnen Volksschulen verbunden werden. An Bildungsanstalten für Lehrerinnen seien darüber hinaus Kindergärten einzurichten, um die angehenden Lehrerinnen mit Kindergärten und Kinderbewahranstalten bekannt zu machen (vgl. RGBl. 62. Stück 1869, § 10, § 27, § 29, § 30).

In einer entscheidenden Verordnung des Ministeriums für Cultus und Unterricht vom 22. Juni 1872 wird das Kindergartenwesen dann endgültig neu geregelt (vgl. RGBl 108. Stück 1872). Dieser Verordnung liegt eine Forderung von 1871 zu Grunde, die die im vorigen Kapitel erwähnte Sektion für Kindergärten (vgl. Verein für Kindergärten in Österreich 1887, S. 16) an das Ministerium für Cultus und Unterricht stellte. Erstmals wurden explizit Bestimmungen über Kindergärten und die damit verwandten Anstalten gesetzlich geregelt.

In Teil A werden Zweck und Einrichtung von Kindergärten und die Ausbildung von Kindergärtnerinnen festgehalten. Die Teile B und C beziehen sich speziell auf die Kinderbewahranstalten und Krippen. Die „Grundzüge zur Instruction für die Bezirksschulinspektoren bezüglich Kindergärten und verwandte Anstalten" werden in Teil C behandelt (vgl. RGBl 108. Stück 1872).

In diesem Dokument wird deutlich zwischen Bewahranstalt und Kindergarten unterschieden. Während Bewahranstalten einen Pflegeauftrag hatten, wurde dem Kindergarten der Erziehungsauftrag, die Kinder auf die Schule vorzubereiten, zugesprochen. Dieser Erziehungsauftrag wurde für Kinder aus allen Gesellschaftsschichten ausgeweitet, eine gesetzliche Pflicht zur Errichtung von Kindergärten gab es allerdings nicht. Weiterhin lag dies in der Hand privater oder öffentlicher Erhalter, die aber mit diesem Erlass immerhin angehalten wurden, einheitliche Vorschriften bezüglich „Gründung, Organisation, Leitung, pädagogische Führung, räumliche Gestaltung und pädagogische Aufsicht" (Baltruschat 1983, S. 50) einzuhalten. Der Besuch eines Kindergartens war ab dem vierten Lebensjahr möglich, die Anzahl der Kinder pro Gruppe wurde mit höchstens 40 und einer Aufsichtsperson festgelegt (vgl. RGBl 108. Stück 1872, Teil A, § 3, § 6).

Eingangs wird der Zweck des Kindergartens eingehend beschrieben: „Der Kindergarten hat die Aufgabe, die häusliche Erziehung der Kinder im vorschulpflichtigen Alter zu unterstützen und zu ergänzen, somit die Kinder durch geregelte Übung des Leibes und der Sinne, sowie durch naturgemäße Bildung des Geistes für den Volksschulunterricht vorzubereiten" (vgl. RGBl 108. Stück 1872, Teil A, § 1). Die Definition der Aufgaben halten sich an Fröbel'sche Begriffe wie z. B. „Die Mittel der Kindergarten-Erziehung und verwandte Anstalten sind Beschäftigungen, welche den schaffenden und gestaltenden Thätigkeitstrieb bilden, Bewegungsspiele mit und ohne Gesang, Anschauen und Besprechen von Gegenständen und Bildern, Erzählungen und Gedichten, endlich leichte Gartenarbeiten" (ebd., Teil A, § 2).

An verschiedenen Stellen wird ersichtlich, dass die Pädagogik im Kindergarten jener der Schule untergeordnet war, auch wenn in § 2 ausdrücklich betont wird, dass „jeglicher Unterricht im schulischen Sinn auszuschließen" sei. Die didaktisch-pädagogische Aufsicht von Kindergärten lag bei den Schulbehörden bzw. waren die an Volksschulen angeschlossenen Kindergärten dem Schulleiter unterstellt. Für selbstständige Kindergärten wurden folgende Qualifikationen der Leitungsperson festgelegt: „Mindestalter 24 Jahre, sittliche Unbescholtenheit, das Reifezeugnis für allgemeine Volksschulen und eine mindestens dreimonatige Hospitation in einem gut geführten Kindergarten" (ebd., § 11, § 17). Dies zeigt erneut, dass VolksschullehrerInnen grundsätzlich für geeignet gehalten wurden, einen Kindergarten zu leiten.

Die tägliche Arbeit mit den Kindern sollten aber bereits befähigte Kindergärtnerinnen leisten. Die Wärterinnen, die ihnen zur Seite gestellt wurden, mussten lediglich über moralischen Anstand und normalen Geisteszustand verfügen (vgl. ebd., § 12, § 13).

Die Verordnung regelt auch den didaktischen Auftrag des Kindergartens, nämlich die Vermittlung von Gemeinschaftssinn, Folgsamkeit und Achtsamkeit, die Ausbildung sprachlicher, zeichnerischer und musikalischer Fähigkeiten, Buchstabenformen und Abzählen – jedoch im Unterschied zur Schule nicht Lesen, Schreiben oder Rechnen (vgl. ebd., Teil C, 3).

Der Auftrag von Kinderbewahranstalten und Krippen war es hingegen, Kinder aus den „arbeitenden Klassen" zu beaufsichtigen, sinnvoll zu beschäftigen, zu Reinlichkeit, Ordnung und guten Sitten zu erziehen und ihnen „Liebe zur Arbeit einzuflößen" (vgl. ebd., Teil B, § 26, § 27). Später, in einem Ministerialerlass vom 8. Juni 1884 wird dann die Errichtung von „Volkskindergärten" für die arbeitende Bevölkerung durchgesetzt und darauf verwiesen, dass ab diesem Zeitpunkt sowohl Bewahranstalten die pädagogische Arbeit von Kindergärten als auch Kindergärten die fürsorgerischen Aufgaben von Bewahranstalten übernehmen sollten (vgl. Verein für Kindergärten in Österreich 1887, S. 67).

Weiters regelt die Verordnung von 1872 die „Heranbildung von Kindergärtnerinnen" in „besonderen Lehrcursen" an Lehrerinnen-Bildungsanstalten, aber auch an privaten und öffentlichen Kindergärten, die vom Unterrichtsministerium eigens genehmigt werden mussten. Die Dauer der Kurse wurde mit einem Jahr angegeben und die Anzahl der Schülerinnen auf 40 beschränkt (vgl. RGBl 108. Stück 1872, Teil A, § 19, § 20, § 21). Zur Aufnahme erforderlich waren: „1. Das Alter von nicht weniger als 16 und nicht mehr als 30 Jahren, 2. physische Tüchtigkeit, 3. sittliche Unbescholtenheit, 4. jenes Maß von Wissen und Können, welches als Lehrziel für die allgemeinen Volksschulen festgestellt und durch eine Aufnahmeprüfung zu erproben ist, 5. musikalisches Gehör und eine gute Singstimme" (ebd., § 21).

Folgende Unterrichtsgegenstände bzw. Lehrinhalte wurden vorgegeben: Pädagogik, im Sinne von Kleinkindererziehung und Theorie des Kindergartens, Beschäftigungen und Spiele des Kindergartenalltags inklusive Vermittlung von Naturobjekten und Bildern, Sprach- und Sachunterricht, Literaturstudium, Aufsätze schreiben, Didaktik im pädagogischen Alltag, z. B. Erzählungen für Kinder, geometrische Formenlehre und Zeichnen, Gesang und Turnen sowie die durchgehende Anwendung der Gegenstände „an der praktischen Thätigkeit im Kindergarten" (ebd., § 21). Am Ende der Ausbildung musste eine Prüfung abgelegt werden, die den Begriff „Befähigungsprüfung" erhielt.

Diese ersten gesetzlichen Regelungen wurden zwei Jahre später erweitert und konkretisiert im Organisationsstatut für LehrerInnenbildungsanstalten vom 26. Mai 1874 (vgl. Verordnungsblatt des Ministeriums für Cultus und

Unterricht Nr. 31, 1874). In dieser Verordnung widmet sich § 93 den „Bildungscursen" für Kindergärtnerinnen an LehrerInnenbildungsanstalten: „In diesen Kursen ist den Zöglingen jene Ausbildung zu vermitteln, welche zu einer erfolgreichen Kindergartenarbeit erforderlich ist, vornehmlich Verständnis der Kindesnatur, genaue Bekanntschaft mit den Zwecken, Mitteln und der Art Kindergarten – Erziehung, Gewandtheit und Sicherheit in der Ausführung der Obliegenheiten einer Kindergärtnerin" (ebd., § 93). Der Unterricht für die angehenden Kindergärtnerinnen wird von den Lehrkräften der Bildungsanstalten abgehalten. Die Unterrichtsgegenstände werden in der Verordnung konkreter dargestellt als zuvor und der Ablauf der Befähigungsprüfung zur Ausstellung eines Befähigungszeugnisses genau festgelegt (vgl. ebd., § 95– § 103). Eine erneute Verordnung vom 31. Juli 1886, die sowohl für Kurse an LehrerInnenbildungsanstalten als auch an privaten Anstalten gilt, umreißt die Lehrinhalte sowie die Zuerkennung eines Zeugnisses noch detaillierter. Erstmals thematisiert und geregelt werden der konfessionelle Religionsunterricht sowie die mögliche Entlassung von Zöglingen (vgl. Verordnungsblatt des Ministeriums für Cultus und Unterricht Nr. 50, 1886). Schon zuvor, am 3. Juni 1881, hatte das Ministerium erstmals verfügt, dass Kindergärtnerinnen mit zweijähriger Berufspraxis ab sofort Kindergärten leiten dürften. Dies ist als enorme Aufwertung des Berufes zu werten (vgl. Verordnungsblatt des Ministeriums für Cultus und Unterricht Nr. 32, 1886, § 7). In derselben Verordnung ist zudem festgehalten, dass VolksschullehrerInnen die Prüfung zur Kindergärtnerin ablegen können, aber nur wenn sie drei Monate in einem Kindergarten hospitieren (vgl. ebd., § 5).

Einen weiteren wesentlichen und vor allem namensgebenden Schritt stellt dann die Verordnung vom 3. Juli 1914 dar, die den Text von 1886 leicht abänderte. Darin wird zum ersten Mal die offizielle Bezeichnung „Bildungsanstalt für Kindergärtnerinnen" bestätigt und die Bildungsdauer auf zwei Jahre festgelegt. Die Unterrichtsgegenstände sowie deren Umsetzung werden ausführlich in einem Zwei-Stufen-System (erster Jahrgang und zweiter Jahrgang) aufgelistet und die Inhalte beschrieben – dies entspricht also bereits einem detaillierten fachspezifischen Curriculum. Die Verordnung schließt mit einem Musterzeugnis (vgl. Verordnungsblatt des Ministeriums für Cultus und Unterricht Nr. 32, 1914). Berger meint, dass das detaillierte Curriculum dem Einfluss der ersten offiziellen Tagung für Kindergärtnerinnen in Österreich geschuldet ist, die im April 1912 in Wien stattfand (vgl. Berger 2004, S. 4). Diese Tagung zeigt zudem, wie gut sich kurz vor dem Ersten Weltkrieg der Berufsstand bereits organisiert und aufgestellt hatte. Frankowski und Gottlieb schreiben dazu, dass dieses Ereignis in Wien auch den „energischen Ausbau der Kindergärten" ankurbelte (vgl. Frankowski/Gottlieb 1927, S. 8).

Wie mehrmals betont, werden gesellschaftliche und soziale Entwicklungen immer auch vom politischen und ereignisgeschichtlichen Kontext mitgeprägt.

Gesamtpolitisch ist das 19. Jahrhundert in Österreich gekennzeichnet durch einen nach wie vor föderativen Regierungsstil Franz I. und seines Nachfolgers Ferdinand I. sowie durch große strukturelle Probleme des konservativen Rechtssystems, besonders in der Periode des Vormärz ab etwa 1815 bis zu den Revolutionen 1848/49. Obwohl das „Allgemeine Bürgerliche Gesetzbuch" bereits ein moderneres Privatrecht begründete, blieben im staatlichen Recht auch nach dem Wiener Kongress 1815 die alten Grund- und Stadtherrschaften weiterhin bestehen. Vorherrschend blieben auch die gesamtstaatliche Kontrolle sowie die begrenzte Eigenständigkeit und Partizipation der einzelnen Staaten und Völker, aus denen sich die Monarchie zusammensetzte. Dieses konservative politische Klima führte immer wieder zu Wider- und Aufständen in allen Teilen des Vielvölkerstaats, zum langsamen Erstarken von Freiheitsbewegungen, vor allem auf bürgerlicher Seite, und förderte zudem den zu dieser Zeit ständig wachsenden Nationalismus (vgl. Mazohl 2016, S. 359 ff.). Die Forderung nach Freiheitsrechten auf allen Ebenen des Zusammenlebens, unter anderem die Freiheit der Presse und der Wissenschaft, gipfelte in den Revolutionsjahren 1848 und 1849 und war geprägt durch Kämpfe in allen Landesteilen, vor allem in der Hauptstadt Wien, in der drei Revolutionswellen aufeinander folgten. Das Ende war schließlich die Beschießung der Hauptstadt durch die kaiserlichen Truppen im Oktober 1848, die gewaltsame Niederschlagung der Revolution und die Hinrichtung der Revolutionsführer (vgl. Mazohl 2016, S. 400 ff.). Noch im selben Jahr übernahm Kaiser Franz Joseph I. die Regierungsgeschäfte, erbte somit einen komplexen und nicht zuletzt wegen der geografischen Ausmaße zentralistisch kaum zu kontrollierenden Vielvölkerstaat, und begründete die Epoche des Neoabsolutismus (vgl. Bruckmüller 2001, S. 280). Die Zugeständnisse an die bürgerlichen Schichten, allen voran an die Wirtschaftstreibenden nach 1848/49, ermöglichte eine liberale Wirtschaftspolitik, ein Anwachsen der Industrie und der technischen Errungenschaften und eine Modernisierung der Infrastruktur z. B. durch den Eisenbahnbau (vgl. ebd., S. 284–287). Die sozialen Gegensätze zwischen den bürgerlichen Schichten und der Arbeiterschicht verschärften sich enorm – was auch ins Bewusstsein rückt, wenn man die unterschiedlichen Kinderbetreuungseinrichtungen und ihre Ausrichtungen betrachtet. Dies markiert auch die Anfänge der Arbeiterbewegung und die ersten Gründungen von Gewerkschaften. Im Jahre 1867 wird zum Beispiel der Wiener Arbeiterbildungsverein ins Leben gerufen, dessen tragende Kräfte ArbeiterInnen der Großindustrie sind. Ideologisch orientiert sich der Großteil der Arbeiterbewegung an der deutschen Sozialdemokratie, christliche Arbeitervereine gibt es ab den 1890er Jahren vornehmlich im kleingewerblichen Bereich (vgl. ebd., S. 309–310). Es kommt zu Massendemonstrationen, in denen wiederholt die Verbesserung der Arbeitsbedingungen gefordert wird, sowie seit der Festschreibung der Koalitionsfreiheit 1870 auch zur Arbeitsniederlegung. Dadurch bildet sich immer mehr ein „spezifisches Gruppenbewusstsein" der

ArbeiterInnen heraus (vgl. ebd., S. 324 –326). Zeitgleich erfolgt auch die politische Lagerbildung im bäuerlichen-kleingewerblichen Bereich und die Gründung des Bauernbundes (vgl. ebd., S. 338). Generell ist die zweite Hälfte des 19. Jahrhunderts sowie auch die Zeit nach 1900 geprägt durch das Entstehen von einer Vielzahl von Vereinen und Interessensvertretungen im privaten und öffentlichen Bereich sowie durch das Bestreben nach mehr Rechten für die einzelnen StaatsbürgerInnen.

Ein großer Schritt ist die Umwandlung Österreichs in eine konstitutionelle Monarchie mit Parlament im Jahre 1867 sowie der Erlass des Staatsgrundgesetzes über die allgemeinen Rechte der Staatsbürger für die im „Reichsrathe" vertretenen Königreiche und Länder. Darunter fallen die Versammlungsfreiheit, die Meinungs- und Pressefreiheit, die Glaubens- und Gewissensfreiheit und die Freiheit der Wissenschaft (vgl. Ackerl 2013, S. 43). Vorherrschend war ein Kurienwahlsystem, das aber nach wie vor große Teile der Bevölkerung ausschloss – das allgemeine Wahlrecht wurde erst 1907 (ebd., S. 63) für Männer und 1918 für Frauen (ebd., S. 82) erlassen. Dennoch ebneten diese vor 1900 schrittweise gesetzten Partizipationsmöglichkeiten schließlich die Gründung der drei Massenparteien: die Deutschnationalen 1885, die Sozialdemokratie 1889 und die Christlichsoziale Partei 1893 (vgl. Bruckmüller 2001, S. 339–341; Mazohl 2016, S. 416–417). Trotz vieler positiver Schritte führten die sozialen, wirtschaftlichen und allen voran die strukturellen Problemfelder des Vielvölkerstaates sowie der wachsende Nationalismus und Militarismus letztlich 1914 zum Ausbruch des Ersten Weltkriegs, der in ganz Europa eine politische und gesellschaftliche Zäsur darstellt und nicht zuletzt zum Ende des österreichischen Kaisertums führt. Die schon zuvor Anfang des 20. Jahrhunderts stetig ansteigende Erwerbstätigkeit von – auch bürgerlichen – Frauen erhöhte sich ab 1914 vor allem durch die Mitwirkung von Frauen in der Kriegswirtschaft enorm. Folglich waren auch Einrichtungen, in denen die Kinder tagsüber untergebracht werden konnten, in Österreich wie in Deutschland sehr gefragt (vgl. Berger 2016, S. 81). Kriegskindergärten mit teilweise schlecht ausgebildetem Personal wurden als Notlösung von wohltätigen, privaten Vereinen ins Leben gerufen, da die öffentliche Kleinkinderbetreuung dem Ansturm nicht gewachsen war (vgl. Heckel 1969, S. 159). Dazu kam ab ca. 1916 der Betreuungs- und Versorgungsaufwand für Flüchtlingskinder aus allen Teilen der Monarchie (vgl. Hamann 2014, S. 46). In Deutschland wie in Österreich erfolgte die Funktionalisierung des Kindergartens sowie des Kindergartenpersonals für die Kriegspropaganda in Form von kriegsveranschaulichenden und kriegsverherrlichenden „patriotischen" Spielen, Gedichten, Liedern, Kinderbüchern etc. (vgl. Berger 2016, S. 82–84). Knaben sollten schon im frühen Kindesalter lernen, sich mit Kampf, Strategie und dem Leben als Soldaten zu identifizieren, Mädchen hingegen sollten pflegerische und „mütterliche" Aufgaben übernehmen sowie mithelfen, die Männer an der Front z. B. mit Paketen zu versorgen (vgl. Hamann 2014, S. 11 ff.). Während des Ersten Weltkriegs sind in Österreich keine direkten Neuerungen in Bezug auf das Kindergartenwesen zu verzeichnen, erst nach 1918 lassen sich wieder neue Meilensteine festmachen.

4 Neue Perspektiven in der Elementarpädagogik bis zum Anschluss 1938

Das Ende des Ersten Weltkrieges markiert zugleich das Ende der Habsburgermonarchie. Nach über 600 Jahren dynastischer adeliger Herrschaft fanden sich die Menschen in einem verhältnismäßig kleinen Staat mit völlig neuen Strukturen wieder, dem nicht nur das Ausmaß, sondern auch die politische Macht und Größe der Monarchie in Europa abhandengekommen war. Auch die Staatsform hatte gewechselt – vom Kaisertum zur Republik Österreich. Die sozialen Problemfelder dieser Ersten Republik waren geprägt durch die Inflation ab 1919 sowie die weltweite Wirtschaftskrise der 1920er und 1930er Jahre, eine nicht zuletzt durch den Ersten Weltkrieg stark veränderte Bevölkerungsstruktur und hohe Arbeits- und Wohnungslosigkeit sowie damit einhergehend Armut, Unterversorgung breiter Bevölkerungsschichten und Hunger (vgl. Bruckmüller 2001, S. 372–374, S. 402). Als Reaktion versuchte die Sozialgesetzgebung ab 1919/20 dem entgegenzuwirken, z. B. durch die Einführung des Acht-Stunden-Tages, geregelten Urlaubszeiten, Kollektivverträgen, des Krankenanstaltengesetzes und der Errichtung von Arbeiterkammern in allen Bundesländern (vgl. Rathkolb 2016a, S. 483).

Der Historiker Rathkolb zeigt auf, dass sich die Situation nach dem Ersten Weltkrieg auch deshalb problematisch gestaltete, da die Kriegsmobilisierung und Kriegspropaganda die allgemeine Toleranzschwelle für Gewalt im Alltag etwas angehoben hatte. Dies manifestierte sich in zahlreichen Streiks, Massendemonstrationen und einer vehementen politischen Lagerbildung und führte trotz Abrüstung sofort nach Kriegsende zur Gründung von paramilitärischen Bünden (vgl. Rathkolb 2016a, S. 487 ff.), wie Heimwehr und Frontkämpfervereinigung, die dem Christlichsozialen und Deutschnationalen Lager näher standen, sowie dem Republikanischen Schutzbund der Sozialdemokratie. Die innenpolitische Krise erreichte 1927 einen ihrer Höhepunkte, als zuvor im sogenannten Schattendorf-Prozess nach einer blutigen Auseinandersetzung zwischen Schutzbund und Frontkämpfervereinigung die beiden Mordangeklagten freigesprochen wurden. Es kam zu Massenprotesten und Ausschreitungen, vor allem in Wien, und letztlich ging der Justizpalast in Flammen auf (vgl. Rathkolb 2016a, S. 479 ff.). Auch wenn danach die Ordnung wieder hergestellt werden konnte, war dies doch der Auftakt einer langen Kette von politischen Entwicklungen, die Österreich letztlich in den austrofaschistischen Ständestaat führten.

Als Staatsgründer der neuen Republik können somit die beiden großen politischen Parteien und ihre AkteurInnen festgemacht werden – die Sozialdemokratische Arbeiterpartei und die Christlichsoziale Partei, die völlig unterschiedliche Weltanschauungen und Wertesysteme vertraten. Nach den ersten Nationalratswahlen 1920, aus der die Christlichsoziale Partei als stärkste Kraft hervorging, verließ die Sozialdemokratie wegen zu großer Meinungsunterschiede die bis dahin bestehende Koalition. Nicht zuletzt spiegelten sich diese unüberwindbaren Unterschiede in den bildungspolitischen Grundsätzen der beiden Parteien wider. Obwohl das parlamentarische System in Österreich durchaus funktionierte, liegt in dieser äußerst konfliktreiche Zusammenarbeit eine Wurzel des Scheiterns der demokratischen Staatsform (vgl. Bruckmüller 2001, S. 405 ff.).

Getragen von der Aufbruchsstimmung nach Abschaffung der Adelsprivilegien ging man in der Ersten Republik zunächst an die Neuorganisation des Schul- und Erziehungswesens und orientierte sich dabei auch in vielen Bundesländern an den reformpädagogischen Erziehungskonzepten der Jahrhundertwende. Die katholische Kirche als gewichtige Instanz im Bildungswesen versuchte hingegen mit Hilfe der Christlichsozialen Partei und der weitverzweigten Organisationsstruktur der Kirchengemeinden, den kirchlichen Einfluss auf die Erziehung weiter auszubauen. „Die Berufsvereinigung für Kindergärtnerinnen und die Katholische Frauenorganisation für die westlichen Bundesländer trugen den Hauptanteil an der Entwicklung des Kindergartenwesens“ (Heckel 1991, S. 40).

In der Bundeshauptstadt Wien, im sogenannten „Roten Wien“, war das Ziel der sozialdemokratischen Stadtregierung die Errichtung einer klassenlosen Gesellschaft und die Erziehung zu „Neuen Menschen“ für den Sozialismus, ein durch Alfred Adlers Individualpsychologie geprägtes Bild (vgl. Weiss 2016, S. 41). Seine Lehren vom Individuum als „zielgerichtetes, ganzheitliches und soziales Wesen“ (Bruder-Bezzel/Schiferer 2005, S. 157), die er später um den Begriff des Gemeinschaftsgefühls, das sich positiv auf den Menschen auswirke, ergänzte, erfuhren ihre Blütezeit im Wien der 1920er und 1930er Jahre. Adler bemühte sich um die Einrichtung von Erziehungsberatungsstellen in Zusammenarbeit mit Schulen und pädagogischen Organisationen. Seine Individualpsychologie kam zum Einsatz in Versuchsklassen, Kindergärten, Heimen, Horten und heilpädagogischen Einrichtungen, insbesondere bei den Kinderfreunden (vgl. Bruder-Bezzel/Schiferer 2005, S. 159–160).

International gesehen rückten ab 1900 die Themen Kinderarbeit, Kinderrechte und Kinderschutz immer stärker in das Blickfeld der Gesellschaft und hielten Einzug in den öffentlichen Diskurs (vgl. Baader 2014a, S. 162 f.). Nicht umsonst lautet der Titel des Erfolgsbuches der schwedischen Pädagogin Ellen Key, das erstmals 1902 erschien, das „Jahrhundert des Kindes“. Darin schreibt die Autorin über den Kindergarten, den sie lediglich als Notbehelf betrachtet, und das Schulsystem: „Ich möchte hier in kurzen Zügen meine Träume von einer Zukunftsschule schildern, in der die Seelen eine freie volle Selbstentwicklung erhalten können. [...] Mein Traum ist, daß der Kindergarten und die Kleinkinderschule überall durch den häuslichen Unterricht ersetzt wird“ (Key 1926, S. 261). Sie sieht dies als Aufgabe der Eltern bzw. einer neuen Generation von Müttern, die die Kinder von der institutionalisierten Betreuung „befreien“ wollen (Key 1926, S. 263). Das ist so zu interpretieren, als dass sie sich mit diesem Statement für mehr Möglichkeiten zur individuellen Persönlichkeitsentfaltung von Kindern ausspricht, gegen die Erziehung zur Gleichförmigkeit und Passivität, gegen das Funktionieren und die Heranbildung von „Herdenmenschen“ (vgl. Key 1926, S. 264).

Der internationale Völkerbund nahm sich ebenfalls erstmals des Kinderschutzes an und entwarf 1924 die Genfer Erklärung über die Rechte des Kindes, die den Mitgliederstaaten als Leitlinie dienen sollte, allerdings keine Verbindlichkeit im nationalen Recht besaß. Eine verbindliche Erklärung, die 61 Staaten unterschrieben – die UN-Kinderrechtskonvention – konnte erst 1990 in Kraft treten (vgl. Unicef o.J.).

Ebenso beginnen um 1900 auch die modernen Naturwissenschaften das Kind als Forschungsgegenstand umfassender in den Blick zu nehmen und versuchen mit empirischen Methoden Kinder, ihr Verhalten und ihre Entwicklung zu studieren. Diese endgültige Verwissenschaftlichung von Kindheit prägt unser gegenwärtiges Kindheitsbild enorm, wie beispielweise die wie selbstverständlich anmutende Vorstellung, dass Kinder verschiedene Entwicklungsstadien durchlaufen (vgl. Eßer 2014, S. 125–127). Damit einhergehend wurde zugleich die Grundlage einer Dokumentation über die „normale“ und „abweichende“ Entwicklung von Kindern geschaffen. Dies markiert den Beginn von institutioneller Überwachung, planmäßiger Erziehung und Datengewinnung unter dem Deckmantel des Kindeswohls und des Objektivitätsanspruchs der Wissenschaft (vgl. Eßer 2014, S. 141–145). In Österreich, allen voran in Wien, begann man noch während des Ersten Weltkriegs mit der Umgestaltung der Familien- und Jugendfürsorge auf „wissenschaftlicher“ Basis und errichtete das Ministerium für Volksgesundheit sowie das Ministerium für soziale Fürsorge, die in der Ersten Republik weitergeführt wurden. Das erste Wiener Jugendamt war bereits 1914 ins Leben gerufen worden (vgl. Sieder 2014, S. 157).

Diese veränderte Sichtweise auf die (frühe) Kindheit spielen der aufstrebenden Eugenik und Rassenhygiene in die Hände, die sich auf die biologische Vererbungslehre und den darwinistischen Selektionsgedanken beruft; als Begründer gelten die Ärzte Alfred Ploetz und Wilhelm Schallmayer. Angestrebt wird eine gesamte Volksgesundheit, und zwar durch die Beseitigung von vererbten Krankheiten und Störfaktoren zum Schutz der kommenden Generationen, zur Sicherung einer gesunden Nachkommenschaft und sozusagen zur Sicherung der Zukunft des Staates. Das Zusammenspiel von Eugenik und Medizin sowie die massiven Eingriffe in die Familien, in das Fürsorgewesen sowie in das

Schul- und Kindergartenwesen legitimieren sich zu Anfang unter der Prämisse der Bekämpfung der Kindersterblichkeit. Auf diese Weise werden Kinder quasi zum „organischen Kapital des Staates" erklärt, als vollwertig und minderwertig eingestuft. Soziale Reformen und ein Kontrollsystem aus Ämtern, ÄrztInnen, FürsorgerInnen, PflegerInnen, PädagogInnen usw. sollten Entartung und Degeneration stoppen (vgl. Wolf 2014, S. 117–120). Die Leistungsfähigkeit und Leistungsbereitschaft eines Kindes stand im Zentrum des medizinischen und pädagogischen Maßstabs und definierte den Wert dieses Menschenlebens (vgl. ebd., S. 127). Selbst die progressive Psychoanalyse, die nachfolgend noch genauer behandelt wird, fasste die Vererbung als Problem auf und sah die Ursache für Fehlentwicklungen von Kindern im Erbgut der Eltern begründet (vgl. ebd., S. 121). Diese neuen Theorien und Ideen rund um die (frühe) Lebensphase der Kindheit, die sich in der Aufbruchsstimmung nach dem Ersten Weltkrieg in Österreich ausbreiteten, können im Kern als Reaktion auf die sichtbaren negativen Auswirkungen von Krieg, Industrialisierung und Urbanisierung gedeutet werden (vgl. ebd., S. 123).

4.1 Das Kindergartenwesen in der Zwischenkriegszeit

Grundsätzlich galten für das Kindergartenwesen in Österreich nach dem Ersten Weltkrieg immer noch die gesetzlichen Bestimmungen des Reichsvolksschulgesetzes von 1869 und die Verordnung für Kindergärten und damit verwandte Anstalten von 1872. Ab 1920 wurde das Kindergartenwesen mit der „Vollzugsanweisung über Anstalten zur Pflege und Erziehung noch nicht schulpflichtiger Kinder" dann Angelegenheit des staatlichen Sozialwesens, bundesrechtlich direkt dem Sozialministerium unterstellt und im Bereich der Fürsorge angesiedelt. Das Staatsamt (ab November 1920 Bundesministerium) für Soziale Verwaltung definierte im Einvernehmen mit dem Staatsamt für Inneres und Unterricht in der neuen „Krippen- und Kindergartenverordnung" Kriterien zur Organisation und Führung von Kindergärten. Diese „Kindergartenverordnung" galt für alle Anstalten, die noch nicht schulpflichtige Kinder entweder in geschlossener, halbgeschlossener oder offener Fürsorge pflegten und erzogen: Kindergärten, Volkskindergärten, Kinderbewahranstalten, Kinderheime usw. Darin wird festgehalten, dass alle Anstalten unter Aufsicht des Staates stehen und dessen Organe eine fachliche Inspektion durchführen (vgl. Gary 2006, S. 120–122). Die pädagogische Aufsicht der Kindergärten lag hingegen bei den Bezirksschulbehörden, wobei dieser Umstand schon zu Zeiten der Monarchie im Berufsfeld immer wieder Kritik ausgelöst hatte. Als Antwort auf die „Kindergartenverordnung" von 1920 forderten Zusammenschlüsse und Vereine von Kindergärtnerinnen aus verschiedenen Bundesländern wiederholt die Zuordnung des Kindergartenwesens zum Unterrichtsressort. Auch lehnten sie es ab, dass ihre pädagogische Arbeit von Schulinspektoren kontrolliert werden sollte. Sie verlangten die Einsetzung von Fachinspektorinnen aus den eigenen Reihen bzw. die Errichtung eines Fachbeirats im Staatsamt. Im Zuge dieser Forderungen ließ das Staatsamt eine Befragung durchführen, die zu differenten Ergebnissen führte. Während Wien, Niederösterreich und Kärnten sich besonders für die elementarpädagogischen Fachinspektorinnen einsetzten, war man in Vorarlberg der Meinung, dass dies nicht nötig sei. Auch in Salzburg war man gegen die Einsetzung, weil man dadurch die Zusammenarbeit von Kindergarten und Schulen gefährdet sah. Letztlich wurde diese Debatte 1921 beendet mit dem Hinweis darauf, dass diese Maßnahme einfach zu teuer sei (vgl. Gary 2006, S. 106–110). Die Stadt Wien setzte dann im Jahr 1927 Anna Arbeiter als erste offizielle Kindergarteninspektorin ein, die im Folgejahr auch die Leitung der Berufsvereinigung übernahm (vgl. Heckel 1991, S. 39). Zuvor hatte man dem Landesschulinspektor, der die pädagogische Aufsicht führte, zumindest bereits ein Beraterinnenteam von gewählten Kindergärtnerinnen und eine Referentin für Kindergärten an die Seite gestellt (vgl. Baltruschat 1983, S. 106). Heckel vermutet zudem, dass in Graz bereits seit 1919 die Fachinspektorin R. Elschnigg die städtischen Kindergärten kontrollierte (Heckel 1969, S. 182).

In dieser langjährigen Diskussion um die Kontrollorgane ging es letztlich vor allem um die Anerkennung und Emanzipation der Institution Kindergarten als eigene Bildungsinstitution und um die zentrale Einfluss- und Machtstellung im Kindergartenwesen. Dies liegt auf der Hand, wenn man bedenkt, dass in der Kindergartenverordnung auch die entscheidenden Faktoren für den pädagogischen Alltag geregelt wurden, beispielsweise die Aufsichtspflicht, die Qualifikation der Leitung, das Führen von Evidenzbögen, die Höchstanzahl der Kinder pro Gruppe und dass ausschließlich Kindergärtnerinnen die Erziehungsarbeit leisten dürfen (vgl. Gary 2006, S. 122).

Das folgende Bundesgesetz von 1928, das Jugendwohlfahrtsgesetz, mutet dann fortschrittlicher an, denn es legte das Aufnahmealter der Kinder mit drei Jahren fest, verwendete den Begriff „Kinderbewahranstalten" nicht mehr und entschied darüber hinaus, dass die Kindergärtnerinnen ab sofort „geprüft" sein müssten. Dies deutet laut Gary darauf hin, dass bis zu diesem Zeitpunkt „auch nicht geprüfte Frauen oder angelerntes Personal in den Gruppen arbeiteten" (Gary 2006, S. 123). Für das Kindergartenpersonal in Privatkindergärten galt weiterhin das Angestelltengesetz vom 11. Mai 1921 (vgl. Simonic 1931, S. 150), ebenso für ausgebildete Kindergärtnerinnen, die als Erzieherinnen in Familien arbeiteten (vgl. Simonic 1931, S. 125).

In den einzelnen Bundesländern gab es neben dem bundesweit gültigen Jugendwohlfahrtsgesetz unterschiedliche landesgesetzliche Regelungen. Niederösterreich veröffentlichte beispielsweise 1930 im Landesgesetzblatt Nr. 171 das „Normalstatut für die niederösterreichischen Landeskindergärten" und regelte das Kindergartenwesen in 24 Paragrafen, deren Wortlaut sich weitgehend mit dem Reichsvolksschulgesetz von 1869 deckt. In § 2 wird die Aufgabe des Kindergartens definiert. Die Landeskindergärten haben die Aufgabe, die häusliche Erziehung der Kinder im vorschulpflichtigen Alter zu unterstützen und zu ergänzen, sowie die Kinder durch geregelte Übung des Leibes und der Sinne, ferner durch naturgemäße Bildung des Geistes für die Volksschule vorzubereiten. Geregelt sind auch die Ausstattung mit „Beschäftigungsmitteln, Arbeitsmaterial, Spielplatz im Freien, Beheizung, Beleuchtung" und die „Mittel der Kindergartenerziehung". So wird beispielsweise auch fast 40 Jahre nach Inkrafttreten des Reichsvolksschulgesetzes wieder ausdrücklich festgelegt, dass „aller Unterricht nach Art der Schule ausgeschlossen ist". Ferner werden Bring- und Abholzeiten, Aufenthaltsdauer und Ferien geregelt (vgl. Simonic 1931, S. 148–150). Im Regelfall wurden, auch in den Bundesländern, sowohl Mädchen als auch Buben gemeinsam betreut, eine Trennung wurde eher anhand der Religionsgemeinschaft vollzogen. In den Statuten des „Deutschen Kindergartens" der Stadt Völkermarkt in Kärnten war beispielsweise festgelegt, dass der Kindergarten alle Kinder beider Geschlechter aufzunehmen hatte, außer jüdische Kinder (vgl. Gary 2006, S. 133).

Obwohl rechtlich möglich, übernahmen in Wien erstmals ab 1927 Kindergärtnerinnen wirklich die Leitungsfunktion in Kindergärten und nicht mehr Lehrer oder Schuldirektoren (vgl. Czeike 2004, S. 504). Die Ausbildung fand ja seit 1872 an den Lehrerinnenbildungsanstalten oder privaten Ausbildungskursen statt. So verwundert es nicht, dass der Schulinspektor Anton Simonic in seinem 1931 erschienenen und für die Zwischenkriegszeit wichtigsten Lehrbuch für Kindergärtnerinnen mit dem Titel „Kindergartenlehre", das nachfolgend noch detaillierter in Bezug auf die Bildungsinhalte behandelt wird, der Zusammenarbeit zwischen Kindergarten und Schule ein eigenes Kapitel widmet. Im einleitenden Satz stellt er fest: „Die Erziehung des Kindes im Kindergarten ist ein an sich abgeschlossenes Ganzes. Das soll jedoch nicht sagen, dass ein Ausblick nach der einen oder anderen Seite unzweckmäßig erscheint. Ein Rückblick, wie das Kleinkind war, ehe es in den Kindergarten kam, ist für die Kindergärtnerin sehr wichtig. Sie will wissen, wie sich das Kind heraufentwickelt hat. Ebenso wichtig erscheint es einen Ausblick zu halten, wie das Kind sich weiterentwickeln, wie sich der Übertritt in die Schule vollziehen wird. Eine Kluft zwischen Kindergarten und Schule darf nicht bestehen" (Simonic 1931, S. 117). Weiters führt er aus, was schulpflichtige Kinder bei Schuleintritt bereits an Fähigkeiten erlernt haben sollten, und betont neben motorischen, analytischen und sprachlichen Kompetenzen vor allem den Gemeinschaftssinn beziehungsweise die soziale Kompetenz. Besonders hervorzuheben ist auch, wenn man sich den aktuellen Bildungsauftrag des Kindergartens ins Gedächtnis ruft, dass der Kindergarten als „Unterbau der Schule" bezeichnet wird, sowie die Feststellung, dass Kinder, die einen Kindergarten besuchen, Vorteile hätten gegenüber Kindern ohne Gruppenerfahrung (vgl. Simonic 1931, S. 118).

Parallel dazu werden auch in der öffentlichen Diskussion immer wieder Forderungen nach einem verpflichtenden Kindergartenbesuch für Kinder, die unzureichend beaufsichtigt würden, laut (vgl. Heckel 1969, S. 174). Der Landesschulrat für Wien betonte im Jahre 1921 in einem Schreiben an das Bundesministerium für Soziale Verwaltung, dass es eine Kindergartenreform unter dem Gesichtspunkt „der Anpassung des Kindergartens in das Ganze der Schulreform" geben müsse (Gary 2006, S. 114). Die Wiener städtischen Kindergärtnerinnen schlossen sich bereits 1919 als ersten Schritt „im Sinne einer Zusammenarbeit mit der Grundschule und der sozialen Besserstellung" an den Lehrerverein an (vgl. Heckel 1991, S. 39). In Graz wurde im Verein „Lehrerakademie" die Errichtung öffentlicher Kindergärten und ihre organisatorische Verbindung mit der Volksschule gefordert (vgl. Heckel 1969, S. 175).

Wie zu Beginn des Kapitels beschrieben, bedingte die politische Lage nach dem Ende des Ersten Weltkriegs die Zerschlagung, Neu- oder Umorientierung vieler Organisationen, ebenso erging es der ursprünglich gesamtösterreichischen und auch die Kronländer umfassenden Berufsvereinigung des Kindergartenwesens. Obwohl auch zuvor aktiv, konstituierte sich die neue „Berufsvereinigung der Kindergärtnerinnen Österreichs" mit Sitz in Wien offiziell im Jahre 1923, in der die Bundesländer durch Referentinnen vertreten waren. In der Zeitschrift für das Kindergartenwesen desselben Jahres ist dazu zu lesen: „Diese Interessensvertretung ist eine Notwenigkeit geworden" (Fischer, 1923, S. 4). Die Berufsvereinigung hatte sich zum Ziel gesetzt, alle Kindergärtnerinnen „in Stadt und Land" sowie privat angestellte Kindergärtnerinnen zu vernetzen und sich nachdrücklich um die Gleichstellung bei Löhnen und Verträgen zu kümmern. Sie war von Anfang an überparteilich organisiert und sollte weder einseitig politisch noch religiös gefärbt sein (vgl. Fischer 1923, S. 4–5). Auch Simonic weist mit Nachdruck darauf hin, dass vor allem die in ländlichen Regionen offenbar sehr autark tätigen Kindergärtnerinnen auf eine Berufsvereinigung angewiesen wären, da diese ihnen Gelegenheit zur Fortbildung und zur Aussprache über ihre Arbeit ermöglichte (vgl. Simonic 1931, S. 127). In Zusammenarbeit mit den Lehrer- und Fürsorgevereinen wurden dann weiters Arbeitsgemeinschaften gebildet und Weiterbildungsangebote entwickelt. Die seit 1882 bestehende Vereinszeitschrift trägt ab 1929 den Titel „Kind und Kindergarten", und ab 1935 „Der österreichische Kindergarten". Auch von kirchlicher Seite wurden zu dieser Zeit neue Initiativen gesetzt. Die katholischen Kindergärten, Horte, Heime und Bewahranstalten von Salzburg, Oberösterreich, Tirol und Vorarlberg organisierten sich unter dem Dachverband der Katholischen Frauenorganisation (vgl. Baltruschat 1983, S. 105). Die erste gedruckte Ausgabe des immer noch aktuellen elementarpädagogischen Fachjournals „Unsere Kinder" erschien 1928, zunächst unter dem Titel „Für unsere Kinder". Diese erwuchs wiederum aus den seit 1924 regelmäßigen Rundbriefen des katholischen Kindergartenreferats Linz (vgl. Katholische Kirche Oberösterreich Diözese Linz 2014, o.S.).

Weitere Ziele der Berufsvereinigung der Kindergärtnerinnen waren es, ein gesetzliches Kindergartenjahr einzuführen, Einfluss auf die Lehrpläne für Kindergärtnerinnen zu nehmen, die Zusammenarbeit zwischen Kindergarten und Schule zu fördern, eine Besserstellung der Privatkindergärten sowie eine Einsetzung von Kindergarteninspektorinnen aus den eigenen Reihen zu fordern. Erreicht werden konnte, dass 1927 in der Kindergartenverordnung die staatlich vorgegebenen Bildungsziele und -aufgaben des Kindergartens, die noch von 1872 stammten, schließlich erweitert wurden auf „Erziehung zur Gemeinschaft, Erziehung zur Demokratie, körperliche Erziehung und Hygiene" (Baltruschat 1983, S. 106). Ebenso erreicht werden konnte die Einsetzung von Kindergärtnerinnen, die als Referentinnen die Schulinspektoren berieten. Eigene Fachinspektorinnen wurden nicht flächendeckend eingesetzt, und auch die langjährige Forderung nach der Errichtung eines eigenen Kindergartenreferates im Unterrichtsministerium blieb unerfüllt (vgl. Heckel 1969, S. 183). Kurz vor dem Anschluss Österreichs an das Deutsche Reich gelang allerdings noch die Zuweisung der Kindergärtnerinnen zur Berufsgruppe der „Lehrpersonen und Schulaufsichtsbeamten" (vgl. Heckel 1991, S. 39). Mit dem Ende der Ersten Republik löste sich der Verband dann in seiner ursprünglichen Zusammensetzung vorläufig auf (vgl. Heckel 1969, S. 183).

Neben den bisher von Klöstern und Vereinen betriebenen Kindergärten begannen in dieser Zeit vermehrt auch Gemeinden, Länder sowie der Staat Kindergärten zu errichten. Von 1923/24 bis 1936/37 verdoppelte sich die Anzahl der Kindergärten österreichweit von 549 auf 928 (vgl. Gary 2006, S. 112). Auf dem Land wurden weiterhin überwiegend die halbtägigen Normalkindergärten geführt, in den Städten entstanden vermehrt Volkskindergärten mit ganztägigen Öffnungszeiten und mehreren Mahlzeiten. Die Errichtung von Normal- und Volkskindergärten wurde folgend begründet: „Der Betrieb in Normalkindergärten erstreckt sich nur auf einige Stunden am Tag. In dichtbevölkerten Orten, namentlich in Städten, ergibt sich jedoch die Notwendigkeit zur Ausdehnung des Betriebes. Die Kinder werden dort von frühmorgens bis abends ununterbrochen beherbergt. Es ist auf dem Lande leichter möglich, dass die Kinder das Elternhaus wieder leichter aufsuchen, weil ein Familienmitglied meist im Hause beschäftigt ist und auch die Landbevölkerung leichter für die Ernährung des Kindes aufkommen kann als die Stadtbevölkerung. Auch der Kontakt der Kindergärtnerin des flachen Landes mit den Eltern ist viel leichter hergestellt, weil die Bevölkerungszahl geringer ist und die Kindergärtnerin somit förmlich als Mitglied der Familien und der Gemeinde erscheint" (Simonic 1931, S. 126).

Volkskindergärten befanden sich also in der Trägerschaft von Städten und Gemeinden, Normalkindergärten in der von Vereinen und kirchlichen Gemeinschaften. In Oberösterreich, Salzburg, Tirol und Vorarlberg beispielsweise war die Mehrzahl der Kindergärten in der Hand von Orden und Pfarren (vgl.

Gary 2006, S. 130). In Kärnten wurden von landesweit insgesamt 33 Kindergärten lediglich vier Einrichtungen von Städten und Gemeinden geleitet, zusätzlich kann ein Kindergarten als „Betriebskindergarten" der Österreichisch-Amerikanischen Magnesitwerke bezeichnet werden. Die Kindergärten Kärntens erhielten je nach Erhalter oder besonderer Zielsetzung folgende Bezeichnungen: Stadtkindergarten, Gemeindekindergarten, Privatkindergarten, Volkskindergarten, Deutscher Kindergarten, Vereinskindergarten, Pfarrkindergarten, Fröbel- oder Montessori-Kindergarten. Es findet sich auch ein Kindergarten für Kinder „gehobener Stände" (vgl. Kuchar/Niegl/Wurst 1997, S. 38–40). In Niederösterreich übernahm ab 1930 das Land die Trägerschaft und errichtete Normalkindergärten, deren Öffnungszeiten in § 14 des diesbezüglichen Landtagsbeschlusses geregelt sind: „Im Landeskindergarten werden die Kinder mit Ausnahme der Sonn- und gesetzlichen Feiertage [...] mit einer mindestens zweistündigen Mittagspause täglich durch 3 Stunden am Vormittag und 2 Stunden nachmittags beschäftigt" (Simonic 1931, S. 149).

Zusätzlich ist der Bildungsauftrag unterschiedlich ausgelegt. Normalkindergärten sollen „eine wirksame Ergänzung der häuslichen Erziehung, vor allem die Erziehung zur Gemeinschaft" leisten. „In diesem Fall ist der Kindergarten reine Erziehungsanstalt", während der Volkskindergarten oder Heimkindergarten sich den Bedürfnissen der Fürsorge anpasst und so zur Erziehungs- und Fürsorgeanstalt wird (vgl. Simonic 1931, S. 18). Die pädagogische Arbeit in den Normalkindergärten orientierte sich überwiegend an Fröbel, in den Pfarrkindergärten zusätzlich an religiös-sittlichen Erziehungsgrundsätzen, während in den Volkskindergärten Wiens bereits neue Konzepte, angelehnt an das um die Jahrhundertwende entstandene sozialistische Erziehungskonzept und den reformpädagogischen Ideen Montessoris erprobt wurden (vgl. Simonic 1931, S. 129).

4.2 Das Rote Wien

Wie bereits angeschnitten macht es im Wien der Ersten Republik eine grundlegend geänderte Finanz- und Steuerpolitik möglich, dass auf Armut und Unterversorgung breiter Bevölkerungsschichten direkt reagiert werden konnte. Diese Maßnahmen sind heute noch unter dem Schlagwort „Rotes Wien" bekannt – viele der gegenwärtigen Errungenschaften unseres Sozialstaats haben ihre Wurzeln tatsächlich in den 1920er Jahren. Denn die Konsequenz waren städtebauliche Modernisierungen wie zum Beispiel die Errichtung von Gemeindebauten, neuen Grünflächen, Kindergärten, Schulen, Volksbädern, Sportplätzen und der Ausbau von Spitälern sowie umfassende positive Reformen in der öffentlichen Infrastruktur, z. B. bessere Wasserversorgung und Kanalisation, und im öffentlichen Verkehr. Bei der Reformierung des Fürsorge- und Gesundheitswesens, in der Kinderbetreuung sowie in der Jugendwohlfahrt war der Mediziner Julius Tandler federführend, der zum Beispiel die Mutterberatung, das Säuglingswäschepaket, Schulzahnkliniken sowie die Kinderübernahmestelle einführte. Auch die Ideen der bereits vor dem Krieg postulierten sozialistischen Erziehung wurden sowohl im Schul- als auch im Kindergarten- und Jugendfürsorgewesen umgesetzt. Der Pädagoge Otto Felix Kanitz beschreibt den Kern „sozialistischer Erziehung" als Erziehung zum Klassenbewusstsein, zu einem revolutionär-proletarischen Klassengefühl, zu Solidarität und Kollektivismus sowie zu sittlicher Freiheit und revolutionärer Disziplin (vgl. Kanitz 1974, S. 203). Ebenso brachte die nicht mehr auf Monarchie, sondern auf Demokratie ausgerichtete Staatsform neue pädagogische Theorien und Unterrichtspraktiken mit sich. Otto Glöckel, der in diesen Jahren Präsident des Wiener Stadtschulrates war, stellte dem bis dahin praktizierten autoritären Unterrichtsprinzip die Forderung nach freier Entfaltung der Persönlichkeit des Kindes entgegen. Kinder sollten von klein auf Kritikfähigkeit und selbstständiges Handeln erlernen. Glöckels Reformziele waren die Erziehung zur Demokratie, die Trennung von Kirche und Staat, die Einführung von kindgerechtem Unterricht mit neuen Lern- und Arbeitsmethoden und die gemeinsame Schule für alle Kinder (vgl. Lex-Nalis 2014, S. 8).

Zu Beginn des 20. Jahrhunderts hatte sich das Problem der Kinderarbeit und des proletarischen Kinderelends besonders in den Großstädten, wie eben beispielsweise Wien, durch die gesamteuropäische Wirtschaftslage manifestiert und durch den Ersten Weltkrieg noch verschlimmert. Dies markiert auch den Beginn des Enthüllungsjournalismus und der Sozialreportagen vor Ort. In Wien dokumentiert vor allem der Journalist und Schriftsteller Max Winter das Leben der ArbeiterInnen und ihrer Kinder, deren Armut und Arbeitsalltag, die Zustände in den Fabriken und Produktionsstätten sowie die Wohnungsnot (vgl. Weiss 2008, S. 42 –44). Auch Else Feldmann, ebenfalls Journalistin und Schriftstellerin, nimmt in ihren Reportagen Kinder und Jugendliche in den Blick und berichtet regelmäßig aus dem Wiener Jugendgericht. Sie widmet sich Themen wie Gewalt, Kinderelend und Krankheit; viele ihrer Texte stehen auf der Website „Theodor Kramer Archiv" online zur Verfügung.

In diese Periode fällt auch die Gründung der sozialistischen Organisation „Kinderfreunde" 1908 in Graz durch Anton Afritsch, deren spezielle Zielgruppe Kinder aus der ArbeiterInnenklasse, aus dem „Proletariat" sind (vgl. Kotlan-Werner 1982, S. 11). Allerdings geht es in deren Angeboten erstmals nicht allein um Fürsorge und Bewahren, wie bei der ursprünglichen Funktion der Bewahranstalten, sondern um Bildung und Lebensqualität (vgl. ebd., S. 21).

Die Kinderfreunde sind es auch, mit deren Hilfe im Schloss Schönbrunn 1919 ein Kinderheim sowie eine Ausbildungsstätte für ErzieherInnen eingerichtet wird, die Schönbrunner Erzieherschule. In dieser Schule lebten 20 Kleinkinder und 100 Schulkinder beiden Geschlechts gemeinsam mit PädagogInnen im

Kollektiv. Leiter und Vordenker der Schule war von 1920 bis 1925 Otto Felix Kanitz, der in seiner Schrift „Das proletarische Kind in der bürgerlichen Gesellschaft“ betont, dass Proletarierkinder zu einem neuen Klassenbewusstsein erzogen werden müssen. „Nicht mehr geknechtet, nicht mehr um die Freuden der Kindheit gebracht, nicht mehr von der Lüge, sie wären Almosenempfänger, bedroht, werden sie zu stolzen, freien, vollwertigen und schöpferischen Persönlichkeiten heranwachsen“ (Kanitz 1974, S. 49). Er prangert zudem die Kinderarbeit, auch die in der Landwirtschaft, an: „Der furchtbare wirtschaftliche Druck, der auf dem Kinde des Proletariats lastet, muß in ihm das Gefühl der Minderwertigkeit auslösen, muß es entmutigen“ (Kanitz 1974, S. 47).

Kanitz hatte zuvor die Ferienkolonie der Kinderfreunde mit 700 Mädchen und Buben in Gmünd geleitet (vgl. Weiss 2008, S. 20) und legte die Schwerpunkte im Lehrplan der Kinder neben den klassischen Schulfächern auf musikalische Förderung, Turnen und körperliche Ertüchtigung sowie Kunsterziehung (vgl. Weiss 2008, S. 56). An der Erzieherschule sollten Erzieher und Erzieherinnen ausgebildet werden, die bereit und in der Lage waren, die sozialistischen Erziehungsziele umzusetzen. Unterrichtet wurden sie unter anderem von bekannten zeitgenössischen WissenschaftlerInnen, PsychologInnen und PädagogInnen wie Alfred Adler, Jenny Adler, Max Adler, Josef Luitpold Stern, Hermine Weinreb, Grete Haller-Kuhe, Benedikt Kautsky und Gerda Kautsky-Brunn sowie Wilhelm Jerusalem (vgl. Kotlan-Werner 1982, S. 136; Weiss 2008, S. 25). Neben dem Unterricht mussten sie in den Horten und Heimen der Kinderfreunde hospitieren (Weiss 2008, S. 58). Kanitz verwies in seinen Werken wiederholt darauf, dass es einer neuen Generation von ErzieherInnen und Erziehungsmethoden bedürfe: „Die Erziehung im Kinderkollektiv wird möglich, weil der Erzieher als autoritäre Figur überwunden wird. Er verzichtet auf alle Gewalt, die ihm die Natur des Stärkeren einräumt. Der neue Erzieher ist der liebende Freund“ (Lutz von Werder 1974, S. 9).

Im Roten Wien erfuhr auch das Kindergartenwesen insgesamt eine Aufwertung. Dokumentiert ist dies im 1927 vom Magistrat der Stadt Wien herausgegebenen Buch „Die Kindergärten der Gemeinde Wien“ von Philipp Frankowski, Kindergarteninspektor, und Karl Gottlieb, Kindergartenarzt. Diese Publikation wurde auch später als Lehrbuch an der städtischen Bildungsanstalt für Kindergärtnerinnen herangezogen. Der Referent für das Wohlfahrtwesen der Gemeinde Wien, Julius Tandler, schreibt darin, dass zwar Vieles, aber nicht genug geschehen sei: „Alle Kinder in Kindergärten zu erfassen, so wie sie fast ausnahmslos im schulpflichtigen Alter von unseren öffentlichen Schulen bereits erfasst sind, ist eine gerechte Forderung des Tages“ (Tandler 1927, S. 5). Angesichts der katastrophalen gesundheitlichen Zustände vieler Wiener Kinder im Alter zwischen zwei und sechs Jahren – 51 % aller Fünf- bis Sechsjährigen litt an Tuberkulose und 10 % an den schwersten Formen von Rhachitis – sah man es als oberstes Ziel an, Kindergartenplätze in ausreichender Anzahl und in allen

Bezirken Wiens zu schaffen. Frankowsi meint dazu, dass die Stadt Wien die „halboffene (halbgeschlossene) Fürsorge derzeit als die richtigste Lösung der hygienischen sozialen und bevölkerungspolitischen und erzieherischen Probleme“ sieht. Die gesundheitliche Überwachung erfolgte durch eigene Kinderärzte, jedes Kind bekam ein Gesundheitsblatt (vgl. Frankowski/Gottlieb 1927, S. 9–12).

Diese städtischen Volkskindergärten waren von 7:00 Uhr bis 18:00 Uhr geöffnet und die Mahlzeiten wurden ebenso von der Stadt Wien zur Verfügung gestellt. Neben der fürsorgerischen Aufgabe sollte aber auch die erzieherische nicht zu kurz kommen. Ob nach der Methode Fröbels oder Montessoris oder einer Verbindung von beiden gearbeitet wurde, war freigestellt (vgl. ebd., S. 15–16). Die Kinderanzahl pro Gruppe sollte nicht unter 30, bei Zweijährigen nicht unter 25, fallen, und die Beschäftigung der Kinder sich nach den Altersstufen richten. Es gab bereits Versuche sogenannte „Familienabteilungen“ für Kinder von drei bis sechs Jahren zu führen, worüber sehr positiv berichtet wird (vgl. ebd., S. 26). Auch ein Elternrat stand dem Kindergarten bereits zur Seite (vgl. ebd., S. 27).

Besonderes Augenmerk legte man in Wien auf die Aus- und Fortbildung von Kindergärtnerinnen. Aus ähnlichen Motiven wie jene, die zur Gründung der Schönbrunner Erzieherschule führten, errichtete die Stadt Wien auch eine eigene „Städtische Bildungsanstalt für Kindergärtnerinnen“ und schuf damit eine sozialdemokratische Alternative zu anderen Ausbildungskursen. „Mit Beginn des Schuljahres 1924/25 wurde diese Anstalt an einen Kindergarten in einem Arbeiterviertel verlegt, sodass die für eine städtische Anstellung in Betracht kommenden Zöglinge somit von vornherein in einem Milieu erzogen werden, das es verhindert, später hilflos ihren Schützlingen – die meist aus dem Arbeiterschichten stammen, gegenüberzustehen“ (ebd., S. 40). Weiterbildungskurse, Diskussionsveranstaltungen und Vorlesungen am „Pädagogischen Institut der Stadt Wien“ zu besuchen, war für die Pädagoginnen verpflichtend (vgl. ebd., S. 41), ebenso wurden einmal im Monat Leiterinnenkonferenzen zur besseren Vernetzung abgehalten (vgl. ebd., S. 42). Anton Tesarek, Gründer der sozialistischen Jugendorganisation „Rote Falken“, der auch bis 1923 das Schönbrunner Kinderheim geleitet hatte (vgl. Weiss 2008, S. 41), wurde als Direktor der städtischen Bildungsanstalt eingesetzt und forderte bereits 1931 eine Verlängerung der Bildungsdauer auf vier Jahre. Das vierte Bildungsjahr sollte der praktischen Ausbildung vorbehalten sein. Zur Umsetzung dieser Idee kam es erst nach dem Zweiten Weltkrieg (vgl. Lex-Nalis 2014, S. 9), denn viele politische Akteure und Akteurinnen der Zwischenkriegszeit in Wien überdauerten das nationalsozialistische Regime nicht. Julius Tandler emigrierte nach Russland, Philipp Frankowski wurde aus politischen Gründen pensioniert. Otto Glöckel wurde 1934 verhaftet und starb bereits 1935 an den Folgen der Inhaftierung. Otto Felix Kanitz fand im Alter von 46 Jahren im KZ Buchenwald den

Tod. Erst nach dem Zweiten Weltkrieg wurden alle wichtigen Funktionen und Positionen im Jugendamt der Stadt Wien und der BAKI der Stadt Wien mit AbsolventenInnen der Schönbrunner Schule besetzt. Tesarek kehrte nach Wien zurück und wurde Leiter des Jugendamtes der Stadt Wien und damit auch wieder Leiter der städtischen Bildungsanstalt für Kindergärtnerinnen.

Den innovativen, umfassenden Maßnahmen der Wiener Familien- und Jugendfürsorge der 1920er und 1930er Jahre liegt im Kern die Verbesserung der Lebensbedingungen von Kindern „benachteiligter" Bevölkerungsgruppen (Wolfgruber 2013, S. 216) und die Bekämpfung des Kinderelends sowie der Säuglingssterblichkeit zu Grunde. Die Schattenseiten dieses Systems thematisieren die HistorikerInnen Gudrun Wolfgruber (Wolfgruber 2013) und Reinhard Sieder (Sieder 2014). Sie zeigen das Fürsorgenetz als Wegbereiter von sozialer Selektion und Rassenhygiene. Die zentrale Figur des Wiener Fürsorgewesens, Julius Tandler, war nicht nur Sozialdemokrat, sondern auch den sozialhygienischen Theorien gegenüber aufgeschlossen. Er selbst schreibt 1924, dass lebensunwertes Leben den Staat finanziell zu stark belaste und man dieses zugunsten der Volksgesundheit opfern werde müssen (vgl. Sieder 2014, S. 158).

Unter seiner Leitung begann das städtische Jugendamt mit einer systematischen Familien- und Sozialanamnese, die vor allem materiell schwache Familienhaushalte, ledige Mütter, AlleinerzieherInnen, Kinder von Suchtkranken sowie generell von „erziehungsunfähigen" Eltern in den Blick nahm mit dem Ziel der Überstellung an die öffentliche Fürsorge (vgl. Wolfgruber 2013, S. 27 ff.; Sieder 2014, S. 158 ff.). Die neu errichtete Kinderübernahmestelle, KÜST, in Wien-Alsergrund war die erste Institution ihrer Art in Europa und fungierte in diesem Prozess als logistisches Zentrum und sozusagen als „bessere Familie" (Wolfgruber 2013, S. 223). Das Jugendamt selbst stand unter männlicher Leitung, aber ein Netz aus überwiegend weiblichen Sprengelfürsorgerinnen suchten „verdächtige" Familien zu Hause auf, um gefährdete Kinder ausfindig zu machen und in der Folge Anträge auf Gemeindepflege zu schreiben. Nach der Überstellung der Kinder an die KÜST standen diese, abgeschnitten von allen familiären Verbindungen, zuerst mehrere Wochen unter Quarantäne und wurden im Auftrag des Wiener Jugendamtes beobachtet und getestet, bevor über ihr weiteres Schicksal, wie die Aufnahme in Heime, Pflegefamilien oder eine Rückstellung entschieden wurde (vgl. Sieder 2014, S. 162 ff.). Um die Größenordnung zu erfassen, weist Wolfgruber auf eine Statistik aus 1926 hin, derzufolge von 3 324 übernommenen Kindern nur 403 Kinder wieder dem Elternhaus zugeführt wurden (vgl. Wolfgruber 2013, S. 224). Daran beteiligt war ein weites Netzwerk aus MedizinerInnen und PsychologInnen, die Gutachten erstellten. Diese arbeiteten entweder direkt in der KÜST, im Wiener Zentralkinderheim, im Kinderheim Schloss Wilhelminenberg, in der Kinderherberge „Am Tivoli", in der Zentrale des Jugendamts oder in den Bezirksjugendämtern. Ebenso gutachteten die Ärzte der Universitäts-Kinderklinik und die PsychologInnen des

Stadtschulrats. Darüber hinaus ergab sich ein Zusammenwirken mit den Berichten von SchulleiterInnen, LehrerInnen, HeimleiterInnen und ErzieherInnen über das soziale Verhalten und die schulische Leistung der betroffenen Kinder (vgl. Sieder 2014, S. 162 ff.). Im Vordergrund stand dabei stets die Messung der Abweichungen von der Norm (vgl. ebd., S. 169). Es lässt sich gut nachvollziehen, dass nach 1938 die Umsetzung von Maßnahmen des nationalsozialistischen Regimes in Bezug auf die Jugendfürsorge leicht fiel, denn das nötige Personal und die Infrastruktur waren ja bereits vorhanden. Zu den ideologischen Ansätzen der Erbbiologie und Rassenhygiene kamen dann der radikale Antisemitismus, Anti-Ziganismus und Rassismus gegen osteuropäische Völker (vgl. Sieder 2014, S. 168) – Tendenzen, die auch schon zuvor vorhanden waren, allerdings nicht in dieser extremen Form. Das Jugendamt sowie das Gesundheitsamt gewannen ab 1938 in der gesamten „Ostmark" deutlich mehr Einfluss, wurden vom herrschenden Regime in ihren Maßnahmen unterstützt sowie auch „durch die universitäre Psychologie, Psychiatrie, Neonatologie, Pädiatrie und Heilpädagogik erheblich gestärkt" (Sieder 2014, S. 167).

4.3 Die Bildungsanstalten für Kindergärtnerinnen und deren Bildungsinhalte

Trotz der langjährigen Forderung der Berufsvereinigung – und später auch von Vertretern des Unterrichtsministeriums –, die Ausbildung auf vier Jahre zu verlängern, wurde in der Kindergarten- und Krippenverordnung von 1920 keine Änderung für die Ausbildung bestimmt (vgl. Gary 2006, S. 145). Errichtet wurden in dieser Zeit lediglich zweijährige Frauen-Oberschulen mit dem Ziel, „die besonderen Begabungen der Mädchen, wie Mütterlichkeit und die Fürsorge für Andere" (Gary 2006, S. 143) zu fördern. An diesen Schulen konnte ab 1927 eine Ergänzungsprüfung abgelegt werden, mit der die Absolventinnen auch als Kindergärtnerinnen arbeiten konnten (vgl. Flich 1996b, S. 22). Auch an den in dieser Zeit errichteten Bundeserziehungsanstalten für bedürftige Kinder an zwei Schulstandorten in Wien wurden Kindergärtnerinnen ausgebildet (vgl. Baltruschat 1986, S. 50).

Die Entwicklung zu einer bundeseinheitlichen Kindergärtnerinnen-Ausbildung gestaltete sich insofern schwierig, da es zu dieser Zeit noch immer eine hohe Anzahl von jenen im vorhergegangenen Kapitel beschriebenen privaten Ausbildungskursen mit unterschiedlichen Inhalten und unterschiedlicher Dauer gab. So war es zunächst vorrangig, einheitliche Kriterien für die Abschlussprüfung zu finden, um den Absolventinnen der bisherigen Bildungskurse zu ermöglichen, einen staatlich anerkannten Abschluss nachzuholen. In einem Erlass vom 16. März 1925 wurde die Befähigungsprüfung als ordentlicher Abschluss der Ausbildung zur Kindergärtnerin generell eingeführt (vgl.

Baltruschat 1983, S. 56). In den Jahren von 1925/26 bis 1933/34 gab es sowohl Bildungsanstalten für Kindergärtnerinnen, die an den Lehrerinnenbildungsanstalten angeschlossen waren, als auch immer noch viele selbstständige Einrichtungen. In Wien konnte die Ausbildung zur Kindergärtnerin in beiden Schulformen absolviert werden. In den Bundesländern Niederösterreich und Salzburg gab es ausschließlich eigenständige Bildungsanstalten. In Tirol, Oberösterreich und der Steiermark wiederum waren alle Bildungsanstalten an den Lehrerinnenbildungsanstalten angeschlossen (vgl. Baltruschat 1983, S. 132).

In Kärnten erfolgte zu dieser Zeit sogar die Gründung einer „Privatbildungsanstalt für Kindergärtnerinnen mit Öffentlichkeitsrecht", angeschlossen am Stadtkindergarten Klagenfurt. Diese Schule besuchten 18 Schülerinnen, die 1927 mit der Befähigungsprüfung abschlossen. Da es in Kärnten jedoch zu wenig Kindergärten gab, konnten diese kaum einen Dienstposten finden. Im Jahre 1928 wurde die Schule geschlossen und Interessentinnen aus Kärnten waren gezwungen an Bildungsanstalten in anderen Bundesländern die Prüfung als Externistin abzulegen (vgl. Kuchar/Niegl/Wurst 1997, S. 128).

In Graz stellte 1931 der Steiermärkische Caritas-Verband für Wohlfahrtspflege und Fürsorge und der Christlich-Deutsche Elternverein „Frohe Kindheit" Graz – im Einverständnis mit der Direktion der Bundeslehrerinnenbildungsanstalt Graz – ein Ansuchen an das Bundesministerium für Unterricht, die Bildungsanstalt in eine „Bildungsanstalt für Kindergärtnerinnen und Hortnerinnen" umzuwandeln, da nach dem Ersten Weltkrieg auch der Bedarf an qualifizierter Betreuung für Schulkinder enorm zunahm. So wurde die Ausbildung zur Horterzieherin versuchsweise in das System der Bildungsanstalt Graz integriert und von dort aus weiter verbreitet (vgl. Baltruschat 1983, S. 122).

Die Bilanz von 1936 wies dann bundesweit immerhin 27 Bildungsanstalten für Kindergärtnerinnen aus, insgesamt war die Zahl der Schülerinnen jedoch rückläufig. Im Burgenland, in Kärnten und Vorarlberg konnte man zwar als Kindergärtnerin arbeiten, aber es gab überhaupt keine Möglichkeit, sich ausbilden zu lassen (vgl. Kellner 2009, S. 146; Baltruschat 1983, S. 133).

Neben den Schriften von Friedrich Fröbel war um 1900 bzw. in der Zwischenkriegszeit das Fachbuch von Alois Fellner „Der Kindergarten. Erziehungslehre und Kindergartentheorie für Kindergärtnerinnen-Bildungsanstalten" Grundlage für die Bildungsarbeit der Kindergärtnerinnen, der viele Inhalte aus seinem Werk von 1892 übernimmt (vgl. Fellner 1918).

Ab den 1930er Jahren wurde an den Bildungsanstalten für Kindergärtnerinnen und an den 1921 errichteten Frauen-Oberschulen das Lehrbuch „Kindergartenpädagogik. Ein Lern- und Arbeitsbuch für Kindergärtnerinnen-Bildungsanstalten" als Unterrichtsgrundlage eingesetzt. Verfasst hatte das zweiteilige Werk der mehrmals erwähnte Anton Simonic, Landesschulinspektor des Stadtschulrates Wien, unter der Mitarbeit des Arztes Lothar Skalla sowie einer Arbeitsgemeinschaft von Wiener Kindergärtnerinnen, in deren Reihen auch

Anna Arbeiter zu finden ist. Die beiden Teile des Lehrbuchs erschienen sowohl gemeinsam als auch getrennt voneinander als „Kindergartenlehre“ sowie als „Seelenkunde und Erziehungslehre“, beide „für Frauen-Oberschulen und verwandte Lehranstalten“.

In der Zeit des Ständestaates entstand dann ein Lehrbuch, in dem sich bereits der Zeitgeist ankündigt, der nach 1938 das gesamte Erziehungs- und Bildungswesen vereinnahmte. Die Autorin Maria Messiner-Minini betrieb in Klagenfurt einen Privat-Kindergarten und unterstützte junge Frauen, sich auf die Externistinnen-Befähigungsprüfung vorzubereiten. „Das Kind, seine Welt und seine Beschäftigung. Ein Buch für Mütter, Erzieherinnen und Kindergärtnerinnen“ scheint nicht umsonst in der Datenbank der Forschungsstelle „Österreichische Literatur im Nationalsozialismus“ der Universität Graz auf (vgl. Blumesberger 2014, S. 768). Die transportierte Erziehungslehre orientiert sich zwar im Ansatz an Montessori (vgl. Kuchar/Niegl/Wurst 1997, S. 128), aber schon eingangs weist die Autorin darauf hin, dass in den letzten Jahren ein großes Erwachen durch die Menschheit geht, weil man den Wert des Bodenständigen und der alten Sitten wieder erkannt hätte und dass alle Kraft des Volkes aus der heimatlichen Scholle erblüht (vgl. Messiner-Minini 1937, S. 17). Im Kapitel „Die befreiende Erziehung“ liest man, dass „Aufopferung, Treue, Pflichterfüllung, Verträglichkeit“ die wichtigsten Anregungen sind, die sich ein Kind aus dem Gemeinschaftsleben mitnehmen sollte (ebd., S. 223).

Die „Kindergartenlehre“ von Simonic, die sich speziell an Kindergärtnerinnen in der Ausbildung richtet, ermöglicht einen besonders guten Einblick in das österreichische Kindergartenwesen der Zwischenkriegszeit sowie in die (alltags)pädagogische Arbeit dieser Epoche und soll deshalb im Folgenden exemplarisch näher ausgeführt werden. In 37 Kapiteln lassen sich die Anforderungen und Pflichten der Kindergärtnerin sowie die sozialen, kulturellen und erzieherischen Aufgaben des Kindergartens gut nachvollziehen (Simonic 1931). In den ersten sieben Kapiteln wird die Methodik des Kindergartens, Lage und Einrichtung, Typen des Kindergartens, die Einteilung der Gruppen, die Fürsorgearbeit der Kindergärtnerin, die Umwelt (das Milieu) und die Persönlichkeit der Kindergärtnerin behandelt. Kapitel 8 bis 30 präsentieren Tätigkeiten (Methoden), ab Kapitel 31 stehen die Arbeit mit Eltern und die Zusammenarbeit zwischen Kindergarten und Schule im Fokus. Die letzten sieben Kapitel widmen sich den verwaltungstechnischen Arbeiten im Kindergarten, der besonderen Stellung der Familienkindergärtnerinnen – Kindergärtnerinnen, die in Familien arbeiten –, den Rechtsverhältnissen im Kindergarten, dem Kindergartenwesen in Österreich, der Kindergartenbewegung im Ausland und den gesetzlichen Bestimmungen. Gleich zu Beginn wird der „neuzeitliche Kindergarten als notwendige Erziehungsstätte für das vorschulpflichtige Kind“ (Simonic 1931, S. 1) beschrieben. Ebenso verweist der Autor darauf, dass der Kindergarten nur dann seinen Zweck erfüllt, „wenn die Kindergärtnerin über ausreichende psychologische Kenntnisse verfügt und auch die körperliche Entwicklung des Kindes kennt“ (Simonic 1931, S. 1). Er beruft sich auf Fröbel und auf Charlotte Bühler, wenn zu lesen ist, dass das Kindergartenkind ein „Spielkind“ ist und die Aufgabe der Kindergärtnerin darin besteht, „das Spiel, dem sich das Kind instinktiv hingibt, für die allseitige Entwicklung des Kindes auszuwerten“ (Simonic 1931, S. 1).

Die unterschiedlichen Tagesabläufe in Volks- und Normalkindergärten werden sowohl beschrieben als auch mit der Empfehlung versehen, dass der Ablauf eines Kindergartentages der Natur des Kleinkindes angepasst sein soll und zwischen geistiger und körperlicher Tätigkeit sowie zwischen Ruhe und Bewegung pendeln muss. „In der körperlichen und seelischen Beschaffenheit des Kindes herrscht der Bewegungs- und Tätigkeitstrieb vor. Der Bewegungstrieb des Kleinkindes legt auf dieser Altersstufe jeder längeren Hingabe an eine Sache Hindernisse in den Weg. Diesem Unvermögen des Kindes muß die Kindergärtnerin volles Verständnis entgegenbringen und den Verlauf eines Kindergartentages darnach einrichten. Das Kind kann auch nicht seine Aufmerksamkeit auf eine Sache richten, man darf dies auch nicht von ihm verlangen“ (Simonic 1931, S. 2).

Laut Simonic unterscheidet sich die pädagogische Arbeit in den beiden Kindergartenformen nicht maßgeblich. Der unterschiedliche Tagesablauf zeigt sich lediglich in den Bring- und Abholzeiten. In beiden Formen gibt es einen „Stundenplan“ mit relativ genauer Beschreibung der „Tätigkeiten“ und der einzusetzenden „Bildungsmittel“, wobei immer wieder die Bedeutung des freien Spiels und die dementsprechende pädagogische Haltung der Kindergärtnerin hervorgehoben werden. „Das Kind spielt, weil es, seiner Entwicklungsstufe entsprechend, spielen muss; das Kind spielt aber auch so, wie es seiner Entwicklungsstufe nach spielen muß – wie es sein Inneres dazu drängt. Daher spielt es auf jeder Entwicklungsstufe anders und die Kindergärtnerin muss verstehen, dem Kind die entsprechenden Spiel- und Beschäftigungsmöglichkeiten, das entsprechende Material zu beschaffen“ (Simonic 1931, S. 3–4). In weiteren insgesamt acht Kapiteln werden die von der Kindergärtnerin im Laufe des Tages angebotenen „Tätigkeiten“ aufgezählt und kurz beschrieben: Sinnesübungen, Schauen und Beobachten, Plauderei, das Einüben von Gedichten, das Erzählen, das Dramatisieren, das Formen, das Reißen und Ausschneiden, das Malen und Zeichnen, Bauen, Legen, Falten, Flechten und Weben, Nähen und Ketten schnüren, kleine Bastelarbeiten, das Sandspiel sowie Freispiele (vgl. Simonic 1931, S. 28 ff.).

Der Vorschlag zur konkreten Gestaltung eines Tagesablaufs in einem Kindergarten wird im Folgenden in zusammengefasster Form beispielhaft wiedergegeben (vgl. Simonic 1931, S. 2–3):

„Tagesablauf in einem Volkskindergarten:

a) Von 7:00 an ist Sammeldienst und der Kindergarten geöffnet, um den Eltern zu ermöglichen, die Kinder vor Beginn ihrer Arbeitszeit, die nach den Berufen verschieden ist, in den Kindergarten zu schicken. Die Kinder versammeln sich alle in einem Raum und werden frei beschäftigt.
b) Um 8:00 werden die Kinder in ihre Gruppenzimmer verteilt.
c) Es setzt dann Freispiel ein, da man weiß, daß die Kinder in den allersten Frühstunden noch nicht ganz ausgeschlafen sind und daher der Geist nicht aufnahmefähig ist. Das Freispiel bildet außerdem einen natürlichen Übergang von der Einzelbeschäftigung des Kindes im Hause zur Kollektivbeschäftigung im Kindergarten.
d) Etwa um 9:00 setzt die Kindergärtnerin mit der Geisteserziehung ein. Es ist die Zeit für Anschauungsübungen, Plaudereien, Sinnesübungen u.dgl.
e) Von ½ 10 – 10:00 Frühstückspause
f) Nachher Beschäftigung: Auswirkung des am Morgen Erlebten und Geschauten.
g) Vor dem Mittagstisch: Turnen, Rhythmik und Spiel.
h) Von 11:00 – 12:00 Mittag.
i) 12:00 – 2:00 Schlafenszeit.
j) Zwischen Schlafenszeit und Jause Freispiel im Garten oder Spaziergang, bei schlechten Wetter Erzählen, Bällchen- oder Fingerspiele.
k) 3 – ½ 4 Uhr Jause
l) Bis 5:00 Uhr: Freispiel mit Spielzeug, Anschauen von Bilderbüchern u.dgl.
m) Um 5:00 beginnt wieder der Sammeldienst. Die nicht abgeholten Kinder werden unter Aufsicht einer Kindergärtnerin zusammengezogen und frei beschäftigt, damit das Weggehen der Kinder, das nicht aufeinmal, sondern nach und nach erfolgt, keine Störung verursacht".

Am Ende dieser Aufzählung wird außerdem darauf hingewiesen, dass der Plan nicht direkt als Stundenplan zu werten sei, sondern nur Anhaltspunkte liefern soll, die je nach örtlichen Verhältnissen und den Bedürfnissen der Kinder verändert werden können.

In der zweiten Auflage des Werks von 1932 regt der Autor zudem die Führung eines Beobachtungsbogens für Kinder an. An diesem Kapitel wirkte auch Gerda Kautksy-Brunn mit, Pädagogin in der Schönbrunner Erzieherschule und Ehefrau des sozialdemokratischen Theoretikers und Schriftstellers Benedikt Kautsky.

Der Bogen „dient einerseits als Grundlage einer Erziehungsberatung, die den Eltern in entsprechenden Zeitabschnitten Auskünfte über die Entwicklung ihrer Kinder und die Möglichkeit der Beeinflussung geben soll. Andererseits dient er der Schulung der Kindergärtnerin, die durch ihn vielfach erst ein offenes Auge für die Mannigfaltigkeit und die möglichen Erscheinungsformen der kindlichen Persönlichkeit erhält." Er ist bereits wie ein modernes elementarpädagogisches Reflexionsinstrument gestaltet und sollte vorerst nur vom „besonders geschulten Erziehungsberater" eingesetzt werden, später jedoch „durch allmähliche Schulung der Kindergärtnerinnen von ihnen geführt werden" (Simonic/Skalla 1932, S. 151).

Die Kindergärtnerinnen sollten beobachten und dokumentieren, ob Kinder einen Beitrag zum Haushalt oder zum Einkommen der Familie leisten müssen, sowie ihre „vorherrschende Gemütsverfassung, Reizbarkeit, Einstellung zu den Eltern, Einstellung zu anderen Kindern". Weiters unter „Spiel und Beschäftigung" ihr Verhalten beim Spielen selbst bzw., wenn ihnen eine Aufgabe gestellt wird, welche Spiele sie am liebsten spielen und in welcher Situation. Ob sie eine „Phantasiebegabung" und eine „Beobachtungsgabe" an den Tag legen, ob sie fähig sind, Handlungen nachzuahmen und wie Gedächtnis und Intellekt ausgeprägt sind. Zuletzt werden noch abgefragt, wie Kinder ihren Willen äußern, ob sie beinflussbar sind und welche Wünsche sie haben. Am Ende des Bogens findet sich noch eine Möglichkeit zum Vermerk von „besonderen Rückständen" oder ein „Gebiet hervorragender Leistung" (vgl. Simonic/Skalla 1932, S. 152–153). Simonic schreibt ergänzend zu dem Bogen, dass dieser bereits erfolgreich in der Erziehungsberatung eingesetzt wird, aber durchaus die Möglichkeit besteht, dass Kindergärtnerinnen eine eingeschränktere und vereinfachte Form des Instruments für ihre alltägliche Arbeit benötigen – eine dahingehende Überarbeitung sei anzustreben (Simonic/Skalla 1932, S. 151).

4.4 Reformpädagogik, Psychoanalytische Pädagogik und Erforschung des Kindes

Die Zeit der Jahrhundertwende brachte in allen gesellschaftlichen Bereichen Neuerungen hervor, so auch im Bereich der Pädagogik, der Psychologie und der Wissenschaft von der Entwicklung des Kindes – insbesondere der Entwicklung im vorschulischen Alter. Bereits 1906 erfolgte die Gründung der Gesellschaft für Kleinkindforschung, an der Universität Wien errichtete man erstmals ein pädagogisch-psychologisches Laboratorium, das auch Kindergärtnerinnen und LehrerInnen offenstand, und in Graz wurden vom Kinderarzt Hans Spitzy Vorlesungen über die körperliche Erziehung von Kindern speziell für Kindergärtnerinnen angeboten (vgl. Lex-Nalis 2013, S. 158). Viele der Erkenntnisse dieser Zeit gelangten jedoch erst nach dem Zweiten Weltkrieg zur Umsetzung auf breiterer Basis.

Die Strömung der Reformpädagogik um 1900 wollte vor allem das Schulwesen verändern, hatte aber auch direkte Auswirkungen auf den Kindergarten, da versucht wurde, die leitenden Ideale im gesamten öffentlichen Bildungswesen durchzusetzen. Im Kern ging es den ReformerInnen um die Umgestaltung des Unterrichts sowie der Unterrichtsmethoden und um eine grundlegende Modernisierung des bis dato sehr autoritären Schulsystems. Kritik bezog sich vor allem auf das rigorose Strafen, die strenge Disziplinierung von Kindern und den hohen Einfluss der christlichen Kirche – katholisch wie evangelisch – auf den Schulunterricht (vgl. Böhm 2012, S. 43). Das Kind betrachtete man als makelloses, ja göttliches Wesen, das durch die Institution Schule unterdrückt wird. Auch Ellen Key bezieht sich in ihrem Werk auf dieses fast mystisch wirkende Gedankengut, ebenso wie Montessori, die dies als „eigenen kosmischen Bauplan" des Kindes bezeichnet (vgl. ebd., S. 82–83). Positiv propagiert wurde hingegen eine Kombination aus den zentralen Fächern Arbeit und Kunst, die die Schule leisten sollte (vgl. ebd., S. 87). Die Konsequenzen waren eine Gründungswelle von Landerziehungsheimen, von Arbeitsschulen – in denen händische Arbeit den klassischen Unterricht ergänzte –, von freien Schulen und Alternativschulen sowie der Beginn der Erlebnispädagogik (vgl. ebd., S. 88 ff.). Zwei der heute noch bekanntesten Ansätze sind auf die bereits erwähnte italienische Ärztin Maria Montessori zurückzuführen, sowie auf Rudolf Steiner, Begründer der Waldorfpädagogik.

Montessori, die in Italien als erste Frau im Fach Medizin promovierte, griff zu Beginn des 20. Jahrhunderts einige von Fröbels Ideen auf und baute diese in einem eigenen pädagogischen Konzept aus, das einerseits auf Selbstständigkeit und Selbsterfahrung des Kindes im vorschulischen Alter fußt, andererseits eine pädagogisch strukturierte Umgebung voraussetzt. Gemeinsam mit ihrem Sohn Mario Montessori entwickelt sie, ebenso wie Fröbel, eigenes Trainings- und Spielmaterial, das auch in ihrem Kinderheim „Casa die Bambini", gegründet 1907 in Rom, zum Einsatz kam (vgl. Stumpf 2015, S. 121–123). Besonders betont sie in ihren Werken die Befreiung des menschlichen Geistes von der Bevormundung durch Philosophie und Theologie (vgl. Böhm 2012, S. 107) und stützt ihre Theorien auf die empirische Kinderpsychologie. Das Ziel ist, „normale" Kinder für die Gesellschaft zu erziehen. PädagogInnen sind dabei begleitend tätig, aber ein Eingreifen passiert nur, wenn es unbedingt nötig ist (vgl. ebd., S. 109–110). Laut Grell seien in diesem pädagogischen Konzept sogar die „ersten Umrisse einer wissenschaftlich-experimentell fundierten Praxis der frühen Bildung" (Grell 2013, S. 161) und zudem der Entwurf einer „frühpädagogischen Bildungsforschung" (ebd., S. 161) auszumachen.

Dass diese Ideen sich wie das sprichwörtliche Lauffeuer in ganz Europa verbreiteten, lässt sich auch daran festmachen, dass bereits 1929 die Gründung der internationalen Montessori Vereinigung erfolgte. Das erste österreichische „Haus der Kinder" nach dem Montessori-Konzept wurde 1922 von Lili Roubiczek-Peller, die zuvor in London einen internationalen Montessori-Kurs absolviert hatte, in Wien-Favoriten ins Leben gerufen und war für die Kinder von Ziegelarbeitern und Handwerkern gedacht. Roubiczek-Peller stand zunächst in engem Kontakt mit Montessori selbst, die diese Einrichtung positiv begrüßte und dieser auch einige persönliche Besuche abstattete (vgl. Berger 2004, S.4–5). Auch gegenwärtig spielt Montessori in Österreich eine große

Rolle, denn Elemente des Montessori-Konzepts finden sich in vielen Bereichen der privaten und öffentlichen Kinderbetreuung sowie sogar im Regelschulsystem wieder. Dazu gibt es zahlreiche Weiterbildungen sowie eine große Anzahl an Montessori-Kindergärten und -Schulen in Österreich.

Die Waldorfpädagogik hingegen ist in Deutschland präsenter als in Österreich, obwohl ihr Begründer Rudolf Steiner österreichische Wurzeln hat. Er stammte aus Kroatien und verbrachte sogar einige Zeit als Hauslehrer in Wien. Steiner unternahm viele Bildungsreisen, hielt zahlreiche Vorträge und begründete schließlich die antroposophische Gesellschaft nach dem Zerwürfnis mit den Theosophischen Lehren. Die erste Gründung der Freien Waldorfschule für die Arbeiterkinder einer deutschen Zigarrenfabrik – aber auch für Kinder aus bürgerlichen Elternhäusern – meisterte er erfolgreich 1919 in Stuttgart (vgl. Böhm 2012, S. 103–104). Steiners vollkommen eigenständig entwickeltes System pädagogischer Lehren stellt das antroposophische Menschenbild ins Zentrum. Die Entwicklung jedes Kindes verläuft daher stufenweise nach einer kosmischen Abfolge (vgl. Böhm 2012, S. 100-101). Die Antroposophie ist als ein Zusammenspiel von Wissenschaft, Religion und Kunst zu bezeichnen – die innere geistige Welt einer Person soll vereint werden mit dem Göttlichen, das sich wiederum in Natur und Geschichte offenbart (vgl. ebd., S. 119). Freie Waldorfschulen und auch Kindergärten sind nach diesem Konzept gestaltet, das eine Vielfalt der Methoden beim Lernen bewirkt und zugleich das soziale Gefüge der Kinder in den Blick nimmt (vgl. ebd., S. 120). Steiner hinterließ nach seinem Tod im Jahre 1925 über 350 Schriften; zu diesem Zeitpunkt waren bereits fünf weitere Schulen nach seinem Vorbild gegründet worden (vgl. Stumpf 2015, S. 117–119).

Neben der Reformpädagogik nahm vor allem die neu entwickelte Psychoanalytische Pädagogik großen Einfluss auf die Kindererziehung und Erforschung der Kindheit. Der Begriff trat erstmals 1926 mit der gleichnamigen Zeitschrift „Psychoanalytische Pädagogik“, herausgegeben bis 1937 von Heinrich Meng und Ernst Schneider, in Erscheinung. Angesteckt von der Aufbruchsstimmung im Roten Wien begann eine Gruppe von PsychiaterInnen sich mit der Möglichkeit der Beeinflussung der Frühen Kindheit zu beschäftigen. Die „Wiener Psychoanalytische Vereinigung“, die als Verein bereits am 12. Oktober 1910 gegründet wurde, nahm in diesen Jahren erstmals PädagogInnen auf und öffnete so die psychoanalytische Ausbildung für Nicht-MedizinerInnen (vgl. Kaufhold 2001, S. 21 ff.). Im Fokus steht das Verhalten des Kindes, denn dies ist sichtbarer Ausdruck gelöster oder ungelöster innerer Konflikte. Folglich müssen ErzieherInnen lernen, dieses zu deuten, zu reflektieren und zu verstehen, aber auch sich mit dem eigenen Erleben auseinandersetzen. Zum damaligen Zeitpunkt zielte man damit vor allem auf die Zügelung der Triebkräfte im Laufe der ersten Lebensjahre sowie die Vermeidung von Neurosen ab. Die Erkenntnisse der Psychoanalyse sollten also für die Pädagogik in Schul- und auch Kindergartenpraxis nutzbar gemacht werden (vgl. Aden-Grossmann 2011, S. 50). Diese heute immer noch hochaktuelle wissenschaftliche Perspektive war im Kern durch die Lehren Sigmund Freuds geprägt. Seine bereits um die Jahrhundertwende publizierte Psychoanalyse und psychosexuelle Entwicklung des Kindes wird von zahlreichen seiner KollegInnen und SchülerInnen aufgegriffen, und in den verschiedensten Forschungsfeldern (Psychologie, Pädagogik, Medizin, Sozialwissenschaften, Politikwissenschaft etc.) weiterentwickelt, wie von Bruno Bettelheim, Oskar Spiel, Paul Federn oder Ernst Federn. Letzterer schreibt 2005 in der „Illustrierten Geschichte der Psychologie" über Freud: „Freuds entscheidende Leistung war die Entdeckung des unbewußten Seelenlebens des Menschens [...]. Freud erkannte, daß ein Streben nach Lust von einer Energie beherrscht wird, die er ‚Libido' nannte. " (Federn 2005, S. 142). Diese ist laut Freud die Kraft, die unser Leben zentral beherrscht und in Form der Sexualität bereits beim Kleinkind oder sogar vor der Geburt vorhanden sei. Das Seelenleben ist somit als eine „Verknüpfung von Leib und Seele" zu betrachten (Federn 2005, S. 142). Zunächst gehörte auch Alfred Adler dem Kreis um Sigmund Freud an, schlug dann aber mit seiner individualpsychologischen Perspektive einen mehr sozialpädagogisch geprägten Weg ein.

Schon in Zusammenhang mit der Psychoanalyse bezieht sich Freud bereits auf pädagogische Aspekte: „Nur an einem Thema kann ich nicht so leicht vorbeigehen, nicht weil ich besonders viel davon verstehe oder selbst dazugetan habe. Ganz im Gegenteil, ich habe mich kaum je damit beschäftigt. Aber es ist überaus wichtig, so reich an Hoffnungen für die Zukunft, vielleicht das Wichtigste von allem, was die Analyse betreibt. Ich meine die Anwendung der Psychoanalyse auf die Pädagogik, die Erziehung der nächsten Generation" (Freud 1933, S. 203).

Auch Ilse Grubrich-Simitis, eine Mitarbeiterin Anna Freuds, meint, dass sich die Wurzeln der Psychoanalyse des Kindes bis zu einem Fall Freuds von 1909, den er als „kleiner Hans" bezeichnet, zurückverfolgen lassen (vgl. Grubrich-Simitis 1987, S. XXI).

Die Physikerin und Lehrerin Hermine Hug-Hellmuth, eine Schülerin Freuds, gilt dann als erste Pionierin der Kinderpsychologie und Begründerin der Spieltherapie (vgl. Nissen 2005, S. 408). Schon in ihrer psychoanalytischen Studie „Aus dem Seelenleben des Kindes" von 1913 betont sie, dass die Behandlung und Analyse von Kindern sich von der Behandlung und Psychoanalyse von Erwachsenen unterscheiden müsse. Sie wurde Leiterin der Erziehungsberatungsstelle im psychoanalytischen Ambulatorium und inspirierte mit ihren Aussagen auch Anna Freud (vgl. Fischer/Köpl 2005, S. 68).

August Aichhorn, ebenso ein Anhänger Freuds, führte dann erstmals psychoanalytische Ansätze mit seiner pädagogischen Arbeit in der Praxis zusammen. Er leitete zunächst eine Erziehungsanstalt in Hollabrunn in Niederösterreich, die sich seiner Vorstellung nach erstmals von anderen Anstalten abheben und daher frei von Arreststrafen und körperlicher Gewalt sein sollte (vgl. Sieder 2014, S. 161). Die Zöglinge sollten hingegen ein „[...] psychoanalytisches Verstehen der Schwierigkeiten und eine gewaltlose Nacherziehung" erfahren (Sieder 2014, S. 162). Nach der Schließung des Heims beauftragte ihn 1923 das städtische Jugendamt Wien mit der Gründung von Erziehungsberatungsstellen (vgl. Dworschak 1974, S. 7): „Die Erziehungsberatung wird in der Regel von Eltern dann aufgesucht, wenn sie selbst Schwierigkeiten in der Erziehung ihrer Kinder nicht mehr überwinden können" (Aichhorn 1932/1974, S. 9). Zwei Jahre später, 1925, gab er die Schrift „Verwahrloste Jugend" heraus, in der er aufzeigt, dass nicht nur die pädagogische Beratung der Familien, sondern auch eine umfassende soziale Unterstützung nötig ist, um die Situation von „verwahrlosten" Kindern zu verändern; „ [...] es muss auch Erziehungshilfe geleistet und, wenn wirtschaftliche und soziale Notstände den Erziehungsnotstand mitbedingen, mannigfache andere Unterstützung geboten werden" (Aichhorn 1925/1974, S. 9).

Siegfried Bernfeld gilt wie Aichhorn als Mitbegründer der Psychoanalytischen Pädagogik und stellte den Zusammenhang zwischen Sozialismus bzw. Sozialdemokratie und pädagogischem Auftrag in den Fokus (vgl. Dudek 2003, S. 170 ff.). Er verfasste 1925 zwei für die Kinder- und Jugendforschung entscheidende Werke: die „Psychologie des Säuglings" und „Sisyphos oder die Grenzen der Erziehung". In letzterem Werk beschreibt er „Erziehung als gesellschaftliche[n] Prozess" (Bernfeld 1925/1967, S. 51) und kritisiert das vorherrschende Erziehungssystem, „[...] weil die Schule dieses lebendigste Lebewesen zwingt – in ihren Räumen – [...] ein Lernwesen zu sein [...]. Und sieht nichts vom Bios des Kindes, seinen Trieben, Wünschen, Idealen, nichts von seiner Lust und nichts von seinem Haß gegen den Lernbezirk" (ebd., S. 29). Bernfeld hinterfragt die konservativbürgerlich geprägte Pädagogik seiner Zeit, vor allem deren Rolle in Herrschaftsmechanismen und ideologischen Funktionen. Seine neuen reformpädagogischen und anti-autoritären Erziehungsansätze versucht er 1922 im Kinderheim Baumgarten, einer Zufluchtsstätte für etwa 300 jüdische Kriegswaisen zwischen drei und 16 Jahren, zu verwirklichen. Allerdings kam es zu Unstimmigkeiten mit der Verwaltung und das Heim wurde bereits nach einem halben Jahr wieder geschlossen (vgl. Stumpf 2015, S. 149–151; Dudek 2003, S. 170 ff.).

Anna Freud, die Tochter Sigmund Freuds, die besonderen Einfluss auf die Entwicklung der Kindergartenpädagogik insbesondere in Wien hatte, betont ihre inspirierende Zusammenarbeit mit Bernfeld und Aichhorn (vgl. Freud 1987, S. 4–5). Auf Aichhorns Werk bezieht sie sich direkt in einem ihrer zahlreichen Vorträge: „Der Fürsorgeerzieher, sagt Aichhorn, muß sich zu allererst auf die Seite der Verwahrlosten stellen und annehmen, daß dieser mit der Einstellung gegen seine Umgebung recht hat. Nur so wird es ihm gelingen, mit seinem Zögling statt gegen ihn zu arbeiten" (Freud 1927/1987, S. 17).

Anna Freud nahm eine leitende Funktion in der Wiener Psychoanalytischen

Vereinigung ein und spielte, neben der in Ungarn, Deutschland und England tätigen Wissenschaftlerin Melanie Klein, für die Erforschung der Psychologie des Kleinkindes und die Weiterentwicklung der Kinderanalyse als Lehrfach in den 1920er und 1930er Jahren eine zentrale Rolle (vgl. Biermann 1973, S. 5). Zu dieser Zeit wurde im Lehrinstitut der Wiener Psychoanalytischen Vereinigung ein eigenes „Kinderseminar" ins Leben gerufen, in dem die TeilnehmerInnen ihre Fälle aus der pädagogischen Praxis vorstellen und diskutieren konnten. Freud und die mit ihr eng befreundete Kinderpsychoanalytikerin Dorothy Burlingham führten zudem regelmäßig ein eigenes Seminar zur Weiterbildung von Kindergärtnerinnen durch (vgl. Freud 1987, S. 4). Viele ihrer Vorlesungen und Vorträge hielt Freud auch vor Wiener HorterzieherInnen im Auftrag des Wiener Jugendamts, wie zum Beispiel die „Einführung in die Technik der Kinderanalyse", publiziert 1927, und die „Einführung in die Psychoanalyse für Pädagogen", publiziert 1930. In letzterem Werk adressiert sie ihr Publikum direkt und meint: „Die Lehre von der kindlichen Triebentwicklung ist das wichtigste Stück der neuen psychoanalytischen Wissenschaft, gleichzeitig jenes Stück, das der Psychoanalyse von Anfang an die meisten Feinde verschafft hat und wohl auch der Grund war, daß viele von Ihnen sich bisher ängstlich von den analytischen Lehren ferngehalten haben" (Freud 1930/1987a, S. 113–114). Im selben Lehrinstitut bot auch Willie Hoffer einen psychoanalytischen Einführungskurs für Lehrer an (vgl. Grubrich-Simitis 1987, S. XXI–XXII).

Das Kind und dessen Verhaltensweisen, vor allem die Ichfunktionen und Abwehrmechanismen, wurden auf diese Weise zum intensiven Forschungsgegenstand, ebenso wie die Mutter-Kind-Interaktion. Dadurch ergab sich ein verändertes Bild von der angeblich angeborenen Mütterlichkeit und der Kindheit im Allgemeinen. Es erfolgte ein Entwicklungsschub in Richtung „[...] mehr Toleranz für die spezifischen Bedürfnisse des Kindes, ein neues, vertieftes Verständnis für seine Verletzlichkeit, seine Konflikte und Leiden" (ebd., S. XXVII). Dabei zeigte sich auch ganz deutlich, dass in Bezug auf Ängste, Konflikte und Aggressionen die Bearbeitung dieser einen gangbaren Lösungsweg darstellt, nicht aber die simple Unterdrückung (vgl. ebd., S. XXVIII).

In ihrer Ausgabe der Einführung in die Psychoanalyse für Pädagogen von 1971 schreibt Freud im Geleitwort, dass sie sich die Zielgruppe der PädagogInnen deshalb ausgewählt habe, weil sie die Absicht verfolge, „Lehrer und Erzieher in die Denkweise der Psychoanalyse einzuführen." Dies sollte „[...] eine Pädagogik aufbauen helfen, die zur Gänze auf der Einsicht in das Wesen des Kindes [...] beruht" (Freud 1971, S. 7). Sie weist in diesem Werk zudem darauf hin, dass auch die ErzieherInnen selbst an ihren inneren Konflikten arbeiten müssten, um diese nicht in die Interaktion mit den Kindern zu verlagern: „Ich meine, wir haben das Recht, zu verlangen, daß der Lehrer oder Erzieher seine Konflikte kennen und beherrschen gelernt hat, ehe er die pädagogische Arbeit beginnt. Sonst dienen ihm die Zöglinge nur als ein mehr oder weniger günstiges

Material, um seine eigenen unbewussten und ungelösten Schwierigkeiten an ihnen abzureagieren" (Freud 1930/1987b, S. 135). Damit drückt sie zudem aus, dass die Beziehung zwischen Kindern und ErzieherInnen ein dynamischer Prozess ist, der wesentlich beeinflusst wird von den punktuellen Emotionen, Erfahrungen und bewussten wie unbewussten Haltungen von beiden Seiten (vgl. Berger 2004, S. 5) – eine heute ebenso hochaktuelle Thematik.

In Zusammenarbeit mit der Montessori-Pädagogin Lili Roubiczek-Peller führte Freud tiefenpsychologisch orientierte Fallbesprechungen durch. Jene wiederum versuchte ihrerseits inspiriert von Freud, eine Verbindung von Montessori-Pädagogik und Psychoanalytischer Pädagogik zu schaffen, was letztlich zum Zerwürfnis mit Maria Montessori, die diese Verbindung nicht gut hieß, führte (vgl. ebd., S. 5). Roubiczek-Peller emigrierte bereits 1934 gemeinsam mit ihrem Mann nach Palästina und später in die USA.

Gemeinsam mit Dorothy Burlingham, Edith Jackson und der Kinderärztin Josephine Stross eröffnete Anna Freud 1937 die erste psychoanalytische Kinderkrippe am Rudolfsplatz, die Jackson Nursery (vgl. Freud 1987, S. 5). Bereits ein Jahr später musste die Einrichtung aufgrund der Machtübernahme der Nationalsozialisten schließen und Freud und Burlingham wanderten nach England aus. Das pädagogische Konzept der Krippe wurde dann von den beiden in der Hamstead Nursery weiter umgesetzt (vgl. Fischer/Köpl 2005, S. 178–180) Diese Einrichtung in London umfasste drei Kinderheime für Kinder vom Säuglings- bis ins Schulalter, die entweder Kriegswaisen oder von Bombenangriffen oder Fluchterfahrungen traumatisiert waren (vgl. Wiesinger-Stock 2016, S. 51–52). Es ging darum, die Trennungserfahrungen der Kinder von ihren Familien zu erforschen, die Reaktionen von Kleinkindern auf ein Gemeinschaftsleben und die Unterschiede zwischen Aufwachsen in einer Familie und in einem Heim (vgl. Freud 1987, S. 6).

International gesehen arbeiteten Vera Schmidt 1921 in Moskau und Nelly Wolffheim in Deutschland mit pädagogisch-psychoanalytischen Ansätzen in Kinderbetreuungseinrichtungen. Schmidts Kinderheim-Laboratorium beschreibt Anna Freud als eine Art „Versuchsstation", in dem die Kinder von wissenschaftlich geschulten Erzieherinnen betreut wurden, „die darauf eingestellt waren, die verschiedenen Triebäußerungen des Kindes ruhig zu beobachten [...], aber so wenig wie möglich hemmend einzugreifen" (Freud 1930/1987a, S. 117–118). Dies diente dazu, herauszufinden, wie die verschiedenen Entwicklungsphasen ohne erzieherisches Zutun ablaufen. Wolffheim war Absolventin des berühmten, von Henriette Schrader-Breymann gegründeten Pestalozzi-Fröbel-Hauses in Berlin und griff dann ab 1922 psychoanalytische Ansätze auf. Sie betonte, dass der Kindergarten den Kindern die Anpassung an die Realität erleichtern, familiäre Defizite abfangen und dem Kind mehr Unabhängigkeit von den Eltern ermöglichen solle (vgl. Aden-Grossmann 2011, S. 51–55). Auch die Schweizer Pädagogen Oskar Pfister und Hans Zulliger wurden von der Wiener psychoanalytisch-pädagogischen Strömung inspiriert. Pfister entwickelte den Begriff der „Pädanalyse“ als Anwendung der Psychoanalyse bei Jugendlichen mit neurotischen Störungen und Zulliger beschäftigte sich mit der Anwendung von Psychoanalytischer Pädagogik im Rahmen der Schule (vgl. Kaufhold 2001, S. 30).

Die reformpädagogischen und psychoanalytischen Lehren der 1920er und 1930er Jahre in Österreich gelangten schließlich durch ausgebildete Kindergartenpädagoginnen auch in die Institutionen selbst, wie am Beispiel der Wiener Kindergärtnerinnen Margarete Schmaus, Hertha Fuchs oder Erna Braun zu sehen ist. In der 1973 noch von Heinrich Meng herausgegebenen Zusammenfassung von Beiträgen, die in den Jahren 1926 bis 1937 in der Zeitschrift für Psychoanalytische Pädagogik veröffentlicht wurden, ist gut nachvollziehbar, wie diese drei Pädagoginnen das Gedankengut in den Kindergartenalltag integrierten. In einem 1933 erschienen Beitrag von Margarte Schmaus ist beispielsweise zu lesen: „Mit viereinhalb Jahren kam Rudi in die Montessori-Abteilung eines städtischen Kindergartens. Über seine starken Hemmungen und die innerhalb von 2 Jahren erzielte Besserung soll im Folgenden berichtet werden“ (Schmaus 1933/1973, S. 56). Schmaus dokumentierte ihre Erfahrungen mit Rudi vor dem Hintergrund ihrer psychoanalytischen Ausbildung und stellt am Ende des Beitrages die Frage nach dem Wert der Erziehungsarbeit im Kindergarten. Diese wurde im Psychoanalytischen Seminar der Wiener städtischen Kindergärten diskutiert (vgl. ebd., S. 69). In einem Beitrag von 1932 beschreibt Herta Fuchs die psychoanalytische Heilpädagogik im Kindergarten in einer „Sondergruppe“ für schwierige Kleinkinder, die 1931 als Versuchsgruppe in einem der „ärmsten Proletarierviertel“ eröffnet wurde. In dieser Gruppe waren „die verschiedenen Typen neurotischer und aggressiver Kinder mit gesunden gemischt“ (Fuchs 1932/1973, S. 145). Die Eltern der Kinder wussten nichts davon, dass ihre Kinder in einer Sondergruppe den Tag verbrachten. Fuchs schreibt, dass sie mit der „Schlimmheit“ dieser Kinder im Unterschied zu einer „ungeübten, unüberlegten Erzieherin“ ganz anders umgehe, weil sie als Grundlage für ihre Arbeit „das durch die eigene Analyse erworbene Verständnis der tieferen seelischen Vorgänge erkannt hat“ (Fuchs 1932/1973, S. 150). Erna Braun wiederum hielt in ihrem Beitrag ihre bemerkenswerten Beobachtungen aus einem Kindergarten zur Dynamik einer Peer-Beziehung zwischen zwei Mädchen im Kindergarten mit dem Titel „Kinderfreundschaft“ fest (vgl. Braun 1933/1973, S. 200–209).

In einzelnen städtischen Kindergärten Wiens wurde also wie beschrieben die Arbeitsweise und Haltung der Psychoanalytischen Pädagogik erprobt. Eingang in die Alltagsarbeit der Kindergärtnerin fanden auch die empirischen und testpsychologischen Ansätze der Forscherinnen Charlotte Bühler und Hildegard Hetzer. Besonders Charlotte Bühler, die 1922 nach Wien zog und auch an der Universität Wien lehrte, gilt als Begründerin der modernen Entwicklungspsychologie (Charlotte Bühler Institut o.J.a). Über diese Zeit nach dem Ersten Weltkrieg schreibt Bühler, dass „[...] die angewandte Psychologie sich nach den verschiedensten Richtungen hin ausbreitete", und begann positiv auf die Sozialarbeit, das Fürsorgewesen – sie betont an dieser Stelle die Wiener Jugendfürsorge – und auf die Psychiatrie Einfluss zu nehmen (vgl. Bühler 1962, S. 46). In der Einleitung ihres 1924 erschienenen Beitrags „Gibt es Fälle, in denen man lügen muß? Eine pädagogisch-psychologische Untersuchung über die Kinderlüge auf Grund einer Erhebung" vermerkt sie zur Verbindung von Psychologie und Pädagogik: „Zum Erziehungswerk gehört Ziel und Weg. Die Ziele gibt der Pädagogik die Weltanschauung ihrer Zeit, den Weg aber zu zeigen, ist Sache der Psychologie" (Bühler/Haas 1924, S. III).

Das aktuelle Charlotte Bühler Institut in Wien wurde 1992 von der Charlotte Bühler Gesellschaft gegründet, führt nach wie vor zahlreiche Forschungsprojekte durch und steht für die Verknüpfung von Theorie und Praxis der Kleinkindforschung. In den Jahren 1923 bis 1934 leitete das Ehepaar Karl und Charlotte Bühler das von der Stadt Wien gegründete Psychologische Institut und damit eine der bedeutendsten Forschungseinrichtungen Europas, deren Forschungszweck die Beobachtung und Erforschung des Verhaltens von Kindern in alltäglichen Situationen war. Diese empirische Kleinkindforschung wurde sogar als „Wiener Schule" bezeichnet und international bekannt. Bühler postulierte, dass es ohne fundierte Kenntnis der psychologischen Grundlagen keine wirkungsvolle und fundierte Pädagogik geben könne. Damit legte sie gemeinsam mit ihrer Assistentin Lotte Schenk-Danzinger den Grundstein für individuelle, auf Beobachtung fußende pädagogische Angebote und Konzepte (vgl. Lex-Nalis 2014, S. 12–13). Allerdings gilt es zu beachten, dass Charlotte Bühler ebenso wie ihre MitarbeiterInnen Schenk-Danzinger, die als Psychologin und Gutachterin für den Stadtschulrat arbeitete, Hildegard Hetzer und Wilfried Zeller in das thematisierte totalitäre Netz des Wiener Fürsorgewesens der 1920er und 1930er Jahre verstrickt waren. Ihre Beobachtungen, Intelligenz- und Entwicklungsprüfungen führten sie mit Studierenden der Psychologie in der städtischen Kinderübernahmestelle durch, der ein kinderpsychologisches Institut angeschlossen war. Auf Basis dieses „Kindermaterials" erstellte Bühler ihr Inventar der kindlichen Verhaltensweisen und auch einige ihrer Testverfahren (vgl. Wolfgruber 2013, S. 221–222; Sieder 2014, S. 165, S. 171).

Die Kleinkindertests von Bühler und Hetzer nahmen einen fixen Platz im Kindergartenbereich ein. Hauptgesichtspunkt beim Aufbau des Testsystems war die „Herstellung natürlicher Lebenssituationen bei der Prüfung, in denen das natürliche kindliche Verhalten beobachtet werden kann, wobei keine Grenzleistungen gefordert werden sollen" (Bühler/Hetzer 1932, S.1). Der Test erfasste die „Grundrichtungen menschlichen Verhaltens" und dazu zählten sinnliche Rezeption, Körperbewegungen, die Sozialität, Lernen, Materialbeschäftigung und geistige Produktivität (vgl. ebd., S. 1). Die ausgewerteten Testergebnisse stellten die Differenz zwischen Lebens- und Entwicklungsalter dar. Den beiden Autorinnen war es durchaus bewusst, dass sich die Auswertung der Testaufgaben komplex gestaltete, weil es häufig schwierig zu unterscheiden ist, warum ein Kind vorgegebene Aufgabenstellungen nicht erfüllen will. So räumen die beiden Forscherinnen ein, dass es auch Fälle gibt, in denen das Kind die Aufgabe als unterfordernd erlebt und in der Testsituation keine Lust hat, diese zu lösen, da es diese zuvor bereits einmal oder mehrmals (ohne Testung) gelöst hatte. In diesem Fall lautete die Anweisung, die Aufgabe als gelöst anzusehen (vgl. ebd., S. 60).

Charlotte und Karl Bühler emigrierten nach der Machtübernahme der Nationalsozialisten in die USA. Bereits ab 1935 wird der sogenannte „Wiener Kleinkindertest" von Hetzer und Zeller als effizientes Ausleseverfahren publik gemacht, um herauszufinden, ob ein „schwieriges" oder „auffälliges" Kind einer staatlichen Investition überhaupt wert sei (vgl. Sieder 2014, S. 167). Die weitere Nutzung der Testverfahren im Sinne der Selektion von Kindern in der NS-Zeit wurde erst in den letzten Jahren genauer beforscht. So zeigen die ForscherInnen der Sigmund-Freud-Privatuniversität Benetka und Rudolph auf: „Der Umstand, dass von etwa 1940 an Hildegard Hetzer damit beauftragt war, innerhalb der Nationalsozialistischen Volkswohlfahrt ein Netz von unter psychologischer Leitung stehender Erziehungsberatungsstellen aufzubauen, mag zudem dazu beigetragen haben, die Akzeptanz des Testsystems im Bereich der Kinder- und Jugendfürsorge zu erhöhen. Schließlich ging es auch dabei vor allem um Selektion: um die Auslese ‚aufwandwürdiger' Kinder für die ‚Elitefürsorge' der NSV" (Benetka/Rudolph o.J.). Beispielsweise entwickelte auch die Wiener Psychologin Sylvia Bayr-Klimpfinger, die die österreichische Kleinkindforschung in der Zweiten Republik entscheidend prägte, die Kleinkindertests von Bühler und Hetzer im Sinne des nationalsozialistischen Regimes weiter. Sie habilitierte sich 1943 mit der Schrift „Die Testmethode im Rahmen der Persönlichkeitsbegutachtung", war als Assistentin am Institut für Psychologie tätig und setzte sich aktiv in der Weiterbildung von Kindergärtnerinnen und NS-ErzieherInnen ein. Sie lehrte bis zu ihrer Emeritierung 1979 Psychologie des Kindes- und Jugendalters, experimentelle Psychologie und jugendpsychologische Begutachtungspraktika. In den 1960er Jahren wurde sie sogar Universitätsprofessorin am neu geschaffenen Ordinariat für „Pädagogische Psychologie". (vgl. Benetka 2002, S. 51; Lex-Nalis 2014, S. 13). Besonders Hannah Fischer, Direktorin der Bildungsanstalt für Kindergärtnerinnen der Stadt Wien von 1984 bis 1990 und Mitarbeiterin von Anna Freud, wies immer wieder auf die NS-Vergangenheit Bayr-Klimpfingers hin. Trotzdem waren ihre Vorlesungen Pflichtveranstaltungen für Generationen von Studierenden der Psychologie, ErzieherInnen und LehrerInnen (vgl. Lex-Nalis 2014, S. 13). Im Rahmen ihrer Tätigkeit führte sie weiterhin gemeinsam mit ihren Studierenden Beobachtungen an Kleinkindern durch und veröffentlichte zahlreiche darauf beruhende Fachbeiträge (vgl. Bayr-

Klimpfinger/Niegl 1978, S. 5–6), häufig gemeinsam mit Agnes Niegl, die bei ihr 1948 dissertierte. Hervorzuheben ist in diesem Kontext die Publikation „Erzähl uns was!“ aus den 1970er Jahren, da diese als Lehrbuch für alle angehenden Kindergärtnerinnen an den Bildungsanstalten diente (vgl. Bayr-Klimpfinger/Niegl 1978, S. 5–6).

Nach 1938 wurde die Wiener Psychoanalytische Vereinigung aufgelöst, viele ForscherInnen waren jüdischer Herkunft und/oder GegnerInnen des nationalsozialistischen Regimes und mussten fliehen, aber die Ideen der Psychoanalytischen Pädagogik blieben bestehen. Aichhorn, der während des Krieges in Wien blieb, versuchte die psychoanalytischen Erkenntnisse und Behandlungen auch unter den Bedingungen der NS-Diktatur weiterzuführen und veranlasste nach dem Zweiten Weltkrieg die Wiedereröffnung der Wiener Psychoanalytischen Vereinigung. Die Psychoanalytische Pädagogik wird heute in allen Erziehungsberatungsstellen der Stadt Wien praktiziert (vgl. Lex-Nalis 2014, S. 10–12).

Bereits ab 1932 sind in Österreich immer wieder größere Wahlerfolge der Nationalsozialisten zu verzeichnen, obwohl NSDAP-Aktivitäten damals noch als illegal eingestuft waren. Mit dem Argument, weitere Erfolge der NSDAP sowie eine vermeintliche Verbindung dieser mit der Sozialdemokratie zu verhindern, ergriff der christlich-soziale Kanzler Engelbert Dollfuß ab 1933 die Macht im Staat, schaltete das Parlament aus und führte Österreich in eine Diktatur, in der die Vaterländische Front als Einheitspartei fungierte. Schrittweise erfolgten nun ein Abbau aller demokratischen Strukturen und die Durchsetzung einer ständestaatlichen Verfassung. Dies hatte Auswirkungen auf alle Lebensbereiche, auch auf das Bildungswesen, und führte letztlich zum Anschluss Österreichs an das Deutsche Reich. Der Historiker Rathkolb zeigt auf: „Ein wesentlicher Faktor für das Funktionieren von Diktaturen war die zentrale Lenkung der Erziehungs- und Bildungsinstitutionen, um [...] jene Denk- und Handlungsweisen zu fördern, die in das vorhandene autoritäre System hineinpassten“ (Rathkolb 2016a, S. 501). Es ist der Beginn von straff organisierten Kinder- und Jugendgemeinschaften mit den klassischen weiblichen und männlichen Geschlechterrollen und -aufgaben, die dann im Nationalsozialismus auf die Spitze getrieben werden (vgl. ebd., S. 502). An dieser Stelle zeigt sich wieder einmal besonders deutlich, dass Kindererziehung zum politischen Spielball des herrschenden Regimes wird.

Diese Periode zwischen 1933 und 1938 wird als Austrofaschismus, angelehnt an den italienischen Faschismus, bezeichnet und gipfelte im Bürgerkrieg vom 12. bis 15. Februar 1934. Die Kommunistische Partei sowie der republikanische Schutzbund der Sozialdemokratie waren schon zuvor verboten worden, 1934 erfolgte dann der letzte Aufstand von sozialdemokratischer Seite gegen das Dollfuß-Regime. Die Folgen waren die Stürmung der Wiener Gemeindebauten, blutige Straßenkämpfe, Massenverhaftungen, Erschießungen und Hinrichtungen, die Flucht sozialdemokratischer DenkerInnen und Funktionäre ins Ausland, darunter zum Beispiel auch Bernfeld (vgl. Dudek 2003, S. 171), sowie letztlich ein komplettes Verbot der Sozialdemokratie (vgl. Rathkolb 2016a, S. 496 ff.). Auch die sozialdemokratische Organisation „Freie Schule Kinderfreunde" wurde zerschlagen und enteignet – ein Beispiel von vielen. Der Befehl dazu kam 1934 aus dem Bundeskanzleramt, alle Einrichtungen der Kinderfreunde seien zu schließen, aufzulösen und das Personal (teilweise) zu verhaften (vgl. Weiss 2013, S. 15–16). Dies geschah auf der Grundlage eines Gesetzes aus dem Jahre 1933 zur Enteignung aus politischen Gründen und betraf alle Heime, Ferienheime, Sportplätze, Horte, Büchereien, Schulen, Immobilien, alles Eigentum, Inventar und alle Gelder aller Ortsgruppen bundesweit (vgl. ebd., S. 19–20). Die fast 100 Kinderheime und Horte wurden vom Verein „Frohe Kindheit" mit katholisch-kirchlichem Hintergrund übernommen (vgl. Weiss 2013, S. 26).

In diesem politischen Klima versuchten die Nationalsozialisten erstmals in einem Putschversuch die Macht zu übernehmen, in dem Dollfuß zu Tode kam. Sein Nachfolger Kurt Schuschnigg hielt dem Druck Adolf Hitlers, Österreich an Deutschland anzuschließen, nicht stand und besetzte ab 1936 zentrale politische Posten mit nationalsozialistischen Funktionären. Die Auflösung der Heimwehr sowie entscheidende wirtschaftliche Zugeständnisse an Deutschland bedingten darüber hinaus noch mehr Annäherung. Schuschnigg trat am 11. März 1938 zurück, am nächsten Tag marschierte die Deutsche Wehrmacht in Österreich ein und vom 13. März stammt bereits das Gesetz über die Vereinigung Österreichs mit dem Deutschen Reich. Nachhaltige Widerstandsmaßnahmen von österreichischer Seite wurden nicht gesetzt, die Vereinigung stieß in Österreich durchaus auf Zustimmung großer Teile der Bevölkerung, denn man hoffte auf eine Verbesserung der wirtschaftlichen und sozialen Lage. Einziger öffentlicher Protest war eine Demonstration katholischer Jugendlicher im Oktober 1938 vor dem Stephansdom in Wien, die später von der Hitlerjugend gerächt wurde. Kurz nach dem Anschluss begann das neue nationalsozialistische Regime sofort mit dem Aufbau einer Propagandamaschinerie sowie mit Terroraktionen, die sich überwiegend gegen die jüdische Bevölkerung sowie alle politischen Gegner richteten und auch häufig von den nationalsozialistischen Jugendorganisationen – der Hitlerjugend (HJ) und dem Bund Deutscher Mädel (BDM) – mitgetragen wurden. StaatsbürgerInnen jüdischer Herkunft waren ab 1938 mit einem Schlag all ihrer Rechte beraubt und wurden systematisch gedemütigt, enteignet, deportiert und getötet. Ab 1939 lässt sich dann auch der Beginn der Euthanasie von als „lebensunwert" definierten Kindern festmachen (vgl. Rathkolb 2016a, S. 510 ff.). Es liegt auf der Hand, dass die nationalsozialistische Ideologie die Pädagogik und das Bildungswesen inklusive des Kindergartenwesens dieser Zeit umfassend kontrollierte und in furchtbarer Weise funktionalisierte.

5 Kindergarten und Kindheit im Nationalsozialismus

Katharina Rösler, Silvia Forstner

Das nationalsozialistische Regime zeichnet von 1938 bis 1945 verantwortlich für die Ermordung, Verfolgung, Inhaftierung und Stigmatisierung von Millionen von Menschen, darunter zahllose Kinder und Jugendliche. Ein System aus Gewalt, Exklusion, Kontrolle und Standardisierung wirkte bis in alle Lebensbereiche hinein. Das betraf auch die Erziehung und Betreuung von Kindern. Allerdings wurde dem Kindergarten zunächst in der nationalsozialistischen Erziehungspolitik keine wichtige Rolle zugedacht. Dies beruht auf der Ansicht, dass Kinder eigentlich in ihren Familien aufwachsen und von ihren Müttern erzogen werden sollen (vgl. Berger 2005a, o.S.). Das faschistische Kindheitsbild stellt Eigenschaften wie Durchsetzungsfähigkeit, Heroismus, Selbstdisziplin, Härte, Realismus gegenüber dem Leben sowie psychische und körperliche Robustheit ins Zentrum der Pädagogik (vgl. Kössler 2014, S. 304–307). Kössler entwickelt dazu die These, dass dieses spezielle Bild vom Kind keinen punktuellen Ausreißer darstellt. Seine Entfaltung ist über die bürgerlichen Erziehungskonzepte des 19. Jahrhunderts nachzuvollziehen, die dann durch extreme Formen der Nationalisierung und Biologisierung sowie die starke ideologische Einbindung der Kinder in den Ersten Weltkrieg ergänzt werden (vgl. Kössler 2014, S. 285 ff., S. 294).

Ein „Bestseller" im Deutschen Reich war der Erziehungsratgeber der Ärztin Johanna Haarer „Die deutsche Mutter und ihr erstes Kind" (1941), in dem sie empfiehlt, Kinder möglichst früh an die Härte des Lebens zu gewöhnen (vgl. Kössler 2014, S. 307). Haarer thematisiert jedoch nicht nur Erziehungsinhalte für Kinder, sondern bedient auch das nationalsozialistische Frauenbild. Sie schreibt, dass alle Mittel zu Hilfe gerufen werden sollen, um die „deutschen Frauen zu überzeugen, daß sie sich selbst um das Beste und Höchste bringen, was das Leben zu bieten hat, wenn sie sich Kinder versagen. Das neue Deutschland schätzt die Mutter, zumal die kinderreiche, nach den Worten des Führers als erste Trägerin des Staates" (Haarer 1941, S. 8). Hausfrau und Mutter zu sein wurde zum eigentlichen Berufsziel jeder Frau erklärt, zur Lebensaufgabe schlechthin, wofür die „Natur ihr gesamtes Wesen, Körper und Seele ausgestattet hat: Die Aufzucht ihrer Kinder" (ebd., S. 8). Junge unverheiratete Frauen versuchte man auf sogenannte weibliche Berufe zu verweisen, die entweder der Vorbereitung auf die Rolle als Hausfrau und Mutter dienten oder als Ersatz, wenn ihnen die „eigene Mutterschaft versagt war“ (Aden-Grossmann 2002, S. 107 f.). Einer dieser weiblichen Berufe war jener der Kindergärtnerin, deren Ausbildung bereits als Beitrag zur Mütterschulung gewertet wurde (vgl. ebd. 2002, S. 115). Erst in den Kriegsjahren wurden die Mütter in kriegswichtigen Arbeitsplätzen gebraucht, daher erlebte auch das Kindergartenwesen einen Aufschwung, z. B. durch die Gründung von Betriebskindergärten (vgl. Gary 2006, S. 188).

Betont werden muss an dieser Stelle, dass ab dem Anschluss auch in Österreich die „Nürnberger Pseudorassengesetze“ (Rathkolb 2016a, S. 512) schlagend wurden. Das bedeutet, nur als „arisch“ geltende Kinder durften überhaupt weiter einen Kindergarten oder die Schule besuchen. Jüdische Kinder oder als „erbkrank“ eingestufte Kinder wurden aus der Gesellschaft ausgeschlossen (vgl. Berger 2017a, o.S.), ebenso wie Kinder aus Roma- und Sinti-Familien oder Kinder aus als „asozial“ stigmatisierten Familien. Dazu kam auch der Ausschluss der Betroffenen von allen positiven sozialen Unterstützungen, wie zum Beispiel dem Bezug der Kinderbeihilfe (vgl. Sieder 2014, S. 168 ff.). Generell beurteilte man Kinder quasi nach ihrer späteren Verwertbarkeit und Nützlichkeit für den Staat und den Kriegseinsatz. Konnte eine Verwertbarkeit nicht festgestellt werden, kam das einem Todesurteil gleich: „Das einzige Kriterium, daß Kinder nicht getötet werden, ist ihre spätere produktive Nützlichkeit. Das Todesurteil lautete in allerlei Variationen: Keinerlei Arbeitseinsatzfähigkeit zu erwarten“ (Klee 2018, S. 333).

Alle bestehenden Kindergärten in Österreich sollten nach dem Anschluss in die Nationalsozialistische Volkswohlfahrt (NSV), die der NSDAP unterstand, eingegliedert werden. Dies stellte sich aber als herausfordernd dar, da die Kindergärten verschiedenen Trägerorganisationen angehörten, und somit keine zentrale Stelle die Verantwortung trug. Deshalb war es unmöglich, das gesamte Kindergartenwesen auf einen Schlag zu kontrollieren; der Prozess der Gleichschaltung zog sich bis 1941 hin (vgl. Aden-Grossmann 2002, S. 109). Berger beschreibt, dass eine völlige Gleichschaltung von (insbesondere konfessionellen) Kindergärten bis Kriegsende nicht gelang, und sich sogar manche Elternvertretungen gegen eine Übernahme der Kindergärten durch die NSV wehrten (vgl. Berger 2016, S. 104). Ebenso herrschte ein „Mangel an Fachpersonal, das im Geiste des Nationalsozialismus die richtige weltanschauliche Einstellung mitbrachte (zumal damals die Kindergärtnerinnenseminare unter der Trägerschaft der beiden großen christlichen Kirchen standen; M.B.)“ (Berger 2005a, o.S.). Hamann bestätigt dies und skizziert zudem, dass beispielsweise katholische Kindergärten bestehen durften, wenn sich die Leitung nicht offen gegen das Regime stellte. Auch geistliche Schwestern konnten weiterhin im Kindergarten tätig sein, mussten aber ihre Tracht ablegen und waren massiven Demütigungen und Beleidigungen von Seiten des NS-Personals ausgesetzt (vgl. Hamann 2013, S. 22). „Einzig in der Sonderform der Erntekindergärten, auch

Sommerkindergärten genannt, erreichte die NSV die alleinige Zuständigkeit" (Berger 2017a, o.S.). Erntekindergärten wurden von der NSV gegründet und nur während der Erntezeit betrieben, um beiden Elternteilen die Mitarbeit bei der Feldernte zu ermöglichen. Junge Frauen aus dem BDM, die im „Mädel-Landjahr" zu Berufen geführt werden sollten, die ihrer „weiblichen Wesensart" entsprachen, betreuten die Kinder (vgl. Aden-Grossmann 2002, S. 112 ff.).

5.1 Nationalsozialistische Erziehungsinhalte

Adolf Hitler hielt 1935 anlässlich des Reichsparteitags eine Rede zur deutschen Jugend, in der er forderte: „Wir wollen ein hartes Geschlecht heranziehen, das stark ist, zuverlässig, treu, gehorsam und anständig" (Benzig 1941, S. 7). Für das Regime war also zentral, Kinder schon frühzeitig zu lehren, dass alles mit dem Nationalsozialismus vereinbar sein musste. „Sozialistische und demokratische Ansätze [...] wurden unnachgiebig ausgerottet" (Aden-Grossmann 2002, S. 93). Die linientreue Erziehung erfolgte nicht nur im Schulsystem, sondern auch in der Freizeit, nämlich in der HJ (für Buben) und im BDM (für Mädchen). Beide Organisationen waren verpflichtend als „Jugenddienst" zu besuchen. Die Vermittlung nationalsozialistischen Gedankenguts begann bereits im Kindergarten, der sich nach Benzig nicht von der Pflicht entbinden durfte, „mit aller Kraft unseres Herzens und unseres Willens diese im deutschen Kind angelegten Grundeigenschaften zu entwickeln und zu fördern" (Benzig 1941, S. 8) – diese angesprochenen Grundeigenschaften werden bereits durch die richtige Gattenwahl der Eltern mitbestimmt. Richard Benzig, Kinderarzt und Mitglied der NSV saß im Beirat des Deutschen Vereins für öffentliche und private Fürsorge und war ab 1943 Leiter des Instituts für Nationalsozialistische Volkspflege (vgl. Klee 2016, S. 38). Das von Benzig verfasste Werk „Grundlagen der körperlichen und geistigen Erziehung des Kleinkindes im nationalsozialistischen Kindergarten" steht stellvertretend für die damals vorherrschende Kleinkindpädagogik und galt auch als Basis für die Arbeit in einem NSV-Kindergarten. Bereits im Vorwort legt Benzig dar, dass der Kindergarten eine Betreuungseinrichtung ist, welche die wichtige „Aufgabe anfassen will, aus dem jungen Kleinkind einmal einen körperlich gesunden und charakterlich tüchtigen Menschen werden zu lassen" (Benzig 1941, S. 5). Demnach kam es vor allem darauf an, die körperliche Entwicklung des Kindes zu kontrollieren und zu fördern (vgl. Aden-Grossmann 2002, S. 95 f.). Als Vorbild präsentiert Benzig die Erziehung griechischer Knaben, da die Griechen ein artverwandtes Volk seien. Er empfiehlt deren drastische Maßnahmen, ein Kind in Furcht zu versetzen, um es damit von der Furcht zu befreien (vgl. Benzig 1941, S. 11). Er vertritt die Auffassung, dass die Körpererziehung auch im Kindergarten vorrangig ist. Erst in zweiter Linie, ohnehin eng mit der körperlichen Ertüchtigung verknüpft, sei auf die emotionale Entwicklung zu achten. Die Vermittlung von Wissen ist in der nationalsozialistischen Ideologie für Kleinkinder ohnehin nachrangig. Erst nachdem Kinder „in einer sonnigen Kinderzeit gesund und wetterfest, mutig und umsichtig, gehorsam und anständig" geworden sind, beginnt „die Wissensschule" (ebd., S. 105). Der Hauptauftrag des Kindergartens lag also darin, mit gezielter Bewegung in Turn- und Gymnastikstunden, mit gesunder Ernährung und den „Heilkräften der Natur: Licht, Luft, Sonne und Wasser, die körperliche Kräftigung der Kinder herbeizuführen" (ebd., S.105 ff.). Bei der Ausbildung von charakterlichen Eigenschaften stehen Mut, Selbstvertrauen und Gehorsam im Vordergrund. Zudem wurden auch „soldatische Tugenden" wie Härte, Tapferkeit, Kameradschaft und Gemeinschaftssinn propagiert (vgl. Berger 2017a, o.S.). Die Kinder wurden in ihren Spielen nicht dazu animiert, miteinander zu spielen, sondern immer gegeneinander. So sollten Konkurrenzkampf und kämpferische Einsatzbereitschaft schon früh geweckt werden. „Bereits vom ‚ersten Hitlerjahr' an, wurden die Kinder zu Wettkämpfen, zum Marschieren, zum Exerzieren, zum Simulieren von Luftangriffen, zum Darstellen von Kriegshandlungen etc. animiert" (ebd., o.S.). Ziel war eine Hinführung zum späteren Lebensweg; für Buben zum Militär, für Mädchen zur Sorgetätigkeit. Mit der Formung des Charakters sollte nach Benzig auch stets eine emotionale Bindung an den Führer stattfinden: „Wir dienen der Zukunft unserer Kinder, wenn wir die Liebe und Treue zum Führer so in ihr Herz einpflanzen, daß fortan er ihnen gehört, wie sie ihm gehören" (Benzig 1941, S. 44). Der Aufbau eines Bezugs zu Adolf Hitler wurde eines der wesentlichen Elemente in der seelisch-emotionalen Erziehung. Im pädagogischen Alltag erfolgte dies über Gedichte, Verse und Lieder sowie gebetähnliche Sprüche für den Führer. Sie gehörten zum Kindergartenalltag und sollten die Kinder lenken und manipulieren. Schon das kleine Kind hatte sich als Teil des Volkes zu begreifen und seine Bedürfnisse denen der Volksgemeinschaft unterzuordnen. Aden-Grossmann betont außerdem die rigorose Ablehnung aller demokratischen, reformpädagogischen, psychoanalytischen oder christlichen Bildungsansätze. An deren Stelle traten nationalsozialistisches Gedankengut und Propaganda (vgl. Aden-Grossmann 2002, S. 94).

Als Mittel zur Unterdrückung der kritischen Pädagogik musste auch das bis dahin zentrale Schriftgut mit seinen Bildungsinhalten für Kindergärtnerinnen weichen, wie beispielsweise die Fachzeitschrift „Unsere Kinder". So stellt Primus fest, dass das katholische Fachperiodikum zwar Beiträge zur aktuellen politischen Lage und den dadurch veränderte Arbeitsbedingungen verfasste, aber dennoch aufgelöst wurde (vgl. Primus 2005, S. 89). An die Stelle von „Unsere Kinder" trat der „Rundbrief für Kindergärtnerinnen" im Selbstverlag der NSV. Dieser Rundbrief enthielt einen kurzen Überblick über das Zeitgeschehen, unter der Prämisse der nationalsozialistischen Propaganda, und in weiterer Folge Materialien für die Arbeit mit Kindern im NSV-Kindergarten. Lieder,

Reime und Anregungen für Tischschmuck wurden passend zur jeweiligen Jahreszeit vorgeschlagen sowie Liedgut für den Unterricht in Seminaren und Schulen (vgl. Rundbrief für Kindergärtnerinnen 1941, Folge 2, S. 1). Zusätzlich gab der Deutsche Volksverlag die monatliche Zeitschrift „Der Kindergarten. Organ der Reichsfachschaft 7 sozial-pädagogische Berufe im NSLB. Zeitschrift für Erziehungsarbeit der Kindergärtnerin und Jugendleiterin" heraus (vgl. Berger 2005b, o.S.). Sie begrüßte die Kindergärtnerinnen der Ostmark mit „vollem Herzen", „nicht nur als Deutsche, sondern auch als Mitarbeiter am Deutschtum durch die Arbeit an Fröbels Werk" (Berger 2017b, o.S.). Eine der ältesten Fachzeitschriften für Kleinkinderpädagogik, „Der Kindergarten", erschien erstmals im Jahr 1860 und war Organ des Deutschen Fröbel-Verbandes. Die geplante Einstellung 1933 konnte durch eine Vermittlung von Hans Schemm verhindert werden (vgl. Berger 2005a, o.S.). Berger konstatiert aber eine zunehmende Veränderung der Zeitschrift von pädagogischem Austausch hin zur NS-Propaganda. „Während in den Jahren vor 1933 die Erziehungskonzeption Friedrich Fröbels sowie anspruchsvolle Beiträge aus Pädagogik, Psychologie und Psychoanalyse und anderen wissenschaftlichen Bezugsdisziplinen m [sic!] Mittelpunkt standen, nahm der Niveauverlust der Fachzeitschrift nach 1933 kontinuierlich zu" (Berger 2005a, o.S.). Die Zeitschrift erschien 1944 zum letzten Mal, auch davor war sie nur noch unregelmäßig erschienen.

Als pädagogisches Personal in den Kindergärten waren Kindergärtnerinnen, später auch Kinderpflegerinnen tätig, sofern sie keiner Religionsgemeinschaft angehörten und den Nachweis der arischen Abstammung erbringen konnten (vgl. Gary 2006, S. 191). Die Bildungsanstalten für Kindergärtnerinnen wurden entweder geschlossen oder von der NSV übernommen und Kurzausbildungen von vier Monaten etabliert, um Personalmangel entgegenzuwirken. Der 1939 entworfene Lehrplan, welcher die nationalsozialistische Ausbildung der Kindergärtnerinnen regelte, schrieb als Aufnahmebedingungen ein absolviertes hauswirtschaftliches Jahr bzw. eine Praxis in einem Kindergarten oder einer kinderreichen Familie, die Mitgliedschaft im BDM und den Nachweis der arischen Abstammung vor (vgl. Gary 2006, S. 195). Die Ausbildung konnte mit 16 Jahren begonnen werden, die gängige zweijährige Ausbildungsdauer behielt man bei. Die Aufnahmeprüfung an der Kindergärtnerinnen-Bildungsanstalt erfolgte in einem zweiwöchigen Ausleseseminar, in dem körperliche Ertüchtigung, Musikalität und die allgemeine Befähigung in der Arbeit mit Kindern geprüft wurden (vgl. Gary 2006, S. 196). In Wien konnten Kindergärtnerinnen bis 1940 auch in den konfessionell geführten Häusern der Keyongasse und Döblinger Hauptstraße weiter ausgebildet werden, allerdings unter staatlicher Kontrolle (vgl. Hamann 2013, S. 20). Kinderpflegerinnen absolvierten ihre Ausbildung an den von der NSV 14 errichteten Kinderpflegerinnenschulen, welche den Kindergärtnerinnenseminaren angeschlossen waren und in der „Art der Ausbildung dem nationalsozialistischen Erziehungsprinzip" unterlagen

(Kindergarten 1939 zit. n. Aden-Grossmann 2002, S. 116). Erst 1942 hob das Reichministerium für Wissenschaft, Erziehung und Volksbildung die unterschiedlichen Ausbildungslehrgänge der einzelnen Länder auf und erließ eine reichseinheitliche Ausbildung in Fachschulen. Diese konnten von Mädchen ab dem 16. Lebensjahr absolviert werden, sofern sie einer nationalsozialistischen Organisation angehörten (vgl. Aden-Grossmann 2002, S. 115 ff.). Voraussetzungen für die Ergreifung des Berufs waren – neben der arischen Abstammung – Geduld, Selbstbeherrschung und unbedingte Wahrheitsliebe, ein gutes psychologisches Verständnis, Sinn und Geschick für handwerkliche Tätigkeiten, musikalische Befähigungen und künstlerisches Verständnis (vgl. Gary 2006, S. 193). In den Anmerkungen zur Richtlinie über die Ausbildung der Kindergärtnerinnen vom 20. September 1942 wird betont, dass die Schülerinnen dazu angehalten sind, „während ihrer Ausbildungszeit an der Fachschule für Kindergärtnerinnen in der für sie zuständigen Gliederung der NSDAP Dienst zu leisten und insbesondere an den politischen Schulungsveranstaltungen teilzunehmen“ (Aden-Grossmann 2002, S. 117). Im Vordergrund der Ausbildung stand die „Nationalpolitische Erziehung“, die alle Fachgebiete durchdringen sollte (vgl. Aden-Grossmann 2002, S. 117). Die Erb- und Rassenlehre wurde als Grundlage für die Lehre der Psychologie des Kindes herangezogen, sodass die Erziehung zum Rassenhass, insbesondere zur Judenfeindlichkeit, zum Kindergartenalltag gehörte und häufig über Bilderbücher vermittelt wurde (vgl. Berger 2016, S. 113). Auf diese Weise wurden schon Kleinkinder indoktriniert und vor „den Juden“ gewarnt, die angeblich als „Verbrecher, Erbschleicher und Verführer“ auftraten. Bilderbücher wie „Trau keinem Fuchs auf grüner Heid, trau keinem Jud bei seinem Eid“ (1936) von Elvira Bauer oder „Der Giftpilz“ (1938) von Ernst Hiemer diffamierten die jüdische Bevölkerung und charakterisierten sie als falsch und betrügerisch (vgl. Berger 2016, S. 114). Junge Kindergärtnerinnen wurden also umfassend als Teil des totalitären Systems instrumentalisiert. Gary arbeitet heraus, dass diese sogar als Schlüsselfiguren zwischen den Eltern und der NSV fungieren mussten, unter anderem um möglichst viele Informationen über die Familien in Erfahrung zu bringen und an die NSV weiterzuleiten (vgl. Gary 2006, S. 196).

Der Einfluss des Nationalsozialismus wirkt auch nach Kriegsende in der frühkindlichen Erziehung nach. Zum einen konnten Einstellungen und Verhaltensweisen nicht von einem Tag auf den anderen geändert werden, zum anderen wurden manche Lehren gar nicht direkt als nationalsozialistisches Gedankengut wahrgenommen, sie fanden eher implizit ihren Weg in die Erziehung. Der bereits erwähnte Erziehungsratgeber Johanna Haarers ist dafür ein plakatives Beispiel. Als Lehrbuch verwendet, fanden dessen Ansätze auch Eingang in die Ausbildung der Kindergärtnerinnen und Kinderpflegerinnen. Zur Schmerzlinderung während einer Geburt vertrat Haarer beispielsweise die Meinung, dass diese nur von verweichlichten Frauen gefordert würde (vgl. Haarer 1941,

S. 98 f.). Das Stillen sieht sie als unbedingte Notwendigkeit: „Deutsche Mutter, du mußt dein Kind stillen! [...] nur wenn du dein Kind stillst, erfüllst du deine Pflicht als Mutter" (ebd., S. 117). Neben absoluter Reinlichkeit ist in der Pflege des Säuglings darauf zu achten, dass das Kind nur gefüttert, gebadet und trockengelegt werden soll, ansonsten aber allein zu lassen ist. Die Familie soll es sich zum absoluten Grundsatz machen, sich nie ohne Anlass mit dem Kind abzugeben (vgl. Chamberlain 2016, S. 168). Auf keinen Fall soll ein weinendes Kind hochgehoben, getragen oder gar gestillt werden, das Kind wird dadurch verzärtelt, gewöhnt sich daran „und der kleine, aber unerbittliche Haustyrann ist fertig" (Haarer 1941, S. 173). Gerade dieser Begriff wird gegenwärtig wieder, wie Kranzl-Greinecker festmacht, in einem populären Erziehungsratgeber verwendet (vgl. Kranzl-Greinecker o.J., S. 18). Die Forscherin Sigrid Chamberlain befasst sich ebenfalls mit den Auswirkungen der NS-Erziehung auf Kinder und ihr späteres Bindungsverhalten. Sie stellt Folgewirkungen bis in die jüngste Zeit fest, denn Haarers Buch wurde nach 1945 vom Nazi-Jargon bereinigt und unter dem neuen Titel „Die Mutter und ihr erstes Kind" weiter publiziert, es erschien bis 1987 (vgl. Chamberlain 2016, S. 209 f.). Mit Sicherheit waren und sind also auch im Kindergarten Reste nationalsozialistischen Gedankenguts zu finden. Inwieweit und in welchem Umfang kann allerdings nicht genau nachvollzogen werden. Manfred Berger versuchte in den 1980er Jahren in einem eigenen Forschungsprojekt ehemalige Kindergärtnerinnen, Seminaristinnen und Seminarleiterinnen aus der NS-Zeit zu ihren beruflichen Erfahrungen und Haltungen zu befragen, musste dieses Vorhaben aber nach 74 Interviews aufgeben, da die Befragten die NS-Zeit verharmlosten oder beschönigten. Er stellte fest, dass fast alle Personen angaben, „nichts, absolut gar nichts vom nationalsozialistischen Gedankengut angenommen, geschweige denn die nationalsozialistische Weltanschauung in die Praxis umgesetzt zu haben" (Berger 1985 zit. n. Aden-Grossmann 2006, S. 106).

5.2 Euthanasie und Misshandlung von Kindern und Jugendlichen

Die Kinderpsychiatrie in der Zeit des Nationalsozialismus wird von dem Psychiater Ernst Berger als „Ordnungs-, Auslese- und Vernichtungspsychiatrie" bezeichnet (Berger 2017, S. 225). Besonders in den Ausleseprozessen arbeitete die medizinische Psychiatrie eng mit der Kinder- und Jugendfürsorge zusammen (vgl. Berger 2017, S. 225 f.), zum Beispiel mit der im vorherigen Kapitel beschriebenen Wiener KÜST. Die Folgen waren die Einweisung von Kindern und Jugendlichen in Heime, Eheverbote, Zwangssterilisation von Mädchen (vgl. Sieder 2014, S. 168), die Tötung von als „lebensunwert" eingestuften Kindern in sogenannten „Kinderfachabteilungen" sowie in manchen Fällen die

Einweisung in Jugendkonzentrationslager – Mädchen wurden nach Uckermark deportiert, Buben nach Moringen. Berger meint, dass Jugendliche aus Österreich in beiden Lagern „deutlich überrepräsentiert" waren (vgl. Berger 2017, S. 225 f.). Die dahinterstehenden theoretischen Grundlagen der Eugenik und Rassenhygiene kamen bereits um die Jahrhundertwende auf. Ebenso gab es im ausgehenden 19. Jahrhundert die ersten öffentlichen Diskussionen um den Zustand und den Wert der Folgegeneration. Somit wurde auch die Art und Weise, wie Kinder aufwachsen, zur gesellschaftlichen Aufgabe (vgl. Kössler 2014, S. 287 f.). Daraus folgten Debatten zur Früherkennung geistiger und körperlicher Defizite, zu Förderung und Auslese sowie zur Gründung von Sonderschulen (vgl. ebd., S. 292 f.). Erstmals 1920 stellte der Psychiater Alfred Hoche gemeinsam mit dem Juristen Karl Binding in der Broschüre „Die Freigabe der Vernichtung lebensunwerten Lebens. Ihr Maß und ihre Form" konkrete Berechnungen an, wieviel Kapital in Form von Nahrungsmitteln, Kleidung und Heizung dem Nationalvermögen durch die Pflege von „Vollidioten" oder „Ballastexistenzen" entzogen werde (vgl. Klee 2018, S. 21 ff.). Derartige Berechnungen wurden in der Zeit des nationalsozialistischen Regimes zu Propagandazwecken immer wieder publiziert (vgl. ebd., S. 25). In der NS-Medizin stand nicht der Schutz einer kranken Person im Vordergrund, sondern der Schutz des gesunden Volkskörpers vor Krankheiten. Das „Gesetz zur Verhütung erbkranken Nachwuchses" wurde am 14. Juli 1933 verabschiedet und trat offiziell am 1. Jänner 1934 in Kraft (vgl. Klee 2018, S. 39), in Österreich daher ab 1938. Ehen zwischen erblich gesunden und erbkranken Menschen wurden verboten, die Ehe zwischen zwei Erbkranken zwar erlaubt, aber erst nach Unfruchtbarmachung zur Verhütung erbkranken Nachwuchses (vgl. Günther 1941, S. 123). Ab 1938 wurde in Österreich auch mit einer sogenannten erbbiologischen Bestandsaufnahme begonnen und alle aus erbtheoretischer Sicht bedenklichen Personen bzw. Familien erfasst. Im Zuge dessen wurden auch tausende Kinder und Jugendliche als „erblich belastet" und „asozial" abgestempelt. Die Wiener Kartei galt als eine der größten im ganzen Deutschen Reich (vgl. Sieder 2014, S. 168). „Asozial" konnte damals vieles bedeuten, zum Beispiel aus einer sozial schwachen Familie, aus einer Familie ohne festen Wohnsitz oder zerrütteten Familienverhältnissen zu stammen. Es reichte auch aus, wenn ein Elternteil AlkoholikerIn war oder der Prostitution verdächtigt wurde. Bis 1943 wurden 500 000 Asoziale verzeichnet, ein Viertel der Bevölkerung Wiens und Umgebung (vgl. Malina/Neugebauer 2000, S. 13).

In einem vertraulichen Runderlass des Reichsministers wurde dann 1939 festgelegt, dass ÄrztInnen und Hebammen verdächtige Kinder an das Gesundheitsamt melden mussten. Meldepflichtig waren laut Kriterienkatalog zum Beispiel Mongolismus, „Idiotie", Microcephalie, Hydrocephalus, körperliche Missbildungen jeder Art, Lähmungen und viele weitere körperliche und psychische Beeinträchtigungen (vgl. Klee 2018, S. 334). Parallel dazu begann die Abteilung Volksgesundheit des Reichsinnenministeriums mit der Massentötungsaktion T4. Zu diesem Zweck gründete man mehrere Tarnorganisationen in der Berliner Tiergartenstraße 4 – daher auch die Bezeichnung –, die dann mit den lokalen staatlichen Stellen kooperierten. Von 1939 bis 1941 wurden in sechs Tötungsanstalten ca. 70 000 Menschen ermordet, unter anderem im oberösterreichischen Schloss Hartheim. Nach dem Ende der Massentötungen im Jahre 1941 ging man zur „dezentralen Euthanasie" über, d. h. zur Ermordung von PatientInnen direkt in den psychiatrischen Anstalten. Kinder und Jugendliche wurden sowohl im Rahmen von T4 als auch in einer parallel dazu laufenden „Kinder- und Jugendlicheneuthanasie", die mit der öffentlichen Jugendfürsorge verstrickt war, getötet (vgl. Czech 2016, S. 219–223). Wie bereits erwähnt, konnte das Regime in Österreich dabei auf ein bestens ausgebautes Netzwerk innerhalb des Fürsorgewesens zurückgreifen. Viele der betroffenen Kinder befanden sich zu diesem Zeitpunkt bereits in staatlicher Obhut (vgl. ebd., S. 334). In Deutschland fungierte Görden bei Brandenburg als Tötungszentrum, in Österreich die Wiener städtische Kinder- und Jugendfürsorgeanstalt „Am Spiegelgrund". Diese konnte 1940 auf dem Gelände der Heil- und Pflegeanstalt Am Steinhof eingerichtet werden, da dort zuvor viele PatientInnen im Rahmen von T4 ermordet worden waren (vgl. Czech 2014, S. 196). Die Anstalt wurde später in „Heilpädagogische Klinik Stadt Wien" sowie „Wiener städtische Erziehungsanstalt und Wiener städtische Nervenklinik für Kinder Am Spiegelgrund" umbenannt (vgl. Klee 2018, S. 355). Die ärztliche Leitung hatte zunächst bis 1941 Erwin Jekelius, der parallel als Gutachter für T4 fungierte, inne und später Ernst Illing. Auch die Ärztinnen Marianne Türk und Margarete Hübsch sowie der Arzt Heinrich Gross waren am Spiegelgrund tätig (vgl. Czech 2014, S. 197 ff.). Eingewiesen wurden Kinder und Jugendliche, die dem Ausleseverfahren nach den Kriterien der nationalsozialistischen Rassenhygiene in anderen öffentlichen wie privaten Erziehungsheimen oder Einrichtungen der NSV zum Opfer fielen. Czech weist darauf hin, dass nicht ausschließlich die Vernichtung der jungen Menschen im Vordergrund stand, „sondern Beobachtung, Begutachtung, Selektion und Tötung als dauerhafter Bestandteil des medizinischen Versorgungssystems" (Czech 2014, S. 195). Man kann davon ausgehen, dass die Angehörigen der Eingewiesenen keine Kenntnis von diesen Vorgängen hatten, im Gegenteil ihre Kinder in guter staatlicher Obhut vermuteten. Kurz vor den Tötungen wurden ihnen oftmals Nachrichten geschickt, dass sich der Gesundheitszustand der Kinder verschlechtert habe, um die anschließende Ermordung zu verschleiern (vgl. Dahl 2001, S. 183). Die Kinder und Jugendlichen dienten als Ressource für wissenschaftliche Forschungen. Neben dem Heimalltag mit schlechter Ernährung, ständigen Misshandlungen durch das Pflegepersonal, brutaler Disziplin und drakonischen Strafen waren sie „einer schrankenlosen Ausbeutung – als Versuchsobjekte und ‚Forschungsmaterial' – schutzlos ausgeliefert" (Czech 2014, S. 196). Beispielsweise führte man Impfexperimente und Versuche zur Tuberkulose- oder Malaria-Immunisierung an ihnen durch, teilweise in Kooperation mit der Universitäts-Kinderklinik (vgl. Czech 2014, S. 208). Im Zuge der Hirnforschung wurden Encephalographien vorgenommen, die für viele Kinder tödlich endeten (vgl. Malina/Neugebauer 2000, S. 17 f.). Mehrere Spiegelgrund-Opfer berichten später in Interviews von den Versuchen und Bestrafungen: „Ich habe keinen Tag erlebt ohne Strafe" (Rudolf Karger) – „Die haben sich nicht interessiert, wie es uns Menschen geht, sondern die haben sich interessiert, was kann ich bei dem ausprobieren, was kann ich weiter forschen" (Karl Jakubec) – „Ich war eine Sache, sonst nichts" (Alois Kaufmann) – „Und der Begriff ‚unwertes Leben', das ist mir immer noch im Ohr" (Leopoldine Maier) – „Hunger war immer" (Alfred Grasel) – „Und das Problem war, dass wir sie nachher wieder gesehen haben, dieselben Erzieherinnen, Erzieher sind wieder in den Heimen gewesen" (Ernst Pacher) (vgl. Gedenkstätte Steinhof o.J.).

Doch der Missbrauch ging über die Tötung hinaus. Die Körper von „wissenschaftlich interessanten" Kindern wurden posthum zu weiteren Forschungszwecken präpariert (vgl. Klee 2018, S. 333 ff.). Zehntausende Kinder-Präparate vom Spiegelgrund sowie von Erwachsenen der Heil- und Pflegeanstalt Am Steinhof wurden noch bis 1980 für die medizinische Forschung verwendet. Viele davon fand man später auch noch in der Pathologie des Otto Wagner Spitals, im Ludwig Boltzmann-Institut für Klinische Neurobiologie und am Klinischen Institut für Neurologie der Universität Wien auf. Eine Bestattung in einem Ehrengrab am Wiener Zentralfriedhof erfolgte erst 2002 bzw. 2012 (vgl. Czech 2014, S. 214). Malina und Neugebauer erörtern, dass in der Nachkriegszeit keine umfassende Beschäftigung mit den Verbrechen der NS-Medizin stattfand. Im Gegenteil, die alten Strukturen wurden zumeist mit dem alten Personal weitergeführt und befanden sich daher weiterhin fest in der Hand von ehemaligen NS-MedizinerInnen. Erst mit dem Generationenwechsel ab den 1980er Jahren ist eine Veränderung festzumachen (vgl. Malina/Neugebauer 2000, S. 1 f.). Die TäterInnen blieben also quasi unbehelligt, wohingegen ihre Oper bis in die 1990er Jahre auf staatliche Anerkennung und „Wiedergutmachung" warten mussten (vgl. Czech 2014, S. 214). Wie sehr die nationalsozialistischen Mechanismen und das Gedankengut bis in die Gegenwart nachwirken, soll an dieser Stelle noch an einem Spiegelgrund-Beispiel deutlich gemacht werden. Friedrich Zawrel wird 1941 als zehnjähriger Bub unter der Prämisse „schwer erziehbar" eingewiesen. Sein Vater ist alkoholabhängig, seine Mutter zweitweise ohne Wohnsitz und er muss daher mehrere Aufenthalte in Pflegefamilien und Heimen über sich ergehen lassen (vgl. Zawrel o.J.). Am Spiegelgrund fällt er dem Arzt Heinrich Gross in die Hände, der dort maßgeblich an der Ermordung von etwa 800 Kindern beteiligt ist (vgl. Ladstätter 2006, S. 54). Zawrel wird als „erbbiologisch und sozial minderwertig" eingestuft und so wie alle anderen InsassInnen schwer misshandelt. Die ÄrztInnen, allen voran

Gross, benutzen ihn als Schulungsobjekt und quälen ihn mit zahlreichen medizinischen Versuchen. Erst 1944 gelingt ihm endgültig die Flucht. Bald darauf wird er wegen Diebstahls von Lebensmitteln festgenommen und inhaftiert. Aufgrund dieser Vorstrafe kann er nach Kriegsende nicht mehr Fuß fassen und gerät immer wieder mit dem Gesetz in Konflikt (vgl. Zawrel o.J.). Mitte der 1970er Jahre muss er sich im Zuge eines Gerichtsverfahrens einer psychiatrischen Untersuchung unterziehen. Der beauftragte Gutachter ist sein ehemaliger Peiniger Heinrich Gross (vgl. Lehmann/Schmidt 2001, S. 10). Zawrel erkennt ihn und antwortet auf die Frage, ob er schon einmal beim Psychiater war: „Für einen Akademiker haben Sie aber ein schlechtes Gedächtnis. Können Sie sich nicht erinnern, Herr Doktor? [...] Sie werden doch nicht den Spiegelgrund vergessen haben [...] Und den Illing und die Türk und die Jockl und die Hübsch und den Krenek und den Jekelius" (Lehmann/Schmidt 2001, S. 10). Gross verspricht Zawrel ein positives Gutachten für sein Schweigen, empfiehlt aber anschließend dessen Sicherheitsverwahrung. Dabei bezieht er sich tatsächlich auf ein Gutachten von Ernst Illing von 1944, in dem von erheblichen Verhaltensstörungen die Rede ist. Zawrel kommt so zum wiederholten Male ins Gefängnis, diesmal aber nicht ohne sich zu wehren. Er wendet sich an die Justiz und schließlich auch an die Presse. Die Angelegenheit kommt ins Rollen und der Skandal wird aufgedeckt (vgl. Lehmann/Schmidt 2001, S. 175). Ursprünglich soll Gross schon 1948 in Haft genommen werden, das Verfahren am Volksgericht Wien verläuft aber im Sand. Er steigt sogar erneut zum Primarius einer Männerabteilung in der Klinik Am Steinhof auf. Seine Mitgliedschaft im Bund Sozialistischer Akademiker (BSA) schützt ihn jahrelang (vgl. Czech 2014, S. 212). So erhält Gross in den 1950er Jahren auch wieder Zugang zu den Präparaten der ermordeten Kinder und nutzt sie für seine weitere Karriere (vgl. Klee 2018, S. 382 f.). Auf Grundlage dieses „Materials" publiziert er zahlreiche Beiträge zur Neuropathologie und wird 1968 sogar Leiter des für ihn geschaffenen Ludwig Boltzmann-Instituts zur Erforschung der Missbildungen des Nervensystems. Parallel dazu tritt er als gefragter Gerichtsgutachter auf. Erst nachdem Friedrich Zawrel sich aktiv gegen ihn wehrt, können Werner Vogt und die Arbeitsgemeinschaft Kritische Medizin schließlich erreichen, dass die Karriere von Gross stagniert. Das Wiener Landesgericht bestätigt sogar dessen Beteiligung an den Euthanasiemorden, doch die Staatsanwaltschaft erhebt keine Anklage. Erst 20 Jahre später sitzt Gross tatsächlich wegen der Spiegelgrund-Morde auf der Anklagebank (vgl. Czech 2014, S. 212 f.). Und das Urteil lautet: Nicht verhandlungsfähig. Er stirbt 2005 in Hollabrunn, ohne je zur Rechenschaft gezogen worden zu sein (vgl. Klee 2016, S. 203). Friedrich Zawrel kann sich nach seiner Haftentlassung 1981 endlich beruflich entfalten. Er macht den Führerschein, was ihm zuvor aufgrund seiner Vorstrafe von 1944 immer wieder verweigert worden war, und arbeitet bis zu seiner Pensionierung als Lieferfahrer (vgl. Lehmann/Schmidt 2001, S. 173 f.). Bei seinem Ansuchen um Opferrente muss er sich einem Gutachten der Magistratsabteilung 12 der Stadt Wien unterziehen. Darüber erzählt er: „Ich gehe in die Ordination von Dr. Suhrer (Name geändert). Er redet nichts mit mir, blättert in seinem Akt [...] und beginnt vorzulesen: ‚Laut jugendpsychiatrischen Gutachten vom 12. Jänner 1944 handelt es sich um einen erblich schwerbelasteten, charakterlich nach mehreren Richtungen grob abartigen Jugendlichen, wobei im Vordergrund eine monströse Gemütsarmut zu beobachten ist'. Friedrich Zawrel verlässt in Panik die Ordination" (Lehmann/Schmidt 2001, S. 180). Friedrich Zawrel, der seine Geschichte im Rahmen seiner Tätigkeit für die Gedenkstätte Steinhof sowie als Zeitzeuge unermüdlich und engagiert weitergibt, stirbt 2015 in Wien und erhält ein Ehrengrab am Wiener Zentralfriedhof.

Der Zweite Weltkrieg geht in Österreich im April 1945 zu Ende, die offizielle Kapitulation der Deutschen Wehrmacht erfolgt am 8. Mai. Besonders in den letzten Kriegsmonaten finden noch tausende Buben aus der Hitlerjugend den Tod, da sie völlig unvorbereitet für die letzten Abwehrkämpfe rekrutiert werden (vgl. Rathkolb 2016a, S. 515). Schon ab Mitte April 1945 gründen sich drei Parteien neu – die ÖVP, die SPÖ und die KPÖ – und verständigen sich über eine provisorische Regierungsbildung sowie einen überregionalen und überparteilichen Gewerkschaftsbund. Die ersten Friedensverhandlungen mit den Alliierten sowie der Roten Armee beginnen (vgl. Ackerl 2013, S. 129–130).

6 Aspekte der elementarpädagogischen Arbeit vom Ende des Zweiten Weltkriegs bis in die 1970er Jahre

Katharina Rösler, Bianca Stohwasser, Juliana Albrecher

Am 27. April 1945 erklärt Österreich den Anschluss an Deutschland für beendet. Bereits ein halbes Jahr später finden parlamentarische Wahlen statt und eine Koalition aus ÖVP, SPÖ und KPÖ übernimmt die Regierungsgeschäfte. Die zahlreichen ökonomischen und sozialen Probleme in Folge des Krieges sind die zunächst größten Herausforderungen der neuen Zweiten Republik. Die Kriegsschäden belaufen sich auf etwa vier Milliarden Schilling (vgl. Rathkolb 2016b, S. 568), es herrschen Hunger und Lebensmittelmangel sowie schlechte medizinische Grundversorgung. Ebenso knapp ist Wohnraum aufgrund zahlreicher zerstörter Gebäude und der Unterbringung von ca. 1,65 Millionen Flüchtlingen und Displaced Persons auf österreichischem Gebiet (vgl. Rathkolb 2016b, S. 525). Besetzt wird das österreichische Staatsgebiet durch die USA, Großbritannien, Frankreich und die Sowjetunion, die Wien und die Bundesländer in Zonen aufteilen (vgl. ebd., S. 566). In der sowjetischen Besatzungszone ist die Grundversorgung der Bevölkerung mit Lebensmitteln besonders schlecht, da die Sowjetunion selbst große wirtschaftliche Probleme hat. Dazu kommt die verstärkte Ausbeutung und Demontage von Anlagen als Ersatz für die schweren Kriegsverluste durch die Deutsche Wehrmacht. Antikommunistische Strömungen in der Bevölkerung werden immer deutlicher und ab 1947 scheidet die KPÖ aus der Regierung aus. Eine Entspannung der Situation tritt erst ab 1949 ein (vgl. Rathkolb 2016b, S. 542, S. 566–567). Die Regierungsgeschäfte der Zweiten Republik liegen also überwiegend in den Händen von FunktionärInnen aus ÖVP und SPÖ. Ab 1956 wird die parlamentarische Landschaft durch die FPÖ ergänzt, die aus dem Verband der Unabhängigen hervorgeht (vgl. ebd., S. 559).

Bereits ab Ende 1945 nimmt die Krise zwischen den USA und der Sowjetunion, der Kalte Krieg, Formen an. Österreich positioniert sich langsam Richtung Westen, auch aufgrund dessen, dass aus Westen die wirtschaftliche Unterstützung in Form des Marshallplans erfolgt (vgl. ebd., S. 525–526). Noch dazu erhält Österreich überdurchschnittlich hohe finanzielle Zuwendungen, da die USA befürchtet, das Gebiet letztlich an die Sowjetunion zu verlieren (vgl. ebd., S. 569). So gelingt in Österreich, nicht zuletzt durch die Verstaatlichung der großen Banken, Wiederaufbau und Wirtschaftswachstum. Rathkolb belegt, dass nach dem Krieg die eingehobenen Steuern tatsächlich in den Ausbau von Arbeitsplätzen investiert wurden, was sich positiv auf die Beschäftigungsquote auswirkte. Längerfristig geht diese allerdings zu Lasten der Einkommensverteilung – besonders betroffen sind weiterführend vor allem Frauen (vgl. Rathkolb 2016b, S. 572). Im Jahre 1955 erfolgt die Ausarbeitung und Unterfertigung des Österreichischen Staatsvertrags. Im Vorfeld kommt es nach dem Tod Josef Stalins zu einer kurzen politischen Entspannung im Kalten Krieg und die österreichische Regierung nützt diese, um den Staatsvertrag sowie das Neutralitätsgesetz nach Schweizer Muster mit der Sowjetunion auszuhandeln, dem letztlich alle Besatzungsmächte zustimmen (vgl. ebd., S. 526, S. 567). Zusätzlich wird 1955 das Allgemeine Sozialversicherungsgesetz als Grundlage des Sozialstaates erlassen (vgl. ebd., S. 590).

Was bis in die 1980er Jahre hinein ausbleibt, ist die kritische und flächendeckende Aufarbeitung von NS-Zeit, Holocaust und österreichischer TäterInnenschaft. Österreich hält lange daran fest, erstes Opfer des Nationalsozialismus zu sein: „[...] eine These, die im Kalten Krieg international und national wirkmächtig wurde" (Rathkolb 2016b, S. 528). Somit lehnt Österreich auch die Rechtsnachfolge des Deutschen Reiches ab. Die Regierung ab 1945 unter Karl Renner konzentriert sich vor allem auf die WählerInnen, die noch innerhalb des österreichischen Staatsgebietes leben, und zu denen auch ehemalige NSDAP-Mitglieder gehören, die rasch wieder integriert werden sollten, damit der Staatsapparat funktioniert. Restitutions- und Rückkehrmöglichkeiten für vertriebene, entrechtete und enteignete ExilantInnen finden in diesem politischen Klima kaum Platz (vgl. ebd., S. 539, S. 542). Erst die Wahl Kurt Waldheims zum Bundepräsidenten 1986 stößt die Aufarbeitung und umfassendere Beschäftigung mit der österreichischen Vergangenheit an (vgl. ebd., S. 563). Rathkolb zeigt auf, dass in diesem Prozess ein Ost-West-Gefälle wahrzunehmen ist und verdeutlicht dies am Beispiel des Schulwesens. Generell ist das Verschweigen des Faschismus im österreichischen Schulwesen bis in die 1970er Jahre Standard – beispielsweise hört der Geschichtsunterricht überwiegend mit Ende des Ersten Weltkriegs auf. Die Entnazifizierung nach 1945 besteht meist aus kurzen Entlassungen oder Versetzungen von Lehrpersonal, viele LehrerInnen werden aber ohne Unterbrechung weiterverwendet. Von Seiten der Gesetzgebung steht in der Zweiten Republik ganz klar die Vermittlung demokratischer Werte und des österreichischen Staatsbewusstseins im Fokus. In der Praxis wird dies in Lehrbüchern wenig bis gar nicht berücksichtigt, neue in Wien erstellte Lehrpläne werden in den westlichen Bundesländern nicht akzeptiert (vgl. ebd., S. 543). So fließen weiterhin die Werthaltungen und Richtlinien vor 1938 sowie der Ständestaatpolitik in den Unterricht mit ein. Auch die didaktisch-pädagogischen Methoden ändern sich kaum, der Schulalltag ist von Autorität und Hierarchiedenken geprägt (vgl. ebd., S. 544). Der „Gehorsamscharakter", der im gesamten Gesellschaftssystem in Österreich wahrzunehmen ist, lockert sich erst mit dem Aufkommen der Demokratiereform-Debatte in den 1960er Jahren (vgl. ebd., S. 546). Aktuell empfiehlt Rathkolb, da unsere Gesellschaft durch Migration immer internationaler wird und sich so auch differente Geschichtsbilder und -erfahrungen mischen, dass allem voran im Schul- und Bildungswesen ein internationaler Kontext in Bezug auf erfolgreiche Vergangenheitsaufarbeitung mehr Berücksichtigung finden muss (vgl. ebd., S. 591).

Umfassende gesamtgesellschaftliche Reformen bringt dann die sogenannte Kreisky-Ära mit sich. Auch wenn 1973 das Ende des Nachkriegswachstums spürbar wird, gilt die Regierungsperiode Bruno Kreiskys (Alleinregierung SPÖ) in den 1970er Jahren als Zeit des Aufbruchs geprägt durch mehr gesellschaftliche Freiheit und mehr Partizipation sowie die Festigung der Demokratie. Ziel ist es, den Nachkriegswohlstand durch Sozialtransfer zu verteilen sowie für alle freien Zugang zu höherer Bildung durch eine Universitätsreform zu schaffen (vgl. ebd., S. 555 f.). In den späteren 1970er und frühen 1980er Jahren rücken, auch international, erstmals verstärkt Umweltbewegungen in den Mittelpunkt des öffentlichen Interesses. In Österreich können durch gezielte Protestaktionen von zahlreichen UmweltaktivistInnen das geplante Atomkraftwerk Zwentendorf sowie das Wasserkraftwerk in der Hainburger Au gestoppt werden. Aus diesen Bewegungen gehen letztlich 1986 die Grünen hervor. Zeitgleich lässt sich ab Mitte der 1980er Jahr, noch vor dem Beitritt zur EU, ein Aufbrechen der großen politischen Lager festmachen, das sich bis in die Gegenwart fortsetzt (vgl. ebd., S. 559, S. 561).

6.1 Wandel der Familienstrukturen

Die Entwicklung des Kindergartenwesens im Österreich der Zweiten Republik hängt nicht nur mit der allgemeinen politischen Entwicklung, sondern besonders eng mit dem Wandel des Frauenbildes bzw. der Rolle der Mutter in den Familien und den Wandel des Kindheitsbildes zusammen. Die Frau gilt in den 1950er und 1960er Jahren primär als Hausfrau und Erzieherin der Kinder. Saurer beschreibt, dass die Frau das ausgleichende und ruhende Glied im Gegenzug zum Fortschritt und der Bewegung darstellen soll. Ebenso gilt die Mütterlichkeit immer noch als höchste Vollendung aller Weiblichkeit (vgl. Saurer 1988, S. 44 ff.). Eine Frau soll also vollkommen sein und alle Erwartungen, welche von Männern, den Kindern und der Gesellschaft an sie gestellt werden, erfüllen. Die Medien in den 1950er und 1960er Jahren heben sichtbar hervor, dass eine Frau zudem stets gepflegt sein soll (vgl. Saurer 1988, S. 42). Beispielsweise spiegelt die Zeitschrift „Die kluge Hausfrau“ durch die Inhalte ihrer Artikel dieses Bild wider. Die Aufgaben der Frau sind demnach primär das Kochen, das Erziehen der Kinder sowie das Zurechtmachen für den Mann und das Sauberhalten der Wohnung (vgl. Vereinigung der österreichischen Kaufleute 1950, S. 14). Trotzdem steht das Bild der Frau bereits ab den 1950er Jahren in einem breiten Spannungsfeld. Einerseits werden Frauen, wiederum in „Die kluge Hausfrau", davor gewarnt, in der Öffentlichkeit als zu emanzipiert aufzutreten (vgl. Vereinigung österreichischer Kaufleute 1951, S. 3). Andererseits weist derselbe Artikel aber bereits darauf hin, dass es juristisch gesehen sehr wohl noch starke Ungleichheiten zwischen Männern und Frauen gäbe. Es wird nahegelegt, dass auch wenn es einem komisch erscheinen mag, einen „geschirrspülenden" Mann zuhause aufzufinden, dies trotzdem immer öfters und mit Nachdruck einzufordern ist (vgl. Vereinigung österreichischer Kaufleute 1951, S. 3).

Das Bild vom Kind, das „Die kluge Hausfrau" zeichnet, erscheint ähnlich progressiv: Kinder sollen dazu ermutigt werden, ihre und die Individualität von anderen, egal ob in der Familie, in der Schule oder im späteren Leben, zu respektieren. Weiters stehe jedem Kind Achtung und Liebe zu, sodass die individuellen Fähigkeiten entsprechend entwickelt werden können (vgl. Vereinigung der österreichischen Kaufleute 1952, S. 3). Die „moderne" Familie der westeuropäischen Gesellschaften ab den 1950er Jahren zeigt sich kindzentriert und definiert sich auch verstärkt über die Kinder und deren Leistungen. Die innerfamiliären Bindungen, die „Dichte der Gefühlsbildung" (Honig/Oster 2014, S. 386) innerhalb der Familie stehen im Fokus und werden zum Stabilitätsfaktor, da traditionelle gesellschaftliche Stabilitätsfaktoren zunehmend wegfallen. Das äußere Gerüst bilden die wohlfahrtsstaatliche Strukturen sowie die Kinder- und Familienrechtsnormen, aber die Kindheit selbst verläuft im Privaten, was automatisch eine zunehmende Pädagogisierung von Kindheit mit sich bringt (Honig/Ostner 2014 S. 386-387). Parallel dazu vollzieht sich ab den 1970er Jahren bis in die Gegenwart wiederum ein Aufbrechen des Binnenraums Familie hin zu einer Institutionenkindheit, vor allem durch die Konditionen der modernen Arbeitswelt und durch Entgrenzung von Arbeit und Freizeit. Besonders ab den 1990er Jahren ist sowohl eine radikalere Verwissenschaftlichung von Kindheit als auch eine Enthierarchisierung im Familiengefüge wahrzunehmen – Eltern werden von ihren Kindern immer mehr als PartnerInnen betrachtet. Im ausgehenden 21. Jahrhundert verändern dann besonders die steigende internationale Mobilität und die umfassende Digitalisierung die Lebensphase Kindheit. Nicht zuletzt ist die umfassende Förderung von Bildungs- und Lernprozessen allgegenwärtig, denn in den modernen Gesellschaften geht es zentral um die stetige Optimierung des Selbst und daher auch um die individuelle Optimierung der Ressource Kind – quasi als humanes Kapital (vgl. Baader 2014, S. 446–448). Zugleich hält sich das Bild vom Kind als untergeordnetes schwaches Wesen, das Sorge- und Schutz braucht. Himmelbach und Schröer zeigen jedoch auf, dass die globale Sorge-Debatte nicht pauschalisiert geführt werden kann und dass Kindheiten immer individueller und heterogener in den Blick genommen werden müssen, um kindliche Entfaltungsräume und Chancen wirklich zu unterstützen (vgl. Himmelbach/Schröer 2014, S. 496 ff.).

Die (gesetzlichen) Neuerungen in den 1950er und 1960er Jahren, die für die Familienstrukturen entscheidend sind, haben ihren Ursprung in der Praxis, denn viele Mütter müssen nach Ende des Zweiten Weltkrieges häufig aus finanziellen Gründen erwerbstätig sein (vgl. Faßmann/Aufhauser/Münz 1988, S. 10). Dass einer Frau beispielsweise bezahlte Karenz nach der Geburt eines Kindes zusteht, wird erst im Jahre 1957 offiziell eingeführt, drei Jahre später dann auf ein Jahr und 1990 auf zwei Jahre ausgedehnt (vgl. Soltendieck 1997, S. 217). Die Vereinbarkeit von Familie und Beruf wird zu einem neuen bedeutenden Thema und parallel zur weiblichen Erwerbstätigkeit steigt die Notwendigkeit der außerfamiliären Kinderbetreuung (vgl. Saurer 1988, S. 46). Frauen drängen vor allem in den expandierenden Dienstleistungssektor, dies bringt auch die „Feminisierung" des Sektors mit sich. Für viele Familien ist es ohne das Gehalt der Mutter kaum möglich, zum Beispiel die Schulbildung der Kinder zu bezahlen oder sich ein Auto zu leisten. Allerdings muss angemerkt werden, dass der Verdienst der Frauen deutlich unter dem der Männer liegt (vgl. Baader 2008a, S. 155). Die Doppelbelastung, welche also immer mehr Frauen betrifft, Beruf und Haushalt miteinander zu vereinen, wächst. Eine erwerbstätige Hausfrau muss ihre beiden Tätigkeitsfelder, Berufs- und Haushaltsführung, in Einklang bringen (vgl. Saurer 1988, S. 42 ff.). Daher bieten einige Betriebe sogar einen „Haushaltstag" an: Frauen haben einen halben oder einen ganzen Tag im Monat oder auch eine Woche frei, um ihren dringlichen und zurückgestellten Pflichten im Haushalt nachgehen zu können. Im Jahr 1955 wird anlässlich einer familienpolitischen Tagung des Unterrichtsministeriums die Berufstätigkeit von Frauen mit Kindern noch als „Raubbau an unserer besten Volkskraft" bezeichnet (vgl. Saurer 1988, S. 42 ff.). In der Praxis sieht es allerdings anders aus. Die Historikerin Erika Weinzierl stellt 1973 die Situation in Österreich in Bezug auf die Emanzipation dar und betont, dass die Zahl der berufstätigen verheirateten Frauen von 39 % im Jahre 1951 auf 48 % im Jahre 1973 anwächst. Ein Viertel davon seien berufstätige Mütter und wiederum etwa die Hälfte davon hätten Kinder unter 14 Jahren. Weiters weist sie darauf hin, dass trotz der Kennzahlen 61 % der Frauen nach wie vor der Meinung sind, eine verheiratete Frau solle besser zuhause bleiben. Das widerspricht sich allerdings mit der Aussage, dass 72 % der Frauen meinen, eine berufstätige Frau sei allgemein angesehener als eine Hausfrau (vgl. Weinzierl 1975, S. 67–68).

Nach der ersten Wahl nach Ende des Zweiten Weltkrieges beziehen neun Frauen den Posten einer Nationalratsabgeordneten, die Anzahl dieser nimmt danach stetig zu. Die erste Ministerin ist Grete Rehor und wird 1966 von der ÖVP aufgestellt (vgl. Unger 2018, S. 75 f.). Sie fordert mehr Anerkennung der erwerbstätigen Frau gegenüber sowie eine Angleichung an die Löhne und Gehälter der Männer. In ihrer Amtszeit wird das Karenzgeld angehoben und der

Mutterschutz um einige Wochen verlängert, sodass dieser insgesamt drei Monate beträgt (vgl. Unger 2018, S. 77). Nur ein Jahr später gründet sie im Sozialministerium eine Frauenabteilung. Diese ist vor allem für die Forschung zur sozialen Situation erwerbstätiger Frauen und Wahrnehmungen internationaler Angelegenheiten zuständig. Im Jahr 1969 kommt es zu einer Neubesetzung der „Kontaktpersonen für die Förderung der Chancengleichheit und Gleichbehandlung von Frauen am Arbeitsmarkt" innerhalb der neun Landesämter. Auch das Heimarbeitsgesetz inklusive Regelungen zu Urlaubsanspruch, Entgelt und Krankengeld wird 1954 beschlossen, es bietet eine bessere arbeits- und sozialrechtliche Absicherung für HeimarbeiterInnen (vgl. Feigl 2016, S. 7).

Der Drang und Wunsch, vor allem als Frau gehört und anerkannt zu werden und aus eingeprägten Mustern, wie aus der durch Männer und der Politik verursachten Unterdrückung auszubrechen, nimmt Formen an (vgl. Unger 2018, S. 81 f.). Während beispielsweise die SPÖ bereits 1947 die Gleichstellung von Mann und Frau, auch in Bezug auf die Erwerbstätigkeit, in ihr Programm aufnimmt (vgl. Appelt 2013, S. 42), favorisiert die ÖVP bis in die 1970er Jahre das „Familienideal mit einem männlichen Hauptverdiener" (vgl. Appelt 2013, S. 41). Johanna Dohnal, der SPÖ zugehörig, ist dann die erste Frau im Frauenministerium und ist „[...] maßgeblich für die Durchsetzung von Gleichbehandlungsgesetzen und Frauenrechten verantwortlich" (Unger 2018, S. 82). Zu der Zeit, als die Vereinten Nationen 1975 das Jahr der Frau ausrufen, treten in Österreich bereits die „ersten Gesetze der Familienrechtsformen unter Justizminister Christian Broda (1916–1987), SPÖ, in Kraft" (Unger 2018, S. 88). Diese beruhen zusammengefasst auf der Gleichstellung von Mann und Frau bezüglich Ehe, Scheidung und Obsorge. Kinderrechte werden stärker vertreten und es gibt in Form von Alimenten Unterstützung für den alleinerziehenden Elternteil. Der Mutter-Kind-Pass wird 1974 eingeführt und ein Gesetz für den Mutterschutz beschlossen. Fünf Jahre später wird ein „Gleichbehandlungsgesetz" für gleiche Löhne von Männern und Frauen erlassen (vgl. Unger 2018, S. 88 f.). Außerdem beziehen sich die Rechte auf faire Arbeitsbedingungen im Sinne von Bildungs- und Bewerbungschancen für Frauen sowie eine diskriminierungsfreie Arbeitskultur, in der Frauen und Männer gleich viel Leistung erbringen und somit den gleichen Wert haben. Dohnal setzt sich für genderunspezifische Unterrichtsfächer und des Weiteren gegen sexuelle Übergriffe auf Frauen mit Beeinträchtigungen und Frauen, auch wenn sie in einer Ehe leben, ein. Erst seit 1989 gibt es keine Differenzen zwischen Kindern, deren Eltern verheiratet sind, und Kindern, deren Eltern in einer Partnerschaft leben (vgl. Unger 2018, S. 89).

Insgesamt lassen sich in der Zweiten Republik also zwei entgegengesetzte Strömungen feststellen. Auf der einen Seite besteht die Selbstverständlichkeit, dass Frauen erwerbstätig sind. Auf der anderen Seite wird die soziale Mütterlichkeit propagiert, in welcher Frauenarbeit als Übergangsphase bis zur Hochzeit gesehen wird (vgl. Gary 2006, S. 213). Damit einhergehend beginnt sich das

Bild der Normalfamilie langsam zu verändern (vgl. Lüscher 1985, S. 22 f.), auch wenn das Allgemeine Bürgerliche Gesetzbuch 1964 den Mann nach wie vor als Haupt der Familie bezeichnet. Mit dieser Eigenschaft steht ihm das Recht zu, über das Hauswesen zu bestimmen. Dieses schließt unter anderem das Einsperren der Frau mit ein (vgl. Veigl 1996, S. 166 f.). Anfang der 1970er Jahre entsteht dann die „Neue Frauenbewegung", deren Ziel es ist, Autonomie für Frauen in allen Lebensbereichen sowie die dazu nötigen Veränderungen der bestehenden gesellschaftlichen und politischen Verhältnisse gemeinsam aktiv und solidarisch zu schaffen. Präsente Themen sind unter anderem die rechtlichen Rahmenbedingungen in Österreich, Familie und Partnerschaft, Bildungszugang, die Arbeits- und Lohnverhältnisse oder die Entkriminalisierung der Abtreibung. Zudem entstehen erstmals Frauenhäuser sowie kulturelle Angebote und Zeitschriften von und für Frauen (vgl. Kratz/Tallori 2013).

Die Frauenbewegungen und aufbrechenden Familienstrukturen bringen ebenso Bewegung in das gesamte Bildungswesen (vgl. Guggenberger 2017, S. 15 ff.). Guggenberger beschreibt, dass in dieser Zeit die Bildungspolitik des Unterrichtsministeriums nicht als aktive Gleichstellungspolitik zu sehen sei. Das Bildungsgefälle zwischen Mädchen und Buben im Allgemeinen sind Thematiken, welche in dieser Zeit eher in den Hintergrund rücken. Trotzdem wird das österreichische Schulwesen 1962 im Zuge eines neuen Schulgesetzes, das später noch ausführlich in Bezug auf die Ausbildung von KindergärtnerInnen beschrieben wird, auf eine einheitliche rechtliche Ebene gestellt (vgl. Guggenberger 2017, S. 15). Aufgrund dieser Gesetzesneuerungen werden Bildungseinrichtungen verändert beziehungsweise neugegründet und ausgeweitet. So gelingt es zwar, den Bildungszugang für Mädchen zu verbessern, trotzdem geht man auch in diesem Prozess von der Verschiedenheit der Geschlechter aus. Spezifische Schulen und deren Lehrpläne institutionalisieren und propagieren das traditionelle Frauenbild, das durch ein Hausfrau- und Muttersein definiert ist. Erst durch das Erstarken der Frauenbewegung und die feministische Schulforschung können neue Impulse gesetzt werden, welche in den 1970er Jahren schließlich zu Veränderungen im Schulwesen führen. Erstmals zentral wird der Begriff der Chancengleichheit, im Sinne von gleiche Rechte und gleiche Bildung (vgl. Guggenberger 2017, S. 15).

Das Bild der Frau, des Mannes und des Kindes wandelt sich also vor allem in den 1960er Jahren durch den Einfluss der notwendigen weiblichen Erwerbstätigkeit und der Neuen Frauenbewegung (vgl. Gary 2006, S. 213). Ebenso verändert das Aufkommen der Antibabypille im Jahr 1962 entscheidend die Familienplanung (vgl. Veigl 1996, S. 168). Die ökologische Kindheit ist durch das überwiegende Aufwachsen in Kernfamilien definiert und der Kindergartenbesuch wird als Notlösung betrachtet. Durch die bereits erwähnte steigende Erwerbstätigkeit von Frauen und den dadurch bedingten vermehrten Bedarf an außerfamiliärer Betreuung entstehen aber in der Praxis immer mehr Einrichtungen. Diese sollen familienergänzend und unterstützend fungieren. Der Kindergarten muss dennoch für sein Ansehen als Bildungsinstitution kämpfen (vgl. Klattenhof 1987, S. 115 f.; Pölzl-Stefanec 2017, S. 60). Ergebnisse der in den 1960er Jahren durchgeführten Sozialisations-, Intelligenz-, Lern- und Motivationsforschung bringen rechtliche, organisatorische und konzeptionelle, sowie inhaltliche Innovationen und Impulse mit sich. Der Kindergarten wird zum pädagogisch gestalteten Erfahrungsraum für Kinder, welcher die ganzheitliche Förderung als Ziel verfolgt. Den Ausgangspunkt für pädagogische Angebote stellen nun das Interesse, die Bedürfnisse, die Fähigkeiten und der individuelle Entwicklungsrhythmus der Kinder dar (vgl. Dammann/Prüser 1987, S. 113 ff.). Ergänzend und unterstützend zu der Autonomie der Kernfamilie gelangt die Bedeutung der Einrichtungen, wie Kindergärten, Krippen oder Schulen, vermehrt ins Bewusstsein der Bevölkerung. Im Zuge dieser Entwicklung kann auch eine wachsende Bedeutung der Zusammenarbeit zwischen der Kernfamilie und diesen Institutionen verzeichnet werden (vgl. Lüscher 1985, S. 22 f.).

6.2 Voraussetzungen und Spannungsfelder der Kinderbetreuung nach dem Zweiten Weltkrieg

Bevor die Kindergärten nach dem Kriegsende 1945 ihren Betrieb wieder aufnehmen können, muss viel Arbeit investiert werden. Die zerstörten Gebäude werden nur zum Teil wiederaufgebaut, andere werden geschlossen oder zweckentfremdet (vgl. Kuchar/Niegl/Wurst 1997, S. 57). Auch die unter dem NS-Regime vielerorts errichteten Betriebskindergärten werden zugunsten von öffentlichen Kindergärten bis 1957 abgeschafft (vgl. Soltendieck 1997, S. 216). Der Bedarf an institutioneller Kinderbetreuung, gerade in der Nachkriegszeit, ist groß – aufgrund der Berufstätigkeit oftmals alleinerziehender Mütter, schwieriger Familienverhältnisse oder prekärer Wohnungssituationen (vgl. Bruckmüller 2001, S. 379; Gary 2006, S. 220). „Ein erster Schritt zur Neuordnung des Kindergartenwesens erfolgte durch den Beschluß der Landesregierung vom 1. Jänner 1947, wonach die Erhaltung von Kindergärten Sache der Gemeinden ist“ (Kuchar/Niegl/Wurst 1997, S. 59). In seiner Bedeutung als Bildungsinstitution für Kinder wird der Kindergarten sowohl in Österreich als auch in Deutschland nur nach und nach wahrgenommen. Aus einzelnen Sitzungsprotokollen des Kärntner Landtages geht beispielsweise hervor, dass die Budgetplanung über den Wert der außerfamiliären Betreuung für die Bevölkerung heftig debattiert wurde. Manche betrachten den Kindergarten lediglich als Notmaßnahme, andere als Grundstein für die spätere Bildung sowie als eine fortschrittliche Einrichtung und Entlastung für die Familie (vgl. Kuchar/Niegl/Wurst 1997, S. 57 ff.). Parallel zu den Diskussionen erhöht sich der Ausbau von Länder- und Gemeindekindergärten sowie von kirchlichen, konfessionellen und privaten Trägerschaften (vgl. Gary 2006, S. 218 f.). Das Kindergartenwesen will sich als familienergänzend in der Gesellschaft etablieren und eine ausgleichende Rolle einnehmen, in dem Sinne, dass Kinder im Kindergarten die Möglichkeit haben, Kontakte zu knüpfen und eine sozial-emotionale Stabilität zu erlangen (vgl. Niegl 1954a, S. 71).

Zunächst obliegt dem Bundesministerium für Unterricht (BMU) die Aufgabe, für ein zeitgemäßes Kindergartengesetz zu sorgen und eine Statistik über das Kindergartenwesen in Österreich zu erstellen. Weiters sollen Dienstposten für KindergarteninspektorInnen geschaffen werden und die Ausbildung zur/zum KindergärtnerIn und HorterzieherIn neugestaltet werden, um die Zusammenarbeit mit öffentlichen sowie privaten Trägern durch verschiedene Aktivitäten zu fördern. Zur Realisierung bedarf es einer systematischen Aufarbeitung (vgl. Kuchar/Niegl/Wurst 1997, S. 62 f.). Trotzdem steht dann beim Wiederaufbau der Kindergärten in der Praxis das Prinzip der Dezentralisierung im Mittelpunkt (vgl. ebd., S. 58 f.). In neun verschiedenen Landeskindergartengesetzen werden die Aufgabe des Kindergartens, die äußere Organisation des Kindergartens bezogen auf die Errichtung, die Betriebsform, die Ferien und die Öffnungszeiten sowie die innere Organisation des Kindergartens (Gruppen, Kindergartenpersonal, Finanzierung und Ausstattung) rechtlich festgelegt (vgl. Knapp/Salzmann 1995a, S. 50). Gruppen und Gruppengröße sind Inhalte der inneren Organisation des Kindergartens. Die Anzahl und die Zusammensetzung der Gruppen obliegen dabei der Leitung (vgl. ebd., S. 52 ff.). Aufgabe des Kindergartens ist es, Kinder zwischen dem dritten Lebensjahr und dem Schuleintritt zu erziehen und zu betreuen. In allen Landesgesetzen wird zum Ausdruck gebracht, dass Kinder mit den gesellschaftlichen Werten und Normen auf spielerische Art und Weise vertraut zu machen sind. Dabei soll auf schulische Methoden verzichtet werden. Große Unterschiede zwischen den Landesgesetzen gibt es in Bereichen wie Ferienbestimmung oder Öffnungszeiten. So existiert im Burgenland beispielsweise zu den Öffnungszeiten keine gesetzliche Regelung, in Salzburg bestimmt diese der Erhalter und in Wien werden diese vom Rechtsträger bestimmt (vgl. ebd., S. 50 ff.). „Die Länder waren [...] für die Kindergärten zuständig, der Bund für die Ausbildung und Anstellungserfordernisse der Kindergärtnerinnen" (Gary 2006, S. 254 f.). Diese Dezentralisierung des Kindergartenwesens wirkt lange Zeit einer koordinierten bildungspolitischen Weiterentwicklung entgegen (vgl. Knapp/Salzmann 1995a, S. 45).

Aber nicht nur die Gesetzeslage ändert sich in den 1950er und 1960er Jahren, sondern auch die gesellschaftlichen Ansprüche an das Elementarwesen. Die Pflege und die Erziehung richten sich nach den Auffassungen, Ideen und Vorstellungen, welche über das Kind in den übergreifenden Bereichen der Gesellschaft, der Wirtschaft, Politik, Kultur und Religion bestehen. Diese finden ihren Ausdruck in der zunehmend verfeinerten Umschreibung der Rechtsstellung des Kindes und in neuen sozialpolitischen Maßnahmen, welche sich in der pädagogischen Arbeit im Kindergarten widerspiegeln (vgl. Lüscher 1985, S. 22 f.). Reyer beschreibt, dass der Kindergarten in Deutschland nach dem Zweiten Weltkrieg zwei Hauptaufgaben hatte. Er solle den Kindern eine allgemeine sozialistische Grundbildung vermitteln und den Müttern eine Beteiligung am Erwerbsleben sowie am kulturellen und politischen Leben ermöglichen (vgl. Reyer 2006, S. 182). Es ist anzunehmen, dass diese Aufgaben auch in Österreich zentral waren. Hartmann weist darauf hin, dass Kindergarten und Familie in der Zweiten Republik in stetiger Wechselwirkung mit dem ständigen Wandel der Lebensorientierungen stehen (vgl. Hartmann et al. 2000, S. 13). Die pädagogische Arbeit in den öffentlichen und in den konfessionellen Trägerschaften in Deutschland und Österreich versuchte an die Inhalte der 1920er Jahren – vor Faschismus und Nationalsozialismus – anzuknüpfen. Dabei ging es primär um das korrekte und verständliche Nachsprechen und die Einübung von Fingerfertigkeiten durch Auffädeln von Perlenketten. Dabei wurde zusätzlich geübt, still zu sitzen (vgl. Konrad 2004, S. 182 ff.). Im Jahr 1957 findet eine erste Abweichung dieser Grundsätze der Kindergartenarbeit durch das Gutachten des Deutschen Ausschusses statt. Es wird auf die veränderten Umweltgegebenheiten wie die Technisierung, die Verstädterung oder die Tatsache, dass es zu einer Zunahme der mütterlichen Berufstätigkeit kommt, hingewiesen. All diese Faktoren wirken sich negativ auf die Entwicklung der Kinder aus und die außerfamiliäre Betreuungseinrichtung solle diesen entgegenwirken. So wird diesem nun auch im kompensatorischen Sinne eine pädagogische Funktion zugeschrieben. Aus diesem Grund sei es, so im Ausschuss festgehalten, allen Kindern zu ermöglichen, für mindestens einige Stunden am Vormittag den Kindergarten zu besuchen (vgl. Konrad 2004, S. 183). Zudem vollzieht sich ab den 1960er Jahren quasi eine „Neu-Entdeckung" der frühen Kindheit als entscheidende Entwicklungsphase, der nun nicht nur wissenschaftliches, sondern auch breites öffentliches Interesse rund um die allgemeinen Bildungsreformen zukommt. Dem Kindergarten wird innerhalb dieser Hochkonjunktur schlagartig ein höherer Stellenwert zugesprochen als zuvor: Er soll den Kindern einen Raum geben, welcher sie sowohl schützt als auch die Möglichkeit zur Emanzipation gibt, und darüber hinaus zentrale Kompetenzen für das spätere Leben vermitteln (vgl. Cloos 2008, S. 69 ff.).

Aden-Grossmann betont, dass die pädagogischen Konzeptionen von den psychologischen Reifetheorien, denen zufolge sich die geistige Entwicklung analog zum biologischen Wachstum verhält, maßgeblich beeinflusst werden. Abgeleitet von diesen Theorien vollzieht sich die Entwicklung des Kindes durch intern gesteuerte Entwicklungsstufen, die sich von selbst ergeben. Nach Aden-Grossmann ist eine Grundansicht der damaligen Kindergartenpädagogik durch die Annahme gekennzeichnet, dass durch eine kindgerecht gestaltete Erziehung das Kind schulreif wird, ohne Methoden und Inhalte der Schule vorwegzunehmen (vgl. Aden-Grossmann 2002, S. 121). Die Reifetheorien sind auch verbunden mit dem Fröbel-Konzept. So ist eine der Aufgaben des Kindergartens, die Umwelt pädagogisch anregend zu gestalten, damit der kindliche Tätigkeitstrieb, wie er von Fröbel bezeichnet wird, sich spontan entfalten kann. Zentraler Aspekt der Kindergartenarbeit stellen das Spiel und die Spielpflege dar. Der Kindergarten soll eine „bewahrte Kindheit" ermöglichen, bei denen Kinder vor einer Beschleunigung der Entwicklung durch die moderne industrielle Umwelt geschützt werden. Im Gegensatz zur Schule soll im Kindergarten nicht die Erfüllung eines Zieles im Sinne eines Stoffplans im Vordergrund stehen, sondern die grundlegenden Fähigkeiten und Verhaltensweisen der Kinder sollen gefördert werden. Auf diesen könne die Schule dann aufbauen (vgl. Aden-Grossmann 2002, S. 122). Die Arbeit mit den Kindern zwischen dem fünften und sechsten Lebensjahr ist also ein pädagogischer Schwerpunkt der 1950er und 1960er Jahre. Kinder in diesem Alter sollen eine eigene sogenannte Vermittlungsgruppe bilden, in der die Verwandlung zum Schulkind von einer Spielhaltung hin zu einer Arbeitshaltung geschieht (vgl. Aden-Grossmann 2002, S. 123). Auch in Österreich wird der Arbeit mit Kindern vor Schuleintritt große Bedeutung beigemessen. Die ersten Fördergruppenversuche werden 1953/1954 durchgeführt und dokumentiert (vgl. Raffelsberger 1987, S. 18 ff.). Da sich der Kindergarten von jeher als familienergänzende Einrichtung betrachtet, ist es neben dem pädagogischen Arbeiten mit den Kindern ebenso notwendig die Zusammenarbeit mit den Eltern zu stärken. Bereits 1950 existieren an 16 Tagesheimen Elternvereine. Ein Versuch der Kontaktaufnahme zur Weiterbildung sind die sogenannten Elternschulen. Eltern werden in regelmäßigen Abständen in die Betreuungseinrichtungen eingeladen, um mit ReferentInnen aus dem Kindergartenbereich pädagogische Probleme zu diskutieren. Auch wenn es nicht gelingt, diese flächendeckend anzubieten, halten sich diese Elternschulen für einige Jahre aufrecht. Ebenso werden zu dieser Zeit Elternvereine gegründet (vgl. Gary 2006, S. 234; Raffelsberger 1987, S. 22).

Zum Elementarwesen nach 1945 gehören aber nicht nur Kindergärten, sondern auch Kinderkrippen, die besonders in den Städten gefragt sind und daher auch großteils zu den städtischen Einrichtungen gehören. Die damaligen gesetzlichen Bestimmungen sehen für Säuglingskrippen, welche für Kinder von ein bis zwei Jahren ausgelegt sind, 12 bis 15 Kinder in einer Gruppe vor (vgl. Raffelsberger 1987, S. 70 f.). Ende der 1990er Jahre schreibt Soltendieck in „Kinderbetreuung in Europa" über die Krippenbetreuung in Österreich: „Kinderkrippen für die Betreuung der 0- bis 3-jährigen Kinder wurden ab Mitte der 50er Jahre etabliert; ihre Anzahl hat sich bis heute verdreifacht" (Soltendieck 1997, S. 215). Nach wie vor ist der größte Anteil, nämlich 75 % des gesamten Angebots, in Wien zu finden. Bundesweit besuchen nur 1,7 % Kinder unter drei Jahren eine Krippe; und das, obwohl jede fünfte Familie schon zu diesem Zeitpunkt laut Statistik eine Ein-Eltern-Familie ist und die Nachfrage nach Plätzen ständig anwächst (vgl. Soltendieck 1997, S. 215, S. 219). Die Kinderkrippen werden von Beginn an vom Kindergarten klar abgegrenzt, da sie offiziell als keine pädagogische Institution, sondern als Aufbewahrungsstätte gesehen werden (vgl. Pölzl-Stefanec 2017, S. 60). In einer Krippe, welche Kinder zwischen dem ersten und dritten Lebensjahr besuchen können, liegt die Gruppengröße bei 16 bis 20 Kindern, in einer Kleinkinderkrippe für null bis drei Jahre liegt die Gruppengröße bei 18 Kindern. Die Kinderkrippen haben eine tägliche Öffnungszeit von elf Stunden, in welchen eine Doppelbesetzung durch zwei PädagogInnen nur für einige Stunden am Vormittag vorgesehen ist. Um ein Kind in der Kinderkrippe anmelden zu können, müssen im Gegensatz zum Kindergarten die Mütter eine Berufstätigkeit bzw. eine Notwendigkeit der Betreuung aus sozialen Gründen nachweisen (vgl. Raffelsberger 1987, S. 70 ff.). Durch die wachsende Anzahl an berufstätigen Müttern steigt die Nachfrage an Krippenplätzen und es erfolgt ein Ausbau an Kinderkrippen, besonders in Wien (vgl. Raffelsberger 1987, S. 20). Trotzdem nimmt man in Österreich Kinderkrippen weiterhin oftmals als Notlösung für alleinerziehende Mütter wahr. In der DDR hingegen ist der flächendeckende Ausbau von Kinderkrippen eine der wichtigsten Maßnahmen der Sozialpolitik (vgl. Pölzl-Stefanec 2017, S. 60 f.). Da die Kleinkinderkrippen ausschließlich von gesunden Kindern besucht werden dürfen, wird nach und nach das Pflegepersonal – KinderpflegerInnen und Säuglingsschwestern – durch pädagogisches Personal ersetzt (vgl. Raffelsberger 1987, S. 70 ff.). Das Personal der Kinderkrippen erfährt aufgrund dieser Entwicklung eine besondere Schulung, da die Förderung der ersten Lebensjahre Grundlage für die spätere Entwicklung ist (vgl. Raffelsberger 1987, S. 20). Nicht nur hinsichtlich der Rahmenbedingungen unterscheiden sich die Krippe und der Kindergarten, sondern auch durch die pädagogische Arbeit. Aden-Grossmann weist darauf hin, dass der Unterschied zwischen dem Kindergarten und der Krippe darin liegt, dass der Alltag mit den jüngeren Kindern eng an die beschützende und bewahrende Art der Familienerziehung angepasst ist. Mit den älteren Kindern soll allerdings gezielt und differenziert gearbeitet werden (vgl. Aden-Grossmann 2002, S. 122). Aden-Grossmann weist darauf hin, dass in den 1950er und 1960er Jahren darauf vertraut wird, dass die spontane Reife und Entwicklung des Kindes sich von selbst einstellen würde, wenn das Kind eine ihm gemäße pädagogisch gestaltete Umgebung vorfindet. Damals galt die Meinung, dass Frühreife oder die verzögerte Reife eine schädliche Folge der modernen industriellen Umwelt sei und somit das Abschirmen und Bewahren helfen sollte, Frühreife vorzubeugen, welche die Kinder darin hindere, ihr Spielalter vollkommen auszuleben (vgl. Aden-Grossmann 2002, S. 123).

In den späten 1960er und frühen 1970er Jahren kommt es zu massiven gesellschaftlichen Veränderungsprozessen. Die antiautoritären Bewegungen, speziell die Studierendenbewegungen, fußend auf den kritischen Gesellschaftstheorien von Adorno, Horkheimer, Marcuse und Habermas, nehmen Einfluss auf das gesamte Bildungssystem. Demzufolge sind die Familie und bestehende

Erziehungssysteme, wie der Kindergarten, das Schulwesen und die Hochschule, die wichtigsten Träger eines Sozialisationsprozesses. In diesen Systemen werden autoritäre Strukturen erzeugt und weitergegeben (vgl. Grossmann 1987, S. 88). Im Elementarwesen vollzieht sich eine Neuentdeckung von Jean-Jaques Rousseau und Ellen Key; damit einher geht die Forderung von einer Pädagogik „vom Kinde aus". Im Gegensatz zur Antipädagogik wird hier versucht, mit Hilfe der Erziehung eine neue Generation zu gründen (vgl. Hartmann et al. 2000, S. 30). „Die antiautoritäre Erziehung als Gegenmodell zur ‚traditionellen und staatlichen repressiven Erziehung', bereits 1929 von A.S. Neill und W. Reich gegründet, fand Ende der 60er Jahre auch in Österreich Anhänger_innen und ‚68er Bewegte' gründeten die Elternverwalteten Kindergruppen (Kinderläden)" (Lex-Nalis 2013, S. 163). Zusammenfassend muss betont werden, dass der Erziehung ab den 1960er Jahren, gestützt auf theoretische und empirische Forschungsergebnisse, eine besondere Schlüsselrolle im gesamten gesellschaftlichen Gefüge zugesprochen wurde (vgl. Baader 2008b, S. 20). Unter der antiautoritären Bewegung ist zu Beginn der Versuch zu verstehen, sich von Zwängen, Normen und Hemmungen, welche durch die Erziehung weitergegeben und verinnerlicht werden, zu befreien. Um dies veranschaulichen zu können, werden Gegeninstitutionen gegründet, in welchen es die Möglichkeit eines menschlichen Zusammenlebens in einer befreiten, sozialistischen Gesellschaft gibt. Diese neu entwickelten Kommunen, Gruppen, Lebens und Wohngemeinschaften verstehen sich als eine Alternative zur Familie. So werden als Gegenstück zu den bereits bestehenden und ebenso durch autoritäre Erziehung geprägten Kindergärten antiautoritäre Kinderläden ins Leben gerufen (vgl. Grossmann 1987, S. 88). Die Pädagogin und Soziologin Monika Seifert gründet beispielsweise 1967 in Deutschland einen repressionsfreien Kindergarten. Dieser solle in erster Linie eine alternative Erziehung experimentell erproben, dessen Grundlage in der Psychoanalytischen Pädagogik und in der Kritischen Theorie liegt (vgl. Aden-Grossmann 2011, S. 142 ff.). Im Jahr 1968 werden in Berlin auf die Initiative des „Aktionsrates zur Befreiung der Frauen", einer Frauengruppe im Sozialistischen Deutschen Studentenbund, ebenfalls alternative Kindergärten aufgebaut. Für diese neuen Kindergärten mieten die Frauen leerstehende sogenannte Tante-Emma-Läden, da diese mit niedrigen Mietkosten verbunden sind. Als Abgrenzung zu anderen öffentlichen und privaten Kindergärten nennen die Gründerinnen die entstandenen Kindertageseinrichtungen Kinderläden. Diese unterscheiden sich nicht nur in ihrer Bezeichnung von den öffentlichen und privaten Kindergärten, sondern ebenso in ihrem geschlechtsneutralen Begriff des Personals, welche als Bezugspersonen benannt werden (vgl. Aden-Grossmann 2011, S. 142 ff.). Im Gegensatz zu den traditionellen Kindergärten arbeiten hier auch männliche Bezugspersonen, häufig Studenten der Sozialarbeit oder Sozialpädagogik, welche in den Kinderläden ihre Praktika absolvieren (vgl. Aden-Grossmann 2011, S. 142 ff.). Charakteristisch für Kinderläden, die nachfolgend noch genauer betrachtet werden, ist es, dass sich Kinder und PädagogInnen auf gleicher Augenhöhe begegnen und miteinander ein Lern- und Spielumfeld schaffen (vgl. Aden-Grossmann 2011, S. 143). Die PädagogInnen sollen ihr Tun und Handeln, teilweise mit den Eltern gemeinsam, kritisch betrachten (vgl. Gary 2006, S. 69 f.). Darüber hinaus ist es essenziell und eine Voraussetzung, sich mit der eigenen Person auseinanderzusetzen. „Sonst wird der Erziehungsprozeß durch weitgehend verdrängte Interessen und unter dem Zwang der Wiederholung der ödipalen Situation immer wieder gefährdet“ (Bott 1970, S. 69). Die PädagogInnen durchlaufen „[…] eine Einführung in die Psychoanalyse und eine marxistische Grundausbildung“ (Bott 1970, S. 70). Lex-Nalis zeigt auf, dass diese Einrichtungen zwar auch in Österreich gegründet wurden, den BAKI-AbsolventInnen allerdings nicht für Praktika oder als Arbeitgeber zur Verfügung standen (vgl. Lex-Nalis 2013, S. 163 f.).

Die 1968er-Bewegung hat ihren Ursprung in den USA, wo Proteste gegen den Vietnam-Krieg, Rassenkonflikte und die Unterdrückung von Frauen die Auslöser für eine Massenbewegung darstellen. Die Beteiligten sind meist StudentInnen, Jugendliche und Menschen mit einer politisch linksorientierten Einstellung und Haltung. Ziel ist es, auf diverse Missstände aufmerksam zu machen und zu zeigen, dass sich auch das Volk gegen Ungerechtigkeiten zur Wehr setzen kann, um mehr Freiheiten in allen Lebenslagen zu erlangen (vgl. Aden-Grossmann 2011, S. 142). In Österreich werden die Protestaktionen 1967 zunächst von der „Kommune Wien“ und ab 1968 allgemein von Studierenden der Universität Wien getragen (Keller 1998, 36 ff.) – Graz und Salzburg folgen auf dem Fuße. Die Kundgebungen und künstlerischen Aktionen fordern mehr Selbstentfaltung, wollen Aufrütteln, Strukturen aufbrechen und sich gegen den Krieg (z. B. Vietnam) und gesellschaftliche Ungleichgewichte (z. B. Studiengebühren) stellen (vgl. Keller 1998, S. 47). In der Folge schließen sich den Studierenden auch zahlreiche SchülerInnen an, deren Ziele Lehrplanmitbestimmung, mehr Demokratisierung im Schulsystem, eine Reform der Schulordnung, ein zeitgemäßer Sexualunterricht und mehr Pressefreiheit für die Schülerzeitungen sind (vgl. Keller 1998, S. 61). Schwendter meint, dass darüber hinaus bis in 1970er Jahre in Österreich eher wenig passiert sei (vgl. Schwendter 1998, S. 199 ff.). Trotzdem sei ab 1966 langsam ein kultureller Wandel, eine allgemeine Lockerung festzumachen, sowohl im Alltag, bei der Kleidung, in der Musik, als auch beim Zusammenleben. Außerdem spielen verstärkte Reisemöglichkeiten und Zugriff auf internationalere Medien eine Rolle in diesem Prozess (vgl. Schwendter 1998, S. 206). Die Debatten über Arbeitsbedingungen, Abtreibung und Gleichberechtigung zwischen Mann und Frau führen dann in den 1970ern zu größeren Demonstrationen und Protesten, besonders hervorzuheben ist in diesem Zusammenhang 1976 die Besetzung des Arena-Geländes in Wien (Schwendter 1998, S. 199 ff.). Aus dem 1970 gegründeten Arbeitskreis Emanzipation der Frau, geht die Frauenbewegung AUF hervor, die 1973 als offizieller Verein anerkannt wird (Geiger/Hacker 1998, S. 219 ff.). Es entstehen feministische Arbeitsgruppen zu Medien, Erziehung, Sexualität, Herrschaft und Gesetzeslage und 1975 erfolgt die Eröffnung des ersten Frauenzentrums in Wien (vgl. Geiger/Hacker 1998, S. 216 ff.). Schon zuvor, im Jahre 1971, demonstrieren zahlreiche Frauen auf der Mariahilfer Straße, um für das Recht der Einnahme der Antibabypille und für eine Legalisierung der Abtreibung zu kämpfen (vgl. Riese 1998, S. 222 ff.; Unger 2018, S. 78). Auf ihren Plakaten stehen Sprüche wie „Selbstbestimmung über den eigenen Bauch" (Riese 1998, S. 224). Diese zentrale Forderung, dass Frauen einen Schwangerschaftsabbruch eigenständig entscheiden können, wird 1975 dann gesetzlich unterstützt und die Abtreibung innerhalb der ersten drei Monate entkriminalisiert (vgl. Unger 2018, S. 90 f.). Weiters werden finanzielle Mittel für Geburtenhilfe bereitgestellt und ein Unterhaltsvorschussgesetz für Frauen, deren Kindesväter keinen Unterhalt zahlen, tritt in Kraft (vgl. Unger 2018, S. 91). Zu einem konkreten Gesetz gegen Gewalt an Frauen und Kindern kommt es erst drei Jahrzehnte später (vgl. Unger 2018, S. 78 ff.).

6.3 Das Wirken von Agnes Niegl im Unterrichtsministerium

Eine Person, die die elementare Bildungslandschaft in der Zweiten Republik über 30 Jahre lang prägte, ist Agnes Niegl, Trägerin des Goldenen Ehrenzeichens für Verdienste um die Republik Österreich (vgl. BMU 1978, o.S.). Sie arbeitet im Bundesministerium für Unterricht, unter anderem als Fachreferentin für die Pädagogik des Kleinkindes, ist ausgebildete Lehrerin und in ihren Aufgabenbereich fallen zentral die Bildungs- und Familienpolitik (vgl. Niegl 1954a, S. 74 ff.). Niegl ist der Meinung, dass der Kindergarten nicht zu einer bloßen Bewahranstalt degenerieren darf, sondern die optimale Förderung und Begleitung der Kinder, die teilweise vom Krieg traumatisiert sind, höchste Priorität hat. In der Gesellschaft wächst „[…] die Erkenntnis, daß die Kinder, denen es nicht geschenkt ist, in einer Geschwisterreihe und in der ‚Nestwärme' einer gesunden Familie heranzureifen, der Erziehung und spezifischer Erziehungsmaßnahmen in erhöhtem Maße bedürfen" (Niegl 1950a, S. 5). Insofern ist es ihr wichtig, dass das Kindergartenwesen in Österreich so konstruiert wird, dass jedes Kind, ohne Bedacht auf familiäre Hintergründe, einen Kindergartenplatz erhält, sofern dies von den Eltern gewünscht wird. Zusätzlich müssen Überlegungen angestellt werden, wie die Transition zwischen Kindergarten und Schule leichter zu bewältigen ist (vgl. Niegl 1954a, S. 72). Sie betont, dass das Spiel mit Gleichaltrigen, vor allem für die Kinder, welche keine Geschwister haben, von großer Bedeutung ist. Aufgrund der Berufstätigkeit beider Elternteile und der steigenden Anzahl an Alleinerzieherinnen mangelt es an zeitlichen Ressourcen im Umgang mit dem Kind. Umso wichtiger sei es, Kindern im Kindergarten viel Aufmerksamkeit zu schenken, um dem Kind, beispielsweise über einen gut strukturierten Tagesablauf, Orientierung und Halt zu geben. Dabei ist die Bereitschaft mit den Eltern, eine partnerschaftliche Zusammenarbeit zu führen, notwendig, um ihnen über Gespräche Kenntnisse in pädagogischen Belangen zu geben (vgl. Niegl 1954a, S. 76 ff.). Dabei „[...] leistet der Kindergarten ein Stück Elternerziehung" (Niegl 1954a, S. 92). Dass sie versucht, sich auch international zu vernetzen, zeigt der von ihr herausgegebene Tagungsband zur Konferenz in Hamburg „Welche Faktoren beeinflussen die Entwicklung der Persönlichkeit des Kleinkindes und entfalten dadurch die schöpferischen Kräfte für ein Leben in der Gemeinschaft?" aus dem Jahre 1953 (vgl. Niegl 1954b, S. 9). Neben Niegl nehmen VertreterInnen aus 15 Ländern teil und diskutieren über kindliche Entwicklungsprozesse, wie diese verlaufen, und wie diese von ErzieherInnen und PsychologInnen adäquat begleitet werden können, wobei besonderes Augenmerk auch auf der Familie liegt. Weitere Themenschwerpunkte sind die gesetzlichen Rahmenbedingungen und erzieherischen Methoden in den jeweiligen Ländern, die Religion in der Erziehung und die Ausbildung von Fachpersonal (vgl. Niegl 1954b, S. 9 ff.). „Immer mehr und mehr gewinnt die Einsicht Raum, dass die Betreuung von Kleinkindern in Institutionen nicht bloss Bewahrung, sondern umfassende Erziehungsaufgabe ist" (Niegl 1954b, S. 11).

Im Zuge des Wiederaufbaues nach dem Zweiten Weltkrieg und der Industrialisierung wird wie skizziert ein kontinuierlicher Anstieg an erwerbstätigen Müttern verzeichnet, aber auch die Erkenntnisse über die Bedeutung der frühkindlichen Bildung, vor allem die Relevanz des Kindergartens im letzten Jahr vor dem Schuleintritt, treten in den Vordergrund. Von Beginn an wird Agnes Niegl im Bundesministerium mit der Aufgabe betraut, die Agenden und Belange des Kindergartenwesens in Österreich zu bearbeiten und insbesondere den Ausbau des Kindergartenwesens voranzutreiben (vgl. BMU 1951, o.S.). Sie führt amtliche, österreichweite Kindergartenstatistiken ein, die anhand von Bedarfserhebungen Aufschluss über das Kindergartenwesen geben. Die Einsetzung einzelner Inspektorinnen, die in einer beratenden Funktion agieren, in allen neun Bundesländern hat zudem das Ziel, die Qualitätssicherung voranzutreiben (vgl. Unsere Kinder 1964, S. 3 ff.). Im Rahmen des Präsidiums ist Niegl für Gesetzesentwürfe und für das Verfassen von Lehrplänen verantwortlich. Weiters ist sie Fachkundige für „Pädagogische Angelegenheiten der Bildungsanstalten für Arbeitslehrerinnen, Kindergärtnerinnen und Erzieher; Bundesinstitut für Heimerziehung; Fragen der allgemeinen Mädchen- und Frauenbildung, pädagogische Angelegenheiten der Übungskindergärten" (BMU 1978, o.S.) und federführend in der Weiterentwicklung der Bildungsanstalten für Kindergärtnerinnen (BAKI). In ihrer 30-jährigen Amtszeit als Sektions- und Ministerialrätin wird die Ausbildung in den BAKIs bundesländerübergreifend zweimal verlängert. Ein besonderes Anliegen ist ihr die Ausbildung zur Sonderkindergärtnerin und Horterzieherin, die Vorschulerziehung und die Transition Kindergarten und Schule (vgl. Lex-Nalis 2013, S. 161). In Belangen um Fragen zur Kleinkinderziehung vertritt Niegl das BMU auf in- und ausländischen Kongressen. Sie ist Vorsitzende der Kommission für Erziehung und Unterricht in der Europäischen Frauen-Union (vgl. BMU 1963, o.S.) und Mitglied der Fraktion „Christlicher Gewerkschafter" (vgl. BMU 1965, o.S.). Sie arbeitet eng mit der Caritas, der IDA (interdiözesane Arbeitsgemeinschaft), mit InspektorInnen und DirektorInnen der katholisch und christlich-sozial geführten BAKIs zusammen (vgl. Lex-Nalis 2014, S. 13). Darüber hinaus ist Niegl der internationalen Forschung sehr zugewandt, vor allem auf dem Gebiet der Kinder- und Jugendpsychologie und unterstützt Studien „[...] zur familiensoziologischen Problematik, der Buchpädagogik, [...] der systematischen Spiel- und Arbeitserziehung des Kleinkindes" (Unsere Kinder 1964, S. 5), die von der Universität Wien im Bereich der Psychologie aufgegriffen werden.

Einmal jährlich führt Niegl über das Bundesministerium Erhebungen durch, um den Ist-Stand im Kindergartenwesen anhand von Fragebögen zu ermitteln, welche von den LeiterInnen aller Trägerorganisationen auszufüllen sind. Diese Fragebögen erfassen statistische Daten über die Gruppenanzahlen, die Anzahl der Kinder und MitarbeiterInnen, Dienstjahre und Fortbildungen sowie Öffnungszeiten. Die Resultate geben Aufschluss darüber, worauf die einzelnen Inspektorinnen ihr Hauptaugenmerk legen sollen. Weiters geben sie Einblick, worauf der Schwerpunkt in Aus- und Fortbildungen gelegt werden soll. Eines ihrer bedeutsamsten Anliegen ist es, den besonderen Bedeutungsgrad der ganzheitlichen Entwicklung des Kindes in Theorie und Praxis zu hervorzuheben (vgl. Niegl 1954a, S. 70). In den Aufgabenbereich des Bundesministeriums fällt außerdem die Planung und Vorbereitung von Tagungen sowie von Fortbildungsveranstaltungen und -wochen für Kindergärtnerinnen und Horterzieherinnen (vgl. Kuchar/Niegl/Wurst 1997, S. 63), die dem gesamten pädagogischen Fachpersonal Österreichs zur Auswahl stehen. Der Schwerpunkt liegt darauf, die wissenschaftlichen Erkenntnisse im Bereich der Pädagogik, Psychologie und Soziologie mit der Praxis zu verknüpfen und Themen, wie beispielsweise die religiöse Erziehung, das Erzählen oder das kindliche Spiel, zu diskutieren (vgl. Kuchar/Niegl/Wurst 1997, S. 157). Bereits im Mai 1948 veranstaltet das Ministerium die „Erste Österreichische Tagung für Kindergartenpädagogik" (Niegl 1957, S. 4). Die Themenschwerpunkte sind die Ausbildungsform und deren Spezifizierung sowie das Begehren nach einem neuen Schulgesetz, das internationale Kindergartenwesen und pädagogische Aspekte der Kindergarten- und Hortpädagogik (vgl. Niegl 1954c, S. 42). Niegl verschriftlicht die Ergebnisse im Anhang des Buches „Gegenwartsfragen der Kindergartenerziehung" (vgl. Niegl 1950a, S. 327–329), in dem auch viele wichtige AkteurInnen des österreichischen Kindergartenwesens der Nachkriegszeit Beiträge zu pädagogischen Themen publizieren, wie Anton Tesarek, Sylvia Bayr-Klimpfinger, Margarete Schörl, Franz Wurst oder Clara Dederichs. Niegl fokussiert vor allem darauf, dass der Kindergarten eine wichtige Rolle spielt in der Neugestaltung der Umwelt des Kindes und KindergärtnerInnen dazu eine fundierte Ausbildung brauchen. Zugleich transportieren diese verschriftlichen Ergebnisse der Tagung nach wie vor die zentrale Botschaft, dass die Familie die wichtigste Erziehungsinstanz sei und der Kindergarten lediglich eine Ergänzung – und auch das nur für Kinder ab drei Jahren, alles andere wäre eine „Störung im Gesellschaftsgefüge" (Niegl 1950a, S. 328).

In der Steiermark finden ab 1949 neben Hospitationen in Übungskindergärten erstmals in städtischen Kindergärten und Caritas-Kindergärten Praxistage oder -wochen statt, was eine deutliche Anhebung der Qualifizierung bedeutet. Die private BAKI der Stadt Wien führt 1951/52 einen sogenannten Vorbereitungsjahrgang ein, der im folgenden Schuljahr im Raum Wien und Oberösterreich und ab 1954 außerdem in allen BAKIs verpflichtend angeboten wird (vgl. Niegl 1954c, S. 44).

Niegl arbeitet als vorsitzende Ministerialsekretärin im BMU an einer Erstellung und Implementierung eines Versuchslehrplanes, der eine dreijährige Ausbildung für Kindergärtnerinnen und Horterzieherinnen vorsieht und 1958 in Kraft tritt. Im Mittelpunkt der Kindergartenausbildung stehen ein umfassenderes Allgemeinwissen, die Verknüpfung von Theorie und Praxis sowie die Anknüpfung an wissenschaftliche Ergebnisse und Methoden. Die psychologischen und heilpädagogischen Aspekte werden in die pädagogische Arbeit integriert (vgl. Baltruschat 1986, S. 57; Niegl 1954c, S. 44). Jedes Unterrichtsfach ist mit einer Zielformulierung versehen (vgl. Niegl 1957, S. 5). Erstmals rückt die Ausbildung zur Sonderkindergartenpädagogin in den Fokus und es wird versucht, die Kindergärtnerinnen für die LehrerInnenfortbildung zuzulassen (vgl. Niegl 1954a, S. 72 ff.). Es ist ihr ein Anliegen, das Ansehen des Berufsbildes zu heben und gleichzeitig von dem der LehrerInnen klar abzugrenzen (vgl. Niegl 1954c, S. 44). Bis zum Schuljahr 1963/64 dauert die Kindergartenausbildung an der BAKI drei Jahre (vgl. Baltruschat 1986, S. 57 f.) und wird dann um ein weiteres Jahr verlängert. Ein Unterschied besteht darin, dass zu Beginn der Ausbildung das einjährige Praktikum wegfällt, somit schließt diese Schulform direkt an die achte Schulstufe an. Parallel dazu läuft die fünfjährige LBA, auch Kindergärtnerinnenseminar genannt (vgl. Lex-Nalis 2013, S. 162). In dieser Zeit werden Kindergärtnerinnen als „Tanten" bezeichnet und tragen teilweise eine weiße Schürze als Uniform. Lex-Nalis beschreibt dies wie folgt: „Viele Lehrkräfte behandelten uns so, als wären wir zwar lieb aber halt zu dumm, um Lehrerin werden zu können" (Lex-Nalis 2013, S. 162). Die Sonderkindergärtnerinnenausbildung wird bis 1978 in der Ausbildung für SonderschullehrerInnen absolviert. Diese wird anschließend an die Kindergärtnerinnenausbildung angebunden, eine mehrjährige Berufserfahrung sowie ein darauffolgendes dreisemestriges Ausbildungsschema sind Voraussetzung für die Ausübung des Berufes als Sonderkindergärtnerin (vgl. Lex-Nalis 2013, S. 163). Niegl schreibt in einem Bericht an die Schulreformkommission als Begründung für die Verlängerung der Ausbildung an den BAKIs: „Der Grund hierfür dürfte nicht zuletzt darin zu suchen sein, daß diese Ausbildung eine ideale Form zeitgemäßer Mädchenbildung darstellt, weil sie die Möglichkeit bietet, sich zugleich auf die Bewältigung der Aufgaben in der Familie und auf die Ausübung eines Berufes vorzubereiten" (Niegl 1974, S. 10).

Trotz aller Innovationen liegt Niegls Ansätzen das traditionelle mütterliche Frauen- und Berufsbild zu Grunde. Im von ihr 1949 selbst entworfenen und propagierten „Lehrplan für den hauswirtschaftlichen Unterricht" sind die Schwerpunkte das Kochen, die Haushaltsführung, die Hygiene, Gesundheitslehre, Kinderpflege und das Gärtnern. Im Fokus steht, dass Mädchen und Frauen sich mit der Rolle als Hausfrau und Mutter identifizieren können und diese ihnen bewusst wird. Darüber hinaus soll ein achtsamer und wertschätzender Umgang mit der Heimat und der ihr geltenden Werte und Normen entstehen (vgl. Niegl 1950b, S. 2 ff.). „Dieser Lehrplan wurde als Rahmenlehrplan für den hauswirtschaftlichen Unterricht der Oberstufe der Pflichtschulen (letzte Klasse der Volks- beziehungsweise Hauptschule) sowie der Bildungsanstalten für Lehrerinnen und der Bildungsanstalten für Kindergärtnerinnen und Horterzieherinnen als richtunggebend erklärt" (Niegl 1950b, S. 1).

Niegl fordert kontinuierlich eine differenzierte und intensivierte Fachausbildung und damit auch eine Anhebung der Allgemeinbildung für KindergartenpädagogInnen. In ihrem Nachlass an der BAfEP Sacré Cœur Pressbaum liegt ein von ihr verfasster Antrag mit dem Titel „Ein Projekt zur Anhebung der Ausbildung zur Kindergärtnerin" auf. In diesem Schreiben gibt es neben einer Ausbildungsauflistung, die sich vom Jahre 1872 bis in die Anfänge der Zweiten Republik erstreckt, auch den Wunsch nach einem universitären Abschluss für Kindergärtnerinnen (vgl. Niegl o.J.).

6.4 Die christlich-katholische Bildungsarbeit als Einflussfaktor auf das Kindergartenwesen

Agnes Niegl arbeitete mit Margarete Schörl, die als Ordensschwester tätig war, eng zusammen. Gemeinsam mit Margarete Schmaus veröffentlichte Schörl drei Fachbücher: „Die Bildungsarbeit im Kindergarten" (1958), die „Erneuerung der Glaubenserziehung im Kindergarten" (1968) und „Die sozialpädagogische Arbeit der Kindergärtnerin" (1970). Diese drei Bücher nahmen großen Einfluss auf die damalige Theorie und Praxis in der Kindergartenausbildung, da sie Niegl als Lehrbücher im Unterricht einführte.

Mater Margarete Schörl (1912–1991) gilt als die Erfinderin des Raumteilverfahrens. Nach dem Ableben beider Elternteile lebt sie ab dem zehnten Lebensjahr, getrennt von ihren Brüdern, bei ihrer Tante in Krems, wo sie sich sehr unwohl fühlt (vgl. Berger 2012a, S. 24). Diese emotionalen Erfahrungen prägen ihr zukünftiges pädagogisches Denken sehr und nehmen einen beachtlichen Einfluss auf ihre berufliche Handlungskompetenz bezüglich ihrer Arbeit mit den Kindern. Sie absolviert 1937 an der Fachschule der Schulschwestern in Amstetten als Mitglied des jesuitisch ausgerichteten Ordens extern die Kindergartenausbildung (vgl. Riedel 2003, 16 f.). Nach dem Zweiten Weltkrieg eröffnet sie in Krems zwei Kindergärten und setzt ihre Ziele des Raumteilverfahrens erstmals um. „Dieser avancierte schnell zu einer Vorzeigeeinrichtung, die schließlich 1948 zum Versuchskindergarten für Erziehungsreform und zum Übungskindergarten der Privaten Lehrerinnenbildungsanstalt des Instituts der Englischen Fräulein erklärt wurde“ (Berger 2012b, S. 35). Berger führt aus, dass die Ausgangssituation für Margarete Schörls Raumteilverfahren und ihr Umdenken aus ihren Beobachtungen und Reflexionen über die hohe Kinderanzahl entsteht. Damals werden ca. 45 Kinder in einer Gruppe betreut und die Räumlichkeiten bieten kaum Platz für qualitätsvolle Arbeit am Kind. Zusätzlich stehen kaum kindgerechte Spielmaterialien und Mobiliar zur Verfügung, womit eine anregende Umgebung für die Kinder gestaltet werden kann. Der Grundgedanke ihres Konzeptes ist, lebensnahe Gegebenheiten für maximal 25 Kinder innerhalb einer Gruppe zu schaffen, welche sie kreativ ausbauen und flexibel modifizieren können, wie sie es im Spiel brauchen (vgl. Berger 2012a, S. 25). Inspirationen für die Methoden ihrer Pädagogik, welche auch als „Schörl-Pädagogik“ bezeichnet wird, stammen von Maria Montessori, Friedrich Fröbel und Rudolf Steiner (vgl. Riedel 2003, S. 21). Das Beobachten nimmt einen großen Stellenwert in ihrer Arbeit ein, die sie mit Kenntnissen und Erfahrungen aus ihrem Studium der „[...] Kinderpsychologie, der Heilpädagogik, der Soziologie, der Sozialen Gruppenpädagogik sowie der Psychoanalytischen Pädagogik [...]“ (Berger 2012b, S. 3 ff.) in Verbindung setzt. Durch diese Beobachtungen will Schörl herausfinden, was Kinder vorrangig brauchen, um sich gut entwickeln zu können. Grundvoraussetzung dafür ist es, sich als Kindergärtnerin Zeit für das Kind zu nehmen, um ihm zuzuhören und zuzuschauen und so zu erkennen, was es für seine Entwicklung und gezielte Förderung benötigt (vgl. Schmaus/Schörl 1978, S. 159 f.). Bei ihren empirischen Arbeiten zum Raumteilverfahren und zum Spielverhalten der Kinder nimmt sie die Unterstützung von Sylvia Bayr-Klimpfinger in Anspruch, damit die Studien auch wissenschaftliche Anerkennung erfahren. Zwischen 1948 und 1950 dreht sie zu ihren Arbeitsschwerpunkten zudem die drei Unterrichtsfilme „Kindergartenstudien“ (vgl. Berger 2012b, S. 3 ff.).

Das Raumteilverfahren, als sozialpädagogische Methode der Spielführung, ist ein ganzheitliches pädagogisches Konzept, dabei steht das soziale Lernen im Vordergrund. Ein wichtiger Bestandteil des Verfahrens sind die beweglichen „mobilen“ Raumteile, die im kindlichen Spiel so verschoben und zweckentfremdet werden, wie es das Kind im Spiel benötigt. Die immobilen Möbel geben die Orientierung vor und vermitteln Sicherheit. Auch die Freiflächen am Boden werden in das Spiel miteinbezogen (vgl. Schmaus/Schörl 1978, S. 30 ff.). In der Planung wird auf die Schaffung von Nischen und Bereichen des Rückzuges geachtet, sodass die Kinder möglichst störungsfrei spielen können. Die Abtrennungen zu den einzelnen Spiel- und Arbeitsbereichen werden genau überlegt und auf die Bedürfnisse der Kinder abgestimmt, wie beispielsweise eine Puppenstube, eine Küche, ein Marktstand oder ein Bauplatz (vgl. Niegl 1950a, S. 85 ff.). Die Schörl-Pädagogik soll den Kindern durch die strukturelle Orientierung Freiheit und Sicherheit gewähren, wodurch sie sich im Spiel experimentell entfalten können, um auf diesem Weg Erfahrungen zu sammeln (vgl. Schmaus/Schörl 1978, S. 30 ff.). Im Zentrum steht nicht das schulische Lernen, sondern das kindliche Spiel. Weiters sind das Musizieren, das Erzählen und das kreative Gestalten, das Spiel im Garten sowie das Vermitteln von religiösen Werten in der Erziehung wichtig (vgl. Berger 2012a, S. 25). „Der Mensch ist als ein Geschöpf Gottes ein selbständig denkender Mensch, ein von Gott geliebter, der Liebe braucht, um auch ein liebender Mensch sein zu können" (Caritasverband o.J., S. 79). Auch die Begriffe Erziehung und Erziehen setzt Schörl sehr selten und bedacht ein, weil es metaphorisch als das Ziehen des Kindes in eine Richtung verstanden werden kann. Das Kind ist primär als Individuum anzusehen, das sich mit seinen Bedürfnissen und, wie sie es nennt, seiner „Mitmenschlichkeit" den anderen gegenüber, in die Gemeinschaft einfügt. Schörl und Schmaus definieren das Wort „Mitmenschlichkeit" wie folgt: „Das Kind braucht Geborgenheit und Schutz, also Freisein von Angst und Gewalt, um selber Vertrauen und Liebe [...] entwickeln zu können. Es braucht Führung, die es ohne Gewalt weist und lehrt. Es braucht Freiheit, um lernen und in die offene Welt ausgreifen zu können" (Schmaus/Schörl 1978, S. 10).

Im Jahre 1958 erscheint die erste Auflage des Fachbuches von Margarete Schmaus „Die Bildungsarbeit der Kindergärtnerin", das wie erwähnt von Agnes Niegl als Lehrbuch für Bildungsanstalten der Kindergärtnerinnen für den Unterricht bestimmt wird (vgl. Lex-Nalis 2014, S. 14). Es „befaßt sich mit jenem Teil der Kindergartenarbeit, der die Kinder bei ihrer Aufgabe, Welt zu erfahren, zu erfassen und zu bewältigen, begleiten soll" (Schmaus 1974, S. 9). Ihre Arbeitsmethode bezieht sich auf die Schwerpunkte: „Hinweise und Gespräche [...]; Ausgänge, die zu bestimmten Zielen führen; ein Fensterplatz im Kinderzimmer, der das Schauen ins Freie ermöglicht; die Teilnahme der Kinder an Arbeiten Erwachsener; Mitbringsel [...]; das Erzählen; das Reim-sprechen und Singen; das Singen, Sprechen und Spielen im Kreis u.ä." (Schmaus 1974, S. 26). Im Vorwort kritisiert sie, dass der Kindergarten nach wie vor nicht als pädagogische Institution aufgefasst wird. Als Ursache dafür sieht sie dessen sozialfürsorgerische Funktion sowohl in Zeiten der Not als auch in Zeiten des Wohlstands (vgl. Schmaus 1974, S. 9 ff.).

Schmaus, die wie bereits beschrieben zunächst eine psychoanalytische Ausbildung absolvierte, steht der katholischen Kirche sehr nahe, und lässt so auch religiöse Aspekte in ihre Arbeit mit einfließen. Allgemein plädiert sie dafür, dass der Kindergarten in erster Linie eine Bildungseinrichtung für Kinder ist und somit einen Bildungsauftrag hat. Dabei bezieht sie sich auf die gemeinsame Betreuung von Kindern im Alter zwischen vier und sechs Jahren. Die Kindergärtnerinnen sind dazu verpflichtet, ihr Tun und Handeln zu reflektieren, gegebenenfalls zu modifizieren und ihre Planungen an die Bedürfnisse der Kinder anzupassen. Im Vordergrund steht der Kindergarten als Familienergänzung und nicht als sozialfürsorgerischer Ersatz. Sie beurteilt es wie Schörl, dass Kinder eine Förderung innerhalb einer Gemeinschaft erfahren sollen und dass Spiel und Sprache wertvolle Anker für das Gemeinschaftsgefühl sind. Darüber hinaus obliegt es der Bildungseinrichtung, Kindern Werte zu vermitteln (vgl. Schmaus 1974, S. 9 ff.). Ihre Definition von Kindergarten lautet wie folgt: „Führung der Kinder bei ihrem Streben, Welt zu erfassen und zu bewältigen – dies im Sinne der Mitmenschlichkeit“ (Schmaus 1974, S. 10). Damit das gelingt, ist es als Kindergärtnerin notwendig, den Kindern einen Rahmen zu bieten, in dem sie sich entfalten und auf spontane Spielsituationen einlassen können. Denn über das Hantieren mit den Dingen gewinnt das Kind wertvolle Erfahrungen, Sorgfalt und Ausdauer im Tun. Als Erwachsener nur dann einzugreifen, wenn Kinder es verlangen beziehungsweise wenn die Hilfestellung gebraucht wird, um an neue Perspektiven zu gelangen, erachtet sie als wesentlich. Voraussetzungen dafür sind die Beobachtung der einzelnen Kinder und das Wissen, eine Vorbildwirkung innezuhaben. Außerdem ist die Bewusstwerdung darüber, das Spiel als einzige Lernform des Kindes zu betrachten und es nicht mit „Lernen“ unnötigerweise zu überfordern, entscheidend (vgl. Schmaus 1974, S. 19 f.).

Bis in das 20. Jahrhundert wird der katholischen Kirche nachgesagt, nur aufgrund der Bedürftigkeit und der sozialen Notlage der Menschen Kindergärten gegründet, erbaut und errichtet zu haben (vgl. Gary 2006, S. 29 ff.). Ab dem Zweiten Weltkrieg gehört die katholische Kirche in Österreich zu den größten Trägerschaften des Kindergartens. Ihr Ziel ist es, Kinder für die Schule zu befähigen und sie für den Glauben und die Kirche sowie als Mitglied in der Pfarrgemeinde zu gewinnen, um die erlernten Werte an die nächste Generation weiterzugeben. Außerdem sieht die katholische Kirche die weibliche Person als Verbindungsglied zwischen Religiosität und Kindern (vgl. Gary 2006, S. 239; Soltendieck 1997, S. 221). Obendrein ist die katholische Kirche Ausbildungsstätte für zukünftige Kindergärtnerinnen. Gary listet auf, dass neun BAKIs von kirchlichen Trägern geführt werden (vgl. Gary 2006, S. 249).

Bereits um 1900 wird die Caritas gegründet. Nachdem zu dieser Zeit die Kindergarten- von der LehrerInnenausbildung getrennt ist, finden Kindergartenseminare statt, die auch durch Seminare, „[...] Arbeitsbesprechungen, Wochenendschulungen und Vortragsreihen" (Niegl 1954a, S. 75) der Caritas unterstützt werden (vgl. Niegl 1960, S. 91). Die Caritas sieht die Notwendigkeit darin, Wissen, neue wissenschaftliche Erkenntnisse und Forschungen in Form von Fort- und Weiterbildungen zu präsentieren und zu diskutieren (vgl. Niegl 1954a, S. 75). Agnes Niegl, Margarete Schörl und Margarete Schmaus sind beliebte Referentinnen. Wie in einem Bericht der Festtagung für Kindergärtnerinnen und Horterzieherinnen im kirchlichen Dienst in der Erzdiözese Wien am Caritassonntag 1972 verschriftlicht ist, wird 1946 „[...] die Caritas vom Bischof beauftragt, die Belange der kirchlichen Kindergarten- und Hortarbeit wahrzunehmen" (Festtagung 1972, o.S.). Weiters geht aus den Leitsätzen und Empfehlungen des Synodalbeschlusses der dritten Session hervor, dass sich die Kirche in der Verantwortung sieht, an Bildung und Erziehung mitzuwirken. „Da sich die Heilbotschaft Christi an alle Menschen jeden Alters und Standes richtet, hat die Kirche die Aufgabe, diese Botschaft in geeigneter Weise auch an die Kinder heranzubringen" (Festtagung 1972, o.S.). Die Kirche ist überaus präsent in ihren Bemühungen, Kindern in allen Lebensräumen, wie über die Familie oder den Kindergarten, zu begegnen.

Im Jahre 1975 gibt die Caritas der Diözese Linz den ersten Bildungsplan mit dem Titel „Bildung und Erziehung im Kindergarten" für Kindergärtnerinnen heraus, der in enger Zusammenarbeit mit Agnes Niegl entsteht. Hierfür bilden die österreichischen Kindergartengesetze in den neun Bundesländern das Fundament. Unter den dort angeführten elf Bildungsbereichen nimmt die religiös-christliche Erziehung einen hohen Stellenwert ein (vgl. Niederle/Michelic/ Lenzeder 1975, S. 4). „Im Bereich der religiös-christlichen Erziehung orientiert sich der Bildungs- und Erziehungsplan an den Dokumenten des Zweiten Vatikanischen Konzils bzw. der österreichischen Diözesansynoden" (Niederle/Michelic/ Lenzeder 1975, S. 4). Die inhaltliche Instruktion sieht vor, religiöse Dimensionen in den Kindergartenalltag einzubauen. Das kann über Gebete in ritualisierten, aber auch in spontanen Alltagssituationen erfolgen sowie weiters über das Betrachten von Bilderbüchern mit Geschichten aus der Bibel, im Feiern von kirchlichen Festen mit der Teilnahme an Wortgottesdiensten und in der Interaktion mit den Kindern vollzogen werden. Beispielsweise beim Erzählen oder beim Beantworten der Fragen der Kinder ist auf eine sachrichtige Darstellung zu achten, es muss „[...] Gott als den letzten Urheber des Lebens und der Dinge eröffnen" (Niederle/Michelic/Lenzeder 1975, S. 52). Der Sachverhalt ist in allen Belangen, vor allem bei Fragen nach dem Leben und dem Tod sowie nach dem Sinn des Lebens, in kindgerechter und verständlicher Sprache mit dem christlichen Glauben zu stützen. Weiters ist darauf Wert zu legen, dass den Kindern Hilfsbereitschaft und Empathie im Umgang mit den Mitmenschen vorgelebt und vermittelt werden (vgl. Niederle/Michelic/Lenzeder 1975, S. 52 f.). Die Kindergärtnerinnen müssen „[...] die Wunder Jesu als Zeichen der Hoffnung interpretieren, daß Gott einmal alles gutmachen wird" (Niederle/ Michelic/Lenzeder 1975, S. 53).

Aus den Resultaten der ersten österreichischen Kindergartentagung geht hervor, dass das Unterrichtsfach Religion ein fixer Bestandteil aller Lehrpläne ist und die religiöse Erziehung in die Praxis im Kindergarten einfließen muss (vgl. Niegl 1950a, S. 329). Niegl führt aus, dass die Glaubenserziehung im Kindergarten Halt und Orientierung gibt und ein Zugehörigkeitsgefühl in der Gemeinschaft vermittelt. Dies geschieht durch die Vermittlung von Wertvorstellen, wie beispielsweise Ehrlichkeit, Aufrichtigkeit, Loyalität und Solidarität, welche die zwischenmenschlichen Beziehungen prägen (vgl. Niegl 1968, S. 145) Wichtig ist, dass sich die Kindergärtnerin mit den religiösen Hintergründen, Brauchtümern und Auffassungen auseinandersetzt und sich Wissen über den katholischen Glauben und Katholizismus aneignet. Überdies steht das Wecken des kindlichen Interesses und der Begierde, mehr darüber erfahren zu wollen, im Blickfeld förderlicher, pädagogischer Arbeit (vgl. Sobota 1969, S. 71 ff.). Schörl beschreibt, dass vor allem das Feiern der Feste im Kirchenjahr zum Gemeinschaftsgefühl beiträgt und für die soziale Entwicklung des Kindes von Bedeutung ist (vgl. Schörl 1950, S. 241). Schmaus und Schörl führen außerdem aus, dass der sozialpädagogische Aspekt in der religiösen Erziehung besonders bedeutsam sei – Mitmenschlichkeit werde im alltäglichen Leben erworben und bilde das Fundament für die Glaubensfähigkeit (vgl. Schmaus/Schörl 1968, S. 69). Sie geben zu bedenken, dass vor allem auf Kinder, die nicht getauft sind, in keinem religiösen Familienverbund aufwachsen und so eventuell noch nie mit der Geschichte von Gott in Berührung gekommen sind, ein besonderes Augenmerk zu legen ist. Aber auch in Familien mit religiöser Erziehung können Inhalte falsch überliefert werden oder sogar mit Strafen und Drohungen einhergehen, was als äußerst hinderlich zu bewerten sei (vgl. Schmaus/Schörl 1968, S. 17 f.).

Da Kinder von ihren Eltern am intensivsten geprägt werden und die religiöse Haltung entscheidenden Anteil an der Entwicklung des Kindes hat, werden Eltern über die religiöse Erziehung aufgeklärt und in die Arbeit im Kindergarten eingebunden (vgl. Laible 1966, S. 12). Generell ist es wichtig, dass Kinder lernen, für andere verantwortlich zu sein, sich zu kümmern, hilfsbereit zu sein und zum Wohl der Gemeinschaft auf die eigenen Bedürfnisse auch einmal zu verzichten. Die Kindergärtnerin soll eine Beziehung zu den Kindern aufbauen und als authentisches Vorbild fungieren (vgl. Schmaus/Schörl 1968, S. 69 ff.). In der Vermittlung der christlichen Werte muss sie auch selbst mit dem Herzen dabei sein, denn nur dadurch kann das primäre Ziel der religiösen Erziehung, der Glauben an Gott und somit das Geliebtwerden von Gott, erreicht werden (vgl. Krenzer 1985, S. 5).

7 Wandel des Berufsbilds – Von der „Tante“ zur Pädagogin bzw. zum Pädagogen

Katharina Rösler, Tamara Pfeifer

Während der Kindergarten in den 1950er Jahren die Funktion einer fürsorglichen Einrichtung hat (vgl. Gary 2006, S. 210), wandelt er sich ab den 1960er Jahren zu einer Bildungseinrichtung (vgl. Grossmann 1987, S. 132). Als diese wird der Kindergarten aber erst im Jahr 2008 von der Regierung offiziell anerkannt (vgl. Koch 2014, S. 3). Auch das Berufsbild erfährt langsam Veränderungen (vgl. Gary 2006: 241 ff.; Högemann 1995, S. 56 ff.). In den 1950er Jahren gilt der Beruf der Kindergärtnerin als typischer Frauenberuf und ist vom Begriff der Mütterlichkeit geprägt (vgl. Ellermann 2006, S. 67; Moser 2003, S. 131). Aber auch im 21. Jahrhundert befindet sich das Berufsbild immer noch „im Spannungsfeld zwischen ‚Mütterlichkeit‘ und ‚Professionalität‘“ (Koch 2014, S. 18), ist stark feminisiert und wird durchwegs von jungen Frauen geprägt (vgl. Bamler/Schönberger/Wustmann 2010, S. 201). Erst in den letzten vier Jahren werden mit einer langsam voranschreitenden Akademisierung Schritte zur Veränderung des Berufsbildes gesetzt (vgl. Koch/Hover-Reisner/Paschon 2014, S. 69). Trotzdem braucht es noch mehr an umfassender und weiterführender Professionalisierung – dies wird auch aktuell von Seiten der elementarpädagogischen Community gefordert (vgl. Bamler/Schönberger/Wustmann 2010, S. 204).

Wesentliche Ursachen für das weiblich geprägte Berufsbild gehen auf das 18. und 19. Jahrhundert zurück. Rabe-Kleberg berichtet in diesem Kontext vom „Beruf der Mutter und die damit sich entwickelnde Mütterlichkeit als ‚berufliche‘ Kompetenz“ (Rabe-Kleberg 2006, S. 99). Anfang des 20. Jahrhunderts dürfen nur Frauen den Beruf der Kindergärtnerin ausüben. Das Berufsbild ist im Jahr 1933 „mehr denn je von der ‚Mütterlichkeit als Beruf(ung)‘ geprägt“ (Gary 2006, S. 96 ff.). Der Beruf der Kindergärtnerin gilt als gute Vorbereitung für die eigene Familie und wird aufgegeben, sobald man verheiratet ist (vgl. Högemann 1995, S. 56; Rabe-Kleberg 2006, S. 104). Erst ab dem Jahr 1980 wird in Österreich Männern die Ausbildung zum Kindergärtner überhaupt endgültig ermöglicht (vgl. Gary 2006, S. 264 f.) und erst im Zuge der siebenten Schulorganisationsnovelle im Jahr 1982 wird die Bezeichnung der Bildungseinrichtung „Bildungsanstalt für Kindergartenpädagogik“ geschlechtsneutral (vgl. BGBl. Nr. 365/1982; Koch 2015, S. 19). Durch die Einführung der Reifeprüfung gibt es außerdem die Hoffnung, dass der Beruf für Männer attraktiver werden würde (vgl. Koch 2015, S. 19). Der erste Jahrgang mit 22 Männern schließt 1985 die

Bildungsanstalt mit Matura ab (vgl. Gary 2006, S. 285). In einem Interview der Fachzeitschrift Unsere Kinder aus dem Jahr 1986 berichtet ein Kindergärtner über anfängliche Irritationen. Man war sich beispielsweise unklar, ob Buben, wie Mädchen, Schürzen während der Praxis tragen sollten. Ebenso nannten manche Kinder den interviewten Pädagogen „Tante", da ein „Onkel" für sie neu war (vgl. Wunsch 1986, S. 140). Trotz aller Bemühungen bleibt der Männeranteil mit weniger als 1 % nach wie vor gering in österreichischen Elementareinrichtungen (vgl. Aigner/Rohrmann 2012, S. 11). Mit den vielfältigen Ursachen für diese geringe Männeranzahl im elementarpädagogischen Feld, den Motivationsgründen für dieses Berufsfeld sowie mit Möglichkeiten für die Anteilssteigerung beschäftigen sich vor allem das Forschungsprojekt „Elementar – Männer in der pädagogischen Arbeit mit Kindern" (Aigner/Rohrmann 2012) sowie die Dissertation „Männer in Österreichs Kinderbetreuungseinrichtungen" (Koch 2011). Beide Arbeiten weisen auf die Notwendigkeit von gezielten Maßnahmen seitens der Politik, der Gesellschaft sowie der Forschung hin, um mehr Männer für das Berufsfeld zu gewinnen (vgl. Aigner/Rohrmann 2012; Koch 2011). Aigner bezeichnet 2013 den Einbezug von männlichem Personal in den Kindergarten jedenfalls als „hohes Innovationspotential für die Elementarpädagogik" (Aigner 2013, S. 128).

Im Rahmen der Professionalisierung ist die Verknüpfung von beruflichen Qualifikationen mit weiblichen Fähigkeiten immer wieder ein Thema (vgl. Mayer 1996, S. 32). Folgernd wirkt sich dieser Aspekte bis in die Gegenwart auf das Berufskonzept und auf die Struktur von Frauenberufen aus (vgl. Ellermann 2006; Mayer 1996; Rabe-Kleberg 2006). Ergebnisse einer von Rabe-Kleberg durchgeführten Studie zeigen auf, dass Pädagoginnen mehr Sicherheit in ihrer beruflichen Tätigkeit verspüren, wenn sie selbst Kinder haben. Weiters verspüren Leiterinnen Unbehagen gegenüber Kolleginnen, die sich zwar laufend fortbilden und gut über aktuelle Bildungskurse informiert sind, aber als Single und ohne Kinder leben (vgl. Rabe-Kleberg 2006, S. 96). Bei der Einführung von akademischen Studiengängen für Erzieherinnen in Deutschland war die Befürchtung um einen möglichen Verlust der Mütterlichkeit präsent (vgl. Rabe-Kleberg 2006, S. 96). Ellermann macht die damaligen Ursprünge für das heutige Image, „dass Erziehung in erster Linie eine karitative, unproduktive Tätigkeit ist, die jede/r ausüben kann" (Ellermann 2006, S. 67), für die daraus folgende niedrige Entlohnung und geringen Aufstiegsmöglichkeiten verantwortlich (vgl. Ellermann 2006, S. 67). Gerade diese mangelnden Aufstiegsmöglichkeiten werden häufig kritisiert, daher gilt es, diese im Kontext der Hierarchie des Elementarwesens zu durchleuchten (vgl. Charlotte Bühler Institut 1994, S. 34; Gary 2006, S. 296).

Für die Position als Leitung gibt es in Österreich keine einheitliche Ausbildung. In vielen Bundesländern bieten Organisationen oder die Trägerschaften selbst Lehrgänge für angehende LeiterInnen an. Die Erfordernisse für die Leitungsposition regeln die Kindergartengesetze des jeweiligen Bundeslandes. Meist wird einfach eine gewisse Anzahl an Jahren Berufserfahrung ohne Zusatzqualifikation verlangt (vgl. Koch/Hover-Reisner/Paschon 2014, S. 63 ff.). Wird der Blick auf Wien gerichtet, so sind Volljährigkeit, Unbescholtenheit, eine adäquate Ausbildung mit Befähigungsprüfung sowie eine entsprechende Praxis die Anstellungserfordernisse in der ersten Regelung des Kindertagesheimwesens 1967 (vgl. LGBl. Wien, Nr. 32/1967, § 4 (1)). Im Jahr 2003 sind im Wiener Kindertagesheimgesetz eine fünfjährige Berufspraxis und die Aufgabenbereiche der Organisation, Administration, Koordination, Teamführung und pädagogische Verantwortung festgehalten (vgl. LGBl. Wien, Nr. 17/2003, § 3 (5)). Seit dem Jahr 2018 setzt das Wiener Kindergartengesetz eine fünfjährige Berufserfahrung sowie eine Managementausbildung von mindestens 100 Unterrichtseinheiten für die Leitungstätigkeit voraus. Neu ist eine verpflichtende Anzahl an Fortbildungseinheiten und eine genaue Auflistung der Verantwortungsbereiche von LeiterInnen. Für diese Aufgaben wird eine Freistellung vom Kinderdienst in Abhängigkeit der Gruppenanzahl im Kindergarten und der Organisation der Trägerschaft berechnet. Jedenfalls ist ab sieben Gruppen, selbst wenn die Trägerschaft Aufgaben übernimmt, die Leitungsstelle eine Vollzeitstelle (vgl. LGBl. Wien, Nr. 19/2018, § 3a). Mit dieser historischen Kurzskizzierung zeigt sich eine Zunahme der Anforderungen und nötigen Kompetenzen in der Leitungsposition. Dabei ist anzumerken, dass in fast allen europäischen Ländern ein Hochschulstudium für die Leitungsposition notwendig ist. Österreich bildet somit im internationalen Vergleich ein Schlusslicht bei der Qualifikation von LeiterInnen. Jedoch können die bereits laufenden sowie die zukünftigen Studiengänge zur Elementarpädagogik dazu führen, Leitungsstellen mit auf tertiärem Niveau qualifizierten PädagogInnen zu besetzen (vgl. Koch/Hover-Reisner/Paschon 2014, S. 63 ff.).

Über der Leitungsposition steht bei vielen größeren Trägerschaften, zum Beispiel bei den Wiener Kinderfreunden, noch die Position der/des InspektorIn innerhalb der Institution (vgl. Kinderfreunde Wien 2015). Eine weitere Aufstiegsmöglichkeit ist die Position als InspektorIn bei der Behörde. In Wien stehen seit der beschriebenen Regelung des Kindertagesheimwesens im Jahr 1967 Kindertagesheime und deren pädagogische Führung unter der Aufsicht des Magistrates (vgl. LGBl. Wien, Nr. 32/1967, § 10). Nach Durchsicht aller entsprechenden Landesgesetzblätter ist festzuhalten, dass in den einzelnen Bundesländern ebenfalls die behördliche Aufsicht durch Kontrollorgane seitens InspektorInnen der Landesregierungen erfolgt.

Rabe-Kleberg fordert für einen professionellen Habitus, die Mütterlichkeit als „gender-kulturelles Erbe und biografisches ‚Gepäck'" (Rabe-Kleberg 2006, S. 106) hinter sich zulassen. Da dies aber kaum möglich ist, bräuchte es zunächst eine kritische Selbstreflexion und eine gesellschaftsstrukturelle Reflexion beim Prozess der Professionalisierung (vgl. Rabe-Kleberg 2006, S. 106) – auf diese Aspekte weisen auch Aigner und Rohrmann sowie Koch hin (vgl. Aigner/Rohrmann 2012; Koch 2011).

7.1 Die Weiterentwicklung des Berufsfeldes ab den 1950er Jahren

Nach der Zeit des Nationalsozialismus ist das Kindergartenwesen zerrüttet. Obwohl ein Neubeginn notwendig scheint, wird aufgrund der prekären Verhältnisse an alte Traditionen angeknüpft. Der Kindergarten dient oftmals wieder als Bewahranstalt für Kinder, während ihre Mütter beim Wiederaufbau maßgeblich gefordert sind (vgl. Gary 2006, S. 219 f.; Reimitz-Filipič 2000, S. 6). Trotz der Bewahrfunktion etabliert sich schnell die Bezeichnung „Kindergarten" und löst den in der Zeit des Nationalsozialismus verwendeten Begriff „Kindertagesstätte" ab. Wien wählt damals die Bezeichnung „Kindertagesheim", da sie neben den Kindergärten auch Krippen und Horte führt. Seit dem Arbeitsjahr 1950/51 haben die meisten Kindergärten das gesamte Jahr unter Einhaltung der gesetzlichen Feiertage in Österreich offen. Grundsätzlich gibt es aber mehr Halbtagskindergärten als Ganztagsformen (vgl. Gary 2006, S. 222 ff.). Des Weiteren richtet die Stadt Wien zu dieser Zeit erstmals Krippen für die Betreuung und Erziehung unter dreijähriger Kinder ein (vgl. Gary 2006, S. 220). In manchen Bundesländern halten sich besonders in den ländlichen Regionen weiterhin die Erntekindergärten, die nur von Mai bis einschließlich Oktober ganztägig geöffnet sind – je nach Bedarf auch von April bis Dezember (vgl. Kuchar/Niegl/Wurst 1997, S. 65). Ebenso eröffnet bereits im Jahr 1949 der erste Sonderkindergarten (vgl. Raffelsberger 1987, S. 19). Die pädagogische Führung der Kindergärten wird im Jänner 1946 durch die österreichische Schulgesetzgebung (Reichsvolksschulgesetz von 1869) geregelt. Im Unterrichtsministerium wird eine zentrale Stelle für den Bereich des Kindergartenwesens, für die Agnes Niegl verantwortlich zeichnet, geschaffen. Städtische Kindergärten unterstehen der Zuständigkeit der Magistrate, private und kirchliche Kindergärten bis 1962 der Zuständigkeit des Bundes. Aus dem Berufsverband österreichischer Kindergärtnerinnen werden KindergarteninspektorInnen ernannt (vgl. Gary 2006, S. 217 ff.; Raffelsberger 1987, S. 17 ff.). Bei der österreichischen Tagung für Kindergartenpädagogik 1948 wird zwar die Neuorganisation der Kindergärten diskutiert, eine mehrmals geforderte Kindergartenpflicht aber abgelehnt. Positiv besetzt ist vor allem die Errichtung von Halbtagskindergärten (vgl. Gary 2006, S. 220 f.). Erst als es zu einem wirtschaftlichen Aufschwung kommt, wird man sich der Diskrepanz zwischen theoretischen klassischen Konzepten der Kleinkindpädagogik und der Praxis in den Einrichtungen bewusst (vgl. Reimitz-Filipič 2000, S. 6).

Der Ausbau der Kindergärten ab den 1950er Jahren steigt kontinuierlich an, österreichweit verdoppelt sich der Personalstand und in Wien darüber hinaus auch die Betreuungsplätze (vgl. Gary 2006, S. 275; Raffelsberger 1987, S. 27). Ursache dafür ist, neben der wachsenden Erwerbstätigkeit der Frauen, die Bestimmung des Schulgesetzes 1952, das den Beginn der allgemeinen Schulpflicht mit dem auf die Vollendung des sechsten Lebensjahres folgenden ersten September regelt. Dies führt einerseits zu Diskussionen um den fließenden Übergang vom Kindergarten in die Grundschule und andererseits zu einer Erhöhung der Kinderanzahl in den Kindergärten (vgl. Gary 2006, S. 222 ff.). Aufgrund des Überhangs an sechsjährigen Kindern werden versuchsweise Übergangsgruppen ab dem Kindergartenjahr 1953/1954 eingerichtet. In diese Gruppen werden Kinder, welche im Laufe des Herbstes das sechste Lebensjahr vollendet haben, und Kinder, welche von der Schule zurückgestuft werden, aufgenommen. Die daraus gewonnenen Erfahrungen dienen in den 1970er Jahren bei der Einrichtung der Vorschulklassen (vgl. Baltruschat 1986, S. 63; Raffelsberger 1987, S. 18 f.). Die Vorbereitung auf die Schule wird zentrales Thema und unter anderem werden dafür Arbeitsblätter für noch nicht schulpflichtige sechsjährige Kinder entwickelt (vgl. Gary 2006, S. 222 ff.).

Die Bedingung für den Beruf der Kindergärtnerin zu dieser Zeit ist eine Ausbildung an der Bildungsanstalt für Kindergärtnerinnen (BAKI), die mit einer „Befähigungsprüfung zur Kindergärtnerin" abschließt (vgl. Lex-Nalis 2014, S. 6). Agnes Niegl hält nach einer internationalen Konferenz fest, dass „nur seelisch gesunde und charakterlich beständige, lebensbejahende Menschen für den Beruf der Kindergärtnerin" (Niegl 1954a, S. 95) erwünscht seien. Bei der Auswahl solle auf eine geistige Aufgeschlossenheit und auf die Liebe und das Verständnis für Kinder geachtet werden. Außerdem sind bereits damals die Erhöhung des Ausbildungsalters auf 18 Jahre und die Zulassung von Männern für die Ausbildung Diskussionsthemen der Konferenz (vgl. Niegl 1954a, S. 95 ff.). Beim Berufsbild der Kindergärtnerin ist nach wie vor der Begriff der „Mütterlichkeit" präsent (vgl. Gary 2006, S. 211). Dies unterstreicht ein Schreiben einer Kindergärtnerin, die einem Aufruf zum Thema der Berufsarbeit der Kindergärtnerin von der Fachzeitschrift „Unsere Kinder" folgt. Sie schreibt: „Es gibt wohl keinen passenderen Beruf für ein Mädel als den einer Kindergärtnerin! Wir dürfen den Kleinen eine Mutter sein" (Dederichs 1950, S. 78). Eine wichtige Errungenschaft auf dem Weg zur Professionalisierung ist die Einführung von Fortbildungen im Jahr 1949 durch das Unterrichtsministerium. Im Jahr 1950 beginnt die Gemeinde Wien ebenso Fortbildungsveranstaltungen zu initiieren (vgl. Gary 2006, S. 268). Zwei Jahre später erfolgen Fortbildungen in der Zusammenarbeit mit dem Pädagogischen Institut, wobei unter anderem die Methode der Kleingruppenarbeit entwickelt wird (vgl. Raffelsberger 1987, S. 22 f.).

Im Jahr 1962 treten gesetzliche Änderungen für Erziehungseinrichtungen in Kraft (vgl. Gary 2006, S. 216). Das Kindergartenwesen wird vom bundesweit organisierten Schulwesen getrennt (vgl. Lex-Nalis 2014, S. 16). Die Ausbildung und die fachlichen Anstellungserfordernisse der Kindergärtnerinnen werden zur Bundessache und die Regelung der Kindergärten zur Landessache (vgl. Gary 2006, S. 254; BGBl. Nr. 215/1962). Während die Ausbildung von PflichtschullehrerInnen im postsekundären Bildungsbereich, an Pädagogischen Akademien, etabliert wird, verbleibt die Ausbildung zur Kindergärtnerin im Sekundarbereich. Die Ausbildungsdauer wird auf vier Jahre verlängert und das Eintrittsalter von 15 auf 14 Jahre gesenkt (vgl. Lex-Nalis 2014, S. 16). Aufgrund der Senkung des Eintrittsalters gibt es wieder den Gedanken, ob es nicht besser wäre, die Ausbildung mit 18 Jahren zu beginnen. Schlussendlich rundet Niegl dieses Thema in „Unsere Kinder" folgendermaßen ab: „Im allgemeinen haben Mädchen, die sich um die Aufnahme in eine Bildungsanstalt für Kindergärtnerinnen bewerben, eine unglaubliche Sicherheit in der Berufswahl. Für sie wären Wartejahre ein Verlust, könnten ein Hineingedrängtwerden in einen anderen Beruf bedeuten, den auszuüben sie nie vorhatten" (Niegl 1963, S. 8).

Die Trennung der Ausbildung von LehrerInnen und Kindergärtnerinnen wurde laut Gesprächen von Lex-Nalis mit BAKI-Direktorinnen aus jener Zeit trotzdem mit großer Freude begrüßt. Schließlich hatte man den Eindruck, „dass damit der Kindergarten endlich zur eigenständigen Bildungseinrichtung mit speziell dafür ausgebildeten PädagogInnen werden könne" (Lex-Nalis 2014, S. 16 f.). Aus der Sicht von Lex-Nalis war dies eine Fehlentscheidung, da der Kindergarten wieder als Betreuungseinrichtung gesehen und organisatorisch und rechtlich dem Sozialwesen in den meisten Bundesländern zugeordnet wurde (vgl. Lex-Nalis 2014, S. 16). Dieser Gedanke ist nachvollziehbar, vergleicht man die Bemühungen des Arbeitskreises, der aufgrund der kommenden Landesgesetzgebung die Aufgabe des Kindergartens in einem Entwurf beschreibt, und beispielsweise die tatsächliche Formulierung im Wiener Landesgesetz im Jahr 1967. Der Entwurf aus dem Arbeitskreis im Jahr 1962 lautet folgendermaßen: „Der Kindergarten hat die Aufgabe, die Familienerziehung der Kleinkinder zwischen dem vollendeten dritten Lebensjahr und dem Schuleintritt zu unterstützen und zu ergänzen. Der Kindergarten erfüllt diese Aufgabe, indem er durch alters- und entwicklungsgemäße Erziehung und Bildung, insbesondere durch ausreichendes Spiel, die erzieherischen Wirkungen einer Gemeinschaft Gleichaltriger bietet, die körperliche, seelische und geistige Entwicklung der Kleinkinder fördert und zu einer grundlegenden sittlich-religiösen Bildung beiträgt. [...] Grundsätzlich erfüllt der Kindergarten diese Aufgaben in enger Verbindung mit der Familie bzw. den Erziehungsberechtigten; hinsichtlich der Schulanfänger durch Kontaktaufnahme mit der Volksschule" (Unsere Kinder 1962, S. 13). Im Jahr 1967 beschließt dann der Wiener Landtag die Regelung des Kindertagesheimwesens per Landesgesetz (vgl. Gary 2006, S. 235; Raffelsberger 1987, S. 30). Neben einheitlichen Rahmenbedingungen zu Gruppendefinitionen, Besuch des Kindergartens, Fachpersonal, Betrieb, Betriebsbewilligung,

Aufsichtspflicht, behördliche Aufsicht und sonstigen Bestimmungen werden die Aufgaben der Kindertagesheime folgendermaßen definiert: „Die Kindertagesheime haben die Aufgabe, Kindern während eines Teiles des Tages Pflege, Aufsicht und Beschäftigung zu gewähren und die Entwicklung der Anlagen der Kinder nach den sittlichen, religiösen und sozialen Werten sowie nach den Werten des Wahren, Guten und Schönen ihrer Entwicklungsstufe entsprechend zu fördern und so die Familienerziehung zu unterstützen" (LGBl. Wien, Nr. 32/1967, § 2).

Das Berufsfeld der Kindergärtnerinnen ist in den 1960er Jahren durch einen Mangel an Fachkräften aufgrund des raschen Ausbaus des Kindergartenwesens geprägt. In Wien werden daher im Jahr 1963 „Kindergartenhelferinnen" ausgebildet. Diese müssen ein Mindestalter von 18 Jahren haben und sich verpflichten, innerhalb von fünf Jahren die Externistenprüfung für Kindergärtnerinnen abzulegen. Kommen sie dieser Verpflichtung nicht nach, werden sie außer Dienst gestellt (vgl. Raffelsberger 1987, S. 26). Eine Sonderregelung tritt mittels Bundesgesetz 1968 in Kraft, sodass sogar nicht ausgebildete Personen als Kindergärtnerinnen zugelassen werden. Es wird lediglich Erfahrung in der Erziehung und Betreuung von Kleinkindern als Anstellungserfordernis verlangt (vgl. Gary 2006, S. 274). Ebenso werden 1968 Stellen für Reservekräfte geschaffen, sogenannte „Fliegerinnen" oder „Springerinnen" (vgl. Raffelsberger 1987, S. 39). Bei den Arbeitsbedingungen herrschen zwischen öffentlich und privat angestellten Kindergärtnerinnen große Unterschiede. Aus einer Studie gehen unter anderem eine geringe Bezahlung, Putzarbeiten, eine hohe Kinderanzahl, eine geringe Gruppenraumgröße, längere Arbeitszeiten als bei öffentlichen Trägern sowie selbst zu bezahlende Fortbildungskosten als Ursachen für Personalfluktuationen bei privaten Trägern hervor. Den größten Anteil an den privaten Kindergärten haben zu dieser Zeit katholische Einrichtungen (vgl. Gary 2006, S. 273). Die Dienstzeit der bei der Stadt Wien angestellten Kindergärtnerinnen, die ab 1964 zudem im Status der Gemeindebediensteten stehen, beträgt 38 Wochenstunden. Für angehende Leiterinnen von städtischen Kindertagesheimen wird 1961 ein Ausbildungskurs eingerichtet (vgl. Raffelsberger 1987, S. 26 ff.).

7.2 Neue Anforderungen und Betreuungsausbau von den 1970er Jahren bis in die Gegenwart

In den 1970er Jahren betonen ErziehungstheoretikerInnen und PsychologInnen die Bedeutung der vorschulischen Lernerfahrungen (vgl. Fischer-Kowalski 1986, S. 169). Ebenso zieht die Sozialisationsforschung aus der Vorschulbewegung Ende der 1960er Jahre pädagogische Konsequenzen und bestätigt die gesellschaftspolitische Bedeutung frühkindlicher Erziehung (vgl. Charlotte

Bühler Institut 1995, S. 21). Der Kindergarten erlangt somit Anfang der 1970er Jahre eine Aufwertung und wieder die Funktion als Bildungseinrichtung (vgl. Grossmann 1987, S. 132; Stoll 1995, S. 83). Besonders der Begriff der „Vorschulerziehung“ rückt in den Mittelpunkt und somit auch die Transition Kindergarten – Schule. Im Rahmen einer Delegiertentagung 1972 in Eisenstadt formuliert beispielsweise die Resolution der Sektion Kindergärtnerinnen und Erzieher der Katholischen Lehrerschaft zwölf Forderungen in pädagogischen und dienstrechtlichen Angelegenheiten. Präsent sind in diesem Dokument besonders die Erziehung und Gestaltung des letzten Jahres vor Schulbeginn sowie das Mitspracherecht von Eltern und Kindergärtnerinnen bei Vorschulfragen. Allerdings wird ausdrücklich darauf hingewiesen, dass die Erziehungs- und Bildungsarbeit im Kindergarten nicht nur zur Schulvorbereitung dient, sondern vor allem Bedeutung für die Entwicklung der Gesamtpersönlichkeit des Kindes hat. Des Weiteren unterstützt die Sektion den Ausbau der Kindergartenplätze für drei- bis sechsjährige Kinder. Die weiteren Forderungen befassen sich mit den Arbeitsbedingungen, dem Dienst- und Besoldungsrecht, der Ausbildung sowie den Fortbildungsveranstaltungen, die mittels finanzieller Mittel und Dienstfreistellung ermöglicht werden sollen. Ebenso wird als Sofortmaßnahme eine Senkung der Kinderanzahl auf 25 Kinder pro Kindergartengruppe verlangt (vgl. Katholische Lehrerschaft Österreichs 1973, S. 26 ff.). Auch Niegl betont zwei Jahre später, dass der Begriff die Bildung und Erziehung von Kindern von der Geburt bis zum vollendeten sechsten Lebensjahr umfasse und somit ebenso die Familienerziehung als auch die pädagogische Arbeit in Institutionen enthalte. Niegl übt Kritik an Bezeichnungen wie Vorschule oder Vorschulklasse für Gesetzesentwürfe, ohne dass deren genauere Bedeutungen erläutert werden. Ebenso äußert sie Gedanken zu einem möglichen verpflichtenden Kindergartenjahr für fünfjährige Kinder vor dem Schuleintritt und zu den verschiedenen Auffassungen, ob Fachkräfte des Kindergartens oder der Schule dafür zuständig sein sollen (vgl. Niegl 1974, S. 2 ff.). Schlussendlich befürwortet die Magistratsabteilung 11 einen Ausbau des Kindergartenwesens mit dem Ziel, jedem Kind vor Schulbeginn einen Kindergartenplatz zu ermöglichen, sowie eine Senkung der Kinderanzahl in den Gruppen (vgl. Gary 2006, S. 223 f.).

Um dem Mangel an Kinderbetreuungsplätzen entgegen zu wirken und das Betreuungsangebot zu erweitern, werden Kindergruppen als Alternative zu öffentlichen Einrichtungen gegründet (vgl. Gary 2006, S. 215; Weber 1991, S. 14). Vor allem sind für unter dreijährige Kinder Betreuungsplätze nur sehr spärlich vorhanden. Sogar in Wien gibt es 1977/78 nur für 7 % der null- bis dreijährigen Kinder ein Betreuungsangebot in der Krippe (vgl. Fischer-Kowalski 1986, S. 173). Die Krippe ist als Notlösung gedacht und hat nach wie vor den Charakter einer Aufbewahrungsanstalt. Vor allem aus diesem Grund heraus gründen Eltern Kindergruppen und versuchen Konzepte den Bedürfnissen der Kinder entsprechend zu entwickeln. Das Kind gilt dabei nicht mehr als zu pflegendes Objekt, sondern „als aktives, kreatives Wesen, mit vielfältigen sozialen Bindungs- und Gruppenfähigkeiten“ (Weber 1991, S. 16). Häufig sind diese Initiativen als Vereine organisiert und haben nur wenige finanzielle Mittel zur Verfügung. Das Gehalt der Kindergärtnerinnen ist nicht geregelt und im Vergleich zu den öffentlichen Einrichtungen gering. Während diese Bewegungen damals als alternativ angesehen werden, sind sie heutzutage gleichermaßen wie öffentliche Einrichtungen ausgelastet (vgl. Gary 2006, S. 215). Prägend für die 1970er Jahre ist ebenso das Bewusstsein für die Bedeutung von Sondereinrichtungen für Kinder mit Beeinträchtigungen. Man versucht, sie in Regelgruppen zu integrieren, zusätzlich werden Integrationsgruppen in Sonderkindergärten eingerichtet und als Integrationsmodelle erprobt (vgl. Raffelsberger 1987, S. 32).

Im Vergleich zu den 1960er Jahren gibt es zu dieser Zeit eine Überzahl an Kindergärtnerinnen, da die 1964 eingeführte vierjährige Ausbildung für Mädchen aus der Hauptschule attraktiv wurde. Ebenso kommt es in den späten 1970er Jahren zu Verbesserungen bei den Arbeitsbedingungen von Kindergärtnerinnen. Private Träger orientieren sich nun mit dem Gehalt an den öffentlichen Einrichtungen. Sie müssen den Mindestlohntarif bezahlen und alle zwei Jahre erfolgt eine Anhebung des Gehalts (vgl. Gary 2006, S. 271 ff.). Bei einer Gesetzesänderung der Regelung des Kindertagesheimwesens in Wien im Jahr 1977 werden die Aufgaben des Kindergartens um die Zusammenarbeit mit den Erziehungsberechtigten ergänzt. Innerhalb eines Kindergartenjahres müssen mindestens drei gemeinsame Beratungen (Elternabende) zwischen dem Fachpersonal und den Erziehungsberechtigten stattfinden (vgl. LGBl. Wien, Nr. 16/1977, § 2a).

Als bedeutsam für die Ausbildung und die Praxis im Kindergarten erscheint 1975 der erste Bildungsplan in Zusammenarbeit mit der Caritas Österreich (vgl. Lex-Nalis 2014, S. 14). Er soll „in erster Linie der in der Praxis tätigen Kindergärtnerin bei der Planung und Überprüfung ihrer pädagogischen Arbeit helfen“ (Niederle/Michelic/Lenzeder 1975, S. 3) und gilt bis Ende der 1990er Jahre als verpflichtender Lehrstoff bei der Ausbildung von KindergärtnerInnen bzw. KindergartenpädagogInnen (vgl. Lex-Nalis 2014, S. 14). Aufbauend auf dem Bildungsplan rückt die schriftliche Planung der Erziehungs- und Bildungsarbeit Ende der 1970er Jahre in den Fokus. Niederle erläutert in einem Artikel die Berücksichtigung der methodischen Vorgehensweise sowie der Bedürfnisse der Kinder bei der Planung. Des Weiteren gibt es bereits damals Überlegungen und Ausführungen zur Jahresplanung, zum Wochenplan und zur Reflexion (vgl. Niederle 1979, S. 97 ff.). Einzug in die pädagogische Praxis finden auch Arbeitsmappen zur Schulvorbereitung, wobei mit den Kindern zunächst Erlebnisse und Übungen im Alltag erprobt werden, um am Schluss den Übungsprozess mit einem Arbeitsblatt abzuschließen (vgl. Niederle 1975, S. 10; Walter 1974,

S. 68). Da damit vor allem die kognitive Entwicklung gefördert wird, kommt man auch zu der Erkenntnis, die soziale-emotionale Entwicklung fördern zu müssen. In Deutschland wird daher der Situationsansatz konzipiert und Fortbildungen dazu werden auch in Österreich angeboten (vgl. Hartmann/Stoll 1999, S. 137 f.).

In den 1980er Jahren entwickelt sich der Kindergarten immer mehr von einer notwendigen zu einer selbstverständlichen familienergänzenden Einrichtung (vgl. Gary 2006, S. 226). Im Jahr 1980 steht zumindest für alle fünf- bis sechsjährigen Kinder ein Kindergartenplatz zur Verfügung und somit ist Wien das erste Bundesland, das eine Vollversorgung mit Kindergartenplätzen erreicht (vgl. Raffelsberger 1987, S. 40). Die Hälfte der Plätze werden von der Stadt Wien und die andere Hälfte von privaten Trägern ermöglicht (vgl. Gary 2006, S. 235). Im Jahr 1986 können auch bereits 25 % der ein- bis dreijährigen Kinder in Krippen betreut werden. Ebenso wird der Hort aufgrund der vermehrten Berufstätigkeit beider Elternteile zu einer wichtigen Einrichtung (vgl. Raffelsberger 1987, S. 40). Bei den KindergartenpädagogInnen gibt es 1988 wieder einen Mangel. Ursachen dafür scheinen die geringe Anerkennung, die schlechten Arbeitsbedingungen, das geringe Gehalt, die Verehelichung mit darauffolgendem Berufsende sowie die verlängerte Ausbildungszeit zu sein (vgl. Gary 2006, S. 271).

In der pädagogischen Praxis kommt es zu weiteren Überlegungen bezüglich der Planung. Es werden die einzelnen Phasen zur Strukturierung des Tagesablaufs definiert (vgl. Soukop 1980, S. 97 ff.). Außerdem formuliert Niederle in den 1980er Jahren die didaktischen Prinzipien der Kindergartenarbeit. Darunter werden Grundsätze, welche das Erziehungs- und Bildungsgeschehen im Kindergarten kennzeichnen, verstanden (vgl. Niederle 1987, S. 49). So gilt es „Faktoren, die das Bildungsgeschehen bestimmen, bewußt zu machen und in eine überschaubare Ordnung zu bringen“ (Niederle 1986, S. 101).

In den 1990er Jahren setzt man sich mit dem gesellschaftlichen Wandel und dem damit verbundenen Wertepluralismus auseinander. Vor allem Veränderungen in der Familienstruktur sowie in der Arbeitswelt und die im Kontext stehende finanzielle Unabhängigkeit der Frauen prägen die letzten Jahre. Aufgrund der neuen Arbeitsverhältnisse gibt es daher vor allem die Forderungen nach mehr Kindergartenplätzen und flexibleren und längeren Öffnungszeiten (vgl. Charlotte Bühler Institut 1994, S. 20; Stoll 1995, S. 77 f.). Die Arbeit der KindergärtnerInnen wird immer anspruchsvoller, was auch auf veränderte Lebensbedingungen der Kinder, wie zum Beispiel veränderte Familienstrukturen, Erfahrungs- und Spielräume zurückzuführen ist (vgl. Högemann 1995, S. 11). Auf der einen Seite stehen daher ein flächendeckender Ausbau an Kinderbetreuungsplätzen für drei- bis sechsjährige Kinder und verlängerte Öffnungszeiten für die Vereinbarkeit von Berufstätigkeit und Familie im Interesse der Öffentlichkeit zur Diskussion. Auf der anderen Seite werden die Anliegen und Bedürfnisse der KindergartenpädagogInnen und Kinder selbst wenig berücksichtigt. Mit dieser Diskrepanz befasst sich ein Forschungsprojekt am Charlotte Bühler Institut. Als Ergebnis werden im Endbericht 1994 entwicklungsfördernde beziehungsweise entwicklungshemmende Rahmenbedingungen von österreichischen Kindergärten aufgezeigt. Besonders der Wertewandel und Wertepluralismus, die Integration ausländischer Kinder sowie die Integration von behinderten Kindern in den Regelkindergarten lassen sich als Herausforderungen für die Kindergartenpädagogik identifizieren (vgl. Charlotte Bühler Institut 1994). Schlussendlich ergeben sich Forderungen bezüglich der Rahmenbedingungen, wie Reduktion der Gruppengröße oder Veränderungen beim Raumkonzept und im Tagesablauf, um auf die individuellen Bedürfnisse der Kinder eingehen zu können. Ebenso werden Verbesserungen bei der Personalstruktur und der Vorbereitungszeit verlangt (vgl. Charlotte Bühler Institut 1995, S. 41).

Ebenfalls im Jahr 1994 schließen sich die Berufsgruppen aller Bundesländer zum Österreichischen Dachverband der Berufsgruppen der Kindergarten- und HortpädagogInnen (ÖDKH) zusammen, der unabhängig von Partei, Konfession oder Träger fungiert (vgl. Lex-Nalis/Keller/Paschon 2016, S. 10). Dieser fordert die Reduzierung der Gruppenanzahl auf 15 Kinder, eine zweite Fachkraft pro Gruppe sowie anstatt zwei Quadratmeter Gruppenraum pro Kind vier Quadratmeter (vgl. Charlotte Bühler Institut 1995, S. 40 f.; Gary 2006, S. 279 f.; Stoll 1995, S. 92). Parallel dazu entwickelt sich ab 1996 eine Diskussionsgruppe in Wien, in der federführend Heidemarie Lex-Nalis agiert. Diese „Plattform für elementare und außerschulische Bildungseinrichtungen" wird etwas später in „Plattform EduCare" (www.plattform-educare.org) umbenannt und bildet ein bundesweites Netzwerk aus vielfältigen Organisationen, inklusive ÖDKH, deren gemeinsames Hauptanliegen die Reform des elementaren Bildungswesens darstellt (vgl. Lex-Nalis/Keller/Paschon 2016, S. 4–6).

Im Jahr 1995 werden in einem zweiten Teil des Forschungsprojekts am Charlotte Bühler Institut die Bildungsziele und Funktionen des Kindergartens aus der Sicht der KindergärtnerInnen aufgezeigt. Während bis in die 1970er Jahre Disziplin und Gehorsam als oberstes Erziehungs- und Bildungsziel gelten, sind bei der Bildungsarbeit nun die Sprachförderung, das selbstständige Handeln, Fähigkeiten für das Lösen von Konflikten, die Freude an der Bewegung und die Befriedigung emotionaler Grundbedürfnisse Schwerpunkte der Bildungsarbeit. Für die Erreichung der damit verbundenen Bildungs- und Erziehungsziele sind für die KindergärtnerInnen eine Senkung der Kinderzahl in der Gruppe sowie eine gute Ausstattung mit Spiel- und Lernmaterialien wichtige Kriterien und Forderungen. Ein weiteres Ergebnis der Studie ist, dass die individuelle Förderung von Interessen und Begabungen der Kinder immer weniger Berücksichtigung finden könne. Dies wird sowohl auf die Ausbildung als auch auf die unzureichenden Rahmenbedingungen im Kindergarten zurückgeführt. Ausgehend von den Ergebnissen der beiden Forschungen beschließt das Charlotte Bühler Institut sowohl Qualitätskriterien für den Kindergarten als auch einen zeitgemäßen neuen Bildungsplan zu formulieren (vgl. Charlotte Bühler Institut 1995, S. 95 ff.). Auch die Qualitätskriterien von Hartmann und Stoll aus dem Jahr 1996 empfehlen in Bezug auf die Arbeitsbedingungen eine Aufstockung des Personals, eine Erhöhung der Vorbereitungszeit sowie eine höhere Bezahlung, ebenso Supervision und Reflexion als Mindeststandards zur Qualitätssicherung (vgl. Hartmann/Stoll 1999, S. 191 ff.). Besonders seit dem Jahr 2008 werden dann vermehrt Maßnahmen gesetzt, um die Elementarpädagogik aufzuwerten. Ursachen dafür sind die Barcelona-Ziele der Europäischen Union, die PISA-Ergebnisse sowie Empfehlungen im Endbericht der OECD-Studie Starting Strong (vgl. Koch 2014, S. 3; Lex-Nalis 2014, S. 22).

Die Stadt Wien erarbeitet beispielsweise bereits im Jahr 2006 einen Bildungsplan, der als Grundlage für die Bildungsarbeit im Kindergarten und die Förderung von Kompetenzen dient (vgl. LGBl. Wien, Nr. 27/2013, § 2). Dieser konkretisiert auch die im Wiener Kindertagesheimgesetz angeführten Aufgaben des Kindergartens und soll zur Transparenz der professionellen Arbeit im Kindergarten beitragen (vgl. Magistratsabteilung 10 2006). Neben dem Wiener Kindergartengesetz gibt es seit 2003 eine „Wiener Kindertagesheimverordnung“, seit 2014 als „Wiener Kindergartenverordnung – WKGVO“ bezeichnet (vgl. LGBl. Wien, Nr. 20/2014). In dieser werden die Maximalanzahl an Kindern in den verschiedenen Gruppen, die Mindestanzahl an Betreuungspersonen sowie die Ausstattung von Kindertagesheimen geregelt (vgl. LGBl. Wien, Nr. 29/2003). Im Jahr 2018 kommt es dann erneut zu umfassenden Änderungen, besonders in Bezug auf das Qualifikationsprofil der Leitungsposition. Bei der Elternzusammenarbeit muss zusätzlich zum Elternabend mit den Erziehungsberechtigten einmal im Kindergartenjahr ein Gespräch über den Bildungs- und Entwicklungsprozess des Kindes angeboten werden. Diese Bildungs- und Entwicklungsprozesse sind seit März 2018 in geeigneter Form zu dokumentieren. Außerdem muss nun jede Einrichtung ein pädagogisches Konzept und einen Businessplan vorlegen (vgl. LGBl. Wien, Nr. 19/2018).

Lex-Nalis gibt zu bedenken, dass bei den bundesweiten sowie länderspezifischen getroffenen Maßnahmen nicht die Auswirkungen auf die in der Ausbildung und im Beruf stehenden PädagogInnen bedacht wurden (vgl. Lex-Nalis 2014, S. 22). Sie zitiert in diesem Kontext Cornelia Wustmann, die ebenfalls aufzeigt, dass die Anforderungen an KindergartenpädagogInnen zwar enorm angestiegen seien, ein Nachdenken über die Umsetzung in der Praxis aber noch nicht erfolgt sei (vgl. Lex-Nalis 2014, S. 23). In Bezug auf die Ausbildung gibt es in diesem Zeitabschnitt nämlich lediglich zwei Veränderungen. Mit dem Schulrechtsänderungsgesetz 2016 werden die „Bildungsanstalten für Kindergartenpädagogik“ in „Bildungsanstalten für Elementarpädagogik“ umbenannt. Ebenso wird statt des Begriffs „Sonderpädagogik“ die Bezeichnung „Inklusive Elementarpädagogik“ verwendet (vgl. BGBl. Nr. 56/2016).

8 Entdeckung und Wiederentdeckung alternativer pädagogischer Strömungen und Ansätze

Katharina Rösler, Ulrike Bleicher, Andrea Groh

Die Vollbeschäftigung und das Instituieren des Sozialstaates tragen 1960 zu einer „Normalisierung“ der Lebensverhältnisse der Bevölkerung bei (vgl. Hornung/Sturm 1995, S. 54 ff.). Der wachsende Wohlstand und der Aufbau des Sozialstaates in Österreich idealisieren Ehe und Familie nach dem Zweiten Weltkrieg. Der Druck der Nachkriegszeit wird jedoch innerfamiliär durch patriarchalische und gewalttätige Verhältnisse der elterlichen Autorität geprägt. Diese zeigen sich in Distanz, Strenge, emotionaler Kälte, autoritär eingeforderten Ge- und Verboten, Körperfeindlichkeit sowie häufiger Gewalt und Schweigen – einerseits das Verschweigen des Erlebten und andererseits das Verschweigen der Angst, als Opfer der NS-Zeit erkannt zu werden. Kinder werden von ihren Eltern politisch und moralisch geprägt, und dabei bleibt wenig Platz für Gefühle (vgl. Kratz/Trallori 2013, S. 90 f.). Die Generation der 68-Bewegung hinterfragt dann erstmals die elterliche Lebenswelt. Die zahlenmäßige Gewichtung dieser Bewegung in Österreich mag unbedeutend sein, die gesellschaftlichen Auswirkungen für das Land dagegen sind nachhaltig, schon allein wenn man einen Blick auf die Gesetzeslage wirft (vgl. Kratz/Trallori 2013, S. 29 f.).

Das Ehe- und Kindschaftsrecht der 1970er Jahre stammt noch aus dem Jahr 1811 und deklariert den Mann als Haupt der Familie, dem auch die väterliche Gewalt und uneingeschränkte Autorität in der Familie zusteht (vgl. ABGB Wien, Nr. 946/1811, § 147). Im Gegenzug verpflichtet er sich, für die Familie zu sorgen, und die Ehefrau verspricht mit der Eheschließung, dem Mann beizustehen, und ist in weiterer Folge verantwortlich für Haushalt und Kinder (vgl. ABGB Wien, Nr. 946/1811, § 91, § 92). Trotz dieser Verantwortung ist es einer Mutter beispielsweise nicht gestattet, gesetzliche Formulare ihrer Kinder, wie einen Reisepass, zu beantragen. Erst 1975 wird diese Vormachtstellung des Mannes gesetzlich eingeschränkt und durch die Gleichberechtigung von Mann und Frau in der ehelichen Partnerschaft ersetzt. Fortan sind beide Parteien in der Ehe verpflichtet, zum Unterhalt, entweder durch Erwerbstätigkeit oder aber durch Hausarbeit, beizutragen (vgl. BGBl Wien, Nr. 412/1975, § 89). Trotz der Veränderung des Gesetzes entspricht die soziale Wirklichkeit Mitte der 1980er Jahre oft noch nicht den partnerschaftlich vorgegebenen Standards. Die zugeteilte Verantwortung ist speziell für Frauen häufig eine zusätzliche Belastung und wirkt sich im privaten wie auch im beruflichen Leben situationserschwerend aus (vgl. Kratz/Trallori 2013, S. 150). Die resultierenden Veränderungen, aber auch Verunsicherungen treffen die Bereiche des Familienlebens, der Arbeitsteilung im Haushalt und des Schulwesens (vgl. Lichtenegger 2015, S. 16).

Das Kindschaftsrecht wird 1977 weitgehend zum Wohle des Kindes erneuert. Bezüglich des Kindeswohls wird auf die Persönlichkeit und die Bedürfnisse des Kindes, wie Anlagen, Fähigkeiten, Neigungen und Entwicklungsmöglichkeiten sowie auf die Lebensverhältnisse der Eltern geachtet (vgl. BGBl Wien, Nr. 403/1977, § 178a). Bis dahin ist gesetzlich festgehalten – und dies geht ebenfalls auf 1811 zurück –, dass die Eltern auch befugt sind, „unsittliche, ungehorsame oder die häusliche Ordnung und Ruhe störende Kinder auf eine nicht übertriebene und ihrer Gesundheit unschädliche Art zu züchtigen“ (ABGB Wien, Nr. 946/1811, § 145). Daraus ist ersichtlich, dass dies die häusliche Gewalt per Gesetz erlaubt und deshalb auch nicht strafbar ist. Die Gesetzesänderung regelt nicht nur eine Partnerschaftlichkeit zwischen Eltern und Kind, sondern sie streicht auch die überwiegend väterliche Gewalt im Gesetzestext (vgl. Helperstorfer 1992, S. 18).

Durch die Veränderung der neuen Bedürfnisse und Forderungen in der Familie werden neue Bedarfe an die institutionelle Kinderbetreuung gestellt. Im Kindergarten wie auch in der Schule sind PädagogInnen die Autorität (vgl. Stocker 1995, S. 177). Konflikte im autoritären Erziehungsstil werden in hierarchischer Überlegung entschieden, wobei der Unterschied zwischen Erwachsenen und Kindern aus Wissenden bzw. ErzieherInnen und Unwissenden bzw. dem zu Erziehenden besteht (vgl. Lichtenegger 2015, S. 22 f.).

Um ein Gesamtbild des Kindergartens der 1970er Jahre zu erlangen, in dem Ordnung und Sauberkeit, das Disziplinieren und Dirigieren sowie das Manipulieren der Kinder einen hohen und selbstverständlichen Stellenwert einnehmen, darf das dabei entstehende Machtverhältnis der Erwachsenen nicht außer Acht gelassen werden (vgl. Spielhofer 1974, S. 13 ff.). Eine Untersuchung der Erziehungsnormen und des Züchtigungsverhaltens in Österreich im Jahr 1977 zeigt zudem auf, dass von 2 004 befragten Eltern 55 % ihre Kinder schlagen. Der Anteil der schlagenden Eltern in der Stadt unterscheidet sich nur marginal von jenen vom Land, wobei die ländliche Bevölkerung den Vorwand für die Züchtigung „aus Überzeugung“ begründet (vgl. Pernhaupt/Czermak 1980, S. 121 ff.). Eine Feldstudie unter SchülerInnen einer berufsbildenden Schule bezüglich der Eigenerfahrungen hinsichtlich körperlicher Bestrafungen zeigt auf, dass im Kindergarten der 1970er Jahre merklich autoritäre Züge vorhanden sind, in dem sich KindergartenpädagogInnen nicht scheuen, gewalttätige Maßnahmen an Kindern durchzuführen (vgl. ebd. 1980, S. 46).

Die Elementarpädagogik der 1970er und 1980er Jahre in Österreich zeichnet also auf der einen Seite ein autoritäres Bild (vgl. ebd. 1980, S. 45 ff.), auf der anderen Seite kommt es sehr wohl zu Veränderungen in den Familienstrukturen und der Einstellung zur Erziehung. Den Kindern und ihren Bedürfnissen wird Gehör geschenkt, und eine individuelle Förderung des Kindes rückt vermehrt in den Mittelpunkt (vgl. Schwendter 1995, S. 172). Um vor allem die Förderung in Hinblick auf den Schulstart ausreichend ermöglichen zu können, wird eine Fülle an didaktischem Material, wie etwa Arbeitsblätter oder Denkmappen sowie weitere Lern- und Lehrmittel, im Kindergarten verwendet, was fast zu einer Verschulung des Kindergartens führt. Erst durch die Entwicklung des Rahmenplans „Bildung und Erziehung im Kindergarten" von 1975 werden das sozial-emotionale Lernen, die Förderung von kooperativen Verhaltensformen und die Entwicklung sozialer Kompetenzen gleichwertig in den Vordergrund gerückt (vgl. Berger 2005b, o.S.). Dabei bleibt in jedem Fall die Haupterziehung bei den Eltern und wird im Kindergarten als „grundsätzlich freiwillig" angesehen (LGBl Wien, Nr. 32/1967, § 3), um die Familienerziehung zu unterstützen (vgl. LGBl Wien, Nr. 32/1967, § 2). Die Schule hingegen, als Bildungsinstitution und Einrichtung des Lehrens und Lernens, vermittelt spezifische Kenntnisse und Fertigkeiten und unterstützt als Bildungsvermittler die Gesellschaft (vgl. Seel 2010, S. 13). In den 1970er Jahren erfährt das österreichische Schulwesen erneut eine Novellierung, die nunmehr die Koedukation der Kinder vorsieht (vgl. BGBl Wien, Nr. 323/1975, § 4), was wiederum die neuerlangte Emanzipation der Frauen im täglichen Alltag der Geschlechter sichtbar macht (vgl. Unger 2018, S. 86 f.). Die Anzahl der reformpädagogischen, alternativen Schulen ist noch äußerst gering. Die erste, und heute noch bestehende, reformpädagogische Einrichtung wird 1969 in Wien-Mauer gegründet und beruht auf dem anthroposophischen Grundansatz von Rudolf Steiner. Steiners reformpädagogische Schule gliedert sich in eine neunstufige Gemeinschaftsschule, die um drei weitere Stufen ergänzt werden kann. Der Unterricht umfasst verschiedene Epochen, die im Wechsel der Unterrichtsfächer gelehrt werden (vgl. Seel 2010, S. 72).

Wirft man einen Seitenblick auf die Kinder- und Jugendliteratur der 1970er Jahre in Österreich, fällt auf, dass nun eine junge Generation von Kinder- und JugendbuchautorInnen auf den Plan tritt und Bücher, Geschichten und Gedichte speziell für Kinder und Jugendliche zu schreiben beginnt – mit durchwegs „starken" KinderprotagonistInnen und ganz anderen Rollenverhältnissen als im traditionellen Schriftgut. Zu dieser Zeit war in Österreich noch gesetzlich verankert, dass Kinderliteratur in jedem Fall „pädagogisch wertvoll und bildend" sein sollte – Comics waren beispielsweise an vielen Schulen verboten bzw. nicht gerne gesehen (vgl. Mairbäurl 2011, S. 184). Zu dieser progressiven AutorInnengruppe gehören unter anderem Renate Welsh, Ernst A. Ekker, Christine Nöstlinger, Vera Ferra-Mikura, Lene Mayer-Skumanz, Friedl Hofbauer, Käthe Recheis und Mira Lobe, die Schöpferin des weltweit bekannten „Ich bin Ich", sowie auch die Illustratorinnen Susi Weigl und Angelika Kaufmann. Deren Bücher kritisieren das autoritäre Verhalten von Erwachsenen, heben die Individualität von Kindern hervor, stellen Toleranz und Solidarität in den Mittelpunkt und greifen oftmals auch das Thema Umweltschutz auf. Zusammenfassend lässt sich sagen, sie zeichnen ein neues Bild von Kindern (vgl. Hartmann/Kaufmann 2005, S. 52 ff.), die mehr Partizipationsmöglichkeiten haben und deren Fähigkeiten und Gefühle ernst genommen werden. Hartmann und Kaufmann reflektieren in dem Zusammenhang: „Heute herrscht Einigkeit darüber […]. Kinder sind eigene Persönlichkeiten, die ein Recht auf Andersartigkeit und eine Identität als selbstbewusste Individuen haben" (Hartmann/Kaufmann 2005, S. 55) und die zudem eigene Spielräume frei von erwachsener Kontrolle brauchen, um zu aktiven und kreativen GestalterInnen zu werden. Damals hatte sich diese Erkenntnis noch nicht flächendeckend durchgesetzt und die neue Art von Literatur leistet dazu einen aktiven Beitrag (vgl. Hartmann/Kaufmann 2005, S. 56). Auch im Umfeld der Wiener Gruppe bzw. der Neuen Frankfurter Schule entstehen ab den 1960er Jahren kinderliterarische Geschichten und Gedichte, häufig in Kombination mit Zeichnungen (vgl. Mairbäurl 2011, S.188–189), in denen es zentral darum geht „die Welt jenseits von konventionellen Regeln und Inhalten auszuprobieren" (Mairbäurl 2011, S. 189). Zeitgleich werden, allen voran in den Sozialwissenschaften, erstmals Herrschaftsverhältnisse, soziale Schicht und (anti)autoritäre Erziehung zum Gegenstand von Diskursen. Auch in der Entwicklungspsychologie setzt sich langsam die Erkenntnis durch, dass beim sprachlichen und kognitiven Werden des Kindes sowohl biologische als auch soziale Einflussfaktoren eine Rolle spielen und daher die Stärkung des kindlichen Selbstwerts entscheidend ist für die Persönlichkeitsentwicklung (vgl. Hartmann/Kaufmann 2005, S. 51).

8.1 Die Kinderladenbewegung und das Wiener Kinderkollektiv

Letztlich haben die Tendenzen der Erziehung in den staatlich geführten Institutionen sowie die allgemeinen politischen Entwicklungen zur Folge, dass Eltern diese Institutionen immer mehr hinterfragen. Sie wollen eigenständig Veränderungen bezüglich herrschender Erziehungsmodelle herbeiführen und streben als Ziel für ihre Kinder eine Erziehung frei von Gewalt und Zwang an (vgl. Schwendter 1995, S. 172). Aus der geschichtlichen Vergangenheit ergibt sich die Herausforderung, wie sich Erziehungsverhältnisse so gestalten lassen, dass nachfolgende Generationen das Potenzial zum Widerstand haben, um für eine Herrschaftsform wie dem Nationalsozialismus nicht mehr anfällig zu sein. Die Antwort wird in der Veränderung der Erziehungsform gesehen, die Kinder anders aufwachsen zu lassen, als die Erwachsenengeneration selbst aufgewachsen ist. Die Kritik richtet sich gegen Prinzipien der Erziehung, die mit Bindungslosigkeit, Triebunterdrückung, Härte und Gefühlskälte assoziiert werden. Es entsteht eine Gegenkultur zur herkömmlichen Erziehung, eine Gegengesellschaft, worin die Erziehung zur Kritikfähigkeit äußerst relevant ist (vgl. Baader

2008b, S. 21 f.). Dabei darf man aber den wichtigen Aspekt nicht außer Acht lassen, dass die Kinderladenbewegung in Deutschland wie in Österreich lediglich von einer kleinen Elite aus dem akademischen und bürgerlichen Milieu getragen wurde. Kinder mit anderem Background, also die breite Masse, wurde nach wie vor traditionell erzogen (vgl. Baader 2008b, S. 29–30).

Die Eltern in den Kinderläden wollen gemeinsam Erziehung neu gestalten, wobei der Fokus auf der Praxis mit gleichzeitiger Theoriebildung liegt. Die pädagogische Fachkraft soll verhindern, dass Kinder zu autoritären Persönlichkeiten erzogen werden, zu – wie es der Journalist Gerhard Bott ausdrückt – „autoritätsabhängigen Radfahrertypen, die nach unten buckeln und nach oben treten" (Bott 1970, S. 10). Bott dreht 1969 die zweiteilige Dokumentation über die Kinderladen-Bewegung „Erziehung zum Ungehorsam" und gibt ein Jahr später das gleichnamige Buch heraus. Vor allem die filmische Dokumentation sorgt für gesellschaftliche Diskussionen, da sie die gängige Erziehung der 1970er Jahre komplett hinterfragt. Die Reaktion fällt, erfasst durch eine Vielzahl an eingegangenen LeserInnenbriefen, sehr unterschiedlich aus. Davon steht etwa die Hälfte (45,6 %) den durchaus revolutionären Ansätzen ablehnend und kritisch gegenüber. Somit liegt die Vermutung nahe, dass der Zweiteiler größere Verunsicherungen bewirkt hat. Das mediale Echo bezüglich der Ausstrahlung ist der Thematik gegenüber jedoch grundsätzlich positiv (vgl. Bott 1970, S. 109 f.).

Die Tatsache, dass antiautoritär erzogene Kinder mit der autoritären Gesellschaft in Konflikt geraten, wird von den Kinderläden früh erkannt. Es soll zu Selbstbestimmung und zu Selbstständigkeit kommen, die sich psychoanalytisch so ausdrücken, dass das Über-Ich durch das Ich ersetzt wird. Daher legen Eltern bei der repressionsfreien Erziehung großen Wert auf eine ausreichende Ich-Stärke, damit sich weder Resignation noch Neurosen bei den Kindern entwickeln können (vgl. Bott 1970, S. 9 ff.). Folglich spielt die Selbstregulation eine wesentliche Rolle, worunter verstanden wird, dass jedes Kind seinen Bedürfnissen in Lebensbereichen wie Essen, Sozialverhalten, Schlafen, Spielen, Sexualität und Lernen freien Ausdruck geben kann. Diese Erziehungskonzepte heben sich vom klassischen Kindergarten in verschiedenen Bereichen ab: in der Darstellung von Räumen, bezüglich des Umgangs mit Gegenständen und Materialien, im Verständnis zwischen ErzieherInnen und Kindern, im Umgang mit der Zeit, im Speziellen beim Essen und Schlafen, und im der Umgang der Kinder untereinander (vgl. Baader 2008b, S. 24 f.). Konflikte sollen zudem für das Kind ohne traumatisierende Frustration verarbeitet werden können. Mit dieser Erziehung werden Voraussetzungen dafür geschaffen, dass Menschen die Fähigkeiten entwickeln, sich den erkannten Widersprüchen der Gesellschaft nicht blind anzupassen, sondern autonom, individuell und sozial kompetent zu handeln (vgl. Grossmann 1987, S. 89 f.).

Insbesondere zu Beginn wird die antiautoritäre Bewegung als kollektive Bemühung gesehen, sich von den Zwängen der unbeweglichen, starren Einrichtungen sowie von autoritären Erziehungsstrukturen zu befreien (vgl. Aden-Grossmann 2011, S. 142). Die Kritikpunkte an den öffentlichen Institutionen sind die autoritären Strukturen, Reglementierung, rigide Ordnung, Dirigismus und die Überlastung der BetreuerInnen durch eine zu große Kinderanzahl (vgl. Schmölz 1991, S. 97). Der Wunsch, aufgrund fehlender staatlicher Kinderbetreuungsstellen die Kinder in einer Form von Kleinfamilie im privat-öffentlichen Raum unterbringen zu können und zu wollen, sollen dabei ebenso befriedigt werden (vgl. Franke-Meyer/Reyer 2015, S. 56 f.).

Zentrale Anhaltspunkte für die Konzeptfindung der Kinderladenbewegung sind die Summerhill-Schule von Alexander Sutherland Neill, die Texte von Anna Freud, Vera Schmidts Arbeitsweise im Kinderheim-Laboratorium sowie die Werke von Wilhelm Reich und Siegfried Bernfeld. Besonders Bernfelds „Sisyphos" stellt die Grundlage für die Idee des Wachsenlassens und für das Fernhalten äußerer Einwirkungen im kindlichen Entwicklungsprozess dar (vgl. Böhm 2012, S. 116). Wilhelm Reichs „Die sexuelle Revolution" dient als theoretisches Muster für die sexuelle Erziehung in den Kinderläden, ebenso Anna Freuds und Vera Schmidts Dokumentationen ihrer praktischen Erfahrungen in der Kinderanalyse (vgl. Sager 2008, S. 59). Reich beschreibt die Erwachsenen als Vorbilder im Umgang mit der Sexualität und betont die Auswirkungen von Hemmungen und Gewissensbissen durch eine zu repressive Sexualerziehung, die sich bei Kindern einstellen können (vgl. Reich 1971, S. 48 ff.).

Anknüpfend an Jean-Jacques Rousseaus Modell einer natürlichen Erziehung und Ellen Keys Pädagogik vom Kind aus, gründet Alexander Sutherland Neill im Jahr 1923 eine reformpädagogische Schule am Sonntagsberg in Waidhofen an der Ybbs. Aufgrund heftiger Aufstände der ländlichen Bevölkerung, einiger Beamter und der Schulverwaltung schließt der Schulversuch allerdings nach einem knappen Jahr. Neill verlegt daraufhin den Schulsitz nach England in die Grafschaft Dorset am „Summerhill". Die gleichnamige Schule wird mit ihren demokratischen Prinzipien im Nachhinein Weltruhm erlangen (vgl. Eichelberger/Zwiauer 2001, S. 23). Neill propagiert die demokratische Erziehung, die für ihn Selbstbestimmung des Einzelnen und Selbstverwaltung der Gruppe bedeutet (vgl. Neill 1965, S. 22 ff.). Die ersten Gruppen der Kinderladenbewegung orientieren sich zur Gänze an Neill, allerdings verändern die Verantwortlichen der Kinderladenbewegung im Laufe der Zeit die pädagogischen Ansätze, da die Ansicht vorherrscht, dass Neill den gesellschaftlichen Zusammenhang und Einfluss nicht berücksichtigt habe (vgl. Schmölz 1991, S. 99).

Ausschlaggebend für das Gelingen eines Konzeptes in der pädagogischen Praxis ist vor allem die Interaktion zwischen dem Kind und der Bezugsperson, bei der die ErzieherInnen aus den artikulierten Bedürfnissen des Kindes pädagogische Angebote entwickeln können. Dem Kind sollen somit möglichst umfangreiche Angebote und Anreize geboten werden, um seinen Lernprozess zu fördern (vgl. Aden-Grossmann 2011, S. 145). Dabei ist kritisch anzumerken, dass bei dieser Arbeitsweise der genaue Überblick über den Lern- und Entwicklungsprozess des Kindes nicht gegeben ist. Die Arbeit nach diesen Konzepten ist spontan und zufällig, wobei es schwerfällt, die Praxis mit den Kindern – allein schon aus zeitlichen Gründen – stetig zu reflektieren. Das Fehlen des Gesamtkonzeptes pädagogischer Angebote erschwert den langfristigen Lernprozess der Kinder (vgl. Grossmann 1987, S. 94).

Einen Fokus der Kinderladenbewegung stellt eine veränderte Sexualerziehung dar. Kinder sollen sowohl hinsichtlich ihres emotionalen Verhaltens, als auch hinsichtlich ihrer sexuellen Entwicklung nicht eingeschränkt werden, das gilt auch für Sexualspiele untereinander (vgl. Aden-Grossmann 2011, S. 146). Der Selbstregulierung der Sauberkeits- und Reinlichkeitserziehung wird große Bedeutung beigemessen, wohingegen den Kindern in öffentlichen Institutionen das Recht auf Selbstregulierung überwiegend versagt bleibt (vgl. Grossmann 1987, S. 95). Aden-Grossmann zeigt in dem Zusammenhang allerdings auf, dass es vielen PädagogInnen zu der Zeit vor allem aufgrund fehlender positiver Erfahrungen schwerfällt, die Sexualität der Kinder zu akzeptieren, und die eigene Sexualität meist mit Schuldgefühlen verbunden ist (vgl. Aden-Grossmann 2011, S. 146 f.); zudem fehlen methodische und didaktische Hilfestellungen. Selbst in den Kinderläden bleiben bei Eltern wie bei ErzieherInnen trotz Literaturbearbeitung oftmals Zweifel, wie sie auf die kindliche Sexualität reagieren sollen. In der Praxis werden dem sexuellen Spiel der Kinder kein Verbot und keine Beschränkungen gesetzt. Im Gegenteil, die frühkindliche sexuelle Neugier soll unterstützt, sogar provoziert und der menschliche Körper sowie seine Nacktheit geachtet werden (vgl. Grossmann 1987, S. 94 f.). Berger weist darauf hin, dass in diesem Prozess die Grenzen zwischen früher Kindesverführung und dem Spiel mit der Sexualität verschwimmen können (vgl. Berger 2013, S. 20 ff.) und auch Sager spricht von „Grenzüberschreitungen", bei denen sich erwachsene und kindliche Sexualität zu stark vermische (vgl. Sager 2008, S. 64 f.). Für den Umgang mit der kindlichen Aggression gilt Ähnliches wie für die Sexualerziehung. Es ist festgelegt, dass sich Erwachsene nicht in kindliche Streitigkeiten einmischen. Kinder sollen mithilfe der Grundsätze der Selbstregulierung eigene Gestaltungsmöglichkeiten im Zusammenleben erlernen. Dieser Ansatz bewirkt, dass die kindlichen Aggressionen untereinander überhandnehmen und Erwachsene der Interaktion nur beobachtend beistehen und zusehen, ohne einzugreifen. Folglich gibt es Kinder, die nicht mehr in den Kinderladen kommen wollen (vgl. Grossmann 1987, S. 95).

Im Oktober 1969 wird in Österreich der erste Kinderladen, das „erste Wiener Kinderkollektiv", unter der Verantwortung von Eltern als Verein eröffnet. Die Idee entsteht im Dezember 1968 während eines Arbeitskreises des VSStÖ über antiautoritäre Erziehung, in dem das Unbehagen über bestehende Kindergärten thematisiert wird. Inspiriert und angeregt wird der vorerst theoretische Ansatz durch deutsche Beispiele in der Kinderladenbewegung. Nach einigen Umzügen kommt es im November 1970 zur endgültigen Niederlassung in den Räumlichkeiten in der Schüttelstraße 54 in Wien-Leopoldstadt (vgl. Spielhofer 1970, S. 2 f.).

Das zentrale Ziel des Kinderkollektives ist die Bildung selbstbestimmter Kinder, die eine autonome und kritische Persönlichkeit besitzen. Die Kinder sollen in der Gruppe solidarisch handeln und von Erwachsenen unabhängig sein, indem das Spielverhalten und der Tagesablauf selbst bestimmt und gestaltet werden können. Die Erarbeitung von Bildungsinhalten wird durch Selbstregulierung und intrinsisches Lernen begleitet. Elterliche aktive Mitarbeit im Kinderkollektiv ist für ein intensives und kritisch reflektiertes Verhältnis ebenso von großer Bedeutung. Die Betreuungspersonen sind zuständig für die Herstellung und Aufrechterhaltung einer für alle Kinder günstigen gruppendynamischen Atmosphäre sowie für die Bereitstellung von Material und in der Entsprechung der von den Kindern geforderten Hilfe und Unterstützung (vgl. Spielhofer 1970, S. 1). Das Geschehen in der täglichen Praxis wird protokolliert, zudem werden zusätzliche Protokolle über einzelne Kinder angefertigt (vgl. Spielhofer 1970, S. 2). Das Konzept zum Erwerb des Realitätsprinzips wird den Kindern durch sachliche Informationen und Erklärungen bezüglich der Umwelt vermittelt. Das weitgehende Eingehen auf die kindlichen Bedürfnisse und das Sammeln eigener Erfahrung sollen den Grundstock für ein wünschenswertes soziales Verhalten legen (vgl. Spielhofer 1970, S. 7). Zur Kontrolle der in der Praxis angewendeten Theorie werden in gewissen Abständen Untersuchungen durchgeführt, in denen das Verhalten einzelner Kinder sowie die Gruppenprozesse analysiert werden. Die Protokolle werden quantitativ ausgewertet, um ein einigermaßen objektives Bild des Kinderkollektives zu erhalten. In wöchentlichen Diskussionsabenden wird über die Vorgänge im Kinderladen anhand der Beobachtungen der PädagogInnen, Eltern und MitarbeiterInnen diskutiert und über entsprechende pädagogische Maßnahmen beraten (vgl. Spielhofer 1970, S. 8). Allgemein ist die enge Zusammenarbeit zwischen Eltern und ErzieherInnen im Kinderkollektiv von wesentlicher Bedeutung. Dabei wird großer Wert auf die Abstimmung der Erziehung in der Familie und im Kinderkollektiv gelegt. Die Eltern sollen ihre eigenen Einstellungen den Kindern gegenüber hinterfragen und so lernen, ungünstiges ErzieherInnenverhalten auszuschalten und durch günstigeres zu ersetzen (vgl. Spielhofer 1970, S. 9). Letztlich haben häufig wechselnde Unterbringungen der Gruppe zur Folge, dass die Zielsetzung des Kinderkollektivs nur teilweise erfüllt werden kann (vgl. Spielhofer 1970, S. 3 f.). Das „erste Wiener Kinderkollektiv" wird bis ins Jahr 1971 betrieben und nach dessen Auflösung und Neugründung zum „zweiten Wiener Kinderkollektiv" (vgl. Spielhofer 1974, S. 90).

Johanna Pelikan (1991), die im Kinderkollektiv aufwächst, beschreibt es einerseits als eine gemeinschaftliche, lebensbejahende Gruppe. Bei den Kindern wird das Reden zum relevantesten Grundsatz, das als Manipulationsmittel sowohl untereinander als auch bei den Erwachsenen angewendet wird. Äußerliche Anfeindungen sind für die Kinder durchaus spürbar, wobei die Erwachsenen defensiv gegenüber der Außenwelt erlebt werden. Ansonsten sind die Erwachsenen in der Gruppe größtenteils mit der eigenen Veränderung im gesellschaftlichen System und mit sich selbst beschäftigt. Andererseits gibt es von Seiten der Erwachsenen im Kinderkollektiv gesellschaftliche Erwartungshaltungen an die Kinder, die diese erfüllen sollen. Darüber hinaus bietet sich, wenn Eltern alles erlauben und dulden, wenig Raum für Ablösungsprozesse, sodass Auseinandersetzungen auf anderen Wegen erfolgen müssen, die schwer bewusst gemacht werden können (vgl. Pelikan 1991, S. 25 ff.). Thomas Spielhofer, der Sohn von Karin Spielhofer, der ebenso das Kindekollektiv besucht, bezeichnet die Gruppe sogar als unkontrolliertes „Wolfsrudel", als Ort gewaltiger kindlicher Aggression, der niemand gewachsen war (vgl. Spielhofer 1998, S. 360): „Aus meiner Sicht war die antiautoritäre Erziehung Teil einer revolutionären Ära, einer radikalen Abkehr, unserer Erziehungsberechtigten von der Welt ihrer Eltern [...]. Unterschwellig blieben die Mechanismen dieselben [...]" (Spielhofer 1998, S. 364).

Bei einer vergleichenden Betrachtung der beiden Betreuungseinrichtungen Kindergarten und Kinderladen lässt sich festmachen, dass die Konzeptvorstellungen und Strukturen der beiden Institutionen weit auseinanderklaffen. Spielhofer beschreibt den Regelkindergarten als System, das durch Strukturen, Ordnung und Kontrolle geprägt ist. Die Kinder haben darin wenige Möglichkeiten des Mitspracherechtes oder des Widerstandes. Die ErzieherIn-Kind-Relation im Jahre 1967/1968 beträgt 32 Kinder auf eine Betreuungsperson und im Jahre 1971/1972 sind es 27 Kinder auf eine Betreuungsperson (vgl. Spielhofer 1974, S. 43). Auch Baader skizziert, dass die Kinder zu dieser Zeit im Regelsystem dem Zwang der rigiden Tageseinteilung unterliegen, zu bestimmten Zeiten essen und schlafen müssen und dies auch mit allen Mitteln oder sogar körperlicher Gewalt von den PädagogInnen durchgesetzt werden muss. Unter dem Aspekt überrascht es wenig, dass nicht alle Kinderläden oder Kindergruppen politisch ausgerichtet, sondern lediglich Einrichtungen für Eltern waren, die ihr Kind diesem Druck nicht aussetzen wollten (vgl. Baader 2008b, S. 22–24). Das Prinzip der Selbstorganisation der Eltern in der Kinderladenbewegung, Selbstverantwortung und -verwaltung pädagogischer und inhaltlicher Belange, gibt es im traditionellen System ebenso (noch) nicht (vgl. Fitzka-Puchberger 1991, S. 126 ff.). Auch die Inszenierung der Räume und der Umgang mit Gegenständen und Zeitrhythmen unterscheiden sich vom klassischen Kindergarten, genauso wie der Umgang mit den Emotionen der Kinder sowie den Emotionen der PädagogInnen (vgl. Baader 2008b, S. 25).

8.2 Die Renaissance der Psychoanalytischen Pädagogik

Die Arbeitsgemeinschaft Psychoanalytische Pädagogik (APP) in Wien beschreibt Psychoanalytische Pädagogik als „jene Wissenschaft, die die Erkenntnisse der Psychoanalyse in den pädagogischen Alltag einbringt" (APP-Wien 2018, o.S.). Figdor betrachtet diese Entwicklung „als notwendige Konsequenz aus den Theorien Sigmund Freuds zur Entstehung der Neurosen" (Figdor 1983, S. 29). Im Jahr 1908 findet in Salzburg der „1. Internationale Psychoanalytische Kongress" statt. Dieser bietet neben Freud beispielsweise dem ungarischen Psychoanalytiker Sandor Ferenczi eine interessierte ZuhörerInnenschaft für seinen Vortrag „Psychoanalyse und Pädagogik". Er formuliert als anzustrebendes Ziel beider Disziplinen: „[...] die kindliche Seele von der Belastung unnötiger Verdrängungen zu schonen" (Ferenczi 2004, S. 2). Bereits einige Jahre vor Ausbruch des Zweiten Weltkrieges kommt es zu einem ersten Zerfall der so optimistisch begonnenen Strömung. Crain beschreibt die zunehmende Tendenz, die Psychoanalyse dem Fachbereich der Medizin zuzuordnen, sowie die zu starke Hinwendung ins Therapeutische, ins Sessel-Couch-Setting (vgl. Crain 2005, S. 52 f.). Zudem konnte eine internationale Vernetzung und „Institutionalisierung" vor dem Krieg nicht mehr erfolgen (Datler/Fürstaller/Winninger 2015, S. 13). In der Zweiten Republik gelingt es dann nur schwer, an die Blüte der 1920er Jahre anzuschließen. Lambert Boltauer gründet 1950 in Wien die August-Aichhorn-Gesellschaft und eine psychoanalytisch orientierte Beratungsstelle für SchülerInnen der höheren Schulen Wiens und Umgebung. Zwischen 1950 und 1960 veröffentlichen Autoren wie Zulliger und Meng erneut Beiträge zu Themen der Psychoanalytischen Pädagogik. Es kann jedoch konstatiert werden, dass sich im Vergleich zu ihren Anfängen weitaus weniger PädagogInnen und PsychoanalytikerInnen mit dem Thema befassen (vgl. Zagorac 2008, S. 21). Erst mit Einflussnahme der 1968er Bewegung entfacht erneut breites Interesse für die Ideen der Psychoanalytischen Pädagogik. So beschäftigen sich zunehmend mehr wissenschaftlich arbeitende PädagogInnen mit innerpsychischen Vorgängen von Kindern, Jugendlichen und Erwachsenen auf empirischer Ebene. Insbesondere VertreterInnen der allgemeinen Pädagogik, der Sozial- sowie der Sonder- und Heilpädagogik beginnen sich in diesem Kontext mit Psychoanalyse als Erkenntnisquelle zu befassen. Gleichzeitig werden an einigen psychoanalytischen Ausbildungsinstituten auch ErziehungswissenschaftlerInnen zugelassen (vgl. Zagorac 2008, S. 22 f.). Günther Bittners und Willy Rehms Sammelband „Psychoanalyse und Erziehung" (1964) vereint bedeutende Artikel der „Zeitschrift für Psychoanalytische Pädagogik". Die Neu-Rezeption trifft den Nerv der Zeit und erlangt mit Unterstützung der SchülerInnen- und StudentInnenbewegung gewissen Bekanntheitsgrad. Auch die Zahl an Qualifikationsarbeiten (Magister- und Diplomarbeiten sowie Dissertationen) zu Fragen der Psychoanalytischen Pädagogik steigt kontinuierlich an. Die

1970er Jahre sind in Folge durch eine Implementierung auf universitärer Ebene geprägt. Viele der Aktivitäten dienen der psychosozialen Versorgung wie auch der einschlägigen Qualifizierung von pädagogisch tätigen Personen (vgl. Datler/Fürstaller/Winninger 2015, S. 12 f). Die Ansätze gelangen allerdings zu keiner Zeit in offizieller Form in die Lehrpläne der Bildungsanstalten für Kindergartenpädagogik. Gleichzeitig bleibt auch eine Institutionalisierung von Kindergärten mit deren Konzepten aus. Die Psychoanalytische Pädagogik verharrt so vor allem im Wirkungsbereich der Erziehungsberatung.

Der 1984 in Kiel stattfindende Kongress der Deutschen Gesellschaft für Erziehungswissenschaft (DGfE) hinterlässt ein breites Echo. Günther Bittner und Christoph Ertle fassen die Symposium-Beiträge 1985 unter dem Titel „Pädagogik und Psychoanalyse – Beiträge zur Geschichte, Theorie und Praxis einer interdisziplinären Kooperation" zusammen (vgl. Datler/Fatke/Winterhager-Schmid 1994, S. 134). Der Austausch der VertreterInnen aus Deutschland, Österreich und der Schweiz führt am Ende des Symposiums zur Idee, einen Antrag für eine ständige Kommission und damit eine Institutionalisierung der Psychoanalytischen Pädagogik innerhalb der Erziehungswissenschaften zu erwirken. Auf Anraten von Wolfgang Klafki stellen Reinhard Fatke – in Abstimmung mit Horst Scarbath und Luise Wagner-Winterhager – den dafür erforderlichen Antrag an den Vorstand der DfGE, der im Jahr 1987 genehmigt wird. Es folgen psychoanalytisch-pädagogische Publikationsreihen wie „Anwendungen der Psychoanalyse", das „Jahrbuch für Psychoanalytische Pädagogik" und die Buchreihe „Sisyphos: Studien zur Psychoanalyse in der Pädagogik". Nach Bestehen der Arbeitsgemeinschaft ertönt der Wunsch nach mehr Übersicht und Transparenz (vgl. Datler/Fatke/Winterhager-Schmid 1994, S. 141). Nach zahlreichen Gesprächen wird die Arbeitsgemeinschaft Pädagogik und Psychoanalyse 1993 zur ständigen Kommission Psychoanalytische Pädagogik und bereits im selben Jahr findet die erste Tagung der Kommission an der Freien Universität Berlin statt. Wilfried Datler nimmt für Österreich mit dem Vortrag „Das Psychoanalytische einer psychoanalytisch-pädagogischen Fallgeschichte" teil (vgl. ebd., S. 155). Im Rahmen der Festansprache anlässlich der 10-Jahres-Feier der Arbeitsgemeinschaft für Psychoanalytische Pädagogik am 30. September 2006 spricht Wilfried Datler retrospektiv über die Motivation für eine österreichische psychoanalytisch-pädagogische Arbeitsgemeinschaft mit Sitz in Wien bereits zu Beginn der 1980er Jahre: „Als ich im Sommer 1983 von meinem ersten Aufenthalt an der Hampstead-Clinic zurück nach Wien gekommen war, erzählte ich Helmuth Figdor mit Begeisterung, dass ich eben eine Einrichtung kennengelernt hatte, die präzise dem entsprach, wovon er schon damals schwärmte" (Datler 2008, S. 21).

Im Rahmen psychoanalytischer Studien werden Figdor und Datler insbesondere von Universitätsprofessoren wie Martin Heitger und Walter Spiel positiv beeinflusst. Heitger und Walter initiieren bereits damals eine Kooperation zwischen dem Institut für Pädagogik und der Universitätsklinik für Neuropsychiatrie des Kindes- und Jugendalters in Wien. An der Ambulanz der Klinik Spiel haben Studierende die Möglichkeit auf tiefenpsychologischem Gebiet Erfahrungen zu sammeln. Unabhängig von universitären Vorgaben und Strukturen gelingt Helmuth Figdor eine Übergangslösung in Form einer Zusammenarbeit mit der Sigmund-Freud-Gesellschaft in Wien. Jene Gesellschaft widmet sich im Besonderen der Weiterentwicklung psychoanalytischer Bereiche abseits der Psychotherapie. Die Sigmund-Freud-Gesellschaft betraut 1986 Figdor mit der operativen Leitung eines Forschungsprojektes, das die Folgen von Scheidung auf die Persönlichkeitsentwicklung des Kindes untersuchen soll (vgl. Datler 2008, S. 24 f.). Das Projekt wird zwischen 1986 und 1988 durchgeführt und dessen Ergebnisse erfahren internationale Diskussion und Anerkennung. Daraus leitet Figdor auch seine Theorie für eine psychoanalytisch-pädagogische Erziehungsberatung ab. Aus dem Grundlagentext mit dem Titel „Psychoanalytisch-pädagogische Erziehungsberatung. Die Renaissance einer klassischen Idee“ entsteht das ebenso international anerkannte, von ihm entwickelte „Wiener Konzept psychoanalytisch-pädagogischer Erziehungsberatung“ aus dem Jahr 1997. In der Folge hält Figdor Seminare zum Thema Erziehungsberatung an der Universität Wien und entwickelt mit besonders interessierten Studierenden, vornehmlich aus der Fächerkombination Pädagogik mit Sonder- und Heilpädagogik, einen außeruniversitär aufeinander aufbauenden Kurs. Dies ist die Geburtsstunde des ersten Ausbildungslehrgangs in psychoanalytischer Erziehungsberatung. Mit Unterstützung von Inge Scholz-Strasser, damalige Generalsekretärin der Sigmund-Freud-Gesellschaft, wird der Kurs dann innerhalb der Gesellschaft institutionell verankert (vgl. Datler 2008, S. 26 f.). Datler beschreibt, dass zudem die Gründung des Frankfurter Arbeitskreises für Psychoanalytische Pädagogik (FAPP) im Jahr 1983 Vorbildwirkung hatte für die Gründung der APP durch Figdor in Wien im Jahre 1996 (vgl. Datler 2008, S. 26). Diesem gelingt bei der Gründung sogar eine Kooperation mit der Sigmund-Freud-Gesellschaft, mit dem Wiener Arbeitskreis für Psychoanalyse und dem Alfred-Adler-Institut des Österreichischen Vereins für Individualpsychologie. Das Curriculum des daraufhin entwickelten Lehrgangs wird in Figdors Publikationen: „Psychoanalytisch-pädagogische Erziehungsberatung: der Ausbildungslehrgang (2000)“ und „Psychoanalytisch-Pädagogische Erziehungsberatung. Ein Wiener Modell (2002)“ dargestellt. Der Lehrgang wird 2017 als Lehrgang „universitären Charakters“ anerkannt (vgl. Datler/Fürstaller/Winninger 2015, S. 17). Bereits 2005 existieren in Wien, Niederösterreich und dem Burgenland Erziehungsberatungsstellen, in denen AbsolventInnen des APP-Lehrgangs Beratung und Versorgung anbieten (vgl. Datler 2008, S. 28).

8.3 Reformpädagogische Ansätze

Zu Beginn des 20. Jahrhunderts entstehen die „Reformpädagogik", die „Progressive Education" und die „Education Nouvelle", die allesamt durch eine Kritik an Autorität und Gehorsam und durch eine Orientierung des erzieherischen Handelns am und vom Kind ausgehend gekennzeichnet sind. Zentral ist die Beschäftigung mit kontroversen und neuartigen Erziehungsansätzen (vgl. Flitner 2001, S. 9). Der Begriff „Reformbewegung" beschreibt die Tendenz, miteinander in Beziehung zu sein, sich untereinander auszutauschen, sich aber auch bewusst voneinander unterscheiden zu wollen. Nach Eichelberger erreicht die österreichische Reformpädagogik ihren Höhepunkt in den 1920er bis 1930er Jahren (vgl. Eichelberger/Zwiauer 2001, S. 22).

Im Zusammenhang mit der österreichischen Geschichte der Reformpädagogik ist der im Jahr 1921 gegründete „Weltbund für Erneuerung der Erziehung" nennenswert. Er bietet nach wie vor ein internationales Diskussionsforum für reformpädagogisch Interessierte in enger Zusammenarbeit mit Reformschulen. Im Rahmen der Kongresse stehen internationale ReformpädagogInnen wie Maria Montessori, John Dewey, Martin Buber und Peter Peterson auf der TeilnehmerInnenliste. Insbesondere Maria Montessori pflegt eine enge Zusammenarbeit mit dieser Vereinigung (vgl. Eichelberger/Zwiauer 2001, S. 23). Nach Kriegsende werden erste Kontakte in den USA und in England geknüpft und so gelingt 1951 auf Initiative von Elisabeth Rotten eine Neugründung der deutschen Sektion in Judenheim. Ein österreichischer Bezug zum Weltbund findet sich mit der Gründung des „Europäischen Pädagogischen Symposiums Oberinntal" (EPSO) im Jahr 1974. Das Tiroler Forum zum internationalen Gedankenaustausch wird durch den „Weltbund" mitgestaltet. Die EPSO zerbricht nach Wechsel des Tagungsortes im Jahr 2013 an zu geringen finanziellen Mitteln (vgl. Flitner 2001, S. 110 f.). Nach Hammerer und Eckert bleiben reformpädagogische Aktivitäten der 1950er bis 1980er Jahre innerhalb Österreichs im Wesentlichen auf die Pädagogik Maria Montessoris reduziert. UnterstützerInnen dieser Pädagogik wie Richard Strohal, Rektor der Universität Innsbruck, Agnes Niegl und Maria Josefa Retter, Montessori-Pädagogin und Leiterin eines Kinderhauses in Innsbruck, organisieren Treffen bzw. publizieren über das Konzept und dessen Wirkungsweise (vgl. Hammerer/Eckert 2009, S. 5 f.) und rufen 1951 sogar einen internationalen Montessori-Diplomkurs ins Leben (vgl. Hammerer 2011, S. 6). Unter Unterrichtsminister Felix Hurdes werden Montessori-Schulen in Österreich wieder versuchsweise zugelassen. Montessori selbst hält in den 1950er Jahren durchgehend Kontakt zur österreichischen Montessori-Gesellschaft, insbesondere im Austausch mit Niegl und Strohal (vgl. Hammerer 2011, S. 7 f.). Der Montessori-Verein Salzburg dokumentiert mit Schuljahr 1978/79 die erste Montessori-Klasse an der VS Liefering II (vgl. Montessori Verein Salzburg 2018, o.S.). So gründet sich auch 1978, auf

Initiative einiger LehrerInnen, der „Montessori-Pädagogik-Verein Wien“ (vgl. Eichelberger o.J.). Mit Unterstützung von KollegInnen des Bayrischen-Montessori-Verbandes wird ein Curriculum konzipiert. Franz Beer eröffnet diesen seit 1951 ersten Montessori-Ausbildungskurs an der Pädagogischen Akademie des Bundes in Wien (vgl. Eichelberger o.J.). In den 1990er Jahren entstehen das Montessori-Zentrum in Wien (vgl. Montessori Zentrum Wien o.J.) und die Österreichische Montessori Gesellschaft (ÖMG) als bundesweiter Dachverband von Montessori-Schulen und Montessori-Kinderhäusern. Deren Zuständigkeitsbereich umfasst unter anderem die Montessori-Diplomausbildungen in Kooperation mit der Montessori-Akademie (vgl. ÖMG o.J.). Der zweite Dachverband Montessori Österreich Bundesverband (MOE-B) wird bereits zuvor Ende der 1980er Jahre in Salzburg ins Leben gerufen durch eine Initiative um Herbert Haberl (vgl. MOE-B o.J.). Zusammenfassend kann die Montessori-Pädagogik als erfolgreichste unter allen reformpädagogischen Ansätzen in Österreich verstanden werden und ist durchdurch eine breite Institutionalisierung und Weiterentwicklung gekennzeichnet. Besonders Wien, Salzburg und Innsbruck erweisen sich als bedeutende Wirkungsorte. Eichelberger beschreibt dieses Phänomen im Vorwort von „Lebendige Reformpädagogik“: „Es scheint eine österreichische Eigenart zu sein, daß wir da und dort ein Stückchen von dem und einen Teil von jenem, aber keines der pädagogischen Konzepte in seiner Gesamtheit vertreten finden – mit Ausnahme der Montessori-Pädagogik, die seit nunmehr zehn Jahren sehr wohl als ein ‚in sich geschlossenes didaktisches System' in Kindergarten und Schule mancherorts in Österreich vorzufinden ist“ (Eichelberger 1997, S. 13).

Anders verhält sich die Datenlage in Bezug auf die Reggio-Pädagogik. Reggio-Emilia ist eine Stadt in Norditalien, die traditionell als politisch links und als Begründungsort von Kommunistischer und Sozialistischer Partei in Italien gilt (vgl. Pfeiffer 2013, S. 103). In enger Verbindung mit einer „neuen Erziehung zu Humanität und Gerechtigkeit“ ab 1945 steht auch die Entwicklung, vor allem aber die Etablierung der dahinterstehenden reformpädagogischen Idee. Mit Entstehen der ersten kollektiv begründeten und geleiteten Kindergruppen und durch die veränderte Gesetzeslage wird es den Kommunen ab 1968 möglich, die Verantwortung sowie die Trägerschaft dieser zu übernehmen (vgl. Gauly 2013, S. 26). So wechseln die Einrichtungen von kirchlicher in kommunale Trägerschaft. Die „scuola infanzia“ definiert damit eine kostenfreie Einrichtung für Drei- bis Sechsjährige und nimmt den Bildungsgedanken in sein zuvor rein familienergänzendes Konzept auf (vgl. Dreier 2012, S. 111). Von 1970 bis 1985 übernimmt Loris Malaguzzi die koordinative Leitung der kommunalen Tageseinrichtungen. Gemeinsam mit Mario Dolci werden das konzeptionelle Grundgerüst und die markanten Positionen der Reggio-Pädagogik geschaffen (vgl. Gauly 2013, S. 27). Das Konzept entspricht nicht einer reduzierten Malaguzzi-Pädagogik, sondern ist kollektiv geprägt und nach Aussagen

Malaguzzis all seinen WegbegleiterInnen, vor allem den Frauen in Reggio-Emilia und ihrem Nachdenken über pädagogische Praxis, anzurechnen (vgl. Gauly 2013, S. 27). Im Zusammenhang mit Reggio wird in der Literatur (vgl. Göhlich 1997; Gauly 2013) nicht von einer eigenständigen Theorie, sondern vielmehr von einem „aus der Praxis kommenden, erfahrungsoffenen und experimentellen Konzept" (Gauly 2013, S. 27) gesprochen. Im Zentrum steht die freie Entfaltung der kindlichen Potentiale, auch auf künstlerischer Ebene, bei der sie die ErzieherInnen sowie die Eltern in enger Zusammenarbeit begleiten. Besonders viel Wert wird auf die Gestaltung der Räume – im Sinne des Raums als dritter Erzieher – gelegt. Entscheidend ist Freundlichkeit, Helligkeit und ein großer Eingangsbereich, der die Möglichkeit bietet, dass Kinder sich treffen und partizipativ agieren können (vgl. Bamler/Schönberger/Wustmann 2010, S. 132 ff.)

In Bezug auf Österreich erwähnt Göhlich erstmals in „Reggiopädagogik – Innovative Pädagogik heute" den österreichischen Politikwissenschaftler Peter Ulram, der im Jahr 1977 Bolognas Kommunalpolitik untersucht und dabei mit der Aufgeschlossenheit der EinwohnerInnen der Reggio-Emilia in Berührung kommt (vgl. Göhlich 1997, S. 4). Erst die frühen 1980er Jahre bieten mit der aufkeimenden Bildungsdiskussion im deutschsprachigen Raum eine Basis für die innovativen Ansätze der Reggio-Pädagogik, die laut Schäfer und Von der Beek Neuheitswert hat: „Mit der Reggio-Pädagogik wurde eine Verbindung zwischen den Polen Individuum und Gesellschaft, individuelle und soziale Entwicklung hergestellt" (Schäfer/Von der Beek 2009: 47 f.). Im Jahr 2006 wird das Forum Reggio-Pädagogik Österreich gegründet, das sich unter anderem für Weiterbildungsmöglichkeiten sowie die Errichtung und Durchführung von Lehrgängen einsetzt (vgl. Seyrl o.J.) – Monika Seyrl agiert federführend als Obfrau des Vereins. Durch den Artikel „Alternative Alternativen für die Kinder" in der Tageszeitung Der Standard erlangt das Konzept auch breitere mediale Aufmerksamkeit (vgl. Moser 2010, o.S.). Zusammenfassend betrachtet scheint das Interesse für die Reggio-Pädagogik ein eher junges Phänomen zu sein. Die wesentlichen Kontraste zur Montessori-Pädagogik bilden das im Kollektiv erdachte Konzept im Vergleich zur personengebundenen Montessori-Pädagogik und eine geringere Institutionalisierung von Reggio-Kindergärten. Trotzdem hat beispielsweise das Land Niederösterreich, ähnlich der Dokumentationsweise bei Reggio, das Portfoliokonzept für alle niederösterreichischen Landeskindergärten konzipiert. Ein kurzer Exkurs nach Deutschland zeigt, dass PädagogInnen vergleichsweise früher die praxis-unterstützende Wirkung reformpädagogischer Konzepte erleben und sich neben Reggio oftmals auch der Pädagogik Emmi Piklers verschreiben (vgl. Dreier 2012, S. 120). Die Pikler Pädagogik beruht auf der Annahme, dass Kinder vor allem durch selbstständige und freie Bewegungsentwicklung lernen und die Betreuung von Säuglingen und Kleinkindern daher spezielle Umgebungen und Fertigkeiten braucht (vgl. Tardos 2015, S. 29 ff.).

Emmi Pikler studiert Medizin in Wien und lässt sich in den 1930er Jahren in Budapest als Kinderärztin nieder. Zunächst begleitet sie Familien und gründet im Jahre 1946 ein Kinderheim in der Budapester Lóczystraße (vgl. Czimmek 2015, S. 16–18). Den Heimalltag gestaltet sie auf Grundlage ihrer Forschungen – die Heimkinder erleben im Lóczy Selbstbestimmung, Autonomie und Gewaltfreiheit (vgl. Czimmek 2015, S. 21; Kálló 2015, S. 35 ff.)

Eine Fusion von reformpädagogischen Ansätzen und der Psychoanalytischen Pädagogik lassen sich in Österreich vor allem an Personen festmachen, die beide Sichtweisen in ihrer pädagogischen Arbeit vereinen, z. B. Lilli Roubiczek-Peller. Auch der Reformpädagoge Alexander Sutherland Neill nimmt wiederholt Psychoanalyse für seine Schüler in Anspruch, um deren Neurosen zu heilen. In seiner Zeit am Sonntagsberg bringt er zu diesem Zweck einen neurotischen Knaben zu Wilhelm Stekel, einem Schüler Sigmund Freuds, nach Wien (vgl. Flitner 2001, S. 209). Johannes Bilstein beschreibt die Wiederentdeckung der Psychoanalytischen Pädagogik innerhalb der StudentInnenbewegungen, die zunächst vor allem durch die Verbreitung von Raubdrucken psychoanalytischer Werke der 1920er Jahre gefördert wird (vgl. Bilstein 2008, S. 214–215). Der Zeitgeist hat nach Bilstein die Psychoanalyse mit Gesellschaftskritik angehaucht und so neue Denkprozesse für Generationen danach angeregt. Beispielsweise nennt er Alexander Mitscherlichs 1963 erschienenes Werk „Vaterlose Gesellschaft" als einen „Klassiker der psychoanalytischen Sozialpsychologie" und benennt das Zusammentreffen der Psychoanalytischen Pädagogik mit kritischen Erziehungstheorien als revolutionär und einzigartig in der Geschichte (vgl. Bilstein 2008, S. 215 ff.). Laut Zagorac betrachtet Datler die einseitige Auslegung Psychoanalytischer Pädagogik durch rebellierende StudentInnen und antiautoritär gesonnene ErzieherInnen etwas kritischer; es erfolge eine weitgehende Reduktion der Inhalte auf die Forderung nach Befreiung menschlicher Triebbedürfnisse (vgl. Zagorac 2008, S. 22 f.). Der Erziehungswissenschaftler Dieter Jürgen Löwisch wiederum widmet sich in „Erziehung und Kritische Theorie" (1974) der Nützlichkeit einer Synthese zwischen kritischer Pädagogik und Psychoanalyse. Auch in zahlreichen anderen Publikationen verbindet er reformpädagogische, gesellschaftskritische Theorien mit den Methoden der Psychoanalyse und kann somit als Vermittler zwischen Reformpädagogik und Psychoanalytischer Pädagogik bezeichnet werden. Er beschreibt die Notwendigkeit beider Ansätze als Hilfsmittel für eine Erziehung zum Subjekt: „Die Aussicht, ein mehr oder weniger freundliches Leben führen zu können, wird dadurch entschieden, wie eine Sozietät ihre Kinder aufnimmt und ihrer Trieb- und ihrer Autonomiebedürfnisse sich annimmt" (Löwisch 1974, S. 59).

Nach Baltruschat kommt es in den 1980er Jahren erstmals zu einer fundierten wissenschaftlichen Auseinandersetzung mit Kindergartenpädagogik und ihren Methoden für die Praxis (vgl. Baltruschat 1986, S. 59 ff.). In Verbindung damit steht die Gründung des Anna-Freud-Kindergartens in Wien-Währing. Mit Eröffnung dieser Einrichtung wird an eine lange zurückliegende Synthese zwischen Psychoanalyse und elementarer Pädagogik angeknüpft. Angestoßen wird diese Gründung durch die Initiative Hannah Fischers, die während ihrer Emigration bei Anna Freud in London eine zweijährige Ausbildung zur Kindergärtnerin absolviert, und ihre pädagogische Tätigkeit im österreichischen Kindergartenwesen durch die Theorien der Psychoanalytischen Pädagogik bereichert. Der Anna Freud-Kindergarten setzt auf Perspektivenvielfalt, ein interdisziplinäres Team und begleitende Forschung (vgl. Baltruschat 1986, S. 64). Nachdem auch fachdidaktischen Aspekte des Rahmenplans von 1975 an ihre Grenzen stoßen, wird in den 1980er Jahren zunehmend nach modernen, dialoghaften und bedürfnisorientierten Konzepten gefragt. So halten reformpädagogische Ideen, allen voran die Montessori-Pädagogik, aber auch die Reggio-Pädagogik mit dem „Raum als dritter Erzieher" (Gauly 2013, S. 28) und der „Situationsorientierte Ansatz" Einzug in die Kindergärten. Dieser Ansatz wird in den Jahren 1984 bis 1989 am Institut für angewandte Psychologie und Pädagogik in Kiel von Armin Krenz aus dem Situationsansatz weiterentwickelt und beinhaltet zentral die Förderung der Sach-, Sozial- und Selbstkompetenz unter Einbeziehung der unmittelbaren Erlebenswelt des Kindes (vgl. Keller/Novak 1997, S. 315). Pausewang unterstreicht dessen Relevanz für die moderne Gesellschaft: „Die Pädagogik nach dem Situationsansatz kann dem Kind helfen, Herausforderungen in der Zukunft besser zu meistern" (Pausewang 2014, S. 97). Zusammenfassend kann die Einflussnahme reformpädagogischer Ideen auf das österreichische Kindergartenwesen durchaus bestätigt werden, es ist aber vor allem die Montessori-Pädagogik in ihrer Gesamtheit übernommen worden (vgl. Eichelberger 1997, S. 13). So betont Lex-Nalis, dass das Montessori-Prinzip in jeder österreichischen BAfEP unterrichtet wird und benennt auch die Tatsache, dass in fast allen Kindergärten Montessori-Materialien im Einsatz sind (vgl. Lex-Nalis 2014, S. 7). Die Psychoanalytische Pädagogik fließt gegenwärtig vor allem durch psychoanalytisch orientierte PädagogInnen und damit indirekt in die Elementarpädagogik ein, beispielsweise durch Wilfried Datler, Barbara Lehner, Robert Schmid, Regina Studener-Kuras und Nina Hover-Reisner als psychoanalytisch-pädagogisch orientierte Lehrende. Gehen wir nun davon aus, dass die davon inspirierten ElementarpädagogInnen diese als MultiplikatorInnen in die pädagogische Praxis weitertragen, so wird die aktuelle elementarpädagogische Landschaft zumindest auf diese Weise mit Methoden (z. B. Work Discussion) gespeist (vgl. Lex-Nalis 2014, S. 11 f.).

9 Die Ausbildung von KindergartenpädagogInnen in der Zweiten Republik

Katharina Rösler, Daniela Krassnig, Lisa Berger-Buchelt

Das gesamte österreichische Schulwesen und Schulrecht muss nach dem Zweiten Weltkrieg neu aufgebaut werden. Als die alliierten Truppen in das österreichische Gebiet einrücken, fallen nicht nur die Bildungseinrichtungen in ganz Österreich aus. Die Besatzungsmächte benötigen Unterkünfte für ihre Soldaten, Nachschubdepots und Lazarette. Schulgebäude werden, sofern sie nicht durch Luftangriffe oder Kämpfe zerstört sind, in Beschlag genommen, da sie sich für diese Aufgaben besonders gut eignen (vgl. Engelbrecht 1988, S. 394). Die Zerstörung der schulischen Einrichtungen ist in Ostösterreich am stärksten, dennoch wird der Unterricht in diesem Teil Österreichs nach Kriegsende schneller wieder aufgenommen. Hier kann in den noch zur Verfügung stehenden Gebäuden bereits im Mai 1945 der Schulbetrieb mithilfe von pensionierten LehrerInnen und schlecht ausgebildeten SchulhelferInnen wieder stattfinden. Das Schuljahr 1944/45 wird letztlich bis August verlängert und im Wechsel-Schichtverfahren, indem zwei bis drei Klassen abwechselnd in einem Raum unterrichtet werden, zu Ende gebracht. Im Westen Österreichs beginnen die Alliierten erst im Sommer 1945 mit der Räumung erster Schulgebäude und helfen den österreichischen Behörden, diese wieder nutzbar zu machen (vgl. Engelbrecht 1988, S. 395).

Als Grundlage für die Ausbildung zur Kindergärtnerin dient nach 1945 die Verordnung des Ministeriums für Kultus und Unterricht vom 3. Juli 1914. Die Neuanfänge sind geprägt von verschiedenen Abänderungen des gültigen Lehrplanes an den einzelnen Bildungsanstalten. Eine umfassende Neugestaltung der Ausbildung verzögert sich wegen schulpolitischer Auseinandersetzungen der Koalitionspartner sowie des Fehlens eines neuen Schulgesetzes (vgl. Gary 2006, S. 248). Für die „Ausbildung zur Horterzieherin“ werden die Regelungen aus dem Jahr 1931 geltend gemacht (vgl. Baltruschat 1986, S. 56).

Nach Ende des Zweiten Weltkrieges sind also sowohl Kindergärtnerinnen, deren Befähigungszeugnis noch aus der Vorkriegszeit stammt, als auch Abgängerinnen der NSV-Seminare in den Kindertagesstätten (Kindergärten, Horten, Kinderheimen) tätig. Außerdem gibt es Mitarbeiterinnen, die keine entsprechende Qualifikation nachweisen können sowie Kinderpflegerinnen und Kindergärtnerinnen, die ihre NSV-Ausbildung aufgrund des Krieges im Frühjahr

1945 nicht mehr abschließen konnten (vgl. Kuchar/Niegl/Wurst 1997, S. 133). Mit Kriegsende und dem Verbot der NSDAP (vgl. Ackerl 2013, S. 130) ist die Zusammensetzung der unterschiedlichen Ausbildungen nicht mehr mit den österreichischen Gesetzen vereinbar. Hinzu kommt, dass in den NSV-Seminaren die pädagogisch-psychologische Ausbildung zugunsten der Parteipolitik stark eingeschränkt war und so häufig die eigentliche Qualifikation fehlt. Ein Erlass von 1947 vom Bundesministerium für Unterricht besagt jedenfalls, dass alle Befähigungen im Zuge von NSV-Seminaren „privat" erworben wurden und so von der Republik Österreich nicht als gültig anerkannt werden. Es gibt allerdings die Möglichkeit, eine „Privatistenbefähigungsprüfung" an einer staatlichen Bildungsanstalt abzulegen und so einen Wiedereinstieg als Kindergärtnerin und Horterzieherin zu schaffen (vgl. Kuchar/Niegl/Wurst 1997, S. 133 f.). Als wesentliche Voraussetzungen für die Zulassung zu dieser Prüfung wird „die Vollendung des 18. Lebensjahres sowie der Nachweis eines zwanzigmonatigen Hospitierens und Praktizierens von wöchentlich mindestens 24 Stunden an einem gut geführten Kindergarten, über ein je zehnmonatiges Hospitieren und Praktizieren an einem Hort und an einer Volks- und Hauptschule im Ausmaß von wöchentlich vier Stunden" (Baltruschat 1986, S. 56) genannt. Neben der Befähigungsprüfung kann die Befähigung zur Kindergärtnerin weiters durch das Absolvieren der zweijährig geführten Bildungsanstalten sowie das Ablegen einer „Nachtragsprüfung" zum Zeugnis der Reife für das Lehramt an Volksschulen erworben werden (vgl. Forstner 2010, S. 27).

Um die Neuregelung der Ausbildung zur Kindergärtnerin und Horterzieherin zu gestalten und einen bundeseinheitlichen Lehrplan für Bildungsanstalten zu schaffen, werden von allen Landesschulräten Stellungnahmen bezogen auf die Notwendigkeit der Reorganisation abgegeben. Diese umfassen die Intensivierung der Allgemeinbildung in Hinblick auf eine sorgfältigere Stoffauswahl der Berufsausbildung, eine engere Verbindung zwischen theoretischen und praktischen Unterrichtsfächern sowie den Ausbau der pädagogisch und psychologisch fundierten Praktischen Erziehungsarbeit. Des Weiteren werden die Einführung heilpädagogischer Ansätze, insbesondere die Ausbildung der Sonderkindergärtnerin, sowie die Verlängerung der Ausbildungszeit von zwei Jahren auf drei Jahre als Aspekte der Neuordnung genannt (vgl. Gary 2006, S. 248).

Ausgehend von den genannten Stellungnahmen wird mit Beginn des Schuljahres 1953/1954 an den öffentlichen und privaten Bildungsanstalten versuchsweise die Führung von Vorbereitungsjahrgängen genehmigt (vgl. Diemert 1995, S. 308). Im Schuljahr 1954/55 beginnt beispielsweise die Bildungsanstalt in Klagenfurt mit diesem Schulversuch (vgl. Kuchar/Niegl/Wurst 1997, S. 136 f.). Darüber hinaus kann dadurch die Vorverlegung des Aufnahmealters der Schülerinnen um ein Jahr bewirkt werden, welches die zeitliche Lücke zwischen Pflichtschule und Berufsausbildung verringert. Demnach können nun interessierte Bewerberinnen bereits nach dem 15. Lebensjahr ihre Ausbildung anstreben (vgl. Kuchar/Niegl/Wurst 1999, S. 59). Beginnend im Herbst 1954 erarbeiten FachlehrerInnen unterschiedlicher Bildungsanstalten einen Versuchslehrplan für die angestrebte dreijährige Ausbildung zur Kindergärtnerin und Horterzieherin. Die Bekanntgabe der neuen Stundentafel erfolgt im Mai 1957, die vorbehaltliche Einführung des genannten Versuchslehrplans für die dreijährige Ausbildung im August 1958 (vgl. Forstner 2010, S. 28). Um den Aspekten der Stellungnahmen gerecht zu werden, wird der Forderung nach Berufsbezogenheit und der neuen Berufsausbildung nachgegangen. Berufsspezifische Fächer wie Erziehungslehre, Praktische Erziehungsarbeit und Spezielle Berufskunde werden für den neuen Lehrplan komplett überarbeitet. Die zuletzt genannten zwei Fächer sollen, um eine sinnvolle Verstrickung von Praxis und Theorie gewährleisten zu können, von derselben Übungskindergärtnerin gelehrt werden (vgl. Baltruschat 1986, S. 57 ff.). Als Voraussetzung für diese fächerübergreifende Ausbildungsmethode werden regelmäßige Besprechungen des Lehrkörpers festgelegt. Des Weiteren können durch eine Veränderung der Hospitationseinheiten und des Praktizierens nun auch private und öffentliche Einrichtungen für Klein- und Schulkinder als Praxisinstitutionen in die Ausbildung integriert werden. Bezogen auf die Aufteilung der praktischen Erziehungsarbeit wird festgelegt, dass neben den wöchentlich stattfindenden Praxistagen sowohl im zweiten als auch im dritten Ausbildungsjahr jeweils zwei Praxiswochen zu absolvieren sind (vgl. Baltruschat 1986, S. 59). Der daraus resultierende Stoffumfang und die hohe Stundenanzahl verhindern allerdings ein selbstständiges und intensives Auseinandersetzen mit den einzelnen Themenbereichen. Wissensvermittlung steht gegenüber dem Aspekt der Persönlichkeitsbildung und Reflexion im Vordergrund (vgl. Baltruschat 1986, S. 60).

Die Umstrukturierung des Versuchslehrplans löst auch einen Wandel in Bezug auf die Lehrbücher aus. Mit einem Erlass vom 27. November 1953 wird das dreibändige „Handbuch der Pädagogik" von Anton Simonic und Franz Hörburger für den Unterricht an Bildungsanstalten für Kindergärtnerinnen als „Hilfsbuch" für geeignet erklärt. Dies ist darauf zurückzuführen, dass es für die Vorbereitung des Lehrkörpers an den Bildungsanstalten kaum fachspezifische Literatur gibt. In diesem Kontext wird auch „Gegenwartsfragen der Kindergartenerziehung" von Agnes Niegl als Diskussionsgrundlage für künftige Formen der Kindergartenarbeit herangezogen. Dieses beinhaltet eine Zusammenfassung zweier Fortbildungsveranstaltungen zu behandelten Themengebieten und bildet für den Gegenstand Spezielle Berufskunde eine wichtige Grundlage (vgl. Baltruschat 1986, S. 60). Darauf aufbauend löst auch „Die Bildungsarbeit der Kindergärtnerin" von Margarete Schmaus eine österreichweite Diskussion über die Methodenfrage im Kindergarten sowie über die Planung und das Umsetzen von Bildungsangeboten für Kinder aus. Wurden dem Kindergarten zuvor ausschließlich erzieherische, pflegerische und soziale Aufgaben zugeschrieben (vgl. Grossmann 1987, S. 77), so legt Schmaus schon in der Ausgabe von 1974 den

Fokus auch auf die Bildung als Teil des pädagogischen Auftrags (vgl. Schmaus 1974, S. 9 f.). Durch die Weiterentwicklung der Planung kommt es zur Abkehr von bewahrenden und pflegerischen Aspekten der frühkindlichen Erziehung (vgl. Baltruschat 1986, S. 61 ff.).

Mit dem Schulorganisationsgesetz (SCHOG) vom 25. Juli 1962 kommt es zu einer wesentlichen Änderung in der Ausbildung. Ab diesem Zeitpunkt werden die „Bildungsanstalten für Kindergärtnerinnen" vierjährig und selbstständig geführt (vgl. BGBl. Nr. 242/1962). SchülerInnen werden nur nach erfolgreichem Abschluss der achten Schulstufe aufgenommen. Außerdem werden mit dem neuen Lehrplan, der 1964 in Kraft tritt, für jedes Fach „Bildungs- und Lehraufgaben" formuliert. Die Pflichtgegenstände Pädagogik, Spezielle Berufskunde und Kindergartenpraxis werden hervorgehoben, um den Theorie-Praxis-Bezug zu stärken (vgl. Kuchar/Niegl/Wurst 1997, S. 138). Mit diesem Lehrplan sollen KindergärtnerInnen ausgebildet werden, die „nach Berufsgesinnung, Berufswissen und Berufskönnen geeignet sind, die Erziehungsaufgaben in den Kindergärten zu erfüllen" (BGBl. Nr. 242/1962, § 94). Mit dem Schulorganisationsgesetz wird in weiterer Folge eine bessere Ausbildung für LehrerInnen selbst gefordert, die auch eine Verlängerung der Studienzeit miteinschließt. Durch die Schaffung einer eigenen ministeriellen „Sektion für Lehrer- und Erzieherbildung" im Jahr 1970 wird diesem Bestreben Ausdruck verliehen (vgl. Engelbrecht 1988, S. 516). Die 1962 geschaffenen gesetzlichen Grundlagen bestimmen somit bis zum Schuljahr 1985/86 die Fachausbildung der Kindergärtnerin und ermöglichen die Verselbstständigung der Bildungsanstalten für Kindergärtnerinnen als „mittlere Anstalten der Lehrer- und Erzieherbildung" (BGBl. Nr. 242/1962). Das Kindergartenwesen wird in der Folge 1963 vom bundesweit organisierten Schulwesen getrennt und ist von nun an im Verantwortlichkeitsbereich der Länder positioniert. Die Ausbildung der Kindergärtnerin selbst ist nach wie vor in der Sekundarstufe angesiedelt und dauert vier Jahre (vgl. Lex-Nalis 2014, S. 15). Weiters ist es nun durch das SCHOG möglich, an Bildungsanstalten für Kindergärtnerinnen nach Bedarf auch Lehrgänge zur Ausbildung von Kindergärtnerinnen zu Sonderkindergärtnerinnen einzurichten (vgl. BGBl. Nr. 242/1962, § 95 (3)). Durch die Erweiterung der Ausbildung auf vier Jahre wird die zuvor versuchsweise eingeführte dreijährige Ausbildung beendet. Konnte die dreijährige Ausbildung, wie bereits genannt, die Lücke zwischen Pflichtschule und Berufsausbildung verringern, so wird diese nun durch die Erweiterung zur vierjährigen Ausbildung endgültig geschlossen. Von nun an können sich Interessierte ab Vollendung ihres 14. Lebensjahres bewerben. Zeitgleich bereitet diese Erweiterung auf eine Weiterentwicklung der Ausbildung an einer fünfjährigen höheren Schule vor, die aber erst mit der 7. SCHOG-Novelle im Jahre 1982 (BGBl. Nr. 365/1982) gesetzlich verankert wird. Die Aufnahme in eine Bildungsanstalt setzt die erfolgreiche Erfüllung der ersten acht Jahre der allgemeinen Schulpflicht sowie eine positive Eignungsprüfung voraus. Um diese positiv ablegen zu können, ist eine schriftliche Arbeit mit berufsbezogener Thematik in deutscher Sprache, eine Überprüfung der Sprechfähigkeit, die Feststellung körperlicher Belastbarkeit und Gewandtheit, sowie die musikalische Bildbarkeit und Gestaltungsfähigkeit in Werkarbeiten zu absolvieren (vgl. BGBl. Nr. 139/1974, 3).

Die Stundentafel der vierjährigen Ausbildung weist 21 Pflichtgegenstände auf. Als Freigegenstände werden berufsspezifische Fächer wie Instrumentenbau und Rhythmisch-Musikalische Erziehung eingeführt. Der Lehrgegenstand Ergänzende Unterrichtsveranstaltungen wird fortan genutzt, um aktuelle berufsbezogene Themen, wie z. B. Erste Hilfe, durch fachspezifische ReferentInnen aufzuarbeiten. Jedes Fach wird mit Bildungs- und Lehraufgaben betraut und deren Inhalt durch Didaktik ergänzt. Insbesondere gilt es zu betonen, dass auch die Ergebnisse des Hospitierens und Praktizierens als grundlegende Voraussetzungen für den zielführenden Unterricht angesehen werden (vgl. Baltruschat 1986, S. 66). Diese Kindergartenpraxis nimmt mit ihrer Vielzahl an Wochenstunden und insgesamt sieben Praxiswochen eine wichtige Stellung im Konzept der vierjährigen Ausbildungsform ein. Zu Beginn der Ausbildung werden Hospitationen als Grundlage für Analysen und Anfertigungen von Beobachtungsprotokollen genutzt. Im weiteren Verlauf erstreckt sich die Ausbildung über Einführungen in die Arbeit der Kindergärtnerin und das Erstellen von schriftlichen Planungen bis hin zum ersten selbstständigen Praktizieren in Kindergärten nach den zuvor eigens erstellten Planungen (vgl. Baltruschat 1986, S. 66). Im Laufe der dritten Klasse kann während eines begrenzten Praktikums der Frage nachgegangen werden, ob eine Zusatzausbildung zur Horterzieherin im Zuge der vierten Klasse angestrebt werden soll. Des Weiteren kommen erstmals Ansätze von Verhaltenstrainings in der dritten und vierten Klasse als neuer Aspekt der Persönlichkeitsbildung der zukünftigen PädagogInnen hinzu (vgl. Baltruschat 1986, S. 66 f.).

Die Befähigungsprüfung wird vorerst durch einen Erlass von 1972 (vgl. BGBl. Nr. 151/1972) und 1975 dann umfassend geregelt. Zu absolvieren sind eine fünfstündige schriftliche Klausur in den Unterrichtsgegenständen Pädagogik, Spezielle Berufskunde und Deutsch (vgl. BGBl. Nr. 120/1975, § 5 (2)) sowie mündliche Prüfungen in den Gegenständen Pädagogik, Spezielle Berufskunde und einem freigewählten Pflichtgegenstand (vgl. BGBl. Nr. 120/1975, § 10 (1)). Für die zusätzliche Befähigungsprüfung zur Horterzieherin müssen weitere mündliche Teilprüfungen abgelegt werden (vgl. BGBl. Nr. 120/1975, § 11 (1)). Gemäß § 98 des SCHOG kann die Befähigung zur Kindergärtnerin auch durch die positive Ablegung einer „Externisten-Befähigungsprüfung" erlangt werden (vgl. BGBl. Nr. 242/1962), die 1979 eine offizielle Regelung erfährt. Neben der erfolgreichen Ablegung der allgemeinen Befähigungsprüfung muss für die Zulassung zu ebendieser vorab die Teilnahme an den Pflichtgegenständen Bildnerische Erziehung, Leibeserziehung,

Instrumentenbau, Werkerziehung und Kindergarten- und Hortpraxis nachgewiesen werden (vgl. BGBl. Nr. 362/1979).

9.1 Umstrukturierung und Neugestaltung ab den 1980er Jahren

Die Förderung der intellektuellen und kreativen Fähigkeiten in der frühen Kindheit als Voraussetzung für einen möglichst guten Start in die Schul- und Bildungslaufbahn des Kindes weist dem Kindergarten spezielle Aufgaben zu. Die Kindergärtnerin muss in der Lage sein, das Lernpotential des Kindes in Hinblick auf dessen geistige, körperliche und seelische Entwicklung zu nutzen, um die Schulreife zu fördern. Hierzu ist es erforderlich, einschlägige Erziehungspläne zu erstellen, die spezielle Bildungs- und Erziehungsaufgaben miteinbeziehen. Die Didaktik und Methodik sind hierbei dem jeweiligen Entwicklungsstand des Kindes anzupassen (vgl. Diemert 1995, S. 308). Mit der Reform des Kindergartens und der Weiterentwicklung der Kindergärtnerinnenausbildung wird die Institution Kindergarten mehr und mehr aufgewertet (vgl. Grossmann 1987, S. 132). Zwar erfüllt der Kindergarten nach wie vor die soziale Aufgabe der Kinderbetreuung erwerbstätiger Eltern, dennoch gewinnt der pädagogische Auftrag des Kindergartens und die Gesamtheit von Erziehung und Bildung im Kindergarten immer mehr an gesellschaftlicher Bedeutung (vgl. Diemert 1995, S. 308). Diese Anerkennung fordert neben der steten Anhebung der Bildungsdauer und des Bildungsniveaus der Kindergärtnerin auch den Ausbau der Bildungsanstalten. Gleichzeitig führt die Weiterentwicklung der Bildungsanstalten zu einem Anstieg an auszubildenden Kindergärtnerinnen. Dies hat ein „Überangebot" an ausgebildeten Kindergärtnerinnen zur Folge. Waren vor Einführung der vierjährigen Ausbildung 2 107 ordentliche Schülerinnen an den Bildungsanstalten für Kindergärtnerinnen eingeschrieben, so steigt die Zahl nach deren Einführung auf 4 254 Schülerinnen (vgl. Baltruschat 1986, S. 68 f.). Des Weiteren ist es den Absolventinnen der Bildungsanstalten für Kindergärtnerinnen durch die vierjährige Ausbildung im Sekundarbereich und wegen der fehlenden Hochschulreife nur sehr eingeschränkt möglich, einen anderen Beruf zu ergreifen oder gar ein Studium zu absolvieren. Lex-Nalis bezeichnet diese Entwicklung als „Bildungssackgasse" (Lex-Nalis 2014, S. 16).

Die 7. Schulorganisationsgesetznovelle vom 30. Juni 1982 (vgl. BGBl. Nr. 365/1982) versucht, den erhöhten Anforderungen im Bildungs- und Berufswesen Rechnung zu tragen. Beginnend mit dem Schuljahr 1985/1986 erfolgt die Ausbildung zur Kindergärtnerin und erstmals zum Kindergärtner an Bildungsanstalten für Kindergartenpädagogik (BAKIP), welche von da an in höhere berufsbildende Schulen umgewandelt werden (vgl. Lex-Nalis 2013, S. 13). Ähnlich der vierjährigen Ausbildung sind ein positiver Abschluss der ersten acht Jahre der allgemeinen Schulpflicht, die körperliche Eignung sowie eine positive

Eignungsprüfung als Aufnahmebedingungen festgelegt (vgl. Leitner/Havlicek 2012, S. 107 ff.; Pölzl-Stefanec 2017, S. 131). Die Eignungsprüfung ist nach wie vor in eine körperliche, musikalische und bildnerische Überprüfung gegliedert. Mit Beginn der fünfjährigen Ausbildung wird zusätzlich eine Überprüfung der sozial-kommunikativen Eignung zu den bereits bestehenden Aspekten der Eignungsprüfung hinzugefügt. Deutsch, Mathematik und Englisch werden nur unter bestimmten Bedingungen als Teil der Aufnahmeprüfung eingegliedert (vgl. Lex-Nalis 2013, S. 13). Das Konzept der Ausbildung umfasst in etwa 39 % Allgemeinbildung und 33 % Pädagogik, Didaktik und Praxis. 28 % sind im musischen Schwerpunkt angesiedelt, der auch die Leibeserziehung der SchülerInnen beinhaltet. Demzufolge werden mit dem neuen Lehrplan (vgl. BGBl. Nr. 312/1985) ca. 61 % der Ausbildung an der höheren Schule für eine breitgefächerte Berufsausbildung herangezogen (vgl. Diemert 1995, S. 309; Hartmann/Stoll 1999, S. 172). Durch die Anhebung der Allgemeinbildung im Rahmen des Curriculums (Religion, Deutsch, Englisch, Geschichte und Sozialkunde, Geographie und Wirtschaftskunde, Mathematik, Philosophie, Physik, Chemie, Biologie und Umweltkunde) ist es erstmals möglich, neben dem Befähigungszeugnis zur/zum KindergärtnerIn auch die Hochschulreife zu erlangen. Die Berufsausbildung selbst wird durch das Miteinbeziehen und Umgestalten verschiedener Ausbildungsfächer erweitert und vertieft. Spezielle Berufskunde wird unter anderem von Pädagogischer Psychologie und Pädagogischer Soziologie, Heil- und Sonderpädagogik sowie Didaktik der Kindergarten- und Vorschulerziehung abgelöst. Neu zum Lehrplan hinzugefügt wird Instrumentalmusik Gitarre; Rhythmisch-Musikalische Erziehung hält als Pflichtgegenstand Einzug in den Lehrplan (vgl. Diemert 1995, S. 309 f.). Das Zusatzangebot umfasst neben Pädagogik für ErzieherInnen an Horten auch Didaktik der Horterziehung und Hortpraxis sowie Grundlagen der Lernhilfe in Deutsch, Englisch und Mathematik. Ebenso sind ausgebildete KindergärtnerInnen nun in der Lage, einen viersemestrigen Lehrgang für Sonderkindergartenpädagogik an Bildungsanstalten für Kindergartenpädagogik zu besuchen. Dieser schließt mit einem Befähigungszeugnis für Sonderkindergärten und Frühförderung ab. Demnach können AbsolventInnen der Bildungsanstalt für Kindergartenpädagogik nun als KleinkindpädagogInnen vielschichtig eingesetzt werden, die neben einer fundierten Berufsausbildung ebenso über eine ausgeprägte Allgemeinbildung verfügen (vgl. Diemert 1995, S. 310 f.). Durch diese umfassende Erweiterung sind AbsolventInnen der Bildungsanstalten für Kindergartenpädagogik nun auch erstmals zum Besuch einer Hochschule berechtigt (vgl. BGBl. Nr. 365/1982, § 98), für „die die Reifeprüfung Immatrikulationsvoraussetzung ist, wobei nach den Erfordernissen der verschiedenen Studienrichtungen […] zu bestimmen ist, in welchen Fällen Zusatzprüfungen zur Reifeprüfung abzulegen sind“ (BGBl. Nr. 365/1982, § 98). Der reorganisierte Lehrplan ist so konzipiert, dass die Reife- und Befähigungsprüfung gestaffelt erfolgen kann. Angehende AbsolventInnen müssen bereits mit der vierten Klasse die Unterrichtsgegenstände Mathematik, Physik, Chemie, Geographie und Wirtschaftskunde sowie Biologie und Umweltkunde abgeschlossen haben. In einem der genannten Fächer muss in diesem Kontext zu Beginn der fünften Klasse eine mündliche „Vorprüfung" im Zuge der abschließenden Reife- und Befähigungsprüfung abgelegt werden. Die Hauptprüfung erfolgt am Ende der fünften Klasse. Hierzu sind drei schriftliche Klausurarbeiten in den Fächern Deutsch, Englisch und wahlweise Pädagogik oder Didaktik abzulegen. Des Weiteren folgen drei mündliche Prüfungen in Pädagogik, Didaktik und einem Wahlfach aus den verbleibenden Unterrichtsgegenständen (vgl. Lex-Nalis 2014, S. 17). Hannah Fischer betont, wie wichtig diese Neuerungen in den 1980er Jahren für das elementarpädagogische Feld sind. „Mit der Neuregelung ist ein lang gehegter Traum des Berufsstandes verwirklicht, nämlich die Anhebung auf Maturaniveau, die gleichzeitig auch eine Anerkennung der Eigenständigkeit und Bedeutung dieses Erzieherberufes signalisiert" (Fischer 1987, S. 43).

Um darüber hinaus auch AbsolventInnen anderer höherer Schulen den Zugang zur Ausbildung zu ermöglichen, werden ab den 1980er Jahren Kollegs für Kindergartenpädagogik auf postsekundärem Niveau eingerichtet. Diese Ausbildungsform wird an bestehenden Bildungsanstalten für Kindergartenpädagogik eingebettet und bietet die Möglichkeit, in einem viersemestrigen Bildungsgang die Berufsqualifikationen zur/zum KindergartenpädagogIn zur erlangen. Gleichzeitig kann die erstmalige Einführung einer derartigen Ausbildungsform als eine Annäherung an internationale Ausbildungsvarianten verstanden werden (vgl. Gary 2006, S. 265). Als Voraussetzung wird die Matura, Berufsreifeprüfung beziehungsweise eine „Studienberechtigungsprüfung für Kollegs an Bildungsanstalten für Kindergartenpädagogik" angeführt. Interessierte müssen, ähnlich dem Aufnahmeverfahren für KindergartenpädagogInnen, eine Eignungsprüfung ablegen. Diese umfasst neben den bereits beschriebenen Prüfungsaspekten der Gestaltungsfähigkeit, der körperlichen Belastbarkeit sowie der sozial-kommunikativen Eignung eine praktische Überprüfung der musikalischen Bildbarkeit (insbesondere das Erfassen von Rhythmen und Melodien) sowie die Fähigkeit zum Erlernen der im Lehrplan vorgesehenen Instrumente (vgl. Knapp/Salzmann 1995b, S. 318 f.). Nach Überarbeitung des Lehrplans wird diese Ausbildungsform im Schuljahr 1994/1995 eingeführt (vgl. BGBl. Nr. 906/1994). Die Unterrichtseinheiten werden so gestaltet, dass sie auf eigenständigem Handeln und Denken sowie auf Reflexionsbereitschaft basieren. Als problematisch gilt die Eingliederung der Lehrinhalte in die bereits bestehende Schulstruktur der BAKIPs (z. B. 50-Minuten-Einheiten) (vgl. Lex-Nalis 2014, S. 18). Dies hat zur Folge, dass die Ausbildung zur/zum KindergartenpädagogIn kaum in vier Semestern berufsbegleitend abgeschlossen werden kann. Ausgehend von der genannten Problematik erfolgt die Errichtung eigener Kollegs für Berufstätige, an denen die Wochenstunden und Lehrstoffe der vier Semester auf bis zu sechs Semester aufgeteilt und in geblockter Form angeboten werden (vgl. Hartmann/Stoll 1999, S. 172; Kuchar/Niegl/Wurst 1999, S. 62). Trotzdem fordert der ÖDKH bereits seit 1996, dass die Ausbildung breiter gefächert und auf die Bedürfnisse und Anforderungen des täglichen Arbeitsfeldes der KindergartenpädagogInnen ausgerichtet wird. Dies umfasst unter anderem Supervision im Lernprozess sowie das Recht und die Pflicht, Fortbildungen besuchen zu können (vgl. Gary 2006, S. 266 f.).

Seit 1980 sind an Bildungsanstalten für Kindergartenpädagogik auch männliche Schüler zugelassen. Im Schuljahr 1981/82 besuchen sieben männliche Schüler die BAKIPs, im darauffolgenden Jahr können bereits 22 Schüler verzeichnet werden (vgl. Gary 2006, S. 265). Bis zum Jahr 2007 steigt die Zahl der männlichen Schüler an Bildungsanstalten für Kindergartenpädagogik auf insgesamt 251 (vgl. Koch 2011, S. 60). Mit Beginn des Schuljahres 1985/86 sind Bildungsanstalten für Kindergartenpädagogik sowohl für Mädchen als auch Buben konzipiert (vgl. Baltruschat 1986, S. 70). Aufgrund der 7. Schulorganisationsnovelle (vgl. BGBl. Nr. 365/1982) wird die Berufsbezeichnung der „Kindergärtnerin" erstmals als „Kindergartenpädagoge und Kindergartenpädagogin" formuliert und geändert (vgl. Koch 2011, S. 58). Trotz des relativ starken Anstiegs an Schülern ist die Ausbildung dennoch für viele junge Männer unattraktiv (vgl. Gary 2006, S. 265). Dies ist unter anderem darauf zurückzuführen, dass die Aufnahmeverfahren an den Bildungsanstalten für Kindergartenpädagogik nach wie vor auf die darin enthaltene Ausbildung von angehenden Kindergärtnerinnen ausgerichtet sind (vgl. Pölzl-Stefanec 2017, S. 131). Des Weiteren können fehlende sanitäre Ausstattungen (z. B. Toilettenanlagen für Männer) sowie mangelnde Kooperationsbereitschaft der einzelnen DirektorInnen der Bildungsanstalten genannt werden. Diese sind unter anderem an der ausstehenden Anpassung der einzelnen Unterrichtsgegenstände (z. B. Leibeserziehung für Knaben) sowie einer ablehnenden Haltung gegenüber jungen Interessenten festzumachen. Demzufolge werden Schüler, welche die Ausbildung zum Kindergartenpädagogen anstreben, abhängig von der an den einzelnen BAKIPs vorherrschenden Politik zugelassen. In diesem Kontext ist zu erwähnen, dass Bundesschulen früher männliche Schüler zulassen als katholische Schulen (vgl. Koch 2011, S. 58).

Nach wie vor ist die fünfjährige Ausbildungsform aus dem Schuljahr 1985/86 die aktuell bestehende für angehende KindergartenpädagogInnen in Österreich. Im Rahmen der „Empfehlung des Europäischen Parlaments und des Rates vom April 2008 zur Einrichtung des Europäischen Qualitätsrahmens für lebenslanges Lernen" wird den EU-Mitgliedsstaaten nahegelegt, den Europäischen Qualifikationsrahmen als Referenzinstrument (EQR) einzuführen (vgl. Pölzl-Stefanec 2017, S. 167; ABl. Nr. C 111/01/2008). Dieser soll die Ausbildungsstandards der unterschiedlichen Länder darlegen und die Transparenz und Eingliederung am internationalen Arbeitsmarkt beziehungsweise zwischen den einzelnen Bildungssystemen vereinfachen. Im Zuge der Einführung wird auch der BAKIP-Lehrplan überarbeitet. Dieser beinhaltet neben den einzuführenden Bildungsstandards des EQRs auch die Einführung der standardisierten Reife- und Diplomprüfung (sRDP) (vgl. Pölzl-Stefanec 2017, S. 167). Im Rahmen der Schulreform und beginnend mit dem Schuljahr 2016/17 wird die Berufsbezeichnung der/des KindergartenpädagogIn durch ElementarpädagogIn ersetzt. Zeitgleich wird die Bundesbildungsanstalt für Kindergartenpädagogik (BAKIP), die bis dahin gesetzlich den Höheren Anstalten der LehrerInnen und ErzieherInnenbildung zugeordnet war, in Bildungsanstalt für Elementarpädagogik (BAfEP) umbenannt und in berufsbildende höhere Schulen (BHS) mit entsprechender Berufsberechtigung eingegliedert (vgl. BGBl. Nr. 204/2016, Teil II). BAfEPs haben die Aufgabe, „den Schülerinnen und Schülern die für die Erfüllung der Erziehungs- und Bildungsaufgaben in den Kindergärten als elementarpädagogische Bildungseinrichtungen für Kinder vom ersten Lebensjahr bis zum Schuleintritt erforderliche Berufsgesinnung sowie das dafür notwendige Berufswissen und Berufskönnen zu vermitteln und sie zur Universitätsreife zu führen" (BGBl. Nr. 204/2016, Teil II, Anlage 1). Der neu überarbeitete Lehrplan vermittelt allgemeine und berufsspezifische sowie soziale und personale Kompetenzen, die zur Bewältigung der Anforderungen des aktuellen gesellschaftlichen Bildungsdiskurses erworben werden müssen (vgl. BGBl. Nr. 204/2016, Teil II, Anlage 1). Die Ausbildung erfolgt nun in einem standardisierten Drei-Säulen-Modell. Die erste Säule stellt eine vorwissenschaftliche Arbeit dar, im Zuge der zweiten Säule werden schriftliche Klausurarbeiten abgelegt, die sich teilstandardisiert zusammensetzen. In den Fächern Deutsch, Mathematik und Englisch werden die Aufgabenstellungen vom zuständigen Ministerium an die Schulen übermittelt. Pädagogik und Didaktik können schulautonom vorgegeben werden. Die dritte Säule bildet eine mündliche Prüfung, die der Prüfungsordnung der zuvor gültigen Reife- und Diplomprüfung (vgl. BGBl. Nr. 365/1982, § 98) entnommen werden kann. Die sRDP zielt auf die Verbesserung der Allgemeinbildung und internationale Vergleichbarkeit ab. Allerdings steht sie auch in der Kritik von Didaktik- und Pädagogiklehrenden, die durch die höhere Priorisierung der allgemeinbildenden Fächer eine Abwertung der berufsbildenden Fächer verorten (vgl. Pölzl-Stefanec 2017, S. 167 f.). Es stellt sich zudem die Frage, ob durch deren Einführung auch weiterhin gewährleistet werden kann, dass für die elementarpädagogische Ausbildung und die Berufsbefähigung der AbsolventInnen ausreichend Ausbildungszeit zur Verfügung steht (vgl. Pölzl-Stefanec 2017, S. 169).

Trotz des überarbeiteten Lehrplans und der Einführung eines Pflichtpraktikums, das außerhalb der festgelegten Stundenzeiten erfolgt, sind die Aufwertung des Kindergartenwesens und die damit einhergehende Reorganisation der Ausbildung nach wie vor nicht abgeschlossen. Forderungen der elementarpädagogischen Community sowie Forschungsergebnisse deuten in diesem Kontext darauf hin, dass die vollzeitschulische Ausbildung nicht mehr zeitgemäß ist (vgl. Pölzl-Stefanec 2017, S. 126 f.; Lex-Nalis 2013, S. 14; Lex-Nalis 2014, S. 25 ff.). Als Mangel wird unter anderem eine „fehlende Verzahnung zwischen Forschung, Lehre/Theorie und Praxis" (Pölzl-Stefanec 2017, S. 202) genannt. Als Konsequenz der dadurch entstehenden fehlenden Verstrickung von Praxis und Theorie und dem unzulänglichen Rückgriff auf fundiertes Fachwissen können Unsicherheiten in der pädagogischen Praxis nur unzureichend ausgeglichen werden (vgl. Pölzl-Stefanec 2017, S. 202). Die Erkenntnis des Zusammenspiels von Handlung und Reflexion in der Ausbildung von ElementarpädagogInnen ist demnach für die Entwicklung einer pädagogisch-professionellen Haltung bedingungslos erforderlich (vgl. Nentwig-Gesemann 2007, S. 20 ff.). Eine Akademisierung der Ausbildung würde eine wissenschaftlich-reflexive Verbindung mit einer praktisch-pädagogischen Haltung ermöglichen (vgl. Nentwig-Gesemann 2007, S. 94). Der seit 2007 laufende Entwurf und Start immer neuer Studiengänge mit elementarpädagogischen Schwerpunkten an diversen österreichischen Hochschulen zeigt deutlich das enorme Bildungsbedürfnis des Elementarwesens. Die bestehenden Studienplätze werden an den unterschiedlichen Bildungseinrichtungen restlos vergeben (vgl. Lex-Nalis 2014, S. 25). Einwände – im Vordergrund stehen finanzielle Argumente – gegen die Anhebung der Ausbildung auf tertiäre Ebene werden vor allem von Seiten der Politik vorgebracht. Auf lange Sicht ist eine Akademisierung der pädagogischen Fachkräfte aus fachlichen sowie strukturellen Gründen dennoch anzustreben (vgl. Pölzl-Stefanec 2017, S. 207). Wie dies gelingen kann und was es dazu braucht, stellt in den kommenden Jahren eine zentrale Aufgabe im Professionalisierungsdiskurs des elementarpädagogischen Bereichs dar.

9.2 Horterziehung, Inklusive Elementarpädagogik und Früherziehung

Die ersten „Bildungsanstalten für Kindergärtnerinnen und Horterzieherinnen" nehmen bereits im Herbst 1945 ihren Schulbetrieb wieder auf. Zu den Unterrichtsgegenständen zählen berufseinschlägige Fächer wie Kindergartenlehre, Hortkunde, Gesang, Werken, Zeichnen und weibliche Handarbeit, sowie berufsergänzende Fächer wie Psychologie, Erziehungslehre, Kinderpflege und Gesundheitslehre (vgl. Fischer 1987, S. 47). Es fehlt jedoch eine Spezialausbildung, nicht zuletzt, weil KindergärtnerInnen auch in Heimen, Horten und anderen Institutionen, in denen Kinder dauernd oder vorübergehend untergebracht sind, eingesetzt werden. Die Ausbildung zur Horterzieherin ist zum Neustart 1945 noch untrennbar mit der Ausbildung zur Kindergärtnerin verbunden (vgl. Niegl 1954a, S. 72).

Bereits in den 1920er Jahren ist die Qualifizierung von Kindergärtnerinnen, die vorschulpflichtige Kinder mit besonderen Bedürfnissen und Verhaltensauffälligkeiten betreuen, erstmals Thema (vgl. Bäuerl 1997, S. 165). Hertha Fuchs spricht bereits von heilpädagogischen Kindergruppen in den Volkskindergärten der 1930er Jahre (Fuchs 1933/1973, S. 192 ff.). Die heilpädagogischen Kindergärtnerinnen haben die Möglichkeit zur Weiterbildung und dem Ablegen einer Sonderprüfung nach Genehmigung des Bundesministeriums für Unterricht (vgl. Bäuerl 1997, S. 165). Der systematische Ausbau von Betreuungsplätzen und einer entsprechenden Ausbildung erfolgt dann erst in der Zweiten Republik und nimmt seine Anfänge in Kindergärten, die Sonderschulen angeschlossen sind (vgl. Niegl 1954a, S. 72). Seit Kriegsende ist es wieder möglich, die „Befähigungsprüfung zur Sonderkindergärtnerin" im Rahmen der Sonderschullehrerausbildung abzulegen (vgl. Bäuerl 1994, S. 28). Im Februar 1948 wird die bisherige Prüfungsvorschrift per Erlass des BMU durch die „Prüfungsvorschrift für Sonderkindergärtnerinnen" ergänzt. Begründet wird die fachgemäße Ausbildung damit, dass neue Sonderkindergärten errichtet werden sollen und die Vorbereitung der behinderten Kinder auf die Schule diesen Einrichtungen zukommt. Erstmals gibt es für KindergärtnerInnen eine Prüfungsabteilung innerhalb der für Volks- und Hauptschule zuständigen Prüfungskommission. Es ist außerdem das erste Mal, dass ein „Befähigungszeugnis für Sonderkindergärten" ausgestellt werden kann. Die Befähigungsprüfung selbst kann spezifisch für die Erziehung blinder und sehgestörter, gehörloser und schwerhöriger, taubblinder, schwachbefähigter, schwererziehbarer, sprachgestörter oder körperbehinderter Kinder und selbst gewählt abgelegt werden (vgl. Bäuerl 1994, S. 28). Die Vorbereitungen zur Prüfung orientieren sich am jeweiligen gewählten Schwerpunkt der KandidatInnen. Das BMU sowie einige Kindergartenträger, darunter vor allem auch die Gemeinde Wien, sind bemüht, den KandidatInnen Vorbereitungshilfen zu bieten, da sich diese privat auf die Prüfung vorbereiten müssen. Dennoch sind diese Hilfen gerade für die KandidatInnen aus den verschiedenen Bundesländern oft mühsam und kostspielig. Um zur Prüfung zugelassen zu werden, benötigen die KandidatInnen ein Befähigungszeugnis als KindergärtnerIn und eine nachgewiesene mindestens zweijährige zufriedenstellende Dienstleistung oder Hospitierzeit. Die Prüfung selbst wird vor der Prüfungskommission für Allgemeine Volks- und Hauptschulen in Wien abgelegt (vgl. Kuchar/Niegl/Wurst 1997, S. 146).

Eine sachgerechte Reform der Ausbildung zur Sonderkindergärtnerin veranlasst das BMU in einem ersten Schritt dazu, von allen Landesschulräten sowie dem Stadtschulrat von Wien „Vorschläge zur Ausbildung von Sonderkindergärtnerinnen" einzuholen. In einem nächsten Schritt wird den PrüfungswerberInnen die Teilnahme an „Kursen zur Heranbildung von Sonderschullehrern" ermöglicht, obwohl die Lehrinhalte den Bedürfnissen des Kleinkindes sowie der Kleinkindpädagogik nicht genügend Aufmerksamkeit schenken. Letztlich ist es bis zur gesetzlichen Regelung der Ausbildung nötig. erneut Übergangsmaßnahmen zu treffen. Dazu zählen die Einrichtung zusätzlicher Sonderprogramme für KindergärtnerInnen im Rahmen der bestehenden Kurse sowie die Intensivierung der Praxismöglichkeiten an Sonderkindergärten der Stadt Wien, vor allem im Sonderkindergarten „Schweizer Spende“ (vgl. Kuchar/Niegl/Wurst 1997, S. 147). Diese Einrichtung wird nach Kriegsende von der Hilfsorganisation „Schweizer Spende“ im Auer-Welsbach-Park errichtet und ist der erste Sonderkindergarten der Stadt Wien, der Aufmerksamkeit im In- und Ausland erregt. Ein sehr bewusster Akt, der ein klares Zeichen gegen die Ideologie des nationalsozialistischen Regimes setzt. „Den Kindern zu helfen, der Wissenschaft zu dienen, ein Denkmal der Menschlichkeit“ (Raffelsberger 1987, S. 19) ist bis heute der Leitspruch über dem Eingang dieser Institution, die 1949 eröffnet wird (vgl. Raffelsberger 1987, S. 19). Seit seiner Eröffnung dient dieser Sonderkindergarten auch der Ausbildung für Sonderkindergärtnerinnen.

Unter Mitwirkung von Anna Freud wird bereits kurz nach Kriegsende in Wien eine große städtische Kinderkrippe am Rudolfsplatz errichtet, die Kinder zwischen dem ersten und dritten Lebensjahr aufnimmt. Die Ausbildung von Krippenpädagoginnen erfährt hingegen vor 1958 wenig Beachtung, obwohl auch schon damals Krippen eine wichtige Hilfe für jene Familien darstellen, in denen beide Elternteile berufstätig sind. Die entsprechende Schulung für die Arbeit mit dieser Altersgruppe fehlt sowohl in der Ausbildung zur Säuglings- und Kinderkrankenschwester als auch in der Ausbildung zur Kindergärtnerin. Die Krankenschwestern verfügen so kaum über pädagogisches Wissen, die Kindergärtnerinnen über zu wenig pflegerische Kenntnisse und Fertigkeiten (vgl. Raffelsberger 1987, S. 19 f.). Der Lehrplan der dreijährigen Ausbildung, der 1958 in Kraft tritt, hält dann explizit fest, dass es Aufgabe der „Bildungsanstalten für Kindergärtnerinnen und Horterzieherinnen“ ist, die Studierenden in dem Ausmaß zu befähigen, Kinder sowohl im Klein- als auch im Schulkindalter in Kindergärten, Horten und Heimen erziehen zu können. Das Kind unter drei Jahren findet theoretisch ab diesem Zeitpunkt in jenen Unterrichtsgegenständen der Erziehungslehre Beachtung, die sich mit der Darstellung des Entwicklungsverlaufes in der frühen Kindheit, der Einstellung zum Kind in unserer Zeit, den Maßnahmen zur Stützung der Mutter-Kind-Beziehung, den verschiedenen Institutionen für die Erziehung des Kleinkindes und deren ergänzende oder ersetzende Funktion, und dem psychischen Hospitalismus auseinandersetzen. Die angegebenen Lehrplaninhalte im Unterrichtsfach Spezielle Berufskunde beziehen sich explizit auf den Bereich von Kindergärten, Horten, Heimen, Sondereinrichtungen sowie das Kinderdorf. Grundlegende entwicklungspsychologische Kenntnisse über das Kleinkind rücken so ins Blickfeld, jedoch können gerade in der Praxis kaum Erfahrungen mit unter Dreijährigen von den Auszubildenden gesammelt werden. Zudem liegt es im Ermessen der Lehrenden, in welchem Umfang und mit welcher Methode sie die Bildungsziele erreichen (vgl. Lederer 2001, S. 50 ff.).

In „Gegenwartsfragen der Kindererziehung" von 1950 findet sich ein Verzeichnis für die Bildungsanstalten für Kindergärtnerinnen und Horterzieherinnen; insgesamt sind 15 Bildungsanstalten für Österreich aufgelistet. So befindet sich je eine in Klagenfurt, Amstetten, Vöcklabruck, Graz und Zams, und je zwei befinden sich in Linz und Innsbruck, sowie insgesamt sechs in Wien (vgl. Niegl 1950a, S. 331 f.). Die Bildungsanstalt der Stadt Wien, die heutige bafep21, richtet ihre Ausbildungsstätte vorerst in Wien-Hernals, Oberwiedengasse (vgl. Engelberger 2003, S. 17) ein und übersiedelt später nach Hasenleiten. Die Direktorin Trude Korntheuer legt besonderes Augenmerk auf die Ausbildung in Österreich. Ihr persönlicher Leitgedanke ist, dass Ausbildungsstätten sich nicht nur auf die jeweils zurzeit bestehenden Aufgaben beschränken dürfen, sondern sich außerdem an der erziehungspsychologischen Forschung beteiligen und deren Ergebnisse in neue Ideen umsetzen müssen. Korntheuer führt bereits im Schuljahr 1951/52 ein probeweises Vorbereitungsjahr ein (vgl. Fischer 2003, S. 26). Einerseits um die Lücke zwischen Pflichtschulabschluss und Beginn der Berufsausbildung zu schließen, andererseits weil sie darin die Chance sieht, die Ausbildung auch auf erziehungspsychologischer Ebene zu erweitern (vgl. Fischer 1987, S. 48). Auch die spätere Direktorin Hannah Fischer beginnt im März 1947 an der bafep21. Sie erlebt den Unterricht, zu dem auch noch männliche Schüler zugelassen sind, als theoretisch und praktisch fortschrittlich. Es gibt ein Schulforum, eine Schülermitverwaltung und neue Unterrichtsgegenstände wie beispielsweise die Körperliche-Musikalische Erziehung nach Chladek, ein Vorläufer der Rhythmisch-Musikalischen Erziehung (vgl. Fischer 2003, S. 25). Fischer selbst beginnt 1967 als Lehrerin für Pädagogik an der Bildungsanstalt zu unterrichten. Sie bezeichnet den Weg zur vierjährigen Ausbildung als „Riesenfortschritt gegenüber früheren Zeiten" (Fischer 2003, S. 29) und hält fest, dass sich so bereits in den ersten zwei Jahren der Unterschied zwischen SchülerInnen, die von der Hauptschule kommen, und jenen, die aus dem Gymnasium wechseln, ausgleicht. Um einen individuellen Schulbetrieb zu ermöglichen, wechselt die Bildungsanstalt 1978 noch einmal nach Wien-Floridsdorf, Patrizigasse 2. Der Gebäudekomplex ist damit groß genug, dass mit einem „Lehrgang für Sonderkindergärtnerinnen" begonnen werden kann, ebenso werden Fortbildungskurse für Leitungspersonen, Kindergärtnerinnen und Horterzieherinnen angeboten (vgl. Fischer 2003, S. 29 f.).

Bereits ab den 1930er Jahren werden an manchen Bildungsanstalten für Kindergärtnerinnen die Schülerinnen auch für die Arbeit im Hort vorbereitet (vgl. Kuchar/Niegl/Wurst 1997, S. 145). Trotzdem trägt erst das Schulorganisationsgesetz von 1962 diesem Spannungsfeld wirklich Rechnung. Ab diesem Zeitpunkt können sich angehende Kindergärtnerinnen entscheiden, ob sie die „Befähigung zur Kindergärtnerin" oder die „Befähigung zur Kindergärtnerin und Horterzieherin" erlangen wollen. Für die „Ausbildung zur Horterzieherin" werden in der vierten Klasse sechs zusätzliche Pflichtgegenstände festgelegt (vgl. Kuchar/Niegl/Wurst al. 1997, S. 145 f.). Mit der 7. Schulorganisationsgesetznovelle von 1982 bereichert dann die Ausbildung zur HorterzieherIn die gesamten letzten drei Schuljahre (vgl. Baltruschat 1986, S. 69 f.).

Ab 1962 entstehen auch „Lehrgänge zur Ausbildung von Kindergärtnerinnen zu Sonderkindergärtnerinnen“, die je nach Bedarf angeboten werden, sowie ab dem Jahr 1964 eine „Prüfungsordnung für die Befähigungsprüfung für Sonderkindergärtnerinnen“. Für die Zulassung müssen die Bewerberinnen die Befähigungsprüfung für Kindergärtnerinnen, sowie eine mindestens 20-monatige zufriedenstellende Dienstleistung in einer Kleinkindinstitution (davon 160 Stunden in Sonderkindergärten) mitbringen (vgl. Kuchar/Niegl/Wurst 1997, S. 147 f.). Die Prüfungsordnung selbst wird von der Prüfungskommission an der „Bundesbildungsanstalt für Kindergärtnerinnen“ in Wien bestimmt, die wegen der geringen Nachfrage bis 1978 für Kandidatinnen aller Bundesländer zuständig (vgl. Bäuerl 1994, S. 28). Zur Vorbereitung von Schulversuchen richtet das BMU eine Projektgruppe ein, die mit der Bundesbildungsanstalt in Klagenfurt zusammenarbeitet, um das Modell für einen zweisemestrigen „Lehrgang zur Ausbildung von Kindergärtnerinnen zu Sonderkindergärtnerinnen“ zu entwickeln (vgl. Kuchar/Niegl/Wurst 1997, S. 147 f.). Die Kurse dauern insgesamt sechs bis zwölf Wochen und umfassen sowohl theoretische als auch praktische Einheiten. Danach wählen die Kandidatinnen einen Schwerpunkt für die Individualphase aus. Zur Auswahl stehen die Erziehung und Förderung „a) leistungsbehinderter, lernschwacher und schwerstbehinderter, b) körperbehinderter, c) sprachgestörter, d) schwerhöriger und taubstummer, e) sehgestörter und blinder oder f) schwererziehbarer Kleinkinder“ (Bäuerl 1994, S. 30). Die Ausbildungsgrundlage orientiert sich insgesamt mehr an den praktischen Erfahrungen. Es ist daher möglich, sich nach mehrjähriger Praxis und Hospitation bei behinderten Kindern das theoretische Wissen auch privat anzueignen und so zur Befähigungsprüfung anzutreten (vgl. Bäuerl 1994, S. 28 ff.). Die ersten offiziellen Klassen der „Lehrgänge für die Ausbildung von Kindergärtnerinnen zu Sonderkindergärtnerinnen“ mit direktem Abschluss an der jeweiligen Ausbildungsinstitution werden mit dem Schuljahr 1977/78 an der bafep21 sowie an der Bildungsanstalt in Klagenfurt ins Leben gerufen. Aufgrund der Lehrstoffdichte wird die Ausbildungszeit ein Jahr später von zwei auf drei Semester verlängert und auf Basis der bislang gesammelten Erfahrungen entsteht ein ab 1985 verbindlicher Lehrplan. Er ist unterteilt in einen theoretischen, sonderdidaktischen und praktischen Ausbildungsbereich. Unabhängig von der Spezifizierung im dritten Semester besteht eine gemeinsame Grundausbildung. Die Praxis muss in weiterer Folge in einer auf die gewählte Beeinträchtigungsform der Kinder spezialisierten Institution absolviert werden und das Befähigungszeugnis erhält einen entsprechenden Vermerk (vgl. Kuchar/Niegl/Wurst 1997, S. 146 ff.). Es ist das erste Mal, dass ein derartiger Lehrgang klassenmäßig geführt wird und an die Bildungsanstalten angeschlossen ist. Den Auszubildenden stehen außerdem Schul- und Heimbeihilfen zu. Die Ausbildung selbst ist zu diesem Zeitpunkt für berufstätige KindergärtnerInnen nicht mehr möglich, da die Lehrgänge nun als Tagesschule geführt werden (vgl. Bäuerl 1994, S. 32 ff.). Die bafep21 bietet als erste Bildungsanstalt im Schuljahr 1979/80 einen Lehrgang berufsbegleitend an. Durch die notwendige Verteilung der Unterrichtsstunden wird die Ausbildung auf vier Semester ausgeweitet. Der Unterricht findet an zwei Abenden, einem Nachmittag, einem Praxisvormittag und an Samstagvormittagen statt (vgl. Bäuerl 1994, S. 36 f.). In weiterer Folge starten Lehrgänge zur Sonderkindergärtnerin in den Bildungsanstalten in Klagenfurt, Linz, St. Pölten, Wien sowie Graz (vgl. Bildungsanstalt für Kindergartenpädagogik Graz 1993, S. 70). Ab dem Schuljahr 1990/91 wird dann die „Ausbildung zur Sonderkindergärtnerin" endgültig in eine neue Form gebracht. Der heilpädagogisch-therapeutische Auftrag der Sonderkindergärten soll sich ab diesem Zeitpunkt nicht ausschließlich an der Schulvorbereitung orientieren, sondern vielmehr auf eine allgemeine Frühförderung behinderter Kinder für eine verbesserte Lebensqualität abzielen. Diese Erkenntnis erhält einen zentralen Stellenwert innerhalb der Arbeit mit behinderten Menschen. Zudem kommt man überein, dass die ausschließliche Spezifizierung auf eine Form der Behinderung bzw. Beeinträchtigung nicht mehr zeitgemäß ist (vgl. Bäuerl 1994, S. 31 f.). Wie alle anderen Lehrpläne entsteht so auch dieser aufgrund mehrjähriger Prozesse, die auf dem Erfahrungsaustausch von Berufsmitgliedern, Lehrenden und Verantwortlichen des BMU basieren. Entsprechend gesetzlich verankert trägt der Abschluss der Ausbildung ab 1993 die Bezeichnung „Befähigungsprüfung für Sonderkindergärten und Frühförderung" (vgl. Bäuerl 1994, S. 41 ff.).

Geht es um die Interessen und die frühe Förderung von Kindern mit sonder- und heilpädagogischem Bedarf, soll an dieser Stelle außerdem das „Modell Steiermark", das seit den 1980er Jahren im Landesbehindertengesetz sowie im Steiermärkischen Jugendwohlfahrtsgesetz fest verankert ist, hervorgehoben werden. Bereits 1987 erfolgt die Gründung des Sozial- und Heilpädagogischen Förderungsinstituts, das ein neues Konzept zur „Interdisziplinären Frühförderung und Familienbegleitung" (IFF) für Kinder sowie eine eigene zugehörige einjährige Ausbildung entwickelt. Diese Ausbildung ist Voraussetzung für den Einsatz als FrühförderIn und umfasst beispielsweise Themen der Gesprächsführung und Beratung, der Heilpädagogik, der Entwicklungspsychologie, der Sozialen Arbeit und Grundlagen der Medizin (vgl. Pretis/Mosler/Kurz 1998, S. 177 ff.). In Kooperation mit der Medizinischen Universität Graz wird die Ausbildung seit 2003 als universitärer Lehrgang angeboten.

Im Jahr 2015 bewirkt die Ratifizierung der UN-Konvention über die Rechte behinderter Menschen eine reformierte Ausbildung für LehrerInnen, die keine gesonderte Ausbildung von SonderschulpädagogInnen mehr vorsieht. Die Ausbildung für SonderkindergartenpädagogInnen besteht hingegen drei Jahre später nach wie vor und widerspricht somit streng genommen der UN-Konvention, für die sich auch Österreich verpflichtet hat (vgl. Lex-Nalis 2014, S. 18). Hält man sich zudem die gesamte Ausbildungsdauer vor Augen, so stellt man fest, dass SonderkindergartenpädagogInnen mit Abschluss des Lehrgangs eine insgesamt mindestens acht Semester dauernde, postsekundäre Ausbildung absolviert haben, aber dennoch keinen akademischen Abschluss nachweisen können (vgl. Lex-Nalis 2014, S. 18).

Eine spezielle Ausbildung für Früherzieherinnen ist im Schulorganisationsgesetz von 1962 nicht vorgesehen, dennoch wird im Laufe der Zeit in den Lehrplänen, besonders im Fach Pädagogik, mehr und mehr auch auf das Kleinstkind Bezug genommen. Im Unterrichtsgegenstand Spezielle Berufskunde stehen verschiedenste Arten von Betreuungsinstitutionen und -situationen für Kleinst- und Kleinkinder im Fokus, ebenso Themen wie das kindliche Spiel, unter Berücksichtigung des alterstypischen und individuell-charakteristischen Verhaltens, sowie erzieherisch-wertvolle Spielgaben und Spielbehelfe (vgl. Lederer 2001, S. 55). In der Kindergartenpraxis wird der Besuch verschiedener Einrichtungen für Kleinkinder empfohlen und der Vorbereitung sowie Auswertung von Besuchen in Säuglings- und Kleinkinderkrippen sowie in Sonderkindergärten und ähnlichen Einrichtungen Beachtung geschenkt (vgl. Lederer 2001, S. 56). Erst die Schulorganisationsgesetznovelle von 1982 legt mehr Fokus auf die FrüherzieherInnenausbildung. Früherziehungspraxis ist nun immerhin ein Freigegenstand, der mit zwei Wochenstunden in der vierten und fünften Klasse bedacht wird. Außerdem wird laut Lehrplan die Betreuung von Kleinkindern bis drei Jahren nun auch verpflichtend in den Unterrichtsgegenständen Pädagogik, Heil- und Sonderpädagogik sowie Didaktik fokussiert (vgl. Lederer 2001, S. 57 ff.). Insgesamt ist es das Ziel des neuen Freigegenstandes, die bereits gemachten Erfahrungen aus der Kindergartenpraxis zu erweitern und zu vertiefen. So sollen Erkenntnisse über die Bedeutung der ersten Lebensjahre bei Kindern von sechs Monaten bis drei Jahren gesammelt werden, um in der Praxis durch Zuwendung dem einzelnen Kind gegenüber kompensatorisch wirken zu können. „Freigegenstand" bedeutet allerdings auch, dass es keine Verpflichtung gibt, diese Inhalte wirklich zu wählen und allein die Anzahl der Anmeldungen über ein Zustandekommen des Unterrichts entscheidet (vgl. Lederer 2001, S. 58 ff.). Trotzdem kann dieser Prozess als Zeichen dafür gesehen werden, dass ab den 1980er Jahren im Sinne der Chancengleichheit der frühkindlichen Lebensphase, in der so viele Weichen für das restliche Leben gestellt werden, mehr und mehr Aufmerksamkeit geschenkt wird. Im Rahmen eines Fortbildungsseminars für Lehrende des Unterrichtsgegenstandes „Früherziehungspraxis" ergeht im Dezember 1996 dann eine Resolution an das BMU, in der festgehalten wird, dass der Bedarf an Kinderbetreuungsplätzen für unter Dreijährige stetig steigt. Als Gründe werden die Berufstätigkeit beider Elternteile, das veränderte Karenzmodell sowie die zunehmende Anzahl alleinerziehender Elternteile genannt. Dennoch gibt es keine bundesweite gesetzliche Regelung für die institutionelle Betreuung, Bildung und Erziehung unter dreijähriger Kinder sowie keinerlei geschützte Berechtigungen oder Befähigungen für jene KindergärtnerInnen mit der Zusatzqualifikation der Früherziehungspraxis (vgl. Lederer 2001, S. 71 f.). Schon ein Jahr später etabliert sich ein Arbeitskreis im BMU, der sich dem Entwurf eines neuen Lehrplans widmet, unter Leitung von Gabriele Lederer. Der Arbeitskreis, der neben Lederer aus weiteren zwölf Lehrenden des Freigegenstandes Früherziehungspraxis aus unterschiedlichen Bundesländern besteht, fordert das Erstellen des Berufsbildes „Kindergärtnerin mit Qualifikation Früherziehung" sowie das Überdenken und eine neue Definition für die Anforderungen an den Unterrichtsgegenstand. Insgesamt finden von März 1997 bis Juni 1998 acht Arbeitstreffen statt. Nach dem dritten Arbeitstreffen wird eine Zwischenbilanz an das BMU, die DirektorInnen der Bildungsanstalten sowie die zuständigen Landes- und Stadtschulräte weitergeleitet (vgl. Lederer 2001, S. 71 ff.). Endgültiges Ziel ist es, die fachlichen, sozialen und persönlichen Kompetenzen der SchülerInnen weiter anzuheben, um sie damit für die Anforderungen der täglichen qualitätsvollen Arbeit, welche die Betreuung, Bildung und Erziehung junger Kinder umfasst, auszustatten. Die Arbeit in der Krippe beinhaltet den entwicklungsgemäßen, förderlichen und qualitätsvollen Umgang mit dem einzelnen Kind – dies wird im Rahmen eines Schulversuches ab dem Schuljahr 1999/2000 erprobt (vgl. Lederer 2001, S. 61 f.).

Lex-Nalis weist darauf hin, dass schon seit Mitte der 1990er Jahre die elementarpädagogische Community eine Aufwertung der Ausbildung und allgemein des Kindergartenwesens fordert, aber erst die Formulierung der Barcelona-Ziele einen zügigen Ausbau von Kindergartenplätzen und der Verlängerung der Öffnungszeiten möglich machen. Das führt allerdings wiederum zu Personalmangel und lässt erneut den Konflikt zwischen den BefürworterInnen der innerfamiliären und jenen der institutionellen Kinderbetreuung aufflammen (vgl. Lex-Nalis 2014, S. 19). Anfang der 2000er Jahre leisten die Ergebnisse der PISA-Studie einen weiteren Entwicklungsschub. Eine eigens eingerichtete „Zukunftskommission" des Unterrichtsministeriums schenkt der Bedeutung der frühen Bildung für den gelingenden Schulstart entsprechende Aufmerksamkeit und empfiehlt abschließend die tertiäre Ausbildung für KindergartenpädagogInnen. Der Endbericht der OECD-Studie Starting Strong bestätigt diese Empfehlung und spricht sich indirekt ebenfalls für eine Ausbildung auf Hochschulniveau aus. Die derzeitige Ausbildung für KindergartenpädagogInnen in Österreich hat das niedrigste Ausbildungsniveau in Europa, da sie noch immer auf Sekundarebene stattfindet (vgl. Lex-Nalis 2014, S. 19 f.; OECD 2006, S. 45; Pölzl-Stefanec 2017, S. 127) Die Diskussion um die Anhebung der Ausbildung für KindergartenpädagogInnen auf tertiäre Ebene führt 2008 dazu, dass die Koalitionsregierung in ihrem Regierungsprogramm die Aufwertung der Kinderbetreuungseinrichtung und die damit einhergehende

Akademisierung der Ausbildung festlegt. So wird beispielsweise immer öfter von elementaren Bildungseinrichtungen gesprochen (vgl. Lex-Nalis 2014, S. 20).

Im Rahmen der Gesetze für die „PädagogInnenbildung NEU“ 2010 wird verankert, dass es die Möglichkeit einer akademischen Ausbildung geben kann. Pädagogischen Hochschulen und Universitäten ist es nun möglich, Studiengänge für die Elementarpädagogik einzurichten, sofern die finanziellen Mittel dafür vorhanden sind und diese auch politisch gestützt werden (vgl. Lex-Nalis 2014, S. 25). Bevor es aber zur endgültigen Umsetzung kommt, wird erneut darüber diskutiert, ob es eine gemeinsame Ausbildung für alle angehenden PädagogInnen geben soll (vgl. Pölzl-Stefanec 2017, S. 42). Um nationale Qualifikationen europaweit transparent zu machen und die Mobilität am internationalen Arbeitsmarkt sowie zwischen den Bildungssystemen zu erleichtern, dient der europäische Qualifikationsrahmen als Vorgabe. Daraus resultiert auch die skizzierte jüngste Reformierung des bislang geltenden Lehrplans an den Bildungsanstalten sowie die Einführung von Bildungsstandards und der standardisierten Reife- und Diplomprüfung (vgl. Pölzl-Stefanec 2017, S. 127 ff.). Für die Hortausbildung ergeben sich, ebenso wie für den Lehrgang für Sonderkindergartenpädagogik, dadurch keine wesentlichen Änderungen. Die Zusatzausbildung für Früherziehung wird mit dem Inkrafttreten des neuen Lehrplans 2016/17 jedoch eingestellt, da die Betreuung von Null- bis Dreijährigen verpflichtend als Schwerpunkt in der Regelausbildung vorgesehen ist, vor allem in den Fächern Pädagogik und Didaktik. Die Analyse lässt trotz allem laut Pölzl-Stefanec den Verdacht aufkommen, dass es sich hier generell um eine „Minireform“ der Ausbildung handelt, es im Wesentlichen nur zur Umbenennung einzelner Fächer gekommen ist, und sich daher wenig für die ElementarpädagogInnen verändert hat (vgl. Pölzl-Stefanec 2017, S. 171 f.).

10 Zwischen Aufbruch und Stillstand – Entwicklungen des elementarpädagogischen Bereichs von 1995 bis 2018

Katharina Rösler, Birgit Schwab, Elisabeth Sild

Am 7. Februar 1992 wird die Gründung der Europäischen Union verwirklicht. Als Aufgabe der Union wird die kohärente und solidarische Beziehung zwischen den Mitgliedsstaaten und deren BürgerInnen gesehen. Das erste formulierte Ziel des Vertrags bezieht sich auf „die Förderung eines ausgewogenen und dauerhaften wirtschaftlichen und sozialen Fortschritts“ (ABl Nr. C 191/1/1992, S. 4) als Folge der Öffnung der Binnengrenzen der Länder und der Forcierung des Zusammenhaltes in wirtschaftlichen und sozialen Angelegenheiten (vgl. ebd., S. 1 ff.). Das Subsidiaritätsprinzip ist in Artikel 3b verankert und besagt, dass die Organe der Europäischen Union nur dann außerhalb ihres definierten Zuständigkeitsbereiches tätig werden, „[...] sofern und soweit die Ziele der in Betracht gezogenen Maßnahmen auf Ebene der Mitgliedstaaten nicht ausreichend erreicht werden können und daher wegen ihres Umfangs oder ihrer Wirkungen besser auf Gemeinschaftsebene erreicht werden können“ (ebd., S. 6). In Artikel 126 des Vertrags über die Europäische Union werden Aufgaben und Ziele bezüglich der allgemeinen und beruflichen Bildung festgehalten. Es wird angeführt, dass der Beitrag „zur Entwicklung einer qualitativ hochstehenden Bildung“ (ebd., S. 23) durch die Förderung der Zusammenarbeit der Mitgliedsstaaten besteht. Betont wird die nationale Verantwortung der jeweiligen Bildungssysteme. In diesem Artikel des Vertrags werden sehr allgemeine Ziele, wie die Förderung der Mobilität von Lehrenden und Lernenden und die Förderung der Zusammenarbeit der Bildungseinrichtungen angeführt.

Dem Thema institutionelle Kinderbetreuung widmet sich die EU, vormals EWG, seit Mitte der 1980er Jahre, zunächst vor allem in Zusammenhang mit der Erwerbstätigkeit von Frauen, später verschiebt sich der Fokus auf die Qualität von außerfamiliärer Betreuung (vgl. Appelt 2013, S. 36). Das 1986 gegründete „Netzwerk Kinderbetreuung und andere Maßnahmen zur Vereinbarkeit von Beruf und Familie für Frauen und Männer der Europäischen Kommission“ veröffentlicht 1996 die „40 Qualitätsziele für Kindertageseinrichtungen“, welche optimalerweise von allen Mitgliedsstaaten innerhalb von zehn Jahren umgesetzt werden sollten. Es wird festgehalten, dass die Sicherstellung einer qualitativ hochwertigen Kinderbetreuung nur auf nationaler Ebene erfolgen kann und dass es unter anderem dafür ein System braucht, das alle Einrichtungen für Kinder zwischen null und sechs Jahren zusammenführt. Die öffentlichen Ausgaben für den elementarpädagogischen Bereich sollen mindestens 1 % des Bruttoinlandsproduktes betragen. Weitere Ziele betreffen beispielsweise die Flexibilität der Öffnungszeiten, den Wert von Vielfalt innerhalb der Einrichtungen, die Ausarbeitung von transparenten pädagogischen Konzepten, den anzustrebenden Personalschlüssel, die Zusammenarbeit von Fachkräften und Eltern und räumliche Vorgaben. Hinsichtlich des Personals wird gefordert, dass mindestens 60 % der Beschäftigten über eine adäquate Basisausbildung verfügen, welche mindestens drei Jahre dauern und ab dem Alter von 18 Jahren begonnen werden soll. Es wird des Weiteren auf das Recht weiterführender Fortbildungen plädiert und eine Entlohnung gefordert, die mit jener von LehrerInnen vergleichbar sein soll (vgl. Textor 1999, o.S.).

Zusätzlich formuliert auch der Rat der Europäischen Gemeinschaften 1992 ganz konkrete Empfehlungen zur Kinderbetreuung. Es wird den Mitgliedsstaaten nahegelegt, Maßnahmen zu ergreifen, „die es Frauen und Männern ermöglichen, ihre beruflichen, familiären und erzieherischen Pflichten im Hinblick auf die Kinderbetreuung miteinander in Einklang zu bringen“ (ABl Nr. L 123/16/1992, S. 2). Angestrebt werden soll, dass Angebote zur Kinderbetreuung für die Eltern leistbar sind, den Bedürfnissen von Eltern und Kindern entsprechen und in städtischen und ländlichen Gebieten verfügbar sein sollen. Weiters soll sichergestellt werden, dass die Aus- und Weiterbildung der Fachkräfte, „der großen Bedeutung und dem gesellschaftlichen und erzieherischen Wert ihrer Arbeit entspricht“ (ebd., S. 3), und dass „[...] die gesellschaftliche Bedeutung der Arbeit von in Kinderbetreuung tätigen Personen aufzuwerten“ sei (ebd., S. 3). In diesem Empfehlungsschreiben wird auch angeführt, dass eine ausgewogene Aufteilung elterlicher Pflichten zu fördern ist, um „Frauen eine bessere Eingliederung in das Berufsleben zu ermöglichen“ (ebd., S. 3).

Die Vorgaben der Europäischen Organe lassen zwei unterschiedliche Zielvorhaben in Bezug auf den elementarpädagogischen Fachbereich erkennen. Einerseits geht es um den quantitativen Ausbau von Betreuungsplätzen zur Anhebung der Beschäftigungsquote von Frauen, und andererseits um die Bedeutung einer qualitativ hochwertigen frühkindlichen Betreuung, Bildung und Erziehung „als Fundament für erfolgreiches lebenslanges Lernen, soziale Integration, persönliche Entwicklung und spätere Beschäftigungsfähigkeit“ (Europäische Kommission 2011, S. 3). Im Jahr 2002 formuliert die Europäische Kommission die Barcelona-Ziele, um Maßnahmen zur Erreichung der Lissabonner Strategie aus dem Jahr 2000 zu präzisieren. Mit der Lissabonner Strategie wird die Absicht verfolgt, die „Union in zehn Jahren zur dynamischsten, wettbewerbsfähigsten und nachhaltigsten Wirtschaft zu machen mit Vollbeschäftigung und stärkerer wirtschaftlicher und sozialer Kohäsion“ (Kommission der Europäischen Gemeinschaften 2002, S. 2). Unter dem Abschnitt der Auflösung von Hindernissen zur Teilhabe am Arbeitsmarkt wird als dritter Punkt angeführt, Kinderbetreuungseinrichtungen auszubauen, um Frauen die Teilhabe zu erleichtern. Konkret sollen in allen Mitgliedsstaaten „Betreuungsplätze […] für mindestens 90 % der Kinder zwischen 3 Jahren und dem Schulpflichtalter und für mindestens 33 % der Kinder unter drei Jahren zu Verfügung stehen“ (Kommission der Europäischen Gemeinschaften 2002, S. 25). Angeführt wird auch, dass nicht nur die mangelnden Betreuungseinrichtungen die Erwerbstätigkeit von Frauen beeinflussen, sondern dass auch weitere Ursachen dafür verantwortlich sind, die untersucht werden sollen (vgl. ebd., S. 25). Zur laufenden Prüfung dieses Zieles erstellt die Europäische Kommission regelmäßig Berichte. Beispielsweise wird 2008 konstatiert, dass im Bereich der Betreuung der Null- bis Dreijährigen Österreich und weitere sieben Mitgliedsstaaten eine Quote von 10 % und darunter aufweisen. Bei den Kindern zwischen drei Jahren und der Schulpflicht wird festgestellt, dass der Versorgungsgrad in Österreich und weiteren sechs Staaten zwischen 70 % und 85 % beträgt (vgl. Kommission der Europäischen Gemeinschaften 2008, S. 6).

Nachdem von manchen Mitgliedsstaaten (darunter auch Österreich) die vorgegebenen Betreuungsquoten nicht erreicht werden, erfolgt die Weiterführung der Ziele im Programm „ET 2020“. Mit diesem Programm ist der strategische Rahmen für die europäische Zusammenarbeit auf dem Gebiet der allgemeinen und beruflichen Bildung gesteckt (vgl. ABl Nr. C 119/2/2009). Diese weiterführende Maßnahme zielt auf den „späteren Bildungserfolg, insbesondere bei Kindern aus benachteiligten Verhältnissen“ (ABl Nr. C 119/2/2009, S. 7) ab. Ende 2015 wird dann ein gemeinsamer Bericht vom Rat und der Kommission der Europäischen Union mit dem Untertitel „Neue Prioritäten für die europäische Zusammenarbeit auf dem Gebiet der allgemeinen und beruflichen Bildung“ (ABl Nr. C 417/25/2015) veröffentlicht, der in Bezug auf die Frühe Bildung vermerkt: „Die frühkindliche Betreuung, Bildung und Erziehung (FBBE) ist der Ausgangspunkt und eines der wirksamsten Instrumente für den Aufbau von Schlüsselkompetenzen; hier besteht jedoch die doppelte Herausforderung, den Zugang zu erweitern und die Qualität zu verbessern“ (ebd., S. 27). Es wird unter anderem vorgeschlagen, besonders die Professionalisierung des Personals oder die Verbesserung des Zuganges zu fokussieren (vgl. ebd., S. 27).

Eine weitere Veröffentlichung einer Mitteilung der Kommission zum Thema der qualitätsvollen frühkindlichen Betreuung, Bildung und Erziehung erfolgt 2011, in der es im Titel heißt: „[…] der bestmögliche Start für alle unsere Kinder in die Welt von morgen“ (Europäische Kommission 2011). Darin wird die zentrale Bedeutung der frühkindlichen Betreuung, Bildung und Erziehung betont, um „den Kreislauf zu durchbrechen, der Benachteiligung von einer Generation auf die nächste überträgt“ (ebd., S. 3). Weiters wird „eindeutig festgestellt, dass eine Teilnahme an einer hochwertigen FBBE bedeutend bessere

Ergebnisse bei internationalen Tests zu Grundfertigkeiten (wie PISA [...]) nach sich zieht, die einem Unterschied von ein bis zwei Schuljahren entsprechen" (ebd., S. 2). Hinsichtlich der monetären Aufwendungen für Frühe Bildung geht klar hervor, dass „Forschungsergebnisse zeigen [...], dass eine hochwertige FBBE das Kosten-Nutzen-Verhältnis verbessert" (ebd., S. 8), dieses aber in den meisten Mitgliedsstaaten geringer als in anderen Phasen der Bildung ausfällt. Ein weiterer Punkt betrifft die Professionalisierung der MitarbeiterInnen, denn „Kompetenz der Mitarbeiter ist der Schlüssel zu einer hochwertigen FBBE" (ebd., S. 9). Dafür soll eine hochwertiges Ausbildungsniveau, eine höhere Entlohnung und verbesserte Arbeitsbedingungen erreicht werden. Es wird konstatiert, dass der Bereich der frühen Betreuung, Bildung und Erziehung nicht in den direkten Zuständigkeitsbereich der Europäischen Union fällt, diese aber durch die Förderung des Austausches und der Entwicklung von Projekten zwischen den Ländern und die Unterstützung der Forschungstätigkeit mitwirkt. Zusätzlich werden die Mitgliedsstaaten aufgefordert, für einen verbesserten Zugang zur FBBE zu investieren sowie in die Schulung der MitarbeiterInnen (vgl. Europäische Kommission 2011, S. 5 f.).

In einem anderen Empfehlungsschreiben der Europäischen Kommission von 2013 mit dem Titel „Investitionen in Kinder: Den Kreislauf der Benachteiligung durchbrechen" wird unter anderem festgehalten, dass der „Abbau der Ungleichheit im Kindesalter durch Investitionen in frühkindliche Bildung und Betreuung" (ABl Nr. 59/5/2013, S. 3) gelingen kann. Es sollen beispielsweise „Anreize für die Teilnahme von Kindern aus einem benachteiligten Umfeld (insbesondere von unter Dreijährigen) geschaffen werden, und zwar unabhängig von der Beschäftigungssituation ihrer Eltern" (ABl Nr. 59/5/2013, S. 4).

10.1 Reformen und Programme

Am 1. Jänner 1995 tritt Österreich gemeinsam mit Finnland und Schweden der Europäischen Union bei (vgl. Ackerl 2013, S. 180). In Österreich sind zu dieser Zeit die Sozialdemokratische Partei Österreichs (SPÖ) und die Österreichische Volkspartei (ÖVP) innerhalb einer Koalition mit der Regierungstätigkeit betraut (vgl. Bundespressedienst 1994). Seit 1962 ist die Gesetzgebung und Vollziehung des Kindergartenwesens und des Hortwesens Landessache (BGBl 215/1962, Art. 14 (4)). Ausgenommen sind hier Grundsätze zur fachlichen Anstellung von KindergärtnerInnen (BGBl Nr. 406/1968 Art.1, §1), die Ausbildung der PädagogInnen an den Bildungsanstalten für Kindergartenpädagogik und die Betreibung von Übungskindergärten (BGBl Nr. 215/1962, Art. 14 (5)). Unterschiede in den Bundesländern im Kindergartenwesen betreffen beispielsweise die täglichen und jährlichen Öffnungszeiten, die Anstellung von Leitungen und Assistenzkräften, das Alter der betreuten Kinder und die Höchstkinderanzahl in den Gruppen (LGBl Burgenland Nr. 63/1995; LGBl OÖ Nr. 1/1973; LGBl Salzburg Nr. 81/1968; LGBl Vorarlberg Nr. 49/1991). In dem Arbeitsübereinkommen von 1994 und dem Koalitionsübereinkommen von 1996 wird das Thema Kinderbetreuung im Zusammenhang mit der besseren Vereinbarkeit von Beruf und Familie genannt. In beiden Publikationen ist festgehalten, dass für Kinder aller Altersgruppen qualifizierte Einrichtungen mit ganztägigen Öffnungszeiten und sozial angepassten Tarifen bereitgestellt beziehungsweise garantiert werden sollen. Mit Einrichtungen sind neben Kindergärten auch Kinderkrippen, Tagesmütter und -väter und Kinderbetreuungsgruppen gemeint (vgl. Bundespressedienst 1994, S. 30 f.; Bundespressedienst 1996, S. 52). Bereits seit 1994 stellen frauenpolitische Offensiven vermehrt Forderungen bezüglich öffentlicher Kinderbetreuung. Eine flächendeckende Versorgung mit Kindergartenplätzen für Drei- bis Sechsjährige sowie verlängerte Öffnungszeiten sollen die Vereinbarkeit von berufstätigen Müttern und Kinderbetreuung ermöglichen (vgl. Niederle 1994, S. 73).

Laut Lex-Nalis ignoriert die Bundesregierung jedoch in der Praxis nach dem Beitritt zur Europäischen Union „alle Entwicklungen, die rund um Österreich im elementarpädagogischen Berufsfeld in Angriff genommen wurden. Erst durch die ‚Barcelonaziele' […] kam Bewegung in die österreichische Kindergartenlandschaft" (Lex-Nalis 2014, S. 20). Das Vorhaben der Erfüllung der Barcelona-Ziele findet 2003 Eingang in das Regierungsprogramm unter dem Punkt Vereinbarkeit von Familie und Beruf (Österreichische Bundesregierung 2003, S. 31 f.). Appelt meint dazu, dass dieser verspätete Ausbau von Plätzen, vor allem für Kinder unter drei Jahren, darauf zurückzuführen sei, dass Österreich seit jeher „[…] zu den konservativ-familialistischen Care-Regimen" (Appelt 2013, S. 35) zählt und in der Innenpolitik zwischen den politischen Parteien fast die ganze Hälfte des 20. Jahrhunderts hindurch Uneinigkeit über das Themenfeld Familie und institutionelle Kinderbetreuung herrscht (vgl. Appelt 2013, S. 35). Ebenso spielt der Ausbaustopp der institutionellen Kinderbetreuung unter der rechtskonservativen ÖVP/FPÖ-Koalition eine Rolle. Dieser konnte nämlich erst mit einem erneuten Regierungswechsel zu einer SPÖ/ÖVP-Koalition – nun auch mitgetragen von der ÖVP – wieder aufgenommen werden (vgl. Appelt 2013, S. 45).

Eine allgemeine Bildungsdebatte ab den 2000er Jahren löst der OECD-Länderbericht für Österreich aus. Der Bericht ist das Ergebnis von Länderprüfungen durch das OECD-Bildungskomitee „für den Bereich der frühkindlichen Bildung, Erziehung und Betreuung (ECEC – Early Childhood Education and Care)". Besonderes Augenmerk wird auf die Qualität von frühkindlicher Bildung und Erziehung sowie die Verbesserung der Zugangsbedingungen gelegt. Im Jahr 1998 melden sich zwölf Länder zur Überprüfung (Australien, Belgien, Tschechische Republik, Dänemark, Finnland, Italien, die Niederlande, Norwegen, Portugal, Schweden, das Vereinigte Königreich und die Vereinigten Staaten). Der vergleichende Gesamtbericht wird 2001 unter dem Titel „Starting Strong: Early Childhood Education and Care“ veröffentlicht. Österreich erklärt sich schließlich für eine zweite Überprüfungsrunde ab 2001 bereit (vgl. OECD 2006, S. 3). Die Untersuchungen beziehen sich auf Kinder zwischen fünf und sieben Jahren sowie auf den Übergang in die Volksschule. Die kindlichen Lebensbedingungen werden durch eine Analyse der Rahmenbedingungen, Betreuungsangebote, Maßnahmen und verschiedener Umwelteinflüsse untersucht, die sich auf die Entwicklung und die Lernfähigkeit von Kindern auswirken, insbesondere in den Bereichen Qualität, Zugangsmöglichkeiten und Chancengerechtigkeit (vgl. OECD 2006, S. 1). „Starting Strong II“ erscheint im Jahr 2006 und präsentiert die Stellungnahme des OECD-Teams nach einem zehntägigen Besuch in fünf österreichischen Bundesländern. Die darin enthaltenen Vorschläge aus der externen Perspektive von ExpertInnen im Bereich der frühkindlichen Bildung und Erziehung sollen als Grundlage für weitere Diskussionen und Entwicklungen auf nationaler Ebene dienen. Obwohl daraus hervorgeht, dass das gesamte ECEC-System Österreichs von den Maßnahmen profitieren würde, zeigt sich die österreichische Bundesregierung nicht vollkommen von der Notwendigkeit eines bundesweiten Bildungsplanes überzeugt (vgl. OECD 2006, S. 44 f.). Eine damit verbundene Diskussion um die frühkindliche Bildung und Erziehung bleibt daher ausständig (vgl. OECD 2006, S. 71). Der Bericht macht außerdem deutlich, dass Kinder in Österreich nicht als einzelne BürgerInnen gesehen werden, sondern als Familienmitglieder, deren Interessen in erster Linie von Erwachsenen entschieden werden. Bildung bezieht sich in Österreich daher nicht auf das Kind als eigenständiges Individuum, sondern auf die künftige Person, die es einmal sein wird. Aus dieser Perspektive werden Lerninhalte und pädagogische Zugänge in der Bildungspraxis abgeleitet und Kinder wegen ihrer Schutzbedürftigkeit aus bestimmten Bereichen des öffentlichen Lebens ausgeschlossen (vgl. OECD 2006, S. 14). Diese Sichtweise beeinflusst die allgemeine Einstellung darüber, in welchem Alter ein Kind an der öffentlichen Kinderbetreuung teilhaben kann. Gemäß der Kinderrechtskonvention wird deshalb auf die Wichtigkeit hingewiesen, Kindern die Beteiligung an den Angelegenheiten, die sie unmittelbar betreffen, zu ermöglichen (vgl. OECD 2006, S. 14). Auch der Anspruch auf Chancengleichheit für Frauen durch die Vereinbarkeit von Familie und Beruf ist eine politische Angelegenheit. Zukünftig sollte sichergestellt werden, dass jedes Kind mindestens zwei Jahre vor dem Schuleintritt einen Platz im frühkindlichen Bildungssystem in Anspruch nehmen kann (vgl. OECD 2006, S. 42 f.).

„Einen weiteren Entwicklungsschub verdanken wir den katastrophalen PISA-Ergebnissen“ (Lex-Nalis 2014, S. 20). Die Testungen von 2000 und 2003 ergeben mittelmäßige bis schwache Leistungen der österreichischen SchülerInnen. Die genaue Auswertung dieser Ergebnisse zeigt auf, dass die „sozioökonomische Benachteiligung […] in Österreich besonders groß“ ist, „Bildung und

Einkommen der Eltern bestimmen stärker als anderswo die schulische Karriere" (Haider/Schreiner 2006, S. 381). Im Jahr 2009 liegen die Leistungen teilweise im Durschnitt der OECD-Länder (Mathematik), aber auch klar darunter (Lese-Gesamtskala). Der Einfluss des Bildungsniveaus der Eltern und deren beruflicher Status auf die Leistungen der SchülerInnen sind weiterhin hoch (vgl. Bundesinstitut für Bildungsforschung, Innovation und Entwicklung des österreichischen Schulwesens 2009). Nach Haider müsse daher der frühen Förderung der Lesekompetenz große Bedeutung zukommen und Gegenstand von vorschulischen Programmen werden. Er hebt hierbei die Förderung von Kindern aus Migrationsfamilien sowie aus anregungsarmen und lesefernen Elternhäusern hervor (vgl. Haider 2002, S. 134).

Nach einem ähnlichen „PISA-Schock" in Deutschland empfiehlt Roux, die Bildungsdebatte um die frühe Kindheit ausführlich zu thematisieren. Nach Roux seien insbesondere Veränderungen in der allgemeinen Organisationsentwicklung, der Programmentwicklung, der Qualitätsentwicklung, der Aus- und Fortbildung sowie in der Zusammenarbeit mit Eltern angemessen (vgl. Roux 2002, o.S.). Bauer hinterfragt, wie Frühförderung fachlich bestmöglich und kostengünstig organisierbar wäre, und befürwortet die Erstellung eines pädagogischen Konzeptes, nach dem Vorbild Skandinaviens. Er stellt auch die Sinnhaftigkeit der Elternbeiträge zur Diskussion, da bestimmte Kinder dadurch ausgeschlossen seien, und schlägt eine verpflichtende Teilnahme an der institutionellen Frühförderung für alle Kinder vor (vgl. Bauer 2005, S. 135). In der Publikation „Elementarpädagogik nach PISA", herausgegeben von Wassilios Fthenakis, steht dann die Herausforderung „Wie aus Kindertagesstätten Bildungseinrichtungen werden können" (Fthenakis 2003) im Fokus. Nach deren Erscheinen wird Fthenakis auch in Österreich „zu Vorträgen [...] eingeladen und trug damit entscheidend dazu bei, dass der Kindergarten zunehmend als Bildungseinrichtung wahrgenommen wurde" (Lex-Nalis 2014, S. 20). Er plädiert dafür, eine zeitgemäße Bildungskonzeption für Kinder zu erarbeiten sowie eine vergleichende Analyse internationaler Bildungskonzepte (vgl. Fthenakis 2002, o.S.).

Dennoch lassen sich erst im Regierungsprogramm 2007 Belange des Kindergartenwesens in Zusammenhang mit dem Themenbereich Bildung finden. Zielvorhaben der Koalitionsparteien SPÖ und ÖVP sind dabei die Etablierung des Kindergartens als Bildungseinrichtung, die Erarbeitung eines bundesweiten Bildungsplanes, die Verbesserung des Überganges vom Kindergarten zur Volksschule und die Gründung einer ExpertInnengruppe zur Ausarbeitung eines vorschulischen Bildungsangebotes für alle fünfjährigen Kinder (vgl. Österreichische Bundesregierung o.J., S. 86). Unter dem Punkt Familienpolitische Maßnahmen wird der weitere Ausbau der Kinderbetreuung festgehalten (vgl. Österreichische Bundesregierung o.J., S. 130). Im Regierungsprogramm 2008 derselben Koalition werden Ziele und Maßnahmen für die institutionelle Kinderbetreuung unter drei Gesichtspunkten behandelt. Zuerst geht es bezüglich wachstums- und beschäftigungsfördernder Maßnahmen um die Einführung des kostenlosen halbtägig verpflichtenden letzten Kindergartenjahres (vgl. Österreichische Bundesregierung 2008, S. 10). Im nächsten Punkt wird unter „Familienpolitik" der Ausbau der Kinderbetreuung auch in Bezug auf die Öffnungszeiten, die Qualitätssicherung und abermals die Einführung des kostenlosen halbtägig verpflichtenden letzten Kindergartenjahres beschrieben (vgl. Österreichische Bundesregierung 2008, S. 146). Im Bereich der Bildung setzt man sich zum Ziel, dass ein bundesweiter Bildungsplan zur Qualitätssicherung gemeinsam mit den Ländern erstellt und die „Ausbildung der KindergartenpädagogInnen [...] aufbauend oder ergänzend zu den Bundesbildungsanstalten für Kindergartenpädagogik an den Pädagogischen Hochschulen bis hin zur Einrichtung von Bachelor-Studiengängen weiterentwickelt wird" (Österreichische Bundesregierung 2008, S. 193).

Das Ziel eines gemeinsamen Bildungsplans in Zusammenarbeit eines wissenschaftlichen Teams des Charlotte Bühler Instituts und Vertretern auf Bundes- und Landeseben wird 2009 umgesetzt. Dieser ist jedoch aufgrund der föderalen Zuständigkeit des Kindergartenwesens für die einzelnen Bundesländer nur hinsichtlich des Moduls „Bildungsplan-Anteil zur sprachlichen Förderung in elementaren Bildungseinrichtungen" und in Bezug auf das „Modul für das letzte Jahr in elementaren Bildungseinrichtungen" rechtlich bindend (vgl. Baierl/Kaindl 2011, S. 16). Zusätzlich gibt es seit 2006 den Bildungsplan der Stadt Wien (Magistratsabteilung 10 2006), seit 2010 den Bildungsplan für Kindergärten in Niederösterreich (Amt der Niederösterreichischen Landesregierung 2010) und seit 2012 den „Regionalen Bildungsplan Steiermark" (Härtel et al. 2012).

Erwähnenswert ist in diesem Zusammenhang auch das 2011 ins Leben gerufene Bildungsvolksbegehren, das von 383 724 BürgerInnen unterstützt wird. Die darin enthaltenen Forderungen betreffen unter anderem „die Gleichstellung der Kindergärten mit den Schulen und die der KindergartenpädagogInnen mit den LehrerInnen" (Bildungsinitiative für die Zukunft 2011, S. 2), was die gemeinsame Bundeszuständigkeit, die akademische Ausbildung der ElementarpädagogInnen und die Erhöhung auf dieselben finanziellen Bezüge bedeuten würde. Außerdem soll „ein flächendeckendes Angebot an elementarpädagogischen Einrichtungen" (Bildungsinitiative für die Zukunft 2011, S. 2) gewährleistet werden.

Im „Arbeitsprogramm der österreichischen Bundesregierung 2013 bis 2018" (Österreichische Bundesregierung 2013) der SPÖ und ÖVP wird der Ausbau der Kinderbetreuung in nur einem Satz im Zusammenhang mit der Förderung der Frauenbeschäftigung genannt. Im Themenbereich der Familienpolitik wird darauf eingegangen, dass alle Kinder die bestmöglichen Zukunftsaussichten haben sollen. Deshalb sei eine Unterstützung der Eltern durch „Bildungs- und

Betreuungsangebote sowie durch finanzielle Zuwendungen" vorgesehen (Österreichische Bundesregierung 2013, S. 24) vorgesehen. Als Maßnahmen stellt der Bund 350 Millionen Euro zur Verfügung, bis 2016 soll es einen „bundesweiten Qualitätsrahmen" (ebd., S. 24) geben und „es soll ein zweites kostenfreies Kindergartenjahr für 4- bis 5-Jährige eingeführt werden" (ebd., S. 24). Auf der bildungspolitischen Ebene betreffen die ersten drei genannten Ziele den elementarpädagogischen Bereich. Zuerst wird die Erreichung der Barcelona-Ziele hinsichtlich der Betreuungsquote der unter Dreijährigen Kinder in allen Bundesländern angestrebt. Das zweite Ziel befasst sich mit der Stärkung der Elementarpädagogik und der Weiterentwicklung der Qualität: „An den Pädagogischen Hochschulen wird das Fort- und Weiterbildungsangebot im Bereich der Elementarpädagogik ausgebaut und geht in ein Ausbildungsangebot über; der Forschungsauftrag umfasst insbesondere auch die Elementarpädagogik" (ebd., S. 40). Im dritten Ziel geht es um die Stärkung des Kindergartens als Bildungseinrichtung und die möglichst frühe Förderung (vor allem Sprachförderung) aller Kinder (vgl. ebd., S. 40).

Das Charlotte Bühler Institut wird 2015 vom Bundesministerium für Familie und Jugend mit der Entwicklung eines Konzeptes „zum Bildungskompass im elementarpädagogischen Bildungsbereich" (Charlotte Bühler Institut 2016, S. 1) beauftragt. Der Bildungskompass soll als Dokumentationsinstrument die Ressourcen und Kompetenzen der Kinder ab dreieinhalb Jahren bis zur Ende der Pflichtschule festhalten. Der Projektauftrag umfasst zusätzlich die begleitende Implementierung und auch die Ausarbeitung von unterstützenden Rahmenbedingungen (vgl. Charlotte Bühler Institut 2016, S. 1 ff.). Seit Beginn des Kindergartenjahres 2017/18 findet die Pilotierungsphase in 50 oberösterreichischen Kindergartengruppen statt (vgl. Charlotte Bühler Institut 2017, o.S.).

Der erste Schritt im Bereich der Akademisierung erfolgt im Jahr 2007. An der Privaten Pädagogischen Hochschule der Diözese Linz wird der Lehrgang „Bildung in der frühen Kindheit" eingerichtet. Die Dauer der Weiterbildung beträgt vier Semester (60 ECTS) und wird mit der Bezeichnung „Akademischer Experte für frühkindliche Bildung/akademische Expertin für frühkindliche Bildung" abgeschlossen. Es folgen in Linz noch einige kürzere Lehrgänge mit dem Schwerpunkt Reggio-Pädagogik, Freinet-Pädagogik, frühe sprachliche Förderung und Logopädagogik (vgl. Koch 2013a, S. 179). „An der Privaten Pädagogischen Hochschule der Stiftung der Diözese Graz-Seckau gibt es ab dem Wintersemester 2007/08 den Lehrgang ‚Transition Kindergarten – Grundschule, Entwicklungsstufen 4 – 8' im Ausmaß von 33 ECTS" (Pädagogische Hochschule Steiermark 2012, S. 5). An der Pädagogischen Hochschule Steiermark startet ein fünfsemestriger Lehrgang (60 ECTS) mit dem Titel „Frühe Bildung", die Kirchlich Pädagogische Hochschule Wien/Krems bietet einen Lehrgang „Frühe sprachliche Förderung" an, in Oberösterreich können sich PädagogInnen im Bereich der sprachlichen Frühförderung und der Früherziehung weiterbilden, und an der Hochschule für Agrar- und Umweltpädagogik werden unterschiedliche Veranstaltungen im naturwissenschaftlichen Bereich angeboten (vgl. Koch 2013a, S. 180). Keine dieser Zusatzqualifikationen wird allerdings dienst- oder besoldungsrechtlich anerkannt (vgl. Lex-Nalis 2014, S. 25). Als erste Institutionen österreichweit starten im Wintersemester 2014/15 die Universität Salzburg den ersten Universitätslehrgang „Elementarpädagogik" (vgl. Universität Salzburg 2018) und die Fachhochschule Campus Wien den Bachelor-Studiengang für KindergartenleiterInnen „Sozialmanagement in der Elementarpädagogik" (vgl. Fachhochschule Campus Wien 2018). Der Träger „Kinder in Wien" entwickelt in Kooperation mit der Fachhochschule Koblenz das grundständige Bachelor-Studium „BABE+ Akademischer Studiengang für Elementarpädagogik", welches mit September 2017 in die zweite Runde geht (vgl. BABE+ 2018). Die AbsolventInnen sind jedoch ausschließlich dazu befähigt, in den Einrichtungen des Trägers „Kinder in Wien" als ElementarpädagogInnen zu arbeiten (vgl. Pölzl-Stefanec 2017, S. 22). Am Interuniversitären Kolleg Graz/Schloss Seggau wird ein Masterstudium für Elementarpädagogik mit dem Umfang von vier Semestern angeboten (vgl. Interuniversitäres Kolleg Graz/Schloss Seggau 2018, o.S.). Ab 2018 werden an allen Pädagogischen Hochschulen in insgesamt vier Verbünden Bachelorstudien mit elementarpädagogischem Schwerpunkt angeboten.

Eine ExpertInnengruppe entwickelt im Auftrag des Bundesministeriums für Unterricht, Kunst und Kultur und des Bundesministeriums für Wissenschaft und Forschung den 2010 veröffentlichten Endbericht „LehrerInnenbildung NEU. Die Zukunft der pädagogischen Berufe" (Härtel et al. 2010). In diesem Bericht wird dargelegt, wie eine Umgestaltung der Ausbildung der pädagogischen Berufe gelingen kann, in der es „um das Finden gemeinsamer Kernbereiche für alle pädagogischen Berufe, von der frühkindlichen Erziehung bis hin zum sozialpädagogischen Bereich, von der Primar- und Sekundarstufe, vom allgemein- und berufsbildenden Sektor bis hin zu vertiefenden Kompetenzen" (Härtel et al. 2010, S. 19) geht. Die Akademisierung der Ausbildung der ElementarpädagogInnen wäre nach diesen Empfehlungen Realität und in zwei Varianten möglich. Um eine dauerhafte Anstellung zu erhalten, kann entweder nach dem Abschluss der Bildungsanstalt für Kindergartenpädagogik ein berufsbegleitendes Studium angeschlossen oder als zweite Möglichkeit nach der Matura ein Vollzeitstudium absolviert werden. Auch ein weiterführendes Masterstudium bis hin zum Doktorat wären vorgesehene Wege (vgl. ebd., S. 57 ff.). Die ExpertInnengruppe schlägt unter Berücksichtigung des hohen Implementierungsaufwandes den Beginn des Studiums für Oktober 2015 vor (vgl. ebd., S. 87). Die Umsetzung des Reformvorschlages findet in dieser Art und Weise jedoch nicht statt. Im Juni 2013 tritt das Gesetz zur „PädagogInnenbildung NEU" in Kraft und die Direktorin der Pädagogischen Hochschule Kärnten Marlies Krainz-Dürr schreibt im Vorwort der Zeitschrift „PH-Kärnten_ on.line", dass ein richtungsweisender Schritt für die Ausbildung der LehrerInnen der Primar- und Sekundarstufe gelungen sei. „Für die Kindergartenpädagog/innen gibt es vorerst keine akademische Grundausbildung, aber auch hier ist eine erste Öffnung in den tertiären Bereich gelungen" (Krainz-Dürr 2015/2016, S. 3). Damit könnte die Wahlmöglichkeit für Studierende der Primarstufe des Schwerpunktthemas „Interdisziplinäres Forschen, Entdecken, Verstehen im Kontinuum: Kindergarten – Primarstufe – Sekundarstufe" gemeint sein, das unter anderem auch die Begleitung von Kindern während des Transitionsprozesses vom Kindergarten in die Volksschule vorsieht (vgl. Wiltsche 2015/2016, S. 42).

10.2 Elementarpädagogische Forschungstätigkeit

In den Jahren 1993 bis 1995 findet eine Untersuchung des Charlotte Bühler Instituts im Feld der österreichischen Kindertageseinrichtungen statt, welche Anlass für einige Forderungen im Rahmen eines 1996 veröffentlichten Kataloges mit Mindeststandards und Empfehlungen zur Qualitätssicherung und Qualitätsoptimierung für österreichische Kindergärten gibt. Postuliert wird beispielsweise die Reduktion der Gruppengröße, die Abstimmung der Tagesabläufe auf die individuellen Rhythmen der Kinder, die Verbesserung der Personalstruktur und mehr Zeit für die pädagogische Planung. Als konkrete Empfehlung zur Qualitätsoptimierung wird ebenso erwähnt, dass das Niveau der Ausbildung auf Standard der Europäischen Union zu heben sei; „durch eine Ausbildung auf Hochschulebene wäre auch die stärkere Einbindung der Kleinkindforschung gewährleistet" (Hartmann/Stoll 1999, S. 173). Des Weiteren wird darauf hingewiesen, dass eine rege Diskussion über diese veröffentlichten Ergebnisse wünschenswert ist und auch für Österreich „als neuem Mitgliedsland der Europäischen Union – unerlässlich, um den Anschluss an den Diskussionsprozess, der auf europäischer Ebene längst begonnen hat, nicht zu verpassen" (Hartmann/Stoll 1999, S. 12 f.). In der Durchsicht der gesamten Forschungstätigkeit des Charlotte Bühler Instituts ist ein Schwerpunkt im Bereich der Qualitätsentwicklung und Qualitätssicherung erkennbar. So werden beispielsweise 2007 – in Zusammenarbeit mit dem Berliner Institut „PädQUIS – Pädagogische Qualitäts-Informationssysteme gGmbH" Dimensionen pädagogischer Qualität in Kindergärten untersucht (vgl. Charlotte Bühler Institut o.J.b).

Mit dem Österreichischen Institut für Familienforschung begründet sich 1994 eine weitere bedeutende Forschungseinrichtung, die sich überwiegend mit Rahmenbedingungen der institutionellen Kinderbetreuung beschäftigt. Als Ziel ist die „qualitativ hochstehende sozialwissenschaftliche und empirische Forschung in verschiedenen Fachbereichen" (Cizek 2004, S. 8) definiert. So erscheint beispielsweise 2004 ein Bericht über die „Außerfamiliäre Kinderbetreuung in Österreich – Status Quo und Bedarf" (Dörfler 2004) oder 2011 das Arbeitspapier „Kinderbetreuung in Österreich, Rechtliche Bestimmungen und die reale Betreuungssituation" (Baierl/Kaindl 2011). Zum Thema „Familienleistungen und Kinderbetreuung im internationalen Vergleich" entsteht 2017 ein Working Paper, in welchem Statistiken zur Kinderbetreuung und finanzielle Aufwendungen für Familien der Länder Dänemark, Frankreich, Österreich und Schweden untersucht werden (vgl. Baierl/Kaindl 2017, S. 4). In Zusammenarbeit des Institutes für Familienforschung mit dem Institut für Kinderrechte und Elternbildung wird 2015 der Bericht des Projektes „Besonderheiten und Herausforderungen des Arbeitsalltags in Kindergarten und Kinderkrippe" (Hackl et al. 2015) veröffentlicht. Beleuchtet wird das „Spannungsfeld zwischen strukturell-institutionellen Rahmenbedingungen und sozialen Gegebenheiten" (Hackl et al. 2015, S. 9). Ein weiterer Bericht aus dem Jahr 2015 betrifft die Qualität in österreichischen Einrichtungen. Unter dem Titel „Qualitätskompass Elementarpädagogik" (Baierl/Dörfler/Schipfer 2015) werden Empfehlungen zu zwölf Qualitätsstandards gegeben. Hervorzuheben ist hier, dass jeder Empfehlung eine Darstellung des Forschungsstandes des Teilbereiches vorausgeht. In Bezug auf die Ausbildung des Fachpersonals wird gefordert, dass LeiterInnen über eine tertiäre Ausbildung verfügen sollen. Pro Gruppe würde eine akademisch ausgebildete Fachkraft positiven Einfluss auf die Qualität der pädagogischen Arbeit der weiteren Teammitglieder nehmen (vgl. Baierl/Dörfler/Schipfer 2015, S. 10 ff.).

Rund um den Beitritt Österreichs zur Europäischen Union lassen sich auch auf universitärer Ebene immer mehr Forschungstätigkeiten in Bezug auf den elementarpädagogischen Fachbereich ausmachen, z. B. an der Universität Wien oder an der Universität Salzburg. Die „Wiener Entwicklungsstudie" befasst sich mit den Auswirkungen von Entwicklungsrisiken von Kindern in Wiener Kinderkrippen auf deren Kompetenzen im Schulalter (vgl. Stanzel-Tischler 2013, S. 201). Gottfried Wetzel, wissenschaftlicher Mitarbeiter an der Universität Salzburg, beteiligt sich an der Studie „European Child Care and Education", die ab 1993 durchgeführt wird. In diesem Projekt werden die Unterschiedlichkeiten der institutionellen vorschulischen Erziehung der Länder Deutschland, Portugal, Österreich, Spanien und den USA beleuchtet. Für Österreich werden Großteils positive Qualitätsmerkmale festgestellt, gleichzeitig auch kritisiert, dass die Stichprobe eher klein gehalten und weitere Forschung in diesem Bereich in Österreich notwendig ist (vgl. Wetzel/Itzlinger/Krumm 1997). Zudem wird auf die Berücksichtigung der Situation von Kindern mit speziellen Bedürfnissen hingewiesen (vgl. Stanzel-Tischler 2013, S. 201).

Im Länderbericht der OECD von 2006 wird Österreich immer noch mangelnde Forschungstätigkeit im Bereich der frühen Kindheit zugesprochen. Gründe dafür werden unter anderem darin gesehen, dass es in Österreich keine

Professur für elementare Bildung gibt und dass die Ausbildung der PädagogInnen in der Sekundarstufe angesiedelt ist und nicht auf tertiärem Niveau (vgl. OECD 2006, S. 38 f.). „Die Randständigkeit der frühkindlichen Bildungsforschung in Österreich" (Stanzel-Tischler 2013, S. 199) zeigt sich auch in der Sichtung der Projektdatenbank des Wissenschaftsfonds FWF, Österreichs zentraler Einrichtung zur Förderung der Grundlagenforschung. Im Zeitraum 1995 bis 2011 lassen sich nur zwei Forschungsprojekte aus dem Feld der Elementarpädagogik zuordnen (vgl. Stanzel-Tischler 2013, S. 199). Trotzdem findet sich in drei der neun Landesgesetze zur Kinderbetreuung in Österreich, dass die „Sicherstellung hoher Bildungsqualität unter Berücksichtigung aktueller wissenschaftlicher Erkenntnisse" (LGBl Burgenland Nr. 7/2009, § 1 (2); LGBl OÖ Nr. 39/2007, § 1 (2); LGBl Tirol Nr. 48/2010, § 3 (1)) erfolgen soll. In drei weiteren Landesgesetzen wird festgelegt, dass eine Förderung der Entwicklung der Kinder nach wissenschaftlichen beziehungsweise gesicherten Kenntnissen und erprobten Methoden stattzufinden hat (vgl. LGBl NÖ Nr. 5060-0/2006, § 3; LGBl Kärnten Nr. 13/2011, § 2 (1); LGBl Wien Nr. 17/2003, § 1).

Das Forschungsteam des Instituts für Bildungswissenschaften der Universität Wien untersucht unter der Leitung von Wilfried Datler in den Jahren 2007 bis 2012 die „Eingewöhnungsphase von Kleinkindern in Kinderkrippen". In den Jahren 2008 bis 2012 wird am Institut für Erziehungswissenschaften der Universität Innsbruck das Projekt „Public Fathers – Männer als Kindergartenpädagogen" unter der Leitung Josef Aigners durchgeführt. Für das zweitgenannte Forschungsprojekt wird vom FWF noch eine Anschlussstudie mit dem Titel „Strategien zur Erhöhung des Anteils von Männern in der Kinderbetreuung" finanziert, welche in den Jahren 2012 bis 2016 durchgeführt wird (vgl. Der Wissenschaftsfonds o.J.a). Um Wilfried Datler und die Wiener Krippenstudie entsteht ebenfalls ein Folgeprojekt, das nicht mehr vom FWF finanziell unterstützt wird, mit dem Titel „WiKO – Ein Wiener Projekt zur Entwicklung von standortbezogenen Konzepten der Eingewöhnung von Kleinkindern in die Kinderkrippe und den Kindergarten". Dabei geht es um die Qualitätsentwicklung und Weiterbildung der MitarbeiterInnen in den Kindergärten in der Phase der Eingewöhnung (vgl. Stanzel-Tischler 2013, S. 202). Ein weiteres Projekt unter der Leitung Datlers folgt 2010 und 2011 in Zusammenarbeit mit dem Institut für Sprachwissenschaften mit dem Leiter Rudolf de Cillia im Auftrag der Stadt Wien. Das Thema der Studie ist die Auswirkung von Sprachförderung und trägt den Namen „Spracherwerb und lebensweltliche Mehrsprachigkeit im Kindergarten" (vgl. Lex-Nalis 2014, S. 26; Institut für Bildungswissenschaften o.J.).

Im Zusammenhang mit der Entwicklung der Forschungslandschaft des elementarpädagogischen Bereiches auf universitärer Ebene in Österreich ist auch die Berufung der Entwicklungspsychologin Lieselotte Ahnert an das Institut für Entwicklungspsychologie und Psychologische Diagnostik an der Universität Wien im Jahr 2008 zu sehen. Ahnert beschäftigt sich vorrangig mit den Auswirkungen institutioneller Kinderbetreuung auf die kindliche Entwicklung (vgl. Stanzel-Tischler 2013, S. 201). Sie weist wiederholt auf die Notwendigkeit eines ebenso geschlechtssensitiven wie reflektierten ErzieherInnenverhaltens hin. Im Bereich der Bindungsforschung zwischen ErzieherIn und Kind behandelt sie Fragestellungen zur Bildungsmotivation und zu Bildungserfolgen am Beginn der Schullaufbahn (vgl. Stanzel-Tischler 2013, S. 202). Im Jahr 2010 erfolgt die Errichtung der ersten Professur für Elementarpädagogik in Österreich an der Universität Graz unter der Leitung von Cornelia Wustmann, welche sich insbesondere mit der Professionalisierung von ElementarpädagogInnen auseinandersetzt (vgl. Koch 2013b, S. 14 f.). In Innsbruck wird 2015 die zweite Professur eingerichtet (vgl. Smidt et al. 2017, S. 134).

Koch dokumentiert in „Elementarpädagogische Forschung in Österreich" die Anzahl der Dissertationen und Diplomarbeiten, die unter den Stichworten Kindergarten, frühe Kindheit und Elementarpädagogik in der Suchmaschine des österreichischen Bibliothekenverbundes zu finden sind (vgl. Koch 2013b, S.16). Für den Zeitraum von 1992 bis 2001 ergibt die Suche lediglich zwölf Dissertationen. In den Jahren 2001 bis 2006 sind es bereits 26 Dissertationen und 169 Diplomarbeiten. In den folgenden fünf Jahren (2006 bis 2011) liegt die Zahl der Dissertationen mit denselben Stichwörtern bei 63 Dissertationen und 506 Diplomarbeiten. Unter Berücksichtigung der steigenden Zahlen an AbsolventInnen des Bereiches der Erziehungswissenschaften und benachbarten Studienrichtungen spricht Koch von einem „stark steigenden Interesse an Themen der Elementarpädagogik" (Koch 2013b, S. 16 f.).

Hochaktuell ist beispielsweise das Forschungsprojekt „PLUKI – Pluralität in Wiener Kindergärten und Kindergruppen unter besonderer Berücksichtigung sogenannter ‚islamischer' Einrichtungen", das in Zusammenarbeit zwischen der Universität Wien und der Fachhochschule Campus Wien im Zeitraum 2016 bis 2017 durchgeführt wird. Es handelt sich dabei um ein Auftragsprojekt der Stadt Wien (MA 11) und des Bundesministeriums für Europa, Integration und Äußeres, um „Fragen zur elementarpädagogischen Professionalität islamischer Kindergärten/Kindergruppen zu untersuchen" (Hover-Reisner et al. 2017, S. 3).

Im Jahr 2016 geben Tietze und Viernickel den „nationalen Kriterienkatalog für die pädagogische Arbeit mit Kindern in den ersten sechs Lebensjahren" heraus. Dieser fokussiert auf den individuellen Bildungsprozess im Alltag und nicht auf den Erwerb einzelner Kompetenzen in diversen Bildungsbereichen (vgl. Tietze/Viernickel 2016, S. 9). Professionelle Handlungskompetenzen der Fachkräfte werden auf Basis eines fundierten Fachwissens im Team weiterentwickelt. Hinter diesem Habitus steht die professionelle Haltung, welche die kritische Selbstreflexion der eigenen Biografie, Einstellung und Arbeitsweise als gewinnbringend wahrnimmt (vgl. Tietze/Viernickel 2016, S. 29). An den Universitäten Wien und Graz werden laufende Projekte wie „Qualitätssteigerung durch Weiterbildung in der Elementarpädagogik" (Forschungseinheit Psychoanalytische Pädagogik o.J.) oder „Gute Qualität in der Bildung und Betreuung von Kleinstkindern sichtbar machen" (Walter-Laager et al. 2018, o.S.) durchgeführt. In einem vom Wissenschaftsfond unterstützen Projekt unter der Leitung Wilfried Smidts an der Universität Innsbruck wird zum Thema „Interaktionsqualität von Kindern im Kindergarten" geforscht (vgl. Der Wissenschaftsfonds o.J.b).

10.3 Bildungsqualität im Fokus – aktuelle Entwicklungen

Heidemarie Lex-Nalis, Sprecherin der elementarpädagogischen Community und von 2004 bis 2018 engagiertes Steuerteam-Mitglied der Plattform EduCare, fordert viele Jahre hindurch eine Qualitätsoffensive in der frühen Bildung. Sie beanstandet vehement die Verzögerung der Umsetzung vieler Reformen durch die unterschiedlichen Zuständigkeiten der Länder für das Kindergartenwesen und die Tatsache, dass Österreich zu wenig in den elementaren Bildungsbereich investiert. Die öffentlichen Ausgaben liegen weit unter dem EU-Durchschnitt, was beispielsweise dazu führe, dass eine Fachkraft für 25 Kinder in einer Gruppe zuständig ist, während der europäische Standard bei höchstens sieben Kindern pro (akademischer!) Fachkraft liegt (vgl. Lex-Nalis 2011, S. 12 f.). Die frühe Bildung und Betreuung könne nur bei entsprechender Qualität Vorteile bringen. Ökonomische und soziale Renditen zeigen sich durch gewisse Qualitätsindikatoren, wie z. B. den Fachkraft-Kind-Schlüssel, die Besuchsdauer eines Kindes in der Einrichtung oder die Qualifikation des Personals (vgl. OECD 2012, S. 24). Der Großteil der österreichischen Kindergärten wird von Gemeinden getragen, was dazu führt, dass die Absegnung von jeglichen Veränderungen und Qualitätsverbesserungen eine beinahe unüberwindbare Situation darstellt. Deshalb komme ein Bundesrahmengesetz, welches international empfohlene Qualitätskriterien festlegen würde, bisher nicht zustande. Dies blockiere die Weiterentwicklung des österreichischen Kindergartenwesens (vgl. Lex-Nalis 20134 S. 28 f.).

Noch im 20. Jahrhundert wird das Ideal von Bildung durch Pestalozzi und Fröbel wesentlich geprägt. Auf dem Weg von einer Industriegesellschaft hin zu einer Informations- und Wissensgesellschaft entsteht das Bild vom „Kind als Zukunft" (vgl. Dahlberg 2004, S. 14 f.). Das Kind wird durch die UN-Kinderrechtskonvention (1998) zudem als eigenständiges Individuum mit eigenen Rechten und großem Entwicklungspotential wahrgenommen (vgl. Oberhuemer 2004, S. 370).

Die pädagogische Herausforderung ist, Selbstbildungsprozesse und soziale Konstruktionsprozesse auf die Individualität kindlicher Denk- und Handlungsweisen abzustimmen (vgl. Schäfer 2014, S. 20 f.). Ergebnisse aus der Hirnforschung zeigen, dass Kinder für ihre frühe Bildung Erwachsene brauchen, die ihnen eine vielfältige und soziale Umwelt mit genügend Spielraum zur Verfügung stellen (vgl. Schäfer 2014, S. 33). Der Bildungsauftrag von elementaren Bildungseinrichtungen ist daher die Unterstützung und Förderung der Kinder in ihren emotionalen, sozialen, körperlichen und kognitiven Entwicklungen. Daraus lässt sich ein Bildungsverständnis ableiten, welches sich jedoch im Laufe der Jahre, entsprechend der gesellschaftlichen Bedingungen, verändert hat (vgl. Bäck 2009, S. 877). Das Charlotte Bühler Institut entwickelt beispielsweise im Jahr 2000 ein neues Bildungskonzept, dem Forschungserkenntnisse aus Entwicklungspsychologie, Pädagogik, Soziologie sowie der transaktionale Bildungsansatz zugrundeliegen. In diesem wird Bildung als ganzheitlicher Prozess beschrieben und auf eine Differenzierung zwischen Erziehung, Bildung und Betreuung verzichtet. Die grundlegende pädagogische Orientierung umfasst das Bildungsverständnis, das Bild vom Kind und die Rolle der pädagogischen Fachkraft. Bildung wird als aktive Konstruktionsleistung des Kindes gesehen, die neben dem Wissenserwerb die Gefühls-, Persönlichkeits-, und Beziehungsbildung einschließt (vgl. Bäck 2009, S. 877). Auch Fthenakis geht von einem sozialkonstruktivistischen Bildungsansatz aus, in dem das Kind als von Geburt an in soziale Beziehungen eingebunden betrachtet wird. Lernen geschieht demnach als interaktionaler und ko-konstruktiver Prozess, an dem das Kind und die Menschen in seinem Umfeld beteiligt sind (Fthenakis 2002, o.S.). Neben der kognitiven Entwicklungsförderung bezieht sich Bildungsqualität auch auf die sozial-emotionale Unterstützung des Kindes sowie auf Gesundheits- und Sicherheitsaspekte bzw. seine Lebensqualität (vgl. Hartmann/Stoll 1999, S. 14). Die Erstellung von Qualitätskriterien für die institutionelle Kinderbetreuung soll die Professionalisierung der pädagogischen Arbeit vorantreiben. Dabei geht es aber nicht nur um Strukturmerkmale und Rahmenbedingungen, sondern auch um die Qualität der pädagogischen Prozesse bzw. der Interaktionsprozesse (vgl. Hartmann/Stoll 1999, S. 191 f.). Bildung und Erziehung in den Jahren vor Schuleintritt werden an der Wende vom 20. zum 21. Jahrhundert – auch in Hinblick auf die Herausforderungen der globalisierten Wirtschaft – als zentrale gesellschaftliche Ressource neu bewertet. Die Phase der frühen Kindheit wird zum Ausgangspunkt der individuellen Bildungsbiografie, wodurch sich auch die gesellschaftlichen Erwartungen an die Elementarpädagogik erhöhen (vgl. Oberhuemer 2004, S. 380).

Der bereits erwähnte Bericht „Starting Strong II" stellt die nationale Situation der frühkindlichen Betreuung in den Fokus und beinhaltet Untersuchungen zu bildungspolitischen Strategien und Maßnahmen in Hinblick auf die Bedürfnisse von Kindern und deren Familien. Vergleiche mit anderen Ländern sollen zu Qualitätsverbesserungen auf allen Ebenen des Systems anregen (vgl. OECD 2006, S. 1 f.). Empfohlen wird darin für Österreich unter anderem die Einführung eines bundesweit gültigen Bildungs-Rahmenplanes, um Wertvorstellungen, Bildungsziele und pädagogische Standards für Kinder im Vorschulalter, einheitlich zu formulieren (vgl. OECD 2006, S. 70 ff.). Bereits 1996 entwerfen Neuseeland und Norwegen landesweite Bildungspläne und pädagogische Rahmenpläne für Betreuungseinrichtungen, um einen Konsens über die Ziele von früher Bildung, Betreuung und höherer Bildungsqualität zu erreichen (vgl. ebd., S. 89). Entsprechende Rahmenbedingungen und deren Einhaltung stellen ebenso eine Sicherung von Bildungsqualität dar. Eine hohe Kinderanzahl pro Gruppe (28 Kinder) und ein schwacher PädagogIn-Kind-Schlüssel erschweren das Angebot einer adäquaten Betreuung, Bildung und Erziehung. Obwohl Bildungsprozesse auf interaktionaler Ebene stattfinden, werden sie nicht systematisch gefördert, da sie unreflektiert bleiben. Auch kontextuelle Dimensionen von pädagogischer Qualität werden wenig reflektiert, wie die Rolle der Trägerschaften, deren Professionalisierung, Leitungsfragen, Entlohnung, das Fehlen von Männern sowie die Steuerung und Vernetzung (vgl. ebd., S. 66). Eine Herausforderung besteht laut OECD in der Tatsache, dass es in Österreich keine bundesweit verbindlichen Qualitätsstandards für die pädagogische Arbeit und ihre Ziele gibt und die Anforderungen an Kinderbetreuungsformen sehr unterschiedlich sind (vgl. ebd., S. 67). Bund und Länder reagieren erst im Jahr 2008 auf den OECD-Bericht durch die sogenannten Vereinbarungen nach „Artikel 15a B-VG über den Ausbau des institutionellen Kinderbetreuungsangebots, die Einführung der verpflichtenden frühen sprachlichen Förderung sowie die Schaffung eines bundesweiten vorschulischen Bildungsplanes" (BGBl II Nr. 478/2008). Diese Maßnahmen zur besseren Vereinbarkeit von Familie und Beruf bzw. zur Förderung von Kindern lösen aber wiederum einen erheblichen Personalmangel aus und setzen PädagogInnen in der Praxis massiv unter Druck (vgl. Lex-Nalis 2014, S. 20).

Laut Art. 15a sollen beispielsweise Kinder, um mangelnde Deutschkenntnisse auszugleichen, in geeigneten institutionellen Kinderbetreuungseinrichtungen nach Sprachkompetenzmodellen gefördert werden, sodass sie mit Schulbeginn die Unterrichtssprache Deutsch möglichst beherrschen. Pädagogisches Fachpersonal muss daher ausgebildet werden, um eine Sprachstandfeststellung spätestens 15 Monate vor Beginn der Schulpflicht eines Kindes durchzuführen und Fördermaßnahmen einzuleiten (vgl. BGBl. Nr. 478/2008, S. 1 f.). In einer begleitenden Evaluationsstudie zum Einsatz der Sprachfördermaßnahmen zeigen sich allerdings teilweise ernüchternde Ergebnisse: Eine standardisierte Sprachstanderhebung wird zwar von ElementarpädagogInnen grundsätzlich als zweckdienlich befunden, benötigt jedoch zusätzliche Ressourcen, da unter den vorhandenen Rahmenbedingungen eine gezielte, qualitätsvolle Sprachförderung nicht möglich ist (vgl. Stanzel-Tischler 2011, S. 22). Vielmehr ist eine Abstimmung der Fördermaßnahmen auf die individuellen Bedürfnisse der Kinder erforderlich sowie eine gezielte Gruppenzusammensetzung (vgl. ebd., S. 25). Im Jahr 2012 erfolgt daraufhin eine weitere Vereinbarung mit dem Ziel, insbesondere Kinder mit nicht deutscher Muttersprache nach den „Bildungsstandards zur Sprech- und Sprachkompetenz zu Beginn der Schulpflicht" zu fördern (vgl. BGBl. Nr. 258/2012, S. 1). Diese Vereinbarung wird zuletzt im August 2015 bis 2017/18 verlängert (vgl. BGBl. Nr. 234/2015, S. 1). Lex-Nalis kritisiert hierzu, dass einerseits die Budgetierung zur Umsetzung der Sprachförderung mühsam von Bund und Ländern ausverhandelt wird, andererseits jedoch die organisatorischen und personellen Rahmenbedingungen dabei übersehen werden. Dies führe weiterhin zu mangelhaften Zeitressourcen und Schulungen (vgl. Lex-Nalis 2014, S. 22).

Im Jahr 2009 wird die Vereinbarung gemäß Art. 15a über die Einführung der halbtägig kostenlosen und verpflichtenden frühen Förderung in institutionellen Kinderbetreuungseinrichtungen beschlossen. Um allen Kindern optimale Bildungsmöglichkeiten und Startchancen zu bieten, sollen Kinder im letzten Jahr vor Schulpflicht zum Besuch von institutionellen Kinderbetreuungseinrichtungen verpflichtet werden, wobei der halbtägige Besuch kostenlos ist. Das Kind sei als Persönlichkeit mit eigenen Rechten, seiner Würde, Neugierde und Freude anzunehmen, zu stärken und auf die Schule vorzubereiten. Es ist die Aufgabe der institutionellen Kinderbetreuungseinrichtungen, die altersgemäße Erziehung und Bildung sowie die ganzheitliche Entwicklung der Kinder zu unterstützen und zu begleiten (vgl. BGBl. Nr. 99/2009, S. 1). Im Oktober 2015 wird die Vereinbarung abgelöst und bis 2017/18 verlängert. Sie verpflichtet die Länder unter anderem zur Einhaltung und Kontrolle des Bildungsrahmenplans, des Moduls für Fünfjährige sowie des Bildungsplan-Anteils Sprache (vgl. BGBl. Nr. 234/2015, S. 2).

In Zusammenarbeit von europäischen ExpertInnen, dem Charlotte Bühler Institut und dem Bund entsteht im Jahr 2009 ein bundesweiter Bildungsplan für Kinder im Alter von null bis sechs Jahren. Der Bundesländerübergreifende BildungsRahmenPlan für elementare Bildungseinrichtungen in Österreich ist eine Festlegung von Bildungszielen, Kompetenzen sowie Leitgedanken zu pädagogischen Maßnahmen. Der Bildungsrahmen erlaubt eine Anpassung an die konkreten Bedingungen am jeweiligen Standort. Als Teil des Bildungsplans dient ein Entwicklungsplan, der auf die frühe sprachliche Förderung sowie auf einheitliche Bildungsstandards fokussiert und die Minderheitenrechte berücksichtigt (vgl. BGBl. Nr. 478/2008, S. 2). Die Bedürfnisse der Kinder ebenso wie die fachlichen Ansprüche des Personals stehen als Maßstab der Qualität einer elementarpädagogischen Einrichtung im Mittelpunkt. „Pädagogische Qualität wird in den Strukturbedingungen einer Einrichtung, in den pädagogischen Prozessen und in den Interaktionen von Kindern und Erwachsenen sichtbar. Auch die Werthaltungen und Einstellungen des Personals beeinflussen die pädagogische Qualität" (Charlotte Bühler Institut 2009, S. 25). In Folge ist ein zusätzliches Modul für Fünfjährige geplant, das die Stärkung der grundlegenden Kompetenzen des Kindes einbezieht und insbesondere die Unterstützung zur Schulreife und den Übergang zur Volksschule berücksichtigt (vgl. BGBl. Nr. 478/2008, S. 2).

Die Erarbeitung eines staatlichen Bildungsplanes weist auf die Anerkennung der frühkindlichen Bildung als Basis des lebenslangen Lernens hin. Dabei handelt es sich nicht um einen Methoden-Lehrplan, sondern um einen Rahmenplan zur Orientierung an Werten, Zielen, pädagogischen Standards sowie um Inhalte und Richtlinien, die für Österreich bedeutsam sind (vgl. OECD 2006, S. 72). Auf das Bildungsverständnis wird im Dokument folgendermaßen eingegangen: „Bildung wird als lebenslanger Prozess der aktiven Auseinandersetzung des Menschen mit sich selbst und der Welt verstanden" (Charlotte Bühler Institut 2009, S. 5). Als Bildungsansprüche jedes Menschen gelten daher Selbstbestimmung, Partizipation und Verantwortung. Kinder tragen über Aktivität und intrinsische Motivation selbst zu ihrer Bildung bei (vgl. Charlotte Bühler Institut 2009, S. 5 f.). Sie werden von Geburt an als kompetente, forschende Individuen gesehen, die im Austausch mit der Umwelt ihre Persönlichkeit und Kompetenzen entwickeln. Sie verfügen über unterschiedliche Begabungen, Bedürfnisse und Ausdrucksweisen. „Kinder gestalten nicht nur ihre eigenen Lernprozesse, sondern auch ihr soziales und kulturelles Umfeld aktiv mit und können als Ko-Konstrukteure von Wissen, Identität, Kultur und Werten bezeichnet werden" (vgl. Charlotte Bühler Institut 2009, S. 2).

ElementarpädagogInnen begleiten Bildungsprozesse, indem sie mit Kindern wertschätzend in Beziehung treten und ein vertrauensvolles, anregungsreiches Umfeld gestalten. Bei diesem Prozess ist auf eine Balance zwischen kindgesteuerten Lernprozessen und Bildungsangeboten zu achten. Die Begegnung mit Vielfalt wird ebenso als Ressource für Lernerfahrungen verstanden und für die kritische Auseinandersetzung mit Vorurteilen genützt (vgl. Charlotte Bühler Institut 2009, S. 2). Durch das Prinzip der Partizipation werden Kindern und auch Eltern vielfältige Möglichkeiten zur Gestaltung und Mitbestimmung eingeräumt. Die gemeinsame Verantwortung und Zusammenarbeit mit den Familien ermöglicht somit eine Bildungspartnerschaft (vgl. Charlotte Bühler Institut 2009, S. 4). Lex-Nalis gibt bereits im Erscheinungsjahr des Rahmenplans zu bedenken, dass zu seiner Umsetzung veränderte Rahmenbedingungen erforderlich seien. Einige Bundesländer entwerfen auch eigene Bildungspläne, da rechtlich nicht das Bildungsministerium, sondern die einzelnen Länder für das Kindergartenwesen zuständig sind (vgl. Lex-Nalis 2014, S. 23). Inwiefern der Bildungsrahmenplan als allgemeine Arbeitsgrundlage auf Akzeptanz bei PädagogInnen in der Praxis stößt und mit welchen Barrieren bzw. Unterstützungsaspekten dessen Implementierung verlaufen ist, thematisiert Cafuta in ihrer Dissertation. Demnach befürworten immerhin 88 % der befragten PädagogInnen seine Existenz (vgl. Cafuta 2017, S. 44 f.). Allein das Bundesland Niederösterreich lehnt diesbezüglich eine Fragebogenerhebung ab (vgl. ebd., S. 11). Die Autorin führt zudem die knappe Beschreibung des Qualitätsbegriffes im Bildungsrahmenplan darauf zurück, dass bei der Erarbeitung kein Konsens über die Konkretisierung der Qualitätsdimensionen gefunden wurde. Dazu hätte man nämlich zuerst strukturelle Standards festlegen müssen (vgl. ebd., S. 50).

Dem Rahmenplan angeschlossen ist das „Modul für das letzte Jahr in elementaren Bildungseinrichtungen" (Charlotte Bühler Institut 2010). Es enthält vertiefende Ausführungen und dient der pädagogischen Arbeit im verpflichtenden Kindergartenjahr. In der Gestaltung entsprechender Bildungsanreize sollen die unterschiedlichen Entwicklungsstände und Begabungen der Kinder spezielle Berücksichtigung finden, um individuelle Interessen zu fördern bzw. Schwächen auszugleichen. Das Bildungsverständnis wird dahingehend erweitert, dass durch Partizipation und selbstbestimmtes Handeln dem fünf- bis sechsjährigen Kind bereits ermöglicht wird, Verantwortung zu übernehmen, da im letzten Kindergartenjahr bereits Lernprozesse und das eigene Verhalten reflektiert werden können (vgl. Charlotte Bühler Institut 2010, S. 10 f.). Kritikpunkte von ExpertInnen darüber, dass „Lernvorstellungen, die davon ausgehen, dass alle gleichaltrigen Kinder, unter gleichen Voraussetzungen das Gleiche lernen, müssen nicht mehr zeitgemäß wären" und dass sich Grundsätze in den beiden Dokumenten widersprechen, werden umgangen, indem das Modul als Ergänzung dargestellt wird (vgl. Lex-Nalis 2014, S. 24).

Dem Bildungsrahmenplan folgen zahlreiche weitere Dokumente und Stellungnahmen mit elementarpädagogischer Relevanz. Eine weitere OECD-Publikation mit dem Titel „Starting Strong III" aus dem Jahr 2012 wird als „Qualitäts-Toolbox für die frühkindliche Bildung, Betreuung und Erziehung" veröffentlicht und beinhaltet Reformstrategien und erfolgreiche Praxis-Modelle aus unterschiedlichen OECD-Ländern (vgl. OECD 2012, S. 3). Fünf Strategien werden zur Förderung der Qualität herausgearbeitet: die Festlegung von Qualitätszielen und Regelungen, die Umsetzung von Standards, die Verbesserung von Qualifikationen und Arbeitsbedingungen, die Einbeziehung von Familien und dem Gemeinwesen sowie die Forschung und Beobachtung (vgl. OECD 2012, S. 20). Aus ökonomischen und familienpolitischen Gründen werden die öffentlichen Ausgaben für die FBBE in einigen Staaten erheblich erhöht (vgl. OECD 2012, S. 23). Die Studie geht ebenfalls davon aus, dass hochqualifiziertes Personal die Qualität des pädagogischen Umfelds der Einrichtung positiv beeinflusst. Als sinnvoll erachtet werden daher Teams mit zumindest einem akademisch ausgebildeten Teammitglied (vgl. Baierl/Dörfler/Schipfer 2015, S. 11).

Um einheitliche, strukturelle Rahmenbedingungen zu erwirken, entwickelt die Plattform EduCare im Jahr 2013 den „Entwurf eines Bundesrahmengesetzes für elementare Bildungseinrichtungen" (vgl. Plattform EduCare 2013, o.S.). Im gleichen Jahr fordert der ÖDKH einen Strukturrahmenplan für ein Bundesrahmengesetz, welches die Erfüllung des Bildungsauftrages aus dem Rahmenplan ermöglichen kann. Die Anzahl an Kindern in einer Gruppe soll demzufolge maximal 15 Kinder betragen, wobei pro Person vier Quadratmeter Raum zur

Verfügung stehen müssten und zwei PädagogInnen während der gesamten Öffnungszeit diese Gruppe betreuen sollten. Außerdem solle die Ausbildung der PädagogInnen gemeinsam mit den anderen pädagogischen Berufen auf tertiärer Ebene erfolgen (vgl. Keller 2013, S. 8).

Im November 2015 veröffentlicht das Österreichische Institut für Familienforschung den „Qualitätskompass Elementarpädagogik" – einen Bericht mit Empfehlungen zu den Qualitätsstandards für die Kinderbildung und -betreuung in Österreich (vgl. Baierl/Dörfler/Schipfer 2015, S. 6). Internationale Studien verdeutlichen den positiven Einfluss einer qualitativen FBBE auf die sozial-emotionale Entwicklung, Kompetenzen im Lesen, in der Rechtschreibung und in Mathematik. Positive Effekte würden sich besonders auf Kinder aus benachteiligten Familien sowie auf deren Familien auswirken. In Bezug auf Standards, Curricula und Implementierungsstrategien stelle die Evaluation ein zentrales Element zur Qualitätssicherung dar. Qualität beziehe sich hier auf das Zusammenwirken von Strukturqualität, Prozessqualität und Ergebnisqualität (vgl. Baierl/Dörfler/Schipfer 2015, S. 6). Qualitätsstandards sollen das Wohl der Kinder sicherstellen, ihre Entwicklung positiv beeinflussen und individuell bzw. bedürfnisorientiert fördern. Außerdem müssten sie die Anschlussfähigkeit an die Schule und die Chancengleichheit gewährleisten und die Basis für lebenslanges Lernen sowie die Bildungspartnerschaft stärken (vgl. Baierl/Dörfler/Schipfer 2015, S. 7). Als Qualitätskriterien werden zum Beispiel die Qualifikation des Personals, die Gruppengröße, der Personalschlüssel, die Bildungspartnerschaft mit den Eltern und das pädagogische Konzept genannt (vgl. Baierl/Dörfler/Schipfer 2015, S. 7). Der empfohlene Betreuungsschlüssel bei altersgemischten Gruppen mit Kindern unter drei Jahren beträgt 1:3 bis 1:5, bei Drei- bis Sechsjährigen 1:9, und bei Null- bis Sechsjährigen nach Alterszusammensetzung variierend – je mehr jüngere Kindern, desto enger der Betreuungsschlüssel (vgl. Baierl/Dörfler/Schipfer 2015, S. 19 f.). Die Bildungspartnerschaft mit den Eltern müsse sowohl in der Konzeption als auch im Dienstplan Berücksichtigung finden. Denn besonders bei Transitionen komme der Begleitung und Beratung der Eltern ein hoher Stellenwert zu. Ein schriftliches pädagogisches Konzept diene Eltern und MitarbeiterInnen zur Aufklärung bzw. Orientierung über die Strukturbedingungen und die pädagogischen Prozesse der Einrichtung. Es beinhalte das Leitbild, die Werte sowie pädagogische Ziele und Methoden (vgl. Baierl/Dörfler/Schipfer 2015, S. 33).

Ebenfalls im Jahr 2015 präsentiert die Bildungsreformkommission einen bundesweiten Qualitätsmaßnahmen-Katalog für den Bildungsbereich in Österreich inklusive des darin enthaltenen „Elementarpädagogikpakets". Laut diesem Vorschlag biete der Kindergarten als erste Bildungseinrichtung Potential-, Begabungs-, und Sprachförderung. Die erforderlichen Rahmenbedingungen werden von der Bildungskommission zusammengefasst und mit folgendem Zusatz versehen: „Sämtliche im Bildungspaket vorgesehene Maßnahmen – sofern sie zu Mehrausgaben bzw. Mindereinnahmen führen – stehen unter Finanzierungsvorbehalt" (BMBWF 2015, S. 2). Demzufolge ist die Umsetzung der qualitätsverbessernden Maßnahmen fraglich, da sie davon abhängt, wie viel Geld der Staat in die Frühe Bildung investiert. Geplant ist die Implementierung eines Bildungskompasses sowie einer Potentialanalyse (Entwicklungsscreenings) für alle Kinder ab dreieinhalb Jahren zur Entwicklungsdokumentation in einem Portfoliosystem. Zur spezifischen Beobachtung und Förderung im Sinne der Chancengerechtigkeit ist die Einführung eines zweiten verpflichtenden Kindergartenjahres vorgesehen. Die Erstellung eines bundesweit gültigen Qualitätsrahmens soll bis Ende 2016 verwirklicht werden, und bis zum Jahr 2025 ist die Erarbeitung von einheitlichen Mindest-Qualitätsstandards eingeplant. Diesbezüglich ist auch die Schaffung von „Mindest-Qualifikations- und Ausbildungsanforderungen [...] je nach Funktion" angedacht. Das Bildungsreformgesetz 2017 (BGBl I Nr. 138/2017) trägt diesem Vorschlag insofern Rechnung, als es ab 2019/20 Fachschulen für pädagogische Assistenzberufe vorsieht. Ausgeweitet werden sollen außerdem die Dokumentation und Evaluation von Fördermaßnahmen zur Entwicklung der Kinder, welche für die Anschlussfähigkeit an die Schule herangezogen werden sollen. Eine weitere Maßnahme ist die Umgestaltung der Lehrpläne und des Ausbildungstyps von der BAKIP in eine BHS mit überarbeiteten Eignungsanforderungen. In Aussicht gestellt wird schließlich die Belebung der Forschung, Evaluierung und Reflexion des elementarpädagogischen Bereiches (vgl. BMBWF 2015, S. 3 ff.).

In weiterer Folge wird erneut das Charlotte Bühler Institut mit der Erarbeitung eines Konzeptes zum „Bildungskompass" beauftragt, das sich am Bildungsrahmenplan orientieren soll. Dieser begleitet Kinder ab dreieinhalb Jahren bis zum Ende der Schulzeit und dokumentiert deren Ressourcen, Kompetenzen sowie Lerndispositionen (vgl. Charlotte Bühler Institut 2016, S. 1 ff.). Der Bildungsauftrag bezieht sich auf die individuelle Förderung jedes Kindes (vgl. Charlotte Bühler Institut 2016, S. 4 f.). Als Rahmenbedingungen für die Umsetzung werden im Konzept strukturelle Voraussetzungen, Zeitressourcen, die Qualifizierung des Personals sowie externe Unterstützungsangebote genannt. Nach einer einjährigen Pilotierungsphase in Oberösterreich soll die flächendeckende Implementierung im Herbst 2018 erfolgen. Lex-Nalis merkt skeptisch an, dass ElementarpädagogInnen zunächst eine intensive einjährige Weiterbildung und folglich wissenschaftliche Begleitung bräuchten, um den Bildungskompass in dieser Form sinngemäß einsetzen zu können (vgl. Kogelnik 2016, o.S.)

Aktuell veröffentlicht das Österreichische Institut für Familienforschung in einem Forschungsbericht eine volkswirtschaftliche Kosten-Nutzen-Rechnung über die öffentlichen Ausgaben für elementare Bildungseinrichtungen aus den Jahren 2005 bis 2016. Dieser weist im Jahr 2015 die Deckung der kumulierten Kosten durch Rückflüsse auf, also die Erreichung des Break-Even-Points nach zehn Jahren. Nachhaltige Effekte, bezogen auf verbesserte Schulabschlussquoten, den Berufseinstieg und das allgemeine Bildungsniveau, sind hier noch nicht miteinberechnet. „Festzuhalten ist, dass die zuvor berechneten und zusätzlich angedachten kurzfristigen Rückflusseffekte nur einen Bruchteil der langfristigen Wohlfahrtseffekte ausmachen können" (Neuwirth/Kaindl 2018, S. 89). Sogar eine gesteigerte Kosten-Nutzen-Relation sei zu erwarten – die Investition in die Frühe Bildung rentiert sich demzufolge auf lange Sicht (vgl. Neuwirth/Kaindl 2018, S. 89). Anhand dieser Forschungsergebnisse ist zu betonen, dass die Gesamtausgaben Österreichs für Bildung mit 4,6 % des BIP, noch immer unter dem OECD Durchschnitt von 5,2 % liegen, wie die Studie „Bildung auf einen Blick: OECD-Indikatoren" eindeutig zeigt (vgl. OECD 2017, S. 15). Im österreichischen Regierungsprogramm für die Periode von 2017 bis 2022 sind „unter Berücksichtigung der finanziellen Erfordernisse und Zuständigkeiten von Ländern und Gemeinden, ambitionierte Maßnahmen für die qualitätsvolle Bildung und Betreuung in elementarpädagogischen Einrichtungen" geplant (vgl. Kurz/Strache 2017, S. 59). Unter anderem soll ein neuer, präziser, bundesweit verbindlicher Bildungsrahmenplan erarbeitet werden, die tertiäre Ausbildung der LeiterInnen sichergestellt werden und die Eingliederung der Elementarpädagogik in das Bildungsministerium erfolgen (vgl. Kurz/Strache 2017, S. 59 f.) – die Umsetzung dieser Vorhaben in der Praxis ist weiterhin aufmerksam und kritisch zu beobachten.

Literaturverzeichnis

Ackerl, Isabella (2013): Geschichte Österreichs in Daten. Von 1804 bis heute. Wiesbaden: Marix.

Aden-Grossmann, Wilma (2002): Kindergarten. Eine Einführung in seine Entwicklung und Pädagogik. Weinheim und Basel: Beltz Juventa.

Aden-Grossmann, Wilma (2011): Der Kindergarten. Geschichte – Entwicklung – Konzepte. Weinheim und Basel: Beltz Juventa.

Aichhorn, August (1974): Psychoanalyse und Erziehungsberatung. Frankfurt a. M: Fischer.

Aigner, Christian Josef (2013): Kinder brauchen Männer – Zur Rolle der Männer in der pädagogischen Arbeit mit Kindern. In: Wustmann, Cornelia/Karber, Anke/Giener, Anita (Hrsg.): Kindheit aus sozialwissenschaftlicher Perspektive. Graz: Leykam, S. 121–129.

Aigner, Josef/Rohrmann, Tim (Hrsg.) (2012): EleMENtar – Männer in der pädagogischen Arbeit mit Kindern. Abschlussbericht des FWF-Forschungsprojekts P 20621-G14 „Pubic fathers" – Austrians male workforce in child care 2008–2010. Opladen, Berlin und Toronto: Barbara Budrich. www.pedocs.de/volltexte/2012/6751/pdf/AignerRohrmann_2012_Elementar.pdf (Anfrage: 23.09.2018).

Allgemein bürgerliches Gesetzbuch für die gesamten Deutschen Erbländer der Oesterreichischen Monarchie. I. Theil. 946/1811. www.literature.at/viewer.alo?objid=11585&viewmode=fullscreen&scale=3.33&rotate=&page=50 (Abfrage: 30.05.2018).

Ammerer, Gerhard/Veits-Falk, Sabine (2010): (Über-)Leben auf der Straße. Das 18. und 19. Jahrhundert. In: Hahn, Sylivia/Lobner, Nadja/Sedmak, Clemens (Hrsg.): Armut in Europa. 1500–2000. Innsbruck: Studien Verlag, S. 140–161.

Amtsblatt der Europäischen Gemeinschaften Nr. L 123/16/1992. eur-lex.europa.eu/legal-content/DE/TXT/PDF/?uri=CELEX:31992H0241&rid=1 (Abfrage: 06.12.2018).

Amtsblatt der europäischen Gemeinschaften Nr. C 191/1/1992. eur-lex.europa.eu/legal-content/DE/TXT/PDF/?uri=CELEX:11992M/TXT&rid=1 (Abfrage: 06.12.2018).

Amtsblatt der Europäischen Union Nr. C 111/01/2008. Empfehlungen des Europäischen Parlaments und des Rates vom 23. April 2008 zur Einrichtung des Europäischen Qualifikationsrahmens für lebenslanges Lernen. eur-lex.europa.eu/legal-content/DE/ALL/?uri=OJ %3AC %3A2008 %3A111 %3ATOC (Abfrage 01.03.2019).

Amtsblatt der Europäischen Union Nr. C 119/2/2009. eur-lex.europa.eu/legal-content/DE/TXT/PDF/?uri=CELEX:52009XG0528(01)&rid=1 (Abfrage: 06.12.2018).

Amtsblatt der Europäischen Union Nr. C 417/25/2015. eur-lex.europa.eu/legal-content/DE/TXT/PDF/?uri=CELEX:52015XG1215(02)&rid=3 (Abfrage: 06.12.2018).

Amtsblatt der Europäischen Union Nr. L 59/5/2013. eur-lex.europa.eu/legal-content/DE/TXT/PDF/?uri=CELEX:32013H0112&rid=2 (Abfrage: 06.12.2018).

Amt der Niederösterreichischen Landesregierung (Hrsg.) (2010): Bildungsplan für Kindergärten in Niederösterreich. St. Pölten. www.noe.gv.at/noe/Kindergaerten-Schulen/Bildungsplan_Niederoesterreich_.pdf (Abfrage: 07.12.2018).

Arbeitsgemeinschaft Psychoanalytische Pädagogik (o.J.): Geschichte der APP. www.app-wien.at/ (Abfrage: 01.06.2018).

Appelt, Erna (2013): Der Einfluss der EU auf den politischen Diskurs um Kinderbetreuung in Österreich. In: Wolf, Maria (Hrsg.): Child Care. Kulturen, Konzepte und Politiken der Fremdbetreuung von Kindern. Weinheim und Basel: Beltz Juventa, S. 35–50.

Ariès, Philippe (1975): Geschichte der Kindheit. München und Wien: Hanser.
Baader, Meike Sophia (2003): Ariès irrte grundlegend. Das Mittelalter hatte durchaus ein differenziertes Konzept von Kindheit. In: Zeitschrift für pädagogische Historiographie 9, H. 1, S. 53–54.
Baader, Meike Sophia (2004): Der romantische Kindheitsmythos und seine Kontinuitäten in der Pädagogik und in der Kindheitsforschung. In: Zeitschrift für Erziehungswissenschaft H. 3, S. 416–430.
Baader, Meike Sophia (2008a): Das Private ist politisch. Der Alltag der Geschlechter, die Lebensformen und die Kinderfrage. In: Baader, Meike Sophia (Hrsg.): „Seid realistisch, verlangt das Unmögliche". Wie 1968 die Pädagogik bewegte. Weinheim und Basel: Beltz Juventa, S. 153–172.
Baader, Meike Sophia (2008b): Von der sozialistischen Erziehung bis zum buddhistischen Ohm. Kinderläden zwischen Gegen- und Elitekulturen. In: Baader, Meike Sophia (Hrsg.): „Seid realistisch, verlangt das Unmögliche". Wie 1968 die Pädagogik bewegte. Weinheim und Basel: Beltz Juventa, S. 16–35.
Baader, Meike Sophia (2014a): Die Kindheit der sozialen Bewegungen. In: Meike Sophia Baader, Meike Sophia/Eßer, Florian/Schröer, Wolfgang (Hrsg.): Kindheiten in der Moderne. Eine Geschichte der Sorge. Frankfurt a. M.: Campus, S. 154–189.
Baader, Meike Sophia (2014b): Die reflektierte Kindheit. In: Baader, Meike Sophia/Eßer, Florian/Schröer, Wolfgang (Hrsg.): Kindheiten in der Moderne. Eine Geschichte der Sorge. Frankfurt a. M.: Campus, S. 414–455.
BABE+ (2018): Bachelor of Arts: Bildung & Erziehung. www.babeplus.at/index.php?id=2 (Abfrage: 31.05.2018).
Bäck, Gabriele (2009): Das Bildungsverständnis im Kindergarten. In: Erziehung und Unterricht. Österreichische Pädagogische Zeitschrift H. 9–10, S. 876–881.
Baierl, Andreas/Dörfler, Sonja/Schipfer, Rudolf (2015): Qualitätskompass Elementarpädagogik. Wien: Österreichisches Institut für Familienforschung.
Baierl, Andreas/Kaindl, Markus (2011): Working Paper. Kinderbetreuung in Österreich. Rechtliche Bestimmungen und die reale Betreuungssituation. Wien: Österreichisches Institut für Familienforschung.
Baierl, Andreas/Kaindl, Markus (2017): Familienleistungen und Kinderbetreuung im internationalen Vergleich. Wien: Österreichisches Institut für Familienforschung.
Baltruschat, Christa (1983): Vom Lehrcurs zur Bildungsanstalt für Kindergartenpädagogik. Die Ausbildung zur Kindergärtnerin in Österreich von 1868 bis zur Gegenwart. Dissertation Universität Innsbruck.
Baltruschat, Christa (1986): Zur Geschichte der Ausbildung von Kindergärtnerinnen in Österreich. Wien: Eugen Ketterl.
Bamler, Vera/Schönberger, Ina/Wustmann, Cornelia (2010): Lehrbuch Elementarpädagogik. Theorien, Methoden und Arbeitsfelder. Weinheim, Basel: Beltz Juventa.
Bauer, Fritz/Hauer, Bernadette/Neuhofer, Max (2005): Österreich im Pisa-Schock? In: WISO: Wirtschafts- und sozialpolitische Zeitschrift 28, H. 1, S. 109–137.
Bäuerl, Maria (1994): Qualifizierung von Sonderkindergartenpädagogen. Eine Dokumentation der Ausbildungsmöglichkeiten in Österreich. Diplomarbeit Universität Wien.
Bäuerl, Maria (1997): Sonderkindergartenpädagogenausbildung. In: Schwendenwein, Werner (Hrsg.): Facetten des österreichischen Ausbildungswesens. Frankfurt a. M., Wien: Lang, S. 164–178.
Bayr-Klimpfinger, Sylvia/Niegl, Agnes (1978): Erzähl uns was! Schulbuch Bildungsanstalt für Kindergärtnerinnen. Geschichten für Kleinkinder. Wien: Österr. Bundesverlag.

Benetka, Gerhard (2002): Bayr-Klimpfinger, Sylvia. In: Keintzel, Brigitta/Korotin, Ilse (Hrsg.): Wissenschafterinnen in und aus Österreich. Leben, Werk, Wirken. Wien: Böhlau, S. 50–52.
Benetka, Gerhard/Rudolph Clarissa (o.J.): Zur Geschichte der Einbindung psychologischer Testverfahren in den Kontext der Wiener Jugendfürsorge während der NS-Zeit. www.sfu.ac.at/psychologie/index.php?id=18 (Abfrage: 28.11.2012).
Benzig, Richard (1941): Grundlagen der körperlichen und geistigen Erziehung des Kleinkindes im nationalsozialistischen Kindergarten. Berlin: Zentralverlag der NSDAP.
Berger, Ernst (2017): Die Rolle der Kinder- und Jugendpsychiatrie in der NS-Zeit. In: Czech, Herwig/Weindling, Paul (Hrsg.): Österreichische Ärzte und Ärztinnen im Nationalsozialismus. Wien: DÖW, S. 225–229.
Berger, Manfred (2000): Friedrich Fröbels Konzeption einer Pädagogik der frühen Kindheit. In: Fthenakis, Wassilios E./Textor, Martin (Hrsg.): Pädagogische Ansätze im Kindergarten. Weinheim, Basel: Beltz, S. 10–22.
Berger, Manfred (2004): Von der Kleinkinder-Bewahranstalt zum Kindergarten als Bildungsinstitution. Ausgewählte Aspekte zur Entwicklung des Kindergartens in Österreich. In: Unsere Kinder. Fachzeitschrift für Kindergärten, Horte und Heime (Sonderausgabe Herbst 2004 Tagungsdokumentation), S. 1–6.
Berger, Manfred (2005a): „Heil Hitler Dir. Du bist und bleibst der beste Freund von mir". Zur Kindergartenpädagogik im Nazi-Deutschland (1933–1945) – unter besonderer Berücksichtigung der Fachzeitschrift Kindergarten (1933–1942). www.kindergartenpaedagogik.de/1258.html (Abfrage: 25.02.2019).
Berger, Manfred (2005b): Recherchen zum Kindergarten in Österreich: Gestern – Heute – Morgen. www.kindergartenpaedagogik.de/1240.html (Abfrage: 25.02.2019).
Berger, Manfred (2012a): Das Kind braucht einen guten Platz. Mater Margarete Schörls Leben und Wirken für den Kindergarten. In: Unsere Kinder. Fachzeitschrift für Kindergärten, Horte und Heime H. 6, S. 24–25.
Berger, Manfred (2012b): Grundgedanken bedeutender Pädagogen und ihre Aktualität für die Bildungsarbeit heute. In: Kindergarten Heute H. 9, S. 34–39.
Berger, Manfred (2016): Geschichte des Kindergartens. Von den ersten vorschulischen Einrichtungen des 18. Jahrhunderts bis zur Kindertagesstätte im 21. Jahrhundert. Frankfurt a. M.: Brandes et Apsel.
Berger, Manfred (2017a): Der Kindergarten im nationalsozialistischen Deutschland. www.nifbe.de/component/themensammlung?view=item&id=576&catid=37&showall=&start=1 (Abfrage 27.07.2018).
Berger, Manfred (2017b.): Zur Geschichte des Kindergartens in Österreich. Brief an Friedrich Fröbel zum 175. Geburtstag des Kindergartens. www.nifbe.de/component/themensammlung?view=item&id=561:brief-an-friedrich-froebel-zum-175-geburtstag-des-kindergartens&catid=37 (Abfrage 20.04.2018).
Berger, Manfred (o.J.): Frauen in der Geschichte des Kindergartens: Theresia Gräfin Brunsvik von Korompa. www.kindergartenpaedagogik.de/132.html (Abfrage 17.12.2018).
Bernfeld, Siegfried (1925): Sisyphos oder die Grenzen der Erziehung. Leipzig, Wien, Zürich: Internationaler Psychoanalytischer Verlag.
Biermann, Gerd (1973): Vorwort. In: Meng, Heinrich (Hrsg.): Psychoanalytische Pädagogik des Kleinkindes. München: Reinhardt, S. 5–6.
Bundesbildungsanstalt für Kindergartenpädagogik Graz (1993): Kindergartenpädagogik. BBAfKIPÄD Graz 25 Jahre. Festschrift. Graz: Eigenverlag.

Bildungsinitiative für die Zukunft (2011): Volksbegehren Bildungsinitiative. Österreich darf nicht sitzen bleiben. www.androsch.com/media/volksbegehren/ VBBI_Forderungen_incl_Kurztext.pdf (Abgefragt: 07.12.2018).
Bilstein, Johannes (2008): Die Wieder-Entdeckung der Psychoanalyse. In: Baader, Meike Sophia (Hrsg.): „Seid realistisch, verlangt das Unmögliche". Wie 1968 die Pädagogik bewegte. Weinheim, Basel: Beltz, S. 212–226.
Blumesberger, Susanne (2014): Handbuch der österreichischen Kinder- und Jugendbuchautorinnen. Band 2: L–Z. Wien: Böhlau.
Böhm, Winfried (2012): Die Reformpädagogik. Montessori, Waldorf und andere Lehren. München: Beck.
Bott, Gerhard (1970): Erziehung zum Ungehorsam. Antiautoritäre Kinderläden. Frankfurt a.M.: März.
Braun, Edith (1973): Eine Kinderfreundschaft. In: Meng, Heinrich (Hrsg.): Psychoanalytische Pädagogik des Kleinkindes. München: Reinhardt, S. 200–209.
Breinbauer, Ines Maria/Grimm, Gerald/Jäggle, Martin: Milde heute? In: Breinbauer, Ines Maria/Grimm, Gerald/Jäggle, Martin (Hrsg.) (2006): Milde revisited. Vincenz Eduard Mildes pädagogisches Wirken aus der Sicht der modernen Erziehungswissenschaft. Wien: LIT-Verlag, S. 7–14.
Brezinka, Wolfgang (2000): Pädagogik in Österreich. Die Geschichte des Faches an den Universitäten vom 18. bis zum 21. Jahrhundert. Band 1: Einleitung: Schulwesen, Universitäten und Pädagogik im Habsburger-Reich und in der Republik, Pädagogik an der Universität Wien. Wien: Verl. der Österr. Akad. der Wiss..
Brezinka, Wolfgang (2003): Pädagogik in Österreich. Die Geschichte des Faches an den Universitäten vom 18. bis zum 21. Jahrhundert. Band 2: Pädagogik an den Universitäten Prag, Graz und Innsbruck. Wien: Verl. der Österr. Akad. der Wiss..
Bruckmüller, Ernst (2001): Sozialgeschichte Österreichs. Wien: Verlag für Geschichte und Politik.
Bruder-Bezzel, Almuth/Schiferer, Rüdiger (2005): Alfred Adler. In: Lück, Helmut E./ Miller, Rudolf (Hrsg.): Illustrierte Geschichte der Psychologie. Weinheim: Beltz, S. 158–161.
Budde, Gunilla (2009): Blütezeit des Bürgertums. Bürgerlichkeit im 19. Jahrhundert. Darmstadt: WBG.
Bühler, Charlotte (1962): Psychologie im Leben unserer Zeit. München, Zürich: Droemer Knaur.
Bühler, Charlotte/Haas, Johanna (1924): Gibt es Fälle, in denen man lügen muß? Eine pädagogisch-psychologische Untersuchung über die Kinderlüge auf Grund einer Erhebung. Wien: Deutscher Verlag für Jugend und Volk.
Bühler, Charlotte/Hetzer, Hildegard (1932): Kleinkindertests. Entwicklungstests vom 1. – 6. Lebensjahr. Leipzig: Barth.
Bühler-Niederberger, Doris (2011): Lebensphase Kindheit. Theoretische Ansätze, Akteure und Handlungsräume. Weinheim und Basel: Beltz Juventa.
Bühler-Niederberger, Doris/Sünker, Heinz (2014): Die proletarische Kindheit. In: Meike Sophia Baader, Meike Sophia/Eßer, Florian/Schröer, Wolfgang (Hrsg.): Kindheiten in der Moderne. Eine Geschichte der Sorge. Frankfurt a. M.: Campus, S. 72–96.
Bundesgesetzblatt (BGBl.) Nr. 215/1962.
Bundesgesetzblatt (BGBl.) Nr. 242/1962.
Bundesgesetzblatt (BGBl.) Nr. 139/1974.
Bundesgesetzblatt (BGBl.) Nr. 120/1975.
Bundesgesetzblatt (BGBl.) Nr. 323/1975.
Bundesgesetzblatt (BGBl.) Nr. 412/1975.

Bundesgesetzblatt (BGBl.) Nr. 403/1977.
Bundesgesetzblatt (BGBl.) Nr. 362/1979.
Bundesgesetzblatt (BGBl.) Nr. 365/1982.
Bundesgesetzblatt (BGBl.) Nr. 312/1985.
Bundesgesetzblatt (BGBl.) Nr. 906/1994.
Bundesgesetzblatt (BGBl.) Nr. 478/2008.
Bundesgesetzblatt (BGBl.) Nr. 99/2009.
Bundesgesetzblatt (BGBl.) Nr. 258/2012.
Bundesgesetzblatt (BGBl.) Nr. 234/2015.
Bundesgesetzblatt (BGBl.) Nr. 56/2016.
Bundesgesetzblatt (BGBl.) Nr. 204/2016.
Bundesgesetzblatt (BGBl.) Nr. 138/2017.
Bundesinstitut für Bildungsforschung, Innovation und Entwicklung des österreichischen Schulwesens (2009): PISA 2009. Internationaler Vergleich von Schülerleistungen. Erste Ergebnisse – Zusammenfassung. Salzburg. www.bifie.at/wp-content/uploads/2017/05/2010-12-07_pisa-2009-ersteergebnisse.pdf (Abfrage: 07.12.2018).
Bundesministerium für Bildung, Wissenschaft und Forschung (2015): Bildungsreformkommission. Vortrag an den Ministerrat. bildung.bmbwf.gv.at/ministerium/vp/2015/20151117.pdf (Abfrage: 11.05.2018).
Bundesministerium für Unterricht (1978): Akt Zl. 1366/3-1/1978. Österreichisches Staatsarchiv AdR UWFuK BMU PA Sign 19 Niegl Agnes. Wien.
Bundespressedienst (Hrsg.) (1994): Arbeitsübereinkommen zwischen der Sozialdemokratischen Partei Österreichs und der Österreichischen Volkspartei. Wien: Bundeskanzleramt.
Bundespressedienst (Hrsg.) (1996): Koalitionsübereinkommen zwischen der Sozialdemokratischen Partei Österreichs und der Österreichischen Volkspartei. Wien: Bundeskanzleramt.
Cafuta, Sabine (2017): Die Implementierung des Bundesländerübergreifenden BildungsRahmenPlans für elementare Bildungseinrichtungen in österreichischen Kindergärten. Münster: Waxmann.
Caritasverband (Hrsg.): Gemeinsam spielen. Gemeinsam lernen. Gemeinsam leben. Hannover: Caritasverband.
Central-Vereins-Kanzlei (1872): Bericht über den Zustand der unter dem allerhöchsten Schutze Ihrer Majestät, der Kaiserin Karolina Augusta stehenden Kleinkinderbewahr-Anstalten Wiens und Umgebung, und über die Leistungen des zum Besten dieser Anstalt bestehenden Haupt-Vereines. Wien: Gorischek.
Central-Vereins-Kanzlei (1874): Schutze Ihrer Majestät, der Kaiserin Elisabeth stehenden Kleinkinderbewahr-Anstalten Wiens und Umgebung. Wien: Central-Vereins-Kanzlei.
Chamberlain, Sigrid (2016): Adolf Hitler, die deutsche Mutter und ihr erstes Kind. Über zwei NS-Erziehungsbücher. Unter Mitarbeit von Gregor Dill. Gießen: Psychosozial-Verlag.
Charlotte Bühler Institut (o.J.a): Charlotte Bühler. Wien: Charlotte Bühler Institut. www.charlotte-buehler-institut.at/charlotte-buehler-info/ (Abfrage: 20.12.2018).
Charlotte Bühler Institut (o.J.b): Abgeschlossene Projekte. Wien. Charlotte Bühler Institut. www.charlotte-buehler-institut.at/projekte/ (Abfrage: 07.12.2018).
Charlotte Bühler Institut (1994): Forschungsprojekt Öffnungszeiten und Aufenthaltsdauer im Kindergarten. Erforschung von entwicklungsfördernden bzw. entwicklungshemmenden Rahmenbedingungen. Wien: Charlotte Bühler Institut.
Charlotte Bühler Institut (1995): Bildungsziele und Funktionen des Kindergartens aus Sicht der Kindergärtnerinnen. Teil 2. Öffnungszeiten und Aufenthaltsdauer im Kindergarten.

Erforschung von entwicklungsfördernden bzw. entwicklungshemmenden Rahmenbedingungen. Wien: Charlotte Bühler Institut.

Charlotte Bühler Institut (2009): Bundesländerübergreifender BildungsRahmenPlan für elementare Bildungseinrichtungen in Österreich. Wien: Charlotte Bühler Institut. www.charlotte-buehler-institut.at/wp-content/pdf-files/Bundesländerübergreifender BildungsRahmenPlan für elementare Bildungseinrichtungen in Österreich.pdf (Abfrage: 07.12.2018).

Charlotte Bühler Institut (2010): Modul für das letzte Jahr in elementaren Bildungseinrichtungen Vertiefende Ausführungen zum bundesländerübergreifenden BildungsRahmenPlan. Wien: Charlotte Bühler Institut. www.charlotte-buehler-institut.at/wp-content/pdf-files/Modul %20fur %20das %20letzte %20Jahr %20in %20elementaren %20Bildungs einrichtungen %20Web-2011-2.pdf (19.06.2018).

Charlotte Bühler Institut (2016): Entwicklung eines Konzepts zum Bildungskompass im elementarpädagogischen Bildungsbereich. Wien: Charlotte Bühler Institut. www.charlotte-buehler-institut.at/wp-content/uploads/2016/08/BK_Endbericht_finale-Version_2017-1.pdf (Abfrage: 07.12.2018).

Charlotte Bühler Institut (2017): Begleitende Pilotierung des Bildungskompasses im elementarpädagogischen Bildungsbereich in Oberösterreich. Wien: Charlotte Bühler Institut. www.charlotte-buehler-institut.at/wp-content/uploads/2017/09/Bildungskompass_End bericht_30.9.2018_Anhang_kom.pdf (Abfrage: 07.12.2018).

Chimani, Leopold (1832): Theoretisch-practischer Leitfaden für Lehrer in Kinder-Bewahranstalten. Enthaltend die Organisation derselben und die Gegenstände, welche und wie sie in denselben vorgenommen werden sollen; mit einer Geschichte der Kinder-Bewahranstalten überhaupt, und des Hauptvereins für Kinder-Bewahranstalten in Wien. Wien. Hauptverein der Kinder-Bewahranstalten.

Cizek, Brigitte (2004) (Hrsg.): Familienforschung in Österreich. Markierungen – Ergebnisse – Perspektiven. Wien. https://www.frauen-familien-jugend.bka.gv.at/dam/jcr:b60aa852-9ccb-4dca-a8d9-f68db4cf9888/Familienforschung %20in %20 %C3 %96sterreich.pdf (Abfrage 07.12.2018).

Cloos, Peter (2008): Die Neu-Entdeckung der frühen Kindheit? In: Baader, Meike Sophia (Hrsg.): „Seid realistisch, verlangt das Unmögliche". Wie 1968 die Pädagogik bewegte. Weinheim: Beltz, S. 69–87.

Crain, Fitzgerald (2005): Fürsorglichkeit und Konfrontation. Psychoanalytisches Lehrbuch zur Arbeit mit sozial auffälligen Kindern und Jugendlichen. Gießen: Psychosozial-Verlag.

Czech, Herwig (2014): Der Spiegelgrund-Komplex. Kinderheilkunde, Heilpädagogik, Psychiatrie und Jugendfürsorge im Nationalsozialismus. In: Ralser, Michaela/Sieder, Reinhard (Hrsg.): Die Kinder des Staates = Children of the state. Innsbruck, Wien und Bozen: Studien Verlag. (Zugl. ÖZG 25, H. 1–2), S. 194–219.

Czech, Herwig (2016): Von der „Aktion T4" zur „dezentralen Euthanasie". In: Dokumentationsarchiv des österreichischen Widerstandes (Hrsg.): Fanatiker, Pflichterfüller, Widerständige: Reichsgaue Niederdonau, Groß-Wien. Wien: DÖW, S. 219–266.

Czeike, Felix (2004): Historisches Lexikon Wien. In 6 Bänden. Wien: Kremayr & Scheriau.

Czimmek, Anna (2015): Entwicklungsjahre und frühes Werk der pädagogischen Kinderärztin Emmi Pinkler. In: Gilles-Bacciu, Astrid/Heuer, Reinhild (Hrsg.): Pikler. Ein Theorie- und Praxisbuch für die Familienbildung. Weinheim und Basel: Beltz, S. 16–22.

Dahl, Matthias (2001): Aussonderung und Vernichtung – Der Umgang mit „lebensunwerten" Kindern während des Dritten Reiches und die Rolle der Kinder- und Jugendpsychiatrie. In: Praxis der Kinderpsychologie und Kinderpsychiatrie 50, H. 3, S. 170–191.

Dahlberg, Gunilla (2004): Kinder und Pädagogen als Co-Konstrukteure von Wissen und Kultur: Frühpädagogik in postmoderner Perspektive. In: Fthenakis, Wassilios E./ Oberhuemer, Pamela (Hrsg.): Frühpädagogik international. Bildungsqualität im Blickpunkt. Wiesbaden: VS Verl. für Sozialwissenschaften, S. 13–30.

Dammann, Elisabeth/Prüser, Helga (1987): Praxis im Alltag: Kontinuitäten, Veränderungen, Entwicklungen. In: Erning, Guenter/Neumann, Karl/Reyer, Jürgen (Hrsg.): Geschichte des Kindergartens. Institutionelle Aspekte. Systematische Perspektiven. Entwicklungsverläufe. Freiburg im Breisgau: Lambertus, S. 121–134.

Datler, Wilfried (2008): Zur Entstehung und Entwicklung der „Arbeitsgemeinschaft Psychoanalytische Pädagogik". Festansprache des stellvertretenden Vorsitzenden anlässlich der 10-Jahres-Feier. In: Figdor, Helmuth (Hrsg.): „Denn wir können die Kinder nach unserem Sinne nicht formen...". Festschrift zum 10-jährigen Bestehen der Arbeitsgemeinschaft Psychoanalytische Pädagogik. Wien: Empirie, S. 21–30.

Datler, Wilfried/Fürstaller, Maria/Winninger Michael (2015): Zum Selbstverständnis Psychoanalytischer Pädagogik und zur Geschichte ihrer Institutionalisierung. In: Datler, Wilfried/Fürstaller, Maria/Winninger Michael (Hrsg.): Psychoanalytische Pädagogik: Selbstverständnis und Geschichte. Berlin: Barbara Budrich. S. 9–33.

Dederichs, Clara (1950): Unsere Berufswelt in vielseitiger Schau. In: Unsere Kinder. Fachzeitschrift für Kindergärten, Horte und Heime H. 4, S. 77–82.

Der Wissenschaftsfonds (o.J.a): Projekt Finder. Strategie zur Erhöhung des Anteils von Männern in der Kinderbetreuung. Wien.

Der Wissenschaftsfonds (o.J.b): Projekt Finder. Interaktionsqualität von Kindern im Kindergarten. Wien.

Diemert, Klaus-Peter (1995): Von den einjährigen „Bildungscursen für Kindergärtnerinnen" zur fünfjährigen „Bildungsanstalt für Kindergartenpädagogik" bzw. zum „Kolleg für Kindergartenpädagogik". In: Knapp, Gerald (Hrsg.): Kindergarten und Familie als Lebens- und Erfahrungsraum. „Politik für Kind-ge-Rechte Strukturen". Wien, Köln: Böhlau, S. 307–312.

Dörfler, Sonja (2004): Außerfamiliare Kinderbetreuung in Österreich – Status Quo und Bedarf. Wien: Österreichisches Institut für Familienforschung.

Dreier, Annette (2012): Was tut der Wind, wenn er nicht weht? Begegnungen mit der Kleinkindpädagogik in Reggio Emilia. Berlin: Cornelsen.

Dudek, Peter (2003): Siegfried Bernfeld (1892–1953). In: Tenorth, Heinz-Elmar (Hrsg.): Klassiker der Pädagogik. Von John Dewey bis Paulo Freire, S. 169–182.

Dworschak, Rosl (1974): Vorwort. In: Aichhorn, August: Psychoanalyse und Erziehungsberatung. Frankfurt a. M: Fischer. S. 7-8.

Eichelberger, Harald (o.J): Die Geschichte der Wiener Montessori Bewegung von 1921/22 bis jetzt. www.eichelberger.at/12-reformpaedagogik/montessori-paedagogik/18-die-geschichte-der-wiener-montessori-bewegung-von-1921-22-bis-jetzt (Abfrage: 25.01.2019).

Eichelberger, Harald (1997): Lebendige Reformpädagogik. Innsbruck: Studien Verlag.

Eichelberger, Harald/Zwiauer, Charlotte (Hrsg.) (2001): Das Kind ist entdeckt. Erziehungsexperimente im Wien der Zwischenkriegszeit. Wien: Picus-Verlag.

Ellermann, Walter (2006): Berufsbild. In: Pousset, Raimund (Hrsg.): Beltz Handwörterbuch für Erzieherinnen und Erzieher. Unter Mitarbeit von Wilma Aden-Grossmann. Weinheim, Basel: Beltz, S. 66–69.

Engel, Roswitha (2002): Qualifizierungsentwicklung von Pflege-Lehrpersonen. Frankfurt a. M., Wien: Lang.

Engelberger, Eva (2003): „...um den Begriff Patrizigasse zu beleuchten...“. In: Lukan, Ilse (Hrsg.): GRATULIERE – die Bildungsanstalt für Kindergartenpädagogik der Stadt Wien feiert 25 Jahre Schulstandort in Wien-Floridsdorf... in der Patrizigasse! Wien: Bildungsanstalt für Kindergartenpädagogik, S. 18.

Engelbrecht, Helmut (1984): Geschichte des österreichischen Bildungswesens. Von der frühen Aufklärung bis zum Vormärz. Wien: Bundesverlag.

Engelbrecht, Helmut (1988): Geschichte des österreichischen Bildungswesens. Von 1918 bis zur Gegenwart (Geschichte des österreichischen Bildungswesens, 4). Wien: Bundesverlag.

Engels, Friedrich (1845): Die Lage der arbeitenden Klasse in England. Nach eigner Anschauung und authentischen Quellen. Leipzig: Wigand.

Eßer, Florian (2014): Die verwissenschaftlichte Kindheit. In: Baader, Meike Sophia/Eßer, Florian/Schröer, Wolfgang (Hrsg.): Kindheiten in der Moderne. Eine Geschichte der Sorge. Frankfurt a. M.: Campus, S. 124–153.

Europäische Kommission (2011): Mitteilung der Kommission. Frühkindliche Betreuung, Bildung und Erziehung: der bestmögliche Start für alle unsere Kinder in der Welt von morgen. Brüssel. eur-lex.europa.eu/legal-content/DE/TXT/PDF/?uri=CELEX:52011DC0066&rid=2 (Abfrage: 06.12.2018).

Fachhochschule Campus Wien (2018): Bachelorstudium Sozialmanagement in der Elementarpädagogik. www.fh-campuswien.ac.at/departments/soziales/studiengaenge/detail/sozialmanagement-in-der-elementarpaedagogik.html (Abfrage: 31.05.2018).

Faßmann, Heinz/Aufhauser, Elisabeth/Münz, Rainer (1988): Kindergärten in Österreich. Angebot, Nachfrage, Defizite. Wien: Bundesministerium für Umwelt, Jugend u. Familie.

Federn, Ernst (2005): Sigmund Freud. In: Lück, Helmut E./Miller, Rudolf (Hrsg.): Illustrierte Geschichte der Psychologie. Weinheim: Beltz, S. 141–144.

Feigl, Susanne: Factsheet. 150 Jahre Frauenrechte in Österreich. Sozial Ministerium. www.sozialministerium.at/cms/site/attachments/0/2/0/CH3434/CMS1466406589664/factsheet_150_jahre_frauenrechte.pdf (Abfrage: 26.03.2018).

Fellner, Alois (1892): Der Volkskindergarten. Wegweiser bei Gründung und Führung dieser Kleinkinder – Erziehungsanstalten. Wien: Pichler.

Fellner, Alois (Hrsg.) (1918): Der Kindergarten. Erziehungslehre und Kindergartentheorie für Kindergärtnerinnen-Bildungsanstalten. Wien: Pichler.

Ferenczi, Sándor (2004): Schriften zur Psychoanalyse. Auswahl in zwei Bänden – Band I. Hrsg. v. Michael Balint. Gießen: Psychosozial Verlag.

Festtagung (1972): Festtagung für Kindergärtnerinnen und Horterzieherinnen im kirchlichen Dienst in der Erzdiözese Wien am Caritassonntag 1972. Ungeordneter Nachlass Agnes Niegl.

Ficker Adolf (1873): Bericht über österreichisches Unterrichtswesen. Band 1: Geschichte, Organisation und Statistik des österreichischen Unterrichtswesens. Wien: Hölder.

Figdor, Helmuth (1983): Der Beitrag der Psychoanalyse für die Pädagogik der ersten fünfzehn Lebensjahre. Dissertation Universität Wien.

Figdor, Helmuth (1995): Psychoanalytisch-pädagogische Erziehungsberatung. Die Renaissance einer klassischen Idee. In: Sigmund Freud House Bulletin 19/2/B, S. 21–87.

Fischer, Hannah (1987): Die Bildungsanstalt für Kindergartenpädagogik der Stadt Wien im Wandel der Zeit. In: Chronik der städtischen Kindertagesheime. Wien: Jugend und Volk Verlag.

Fischer, Hannah (2003): „... und bin ich nun Kindergärtnerin mit Befähigung...“. In: Lukan, Ilse (Hrsg.): GRATULIERE – die Bildungsanstalt für Kindergartenpädagogik der Stadt Wien feiert 25 Jahre Schulstandort in Wien-Floridsdorf... in der Patrizigasse! Wien: Bildungsanstalt für Kindergartenpädagogik, S. 25.

Fischer, Lisa/Köpl, Regina (2005): Sigmund Freud. Wiener Schauplätze der Psychoanalyse. Wien: Böhlau.
Fischer, M. [Vorname nicht ermittelbar] (1923): Zur Frage der Berufsorganisation. In: Zeitschrift für das Kindergartenwesen H. 1–2. S. 2–5.
Fischer-Kowalski, Marina/Seidl, Peter und andere (1986): Von den Tugenden der Weiblichkeit. Mädchen u. Frauen im österr. Bildungssystem. Wien: Verlag für Gesellschaftskritik.
Fischer-Kowalski, Marina (Hrsg.) (1991): Kindergruppenkinder. Selbstorganisierte Alternativen zum Kindergarten. Wien: Verlag für Gesellschaftskritik.
Fitzka-Puchberger, Roswitha (1991): Der „andere Umgang" mit Kindern. In: Fischer-Kowalski, Marina (Hrsg.): Kindergruppenkinder. Selbstorganisierte Alternativen zum Kindergarten. Wien: Verlag für Gesellschaftskritik, S. 126–129.
Flich, Renate (1996a): Wider die Natur der Frau? Entstehungsgeschichte der höheren Mädchenschulen in Österreich. Wien: Bundesministerium für Unterricht und Kulturelle Angelegenheiten.
Flich, Renate (1996b): Im Banne von Klischees. Die Entwicklung der höheren allgemeinbildenden und höheren berufsbildenden Mädchenschulen in Österreich von 1918 bis 1945. Wien: Bundesministerium für Unterricht und Kulturelle Angelegenheiten.
Flitner, Andreas (2001): Reform der Erziehung. Impulse des 20. Jahrhunderts. Weinheim und Basel: Beltz.
Forstner, Silvia (2010): Ausbildung der Kindergartenpädagoginnen und -pädagogen. Eine Studie zur subjektiven Wahrnehmung von Personen aus diesem Tätigkeitsfeld. Diplomarbeit Universität Wien.
Franke-Meyer, Diana/Reyer, Jürgen (2015): Klassiker der Pädagogik der frühen Kindheit. Ideengeber und Vorläufer des Kindergartens. Weinheim und Basel: Beltz Juventa.
Franke-Meyer, Diana (2011): Kleinkindererziehung und Kindergarten im historischen Prozess. Ihre Rolle im Spannungsfeld zwischen Bildungspolitik, Familie und Schule. Bad Heilbrunn: Klinkhardt.
Frankowski, Philipp/Gottlieb, Karl (1927): Die Kindergärten der Gemeinde Wien. Wien: Thalia.
Franziskanerinnen von Vöcklabruck (o.J.): Wir über uns. Geschichte. www.franziskanerinnen.at/ueberuns/geschichte.html (Abfrage: 08.09.2017).
Freud, Anna (1971): Psychoanalyse für Pädagogen. Eine Einführung. Bern: Huber.
Freud, Anna (1987): Einführung. In: Freud, Anna: Die Schriften der Anna Freud. In 10 Bänden. Frankfurt a. M.: Fischer, S. 3–8.
Freud, Anna (1927/1987): Vier Vorträge über Kinderanalyse (1927 [1926]). Die Einleitung der Kinderanalyse. In: Freud, Anna: Die Schriften der Anna Freud. In 10 Bänden. Frankfurt a. M.: Fischer, S. 11–25.
Freud, Anna (1930/1987a): Vier Vorträge über Psychoanalyse für Lehrer und Eltern (1930). Die Latenzperiode. In: Freud, Anna: Die Schriften der Anna Freud. In 10 Bänden. Frankfurt a. M.: Fischer, S. 109–124.
Freud, Anna (1930/1987b): Vier Vorträge über Psychoanalyse für Lehrer und Eltern (1930). Die Beziehungen zwischen Psychoanalyse und Pädagogik. In: Freud, Anna: Die Schriften der Anna Freud. In 10 Bänden. Frankfurt a. M.: Fischer, S. 125–138.
Freud, Sigmund (1933): Neue Folge der Vorlesungen zur Einführung in die Psychoanalyse. Wien: Internationaler Psychoanalytischer Verlag.
Friedl, Heidemarie (1979): Widersprüche gesellschaftlicher Kleinkinderziehung in der bürgerlichen Gesellschaft. Diplomarbeit Universität Linz.
Friedl, Inge (2015): Alte Kinderspiele – einst und jetzt. Mit vielen Spielanleitungen. Köln, Weimar und Wien: Böhlau Verlag.

Fröbel, Friedrich Wilhelm August (1826): Die Menschenerziehung. Erster Band. Bis zum begonnenen Knabenalter. Leipzig: Keilhau Verlag der allgemeinen deutschen Erziehungsanstalt.

Fröbel, Friedrich Wilhelm August (1840): Kommt, lasst uns unsern Kindern Leben! Entwurf eines Planes zur Begründung und Ausführung eines Kinder-Gartens. Ilmenau: Trommsdorff.

Fthenakis, Wassilios E. (2002): Der Bildungsauftrag in Kindertageseinrichtungen: ein umstrittenes Terrain? www.familienhandbuch.de/kita/krippe/rund-um/derbildungsauftragin kindertageseinrichtungen.php (Abfrage: 24.04.2018).

Fthenakis, Wassilios E. (Hrsg.) (2003): Elementarpädagogik nach PISA. Wie aus Kindertagesstätten Bildungseinrichtungen werden können. Freiburg im Breisgau und Wien: Herder.

Fuchs, Hertha (1932/1973): Psychoanalytische Heilpädagogik im Kindergarten. In: Meng, Heinrich (Hrsg.): Psychoanalytische Pädagogik des Kleinkindes. München: Reinhardt, S. 143–191.

Fuchs, Hertha (1933/1973): Probleme der heilpädagogischen Kindergartengruppen. In: Meng, Heinrich (Hrsg.): Psychoanalytische Pädagogik des Kleinkindes. München: Reinhardt, S. 192–199.

Gary, Gisela M. (1995): Geschichte der Kindergärtnerin von 1779 bis 1918. Wien: Ed. Praesens.

Gary, Gisela M. (2006): „Wir sind keine Tanten!". Die Kindergärtnerin: zur Geschichte eines Frauenberufs in Österreich. Strasshof: Vier-Viertel-Verlag.

Gauly, Burkhard (2013): Loris Malaguzzi – Grundgedanken bedeutender Pädagogen und ihre Aktualität für die Bildungsarbeit heute. In: Kindergarten Heute H. 3, S. 26–31.

Gedenkstätte Steinhof: Interviews. Gedenkstätte Steinhof. gedenkstaettesteinhof.at/de/ interviews (Abfrage 27.07.2018).

Gehrig, Thomas (2007): Erziehungsvorstellungen im „Frühsozialismus". In: Dollinger, Bernd/Müller, Carsten/Schröer, Wolfgang (Hrsg.): Die sozialpädagogische Erziehung des Bürgers. Entwürfe zur Konstitution der modernen Gesellschaft. Wiesbaden: VS Verlag für Sozialwissenschaften, S. 69–92.

Geiger, Brigitte/Hacker, Hanna (1998): AUF! – Die Anfänge der Neuen Frauenbewegung in Wien. In: Danneberg, Bärbel/Keller, Fritz/Machalicky, Aly/Mende, Julius (Hrsg.): Die 68er. Eine Generation und ihr Erbe. Wien: Döcker, S. 215–221.

Gestrich, Andreas (2013): Geschichte der Familie im 19. und 20. Jahrhundert. München: Oldenbourg.

Göhlich, Michael (1997): Reggiopädagogik – innovative Pädagogik heute. Zur Theorie und Praxis der kommunalen Kindertagesstätten von Reggio Emilia. Frankfurt a. M.: Fischer.

Grell, Frithjof (2013): Frühkindliche Bildung in historischer Perspektive. In: Stamm, Margit/Edelmann, Doris (Hrsg.): Handbuch frühkindliche Bildungsforschung. Wiesbaden: Springer VS, S. 147–164.

Grossmann, Wilma (1987): Kindergarten. Eine historisch-systematische Einführung in seine Entwicklung und Pädagogik. Weinheim und Basel: Beltz.

Grubrich-Simitis, Ilse (1987): Innenwelt des Kindes. Eine Skizze von Anna Freuds Lebenswerk. In: Freud, Anna: Die Schriften der Anna Freud. In 10 Bänden. Frankfurt a. M.: Fischer, S. XIX–XXXII.

Guggenberger, Doris (2017): Der lange Weg. Von der Mädchenbildung zu Gender und Diversität: ein halbes Jahrhundert Schulpolitik zur Gleichstellung von Mädchen und Burschen in Österreich. Wien: LIT.

Günther, Hans (1941): Gattenwahl zum ehelichen Glück und erblicher Ertüchtigung. München Berlin: Lehmann.

Günther, Karl-Heinz/Hofmann, Franz/Hohendorf Gerd/König Helmut/Schuffenhauer, Heinz (1973): Geschichte der Erziehung. Berlin: Volk und Wissen.

Hackl, Marion/Geserick, Christine/Hannes, Caterina (2015): Besonderheiten und Herausforderungen des Arbeitsalltags in Kindergarten und Kinderkrippe. Abschlussbericht. emedien.arbeiterkammer.at/viewer/resolver?urn=urn:nbn:at:at-akw:g-784448 (Abfrage: 20.06.2018).

Haider, Günter (Hrsg.) (2002): PISA 2000 Technischer Report: Ziele, Methoden und Stichproben des österreichischen PISA-Projekts. Innsbruck, Wien, Bozen und München: Studien Verlag.

Haider, Günter/Schreiner Claudia (2006): Die PISA-Studie. Österreichs Schulsystem im internationalen Wettbewerb. Wien, Köln und Weimar: Böhlau.

Hamann, Bruno (1993): Geschichte des Schulwesens. Werden und Wandel der Schule im ideen- und sozialgeschichtlichen Zusammenhang. Bad Heilbrunn: Klinkhardt.

Hamann, Georg (2013): „Den Führer erhalte uns Gott...“. Die katholischen Kindergärten Wiens zur Zeit des Nationalsozialismus. Wien: St. Nikolaus Kindertagesheimstiftung.

Hamann, Georg (2014): „Dir, Vaterland, dir Leib und Blut!“. Kindheit und Kriegspropaganda im Ersten Weltkrieg. Wien: Ueberreuter.

Hammerer, Franz/Eckert, Ela (Hrsg.) (2009): Untersuchungen und Ansätze zur Weiterentwicklung der Montessori-Pädagogik in Österreich. Köck-Privatstiftung. Innsbruck, Wien und Bozen: StudienVerlag.

Hammerer, Franz (2011): Montessori-Pädagogik in Österreich – neue Einblicke in die Geschichte und Gegenwart. In: Montessori Österreich H. 1., S. 5–8.

Hansmann, Otto (2008): Jean-Jacques Rousseau (1712-1778). In: Dollinger, Bernd (Hrsg.): Klassiker der Pädagogik. Die Bildung der modernen Gesellschaft. Wiesbaden: VS Verl. für Sozialwissenschaften, S. 27–52.

Haarer, Johanna (1941): Die deutsche Mutter und ihr erstes Kind. München und Berlin: Lehmann.

Härtel, Peter/Greiner, Ulrike/Hopmann, Stefan/Jorzik, Bettina/Krainz-Dürr, Marlies/Mettinger, Arthur (2010): Lehrerinnenbildung NEU. Die Zukunft der pädagogischen Berufe. www.qsr.or.at//dokumente/1870-20140529-092820-Empfehlungen_der_ExpertInnengruppe_Endbericht_092010_2_Auflage.pdf (Abfrage: 07.12.2018).

Härtel, Peter/Marterer, Michaela/Eigner, Albert/Zoller, Hermann (2012): Ergebnisse und Empfehlungen der Expert/innen für den Regionalen Bildungsplan Steiermark. Graz. http://www.regionalerbildungsplan.at/files/Ergebnisse-und-Empfehlungen-der-Experteninnen.pdf (Abfrage 01.03.2019).

Hartmann, Waltraud/Kaufmann, Angelika (2005): „Wir dachten, wir könnten die Welt verändern“. Erinnerungen an die bewegten 70er-Jahre. In: Lexe, Heidi/Seibert, Ernst (Hrsg.): Mira Lobe ... in aller Kinderwelt. Wien: Ed. Praesens, S. 51–64.

Hartmann, Waltraud/Stoll, Martina/Chisté, Matalie/Hajszan, Michaela (2000): Bildungsqualität im Kindergarten. Transaktionale Prozesse, Methoden, Modelle. Unter Mitarbeit von Waltraut Hartmann. Wien: ÖBV und HPT.

Hartmann, Waltraut/Stoll, Martina (1999): Mehr Qualität für Kinder. Qualitätsstandards und Zukunftsperspektiven für den Kindergarten. Nachdruck d. 1. Aufl. Wien: ÖBV.

Heckel, Christine (1969): Der österreichische Kindergarten 1832–1938. Dissertation Universität Graz.

Heckel, Christine (1991): Schon vor 100 Jahren. In: Avender, Karoline/Kiffmann-Duller, Christine/Lang, Helga (Hrsg.): Kinder gehen uns alle an! Dokumentation 10 Jahre Berufsgruppe Steirische Kindergärtnerinnen. Tobelbad: Berufsgruppe steirischer Kindergärtnerinnen, S. 37–40.

Heinsohn, Gunnar (1974): Vorschulerziehung in der bürgerlichen Gesellschaft. Geschichte, Funktion, aktuelle Lage. Frankfurt a. M.: Fischer.

Helperstorfer, Irmgard (1992): Die rechtliche Stellung des Kindes. Der Begriff des „Kindes“ in der Rechtssprache. In: Kindsein in Wien. Zur Sozialgeschichte des Kindes von der Aufklärung bis ins 20. Jahrhundert. Ausstellung des Historischen Museums der Stadt Wien vom 9. April 1992 bis 14. Februar 1993. Wien: Museen der Stadt Wien, S. 17–18.

Himmelbach, Nicole/Schröer, Wolfgang (2014): Die transnationale Kindheit. In: Baader, Meike Sophia/Eßer, Florian/Schröer, Wolfgang (Hrsg.): Kindheiten in der Moderne. Eine Geschichte der Sorge. Frankfurt a. M.: Campus, S. 492–510.

Hofer, Irene (1997): Die Ausbildung zum Kindergartenpädagogen. In: Schwendenwein, Werner (Hrsg.): Facetten des österreichischen Ausbildungswesens. Frankfurt a. M. und Wien: Lang, S. 152–163.

Högemann, Marta (1995): Erzieherin. Kein Beruf wie jeder andere. Freiburg im Breisgau, Basel und Wien: Herder.

Hoerfarter, Matthäus (1882): Zur Pädagogik des Kindergartens (Erziehung, Unterricht, Schulwesen XI). Carl Graefer: Wien.

Hörmanseder, Eva Maria (2013): Schulbildung zwischen Politik und Realität. Zur Schulwirklichkeit in Österreich zwischen 1869 und 1914 anhand von autobiografischen Dokumenten. Diplomarbeit Universität Wien.

Honig, Michael Sebastian/Ostner, Ilona (2014): Familialisierte Kindheit. In: Baader, Meike Sophia/Eßer, Florian/Schröer, Wolfgang (Hrsg.): Kindheiten in der Moderne. Eine Geschichte der Sorge. Frankfurt a. M.: Campus, S. 360–390.

Hornung, Ela/Sturm, Margit (1995): Stadtleben. Alltag in Wien 1945 bis 1955. In: Sieder, Reinhard/Steinert, Heinz/Tálos, Emmerich (Hrsg.): Österreich 1945–1995. Gesellschaft, Politik, Kultur. Wien: Verlag für Gesellschaftskritik, S. 54–67.

Hornyák Mária (2002): Gräfin Therese Brunswick. 1775–1861. mek.oszk.hu/15800/15839/15839.pdf (Abfrage: 25.02.2019).

Hover-Reisner, Nina/Fürstaller, Maria/Andersen, Christian (2017): Pluralität in Wiener Kindergärten und Kindergruppen unter besonderer Berücksichtigung sogenannter „islamischer Einrichtungen“. Abschlussbericht des Projektteils zur Untersuchung von Orientierungs- und Prozessqualität. Wien. https://www.bmeia.gv.at/fileadmin/user_upload/Zentrale/Integration/Studien/Pluralitaet_in_Wiener_Kindergaerten.pdf (Abfrage 01.03.2019)

Institut für Bildungswissenschaften Wien (o.J.): Spracherwerb und lebensweltliche Mehrsprachigkeit im Kindergarten. bildungswissenschaft.univie.ac.at/psychoanalytische-paedagogik/forschung/abgeschlossene-projekte/spracherwerb-und-lebensweltliche-mehrsprachigkeit-im-kindergarten/ (Abfrage: 28.01.2019).

Interuniversitäres Kolleg Graz/Schloss Seggau (2018): Master of Education (MEd.) – Elementarpädagogik. www.inter-uni.net/download/elementarpaedagogik/Flyer_MEd %20Elementarpaedagogik_Seggau2018Fackler.pdf (Abfrage: 28.01.2019).

Jacobi, Juliane (2014): Die bürgerliche Kindheit. In: Baader, Meike Sophia/Eßer, Florian/Schröer, Wolfgang (Hrsg.): Kindheiten in der Moderne. Eine Geschichte der Sorge. Frankfurt a. M.: Campus. S. 22–24.

Kálló, Éva (2015): Im Frieden mit mir – im Frieden mit anderen. Erziehung ohne Gewalt im Lóczy. In: Gilles-Bacciu, Astrid/Heuer, Reinhild (Hrsg.): Pikler. Ein Theorie- und Praxisbuch für die Familienbildung. Weinheim und Basel: Beltz, S. 35–43.

Kanitz, Otto Felix (1974): Das proletarische Kind in der bürgerlichen Gesellschaft. Frankfurt a. M.: Fischer.

Katholische Kirche Oberösterreich Diözese Linz (2014): Caritasfachjournal „Unsere Kinder" wird 90. www.dioezese-linz.at/news/2014/11/13/caritas-fachjournal-unsere-kinder-wird-90 (Abfrage: 28.02.2019).

Katholische Lehrerschaft Österreichs (1973): Delegiertentagung der katholischen Lehrerschaft Österreichs 1972 in Eisenstadt – Resolution der Sektion Kindergärtnerinnen und Erzieher. In: Unsere Kinder. Fachzeitschrift für Kindergärten, Horte und Heime H. 1, S. 26–27.

Kaufhold, Roland (2001): Bettelheim, Ekstein, Federn. Impulse für die psychoanalytisch-pädagogische Bewegung. Gießen: Psychosozial.

Keller, Fritz (1998): Mailüfterl über Krähwinkel. In: Danneberg, Bärbel/Keller, Fritz/Machalicky, Aly/Mende, Julius (Hrsg.): Die 68er. Eine Generation und ihr Erbe. Wien: Döcker, S. 36–67.

Keller, Josef A./Novak, Felix (1997): Kleines pädagogisches Wörterbuch. Grundbegriffe – Praxisorientierungen – Reformideen. Freiburg im Breisgau, Basel und Wien: Herder.

Keller, Raphaela (2013): Kindergartenrahmenbedingungen – ein österreichischer Dschungel. In: KiTa aktuell H.1, S. 8.

Kellner, Maria Waltraud (2009): Aus- und Weiterbildung österreichischer Kindergartenpädagoginnen aus historischer und zukünftiger Perspektive. Dissertation Universität Graz.

Key, Ellen (1926): Das Jahrhundert des Kindes. Berlin: Fischer.

Kinderfreunde Wien (2015): Struktur. Die Organisation gesamt. www.wien.kinderfreunde.at/Bundeslaender/Wien/Ueber-uns/Struktur (Abfrage: 23.09.2018).

Klattenhof, Klaus (1987): Pädagogische Aufgaben und Ziele in der Geschichte der öffentlichen Kleinkindererziehung. In: Erning, Günter/Neumann, Karl/Reyer, Jürgen (Hrsg.): Geschichte des Kindergartens. Institutionelle Aspekte. Systematische Perspektiven. Entwicklungsverläufe. Freiburg im Breisgau: Lambertus, S. 106–119.

Klee, Ernst (2016): Das Personenlexikon zum Dritten Reich. Wer war was vor und nach 1945. Hamburg: Nikol.

Klee, Ernst (2018): „Euthanasie" im Dritten Reich. Die „Vernichtung lebensunwerten Lebens". Frankfurt a. M.: Fischer.

Knapp, Gerald/Salzmann, Gerald (1995a): Institutionelle Voraussetzungen im österreichischen Kindergartenwesen mit besonderer Berücksichtigung Kärntens. In: Knapp, Gerald (Hrsg.): Kindergarten und Familie als Lebens- und Erfahrungsraum. „Politik für Kind-ge-Rechte Strukturen". Wien und Köln: Böhlau, S. 41-76.

Knapp, Gerald/Salzmann, Gerald (1995b): Zur Entwicklung und gegenwärtigen Situation der Kindergärtnerinnenausbildung. In: Knapp, Gerald (Hrsg.): Kindergarten und Familie als Lebens- und Erfahrungsraum. „Politik für Kind-ge-Rechte Strukturen". Wien und Köln: Böhlau, S. 313–347.

Knauf, Helen (Hrsg.) (2009): Frühe Kindheit gestalten. Perspektiven zeitgemäßer Elementarbildung. Stuttgart: Kohlhammer.

Koch, Bernhard (2011): Männer in Österreichs Kinderbetreuungseinrichtungen. Profil, Erfahrungen und Faktoren zur Erhöhung ihres Anteils am Gesamtpersonal. Dissertation Universität Innsbruck.

Koch, Bernhard (2013a): Die Qualifikation des Kindergartenpersonals in Österreich. Ist-Stand und Perspektiven. In: Wustmann, Cornelia/Karber, Anke/Giener, Anita (Hrsg.): Kindheit aus sozialwissenschaftlicher Perspektive. Graz: Leykam, S. 171–194.

Koch, Bernhard (2013b): Elementarpädagogische Forschung in Österreich – Ein Überblick. In: Wustmann, Cornelia/Karber, Anke/Giener, Anita (Hrsg.): Kindheit aus sozialwissenschaftlicher Perspektive. Graz: Leykam, S. 13–22.

Koch, Bernhard (2014): Institutionelle Kinderbetreuung in Österreich – Status und Herausforderungen. In: Koch, Bernhard (Hrsg.): Handbuch Kindergartenleitung. Das ABC für Führungskräfte in der Elementarpädagogik. Wien: KiTa aktuell, S. 3–26.

Koch, Bernhard (2015): Professionalisierung – „genderneutral". Zur Hochschulausbildung und den Eckpfeilern einer „genderneutralen" Professionalität. In: Koch, Bernhard (Hrsg.): Der Kindergarten als Arbeitsplatz für Frauen und Männer. Eine Herausforderung für die Geschlechterpolitik. Innsbruck: Innsbruck University Press.

Koch, Bernhard/Hover-Reisner, Nina/Paschon, Andreas (2014): Aus- und Fortbildungen für Leitungskräfte. In: Koch, Bernhard (Hrsg.): Handbuch Kindergartenleitung. Das ABC für Führungskräfte in der Elementarpädagogik. Wien: KiTa aktuell, S. 63–76.

Kössler, Till (2014): Die faschistische Kindheit. In: Baader, Meike Sophia/Eßer, Florian/Schröer, Wolfgang (Hrsg.): Kindheiten in der Moderne. Eine Geschichte der Sorge. Frankfurt am Main: Campus, S. 284–316.

Kogelnik, Lisa (2016): Karmasin legt Konzept für Bildungskompass vor. In: Der Standard, Ausgabe vom 04.08.2016. derstandard.at/2000042347186/Karmasin-legt-Konzept-fuer-Bildungskompass-vor (Abfrage: 11.07.2018).

Kommission der Europäischen Gemeinschaften (2002): Mitteilung der Kommission für den Europäischen Rat auf seiner Frühjahrstagung in Barcelona. Die Lissabonner Strategie – Den Wandel Herbeiführen. Brüssel eur-lex.europa.eu/legal-content/DE/TXT/PDF/?uri=CELEX:52002DC0014&rid=1 (Abfrage: 06.12.2018).

Kommission der Europäischen Gemeinschaften (2008): Bericht der Kommission an das Europäische Parlament, den Rat, den Europäischen Wirtschafts- und Sozialausschuss und den Ausschuss der Regionen. Umsetzung der Barcelona-Ziele auf dem Gebiet der Betreuungseinrichtungen für Kinder im Vorschulalter. Brüssel eur-lex.europa.eu/legal-content/DE/TXT/PDF/?uri=CELEX:52008DC0638&rid=1 (Abfrage: 06.12.2018).

Konrad, Franz-Michael (2004): Der Kindergarten. Seine Geschichte von den Anfängen bis in die Gegenwart. Freiburg im Breisgau: Lambertus.

Kotlan-Werner, Henriette (1982): Otto Felix Kanitz und der Schönbrunner Kreis. Die Arbeitsgemeinschaft sozialistischer Erzieher 1923–1934. Wien: Europaverlag.

Krainz-Dürr, Marlies (2015/2016): Vorwort. In: PH-Kärnten_on.line. Zeitschrift der pädagogischen Hochschule Kärnten-Viktor Frankl Hochschule H. 9, S. 3.

Kranzl-Greinecker, Martin (2017): Die Geschichte des Kindergartens. www.edugroup.at/medien/detailseite.html?medienid=5512189&backPageId=202969 (Abfrage: 20.08.2018).

Kratz, Käthe/Trallori, Lisbeth N. (2013): Liebe, Macht und Abenteuer. Zur Geschichte der neuen Frauenbewegung in Wien. Wien: Promedia-Verlag.

Krenzer, Rolf (1985): Glauben erlebbar machen. Spielgeschichten und Lieder zur religiösen Erziehung im Kindergarten. Freiburg im Breisgau: Herder.

Kröger, Johann Christoph (1840): Reise durch Sachsen nach Böhmen und Österreich, mit besonderer Beziehung auf das niedere und höhere Unterrichtswesen. Altona: Hammerich.

Kuchar, Hanna/Niegl, Agnes/Wurst, Hilde (1997): Das Kindergartenwesen in Kärnten. Eine Dokumentation (1832–1995). Klagenfurt: Verlag des Kärntner Landesarchivs.

Kuchar, Hanna/Niegl, Agnes/Wurst, Hilde (1999.): Ausbildung des Fachpersonals in Kärnten. Entwicklung in der Zeit von 1875–1925. In: Bundes-Bildungsanstalt für Kindergartenpädagogik (Hrsg.): 50 Jahre Bakip. Festschrift. Bildung und Erziehung als Herausforderung, S. 54–73.

Kuczynski, Jürgen/Hoppe, Ruth (1958): Geschichte. Geschichte der Kinderarbeit in Deutschland 1750–1939. Band 1. Berlin: Verlag Neues Leben.

Kuhlmann, Carola (2013): Erziehung und Bildung. Einführung in die Geschichte und Aktualität pädagogischer Theorien. Wiesbaden: Springer.
Kurz, Sebastian/Strache, Heinz-Christian (2017): Zusammen. Für unser Österreich. Regierungsprogramm 2017–2022. www.bundeskanzleramt.gv.at/documents/131008/569203/Regierungsprogramm_2017–2022.pdf/b2fe3f65-5a04-47b6-913d-2fe512ff4ce6 (Abfrage: 25.02.2019).
Ladstätter, Martin (2006): Heinrich Gross – Das erwartete Ende eines Nachkriegsskandals. In: BIZEPS Zentrum für selbstbestimmtes Leben (Hrsg.): wertes unwertes Leben. Wien: BIZEPS.
Laible, Hilda (1966): Religiöse Erziehung der Dreijährigen. In: Unsere Kinder. Fachzeitschrift für Kindergärten, Horte und Heime H. 1, S. 11–14.
Landesgesetzblatt (LGBl.) für Burgenland Nr. 7/2009.
Landesgesetzblatt (LGBl.) für Burgenland Nr. 63/1995.
Landesgesetzblatt (LGBl.) für Kärnten Nr. 13/2011.
Landesgesetzblatt (LGBl.) für Niederösterreich Nr. 5060-0.
Landesgesetzblatt (LGBl.) für Oberösterreich Nr.1/1973.
Landesgesetzblatt (LGBl.) für Oberösterreich Nr. 39/2007.
Landesgesetzblatt (LGBl.) für Salzburg Nr. 81/1968.
Landesgesetzblatt (LGBl.) Vorarlberg Nr. 49/1991.
Landesgesetzblatt (LGBl.) für Wien Nr. 32/1967.
Landesgesetzblatt (LGBl.) für Wien Nr. 16/1977.
Landesgesetzblatt (LGBl.) für Wien Nr. 17/2003.
Landesgesetzblatt (LGBl.) für Wien Nr. 29/2003.
Landesgesetzblatt (LGBl.) für Wien Nr. 27/2013.
Landesgesetzblatt (LGBl.) für Wien Nr. 20/2014.
Landesgesetzblatt (LGBl.) für Wien Nr. 19/2018.
Lederer, Gabriele (2001): Früherziehung institutionelle Betreuung 0–3-jähriger Kinder. Geschichte, Gegenwart und Anforderungen für die Zukunft. Diplomarbeit Universität Wien.
Leeb, Rudolf (2003): Der Streit um den wahren Glauben. Reformation und Gegenreformation in Österreich. In: Leeb, Rudolf/Wolfram, Herwig (Hrsg.): Geschichte des Christentums in Österreich. Von der Spätantike bis zur Gegenwart. Berlin: Ueberreuter, S. 145–280.
Lehmann, Oliver/Schmidt, Traudl (2001): In den Fängen des Dr. Gross. Das misshandelte Leben des Friedrich Zawrel. Wien: Czernin.
Leitner, Claudia/Havlicek, Katrin (2012): Die Ausbildung der Kindergartenpädagoginnen und Kindergartenpädagogen im Wandel. Beitrag zur Professionalisierungsdebatte der Ausbildung des Kindergartenfachpersonals in Österreich. Diplomarbeit Universität Wien.
Lex-Nalis, Heidemarie (2009): Vorwort „Gut Ding braucht Weile". In: Erziehung und Unterricht. Österreichische Pädagogische Zeitschrift H. 9–10, S. 874–875.
Lex-Nalis, Heidemarie (2011): Wir brauchen eine Qualitätsoffensive. In: Planet Kontrovers. Die grüne Bildungswerkstatt 9, S. 12–13.
Lex-Nalis, Heidemarie (2013): Die Ausbildung von Pädagog_innen für das elementarpädagogische Feld. Blicke in die Historie und die aktuellen Diskurse in Österreich. In: Wustmann, Cornelia/Karber, Anke/Giener, Anita (Hrsg.): Kindheit aus sozialwissenschaftlicher Perspektive. Graz: Leykam, S. 153–171.
Lex-Nalis, Heidemarie (2014): Das österreichische Kindergartenwesen – ein Blick in die Geschichte und die aktuelle Diskussion. In: Burtscher, Irmgard (Hrsg.): Handbuch für

ErzieherInnen in Krippe, Kindergarten, Kita und Hort. Basiswissen, Impulse, Umsetzung, 80/2014. München: Olzog, S. 1–38.

Lex-Nalis, Heidemarie/Keller, Raphaela/Paschon, Andreas (2016): Vernetzung und Lobbying in zivilgesellschaftlichen Organisationen. In: Burtscher, Irmgard (Hrsg.): Handbuch für ErzieherInnen in Krippe, Kindergarten, Kita und Hort. Basiswissen, Impulse, Umsetzung, 89/2016. München: Olzog, S. 1–20.

Lichtenegger, Carl-Matthäus (2015): Die Sozialdemokratischen Kinderfreunde und die autonome Kinderladenbewegung in den 1970er-Jahren in Wien. Ein Vergleich. Diplomarbeit Universität Wien.

Lipóczi, Sarolta (2011): Kulturtransfer und literarische Kontakte zwischen Österreich und Ungarn mit besonderer Berücksichtigung der Kinder- und Jugendliteratur und ihrer Forschung. In: Maibäurl, Gunda/Blumesberger, Susanne/Ewers, Hans-Heino/Rohrwasser, Michael (Hrsg.): Kindheit. Kindheitsliteratur. Kinderliteratur. Studien zur Geschichte der österreichischen Literatur. Festschrift für Ernst Seibert. Wien: Ed. Praesens, S. 60–68.

Löwisch, Dieter-Jürgen (1974): Erziehung und Kritische Theorie. Kritische Pädagogik zwischen theoretischem Anspruch und gesellschaftlicher Realität. München: Kösel.

Lüscher, Kurt (1985): Das Kind in der Gesellschaft. In: Niegl, Agnes (Hrsg.): Frühe Kindheit. Fundament des menschlichen Lebens. St. Pölten, Wien: Niederösterreichisches Pressehaus.

Maderthaner, Wolfgang/Musner, Lutz (2000): Die Anarchie der Vorstadt. Das andere Wien um 1900. Frankfurt a. M.: Campus.

Magistratsabteilung 10 (Hrsg.) (2006): Bildungsplan der Stadt Wien. Wien.

Maibäurl, Gunda (2011): H.C. Artmanns Maus im Haus und Robert Gernhardts Gebet. Kinderliteratur im Umfeld der Wiener Gruppe und der Neuen Frankfurter Schule. In: Maibäurl, Gunda/Blumesberger, Susanne/Ewers, Hans-Heino/Rohrwasser, Michael (Hrsg.): Kindheit. Kindheitsliteratur. Kinderliteratur. Studien zur Geschichte der österreichischen Literatur. Festschrift für Ernst Seibert. Wien: Ed. Praesens, S. 181–192.

Malina, Peter/Neugebauer, Wolfgang (2000): NS-Gesundheitswesen und -Medizin. Wien. S. 1–34. gedenkstaettesteinhof.at/sites/default/files/Volltextarchiv/NS-Gesundheitswesen.pdf (Abfrage: 25.02.2019).

Mayer, Christine (1996): Zur Kategorie „Beruf" in der Bildungsgeschichte von Frauen im 18. und 19. Jahrhundert. In: Kleinau, Elke (Hrsg.): Frauen in pädagogischen Berufen. Bad Heilbrunn: Klinkhardt, S. 14–38.

Mazohl, Brigitte (2016): Vom Tod Karls VI. bis zum Wiener Kongress (1740–1815). In: Winkelbauer, Thomas (Hrsg.): Geschichte Österreichs. Stuttgart: Reclam, S. 290–358.

Messiner-Minini, Maria (1937): Das Kind: seine Welt und seine Beschäftigung. Ein Buch für Mütter, Erzieherinnen und Kindergärtnerinnen. Wien: Deutscher Verlag für Jugend und Volk.

Michaelis, Emilie/Moore, H. Keatley (1891): Froebel's letters on the kindergarten. London: Swan Sonnenschein.

Montessori Österreich Bundesverband: Geschichte MOE-B. www.montessori-austria.at/bundesverband/geschichte-moe-b.html (Abfrage: 23.02.2019).

Montessori Zentrum Wien (o.J.): Geschichte des Montessori Zentrum Wien. montessori.at/montessori/montessori-zentrum/ (Abfrage: 01.06.2018).

Moser, Karin (2010): Alternative Alternativen für die Kinder. In: Der Standard. Ausgabe vom 25.01.2010. https://derstandard.at/1263705936505/Paedagogik-Konzepte-Alternative-Alternativen-fuer-die-Kinder (Abfrage 01.03.2019).

Moser, Lisa (2003): Gärtnerin – Tante – Pädagogin? In: Unsere Kinder. Fachzeitschrift für Kindergärten, Horte und Heime H. 5, S. 129–133.

Neill, Alexander Sutherland (1965): Erziehung in Summerhill. Das revolutionäre Beispiel einer freien Schule. München: Szczesny.

Nentwig-Gesemann, Iris (2007): Forschende Haltung. Professionelle Schlüsselkompetenz von FrühpädagogInnen. In: Sozial extra: Zeitschrift für soziale Arbeit 31, H. 5–6, S. 20–22.

Neuwirth, Norbert/Kaindl, Markus (2018): Kosten-Nutzen-Analyse der Elementarbildungsausgaben in Österreich. Wien: Österreichisches Institut für Familienforschung. www.oif.ac.at/fileadmin/user_upload/p_oif/Forschungsbericht/fb_26_elementarbildungs ausgaben_kosten_nutzen_analyse.pdf (Abfrage: 07.12.2018).

Niederle, Charlotte (1975): Wozu Arbeitsmappen? In: Unsere Kinder. Fachzeitschrift für Kindergärten, Horte und Heime H. 1, S. 9–11.

Niederle, Charlotte (1979): Planung und Reflexion der Kindergartenarbeit. In: Unsere Kinder. Fachzeitschrift für Kindergärten, Horte und Heime H. 5, S. 96–108.

Niederle, Charlotte (1986): Kindergartendidaktik. Strukturmerkmale der Erziehungs- und Bildungsarbeit im Kindergarten. In: Unsere Kinder. Fachzeitschrift für Kindergärten, Horte und Heime H. 5, S. 97–101.

Niederle, Charlotte (1987): Didaktische Prinzipien der Kindergartenarbeit. In: Unsere Kinder. Fachzeitschrift für Kindergärten, Horte und Heime H. 3, S. 49–68.

Niederle, Charlotte (1994): Bildungseinrichtung oder Bewahranstalt? Zur aktuellen Diskussion um die Kinderbetreuung in Österreich. In: Unsere Kinder. Fachzeitschrift für Kindergärten, Horte und Heime H. 4, S. 73–76.

Niederle, Charlotte/Michelic, Elisabeth/Lenzeder, Friederike (1975): Bildung und Erziehung im Kindergarten. Bildungs- und Erziehungsziele, methodische Hinweise, praktische Anregungen. Wien: Westermann.

Niegl, Agnes (1950a): Gegenwartsfragen der Kindergartenerziehung. Wien: Österreichischer Bundesverlag.

Niegl, Agnes (1950b): Lehrplan für den hauswirtschaftlichen Unterricht. Wien: Österreichischer Bundesverlag.

Niegl, Agnes (1954a): Vom Kindergartenwesen in Österreich. In: Niegl, Agnes (Hrsg.): Beiträge zur Kleinkinderziehung in Familie und Kindergarten. Internationale Konferenz Hamburg 5. bis 10. Januar 1953. Hamburg: UNESCO-Institut für Pädagogik, S. 68–121.

Niegl, Agnes (1954b): Einleitung. In: Niegl, Agnes (Hrsg.): Beiträge zur Kleinkinderziehung in Familie und Kindergarten. Internationale Konferenz Hamburg 5. bis 10. Januar 1953. Hamburg: UNESCO-Institut für Pädagogik, S. 9–13.

Niegl, Agnes (1954c): Die Entwicklung der Ausbildung zur Kindergärtnerin und Horterzieherin. In: Pädagogische Mitteilungen. Beilage des Verordnungsblattes des Bundesministeriums für Unterricht, Jahrgang 1954, Stück 3, S. 41–44.

Niegl, Agnes (1957): Zur Neuorientierung der Ausbildung zur Kindergärtnerin und Horterzieherin. In: Pädagogische Mitteilungen. Beilage zum Verordnungsblatt des Bundesministeriums für Unterricht, Jahrgang 1957, Stück 1, S. 3–7.

Niegl, Agnes (1960): Zur Frage der Erzieherausbildung. In: Pädagogische Mitteilungen. Beilage zum Verordnungsblatt des Bundesministeriums für Unterricht, Jahrgang 1960, Stück 7, S. 91–93.

Niegl, Agnes (1963): Neuregelung der Ausbildung zur Kindergärtnerin und Horterzieherin in Österreich. In: Unsere Kinder. Fachzeitschrift für Kindergärten, Horte und Heime H. 3, S. 8–9.

Niegl, Agnes (1968): Es lohnt sich, Erzieher zu sein. In: Unsere Kinder. Fachzeitschrift für Kindergärten, Horte und Heime H. 5, S. 137–145.

Niegl, Agnes (1974): Bericht an die Schulreformkommission. Arbeitskreis „Revision der Ausbildung zur Kindergärtnerin". Ungeordneter Nachlass Agnes Niegl. BAfEP Sacré Coeur Pressbaum.

Niegl, Agnes (o.J.): Ein Projekt zur Anhebung der Ausbildung zur Kindergärtnerin. Ungeordneter Nachlass Agnes Niegl. BAfEP Sacré Coeur Pressbaum.

Nissen, Gerhardt (2005): Kulturgeschichte seelischer Störungen bei Kindern und Jugendlichen. Stuttgart: Klett-Cotta.

OECD (2006): Starting Strong. Early Childhood Education and Care Policy. Länderbericht Österreich. Übersetzt von Marisa Krenn-Wache. www.oecd.org/education/school/36657509.pdf (Abfrage: 07.12.2018).

OECD (2012): Starting strong III. Eine Qualitäts-Toolbox für die frühkindliche Bildung, Betreuung und Erziehung. www.oecd.org/education/school/startingstrongiii-aqualitytoolboxforearlychildhoodeducationandcare.htm (Abfrage: 25.04.2018).

OECD (2017): Bildung auf einen Blick 2017. OECD-Indikatoren. www.oecd.org/berlin/publikationen/bildung-auf-einen-blick.htm (Abfrage: 02.07.2018).

Oelkers, Jürgen (2007). Die Reformpädagogik und das Kind. Vortrag in der Pädagogischen Hochschule Zug am 30. November 2007. S. 1–25. www.ife.uzh.ch/dam/jcr:00000000-4a53-efb2-ffff-ffffba1b656d/302_ZugReformpaedagogik.pdf (Abfrage: 01.06.2018).

Opll, Ferdinand (2004): Das Werden der mittelalterlichen Stadt. In: Scheibelreiter, Georg (Hrsg.): Hohepunkte des Mittelalters. Darmstadt: Primus-Verlag, S. 123–140.

Österreichische Bundesregierung (2003): Regierungsprogramm der Österreichischen Bundesregierung für die XXII. Gesetzgebungsperiode. Wien. images.derstandard.at/20030228/regierungsprogramm(1).pdf (Abfrage: 07.12.2018)

Österreichische Bundesregierung (2008): Regierungsprogramm 2008–2013. Regierungsprogramm für die XXIV. Gesetzgebungsperiode. Wien. images.derstandard.at/2008/11/23/regierungsprogramm.doc (Abfrage: 07.12.2018)

Österreichische Bundesregierung (2013): Arbeitsprogramm der österreichischen Bundesregierung 2013–2018. Erfolgreich. Österreich. Wien. images.derstandard.at/2013/12/12/ regierungsprogramm %202013 %20- %202018.pdf (Abfrage: 26.2.2019).

Österreichische Bundesregierung (o.J.): Regierungsprogramm 2007–2010. Regierungsprogramm für die XXIII. Gesetzgebungsperiode. Wien. https://www.bundesheer.at/php_docs/download_file.php?adresse=/archiv/a2007/pdf/regierungsprogramm.pdf (Abfrage: 26.2.2019).

Österreichische Montessori-Gesellschaft: Die ÖMG. montessori.at/dachverband/ (Abfrage: 23.02.2019).

Osterwalder, Fritz (2008): Johann Heinrich Pestalozzi (1746–1827). In: Dollinger, Bernd (Hrsg.): Klassiker der Pädagogik. Die Bildung der modernen Gesellschaft. Wiesbaden: VS Verlag für Sozialwissenschaften, S. 53–74.

Pädagogische Hochschule Steiermark (2012): Curriculum für den Hochschullehrgang Frühe Bildung.
www.phst.at/fileadmin/Redakteure/Dokumente/Studienplaene/i3_HLG_FrueheBildung_Begutachtungsversion.pdf (Abfrage: 07.12.2018).

Pausewang, Freya (2014): Der Situationsansatz: Ein Konzept, um Kinder für ihre Zukunft zu stärken. In: Fachzeitschrift für Leitungen, Fachkräfte und Träger der Kindertagesbetreuung 23, H. 4, S. 96–99.

Pelikan, Johanna (1991): Das erste Wiener Kinderkollektiv. In: Fischer-Kowalski, Marina (Hrsg.): Kindergruppenkinder. Selbstorganisierte Alternativen zum Kindergarten. Wien: Verlag für Gesellschaftskritik, S. 25–30.

Pernhaupt, Günter/Czermak, Hans (1980): Die gesunde Ohrfeige macht krank. Über die alltägliche Gewalt im Umgang mit Kindern. Wien: ORAC.
Pfeiffer, Silke (2013): Reformpädagogische Ansätze in der Elementarpädagogik. Göttingen: Vandenhoeck & Ruprecht.
Pfeisinger, Gerhard (2006): Arbeitsdisziplinierung und frühe Industrialisierung. 1750–1820. Wien: Böhlau.
Philosophischer Studienplan (1805): Sr. K. K. Majestät Franz des Zweyten politische Gesetze und Verordnungen für die Österreichischen, Böhmischen und Galizischen Erbländer. alex.onb.ac.at/cgi-content/alex?aid=pgs&datum=1805&page=306&size=45 (Abfrage: 25.02.2019).
Plattform EduCare (2013): Entwurf eines Bundesrahmengesetzes für elementarpädagogische Bildungseinrichtungen. www.plattform-educare.org/wp-content/uploads/2017/08/Bundesrahmengesetzvorschlag2013-1.pdf (Abfrage:11.06.2018).
Pletz, Joseph (1831): Einige Worte über Kleinkinder-Bewahranstalten. Wien: Wimmer.
Pohlmann, Carola (2011): Leopold Chimani und sein Verleger Heinrich Friedrich Müller. In: Mairbäurl, Gunda/Blumesberger, Susanne/Ewers, Hans-Heimo/Rohrwasser, Michael (Hrsg.): Kindheit, Kindheitsliteratur, Kinderliteratur. Studien zur Geschichte der österreichischen Literatur; Festschrift für Ernst Seibert. Wien: Ed. Praesens, S. 69–82.
Pölzl-Stefanec, Eva Maria (2017): Anforderungen an die Ausbildung von PädagogInnen in Kinderkrippen. Ein Plädoyer für eine grundlegende Reform. Leverkusen: Opladen.
Pretis, Manfred/Mosler Karin/Kurz, Ronald (1998): Das „Modell Steiermark“ der interdisziplinären Frühförderung und Familienbegleitung. In: Frühförderung interdisziplinär 17, H. 4, S. 177–183.
Primus, Ursula (2005): Das Kindergartenwesen in der Zeit des Nationalsozialismus in Tirol: Einfluss der nationalsozialistischen Erziehungsideologie auf die Ausbildung zur Kindergärtnerin und die pädagogische Arbeit im Kindergarten. Dissertation Universität Innsbruck.
Rabe-Kleberg, Ursula (2006): Mütterlichkeit und Profession – oder: Mütterlichkeit, eine Achillesferse der Fachlichkeit? In: Diller, Angelika (Hrsg.): Reform oder Ende der Erzieherinnenausbildung? Beiträge zu einer kontroversen Fachdebatte. München, Wiesbaden: Verlag deutsches Jugendinstitut, S. 95–109.
Raffelsberger, Christa (1987): Die Entwicklung der städtischen Kindertagesheime. In: Jugendamt der Stadt Wien (Hrsg.): Chronik der städtischen Kindertagesheime. Wien: Jugend und Volk, S. 9–42.
Rapp, Jeanett (2011): Von Jüdin für Jüdin. Dissertation Freie Universität Berlin.
Rathkolb, Oliver (2016a): Erste Republik, Austrofaschismus, Nationalsozialismus (1918–1945). In: Winkelbauer, Thomas (Hrsg.): Geschichte Österreichs. Stuttgart: Reclam, S. 477–524.
Rathkolb, Oliver (2016b): Die Zweite Republik (seit 1945). In: Winkelbauer, Thomas (Hrsg.): Geschichte Österreichs. Stuttgart: Reclam, S. 525–596.
Reich, Wilhelm (1971): Die sexuelle Revolution. Zur charakterlichen Selbststeuerung des Menschen. Frankfurt a. M.: Europäische Verlagsanstalt.
RGBl. 65 (20.12.1859): Reichsgesetzblatt für das Kaisertum Österreich. alex.onb.ac.at/cgi-content/alex?aid=rgb&datum=1859&size=45&page=708 (Abfrage: 25.02.2019).
RGBl. 62 (14.05.1869): Reichsgesetzblatt für das Kaisertum Österreich. alex.onb.ac.at/cgi-content/alex?aid=rgb&datum=1869&page=311&size=45 (Abfrage: 25.02.2019).
RGBl. 108 (22.06.1872): Reichsgesetzblatt für das Kaisertum Österreich. alex.onb.ac.at/cgi-content/alex?aid=rgb&datum=1869&page=311&size=45 (Abfrage: 25.02.2019).

Reimitz-Filipic, Judith (2000): Am Puls der Zeit. In: Unsere Kinder. Fachzeitschrift für Kindergärten, Horte und Heime H. 1, S. 2–9.
Reyer, Jürgen (2006): Einführung in die Geschichte des Kindergartens und der Grundschule. Bad Heilbrunn: Klinkhardt.
Reyer, Jürgen (2015): Die Bildungsaufträge des Kindergartens. Geschichte und aktueller Status. Weinheim und Basel: Beltz Juventa.
Riedel, Brigitta (2003): Selber denken macht gescheit. Pädagogisch arbeiten im Kindergarten. Bad Salzdetfurth: MS.
Riese, Katharina (1998): Die AUF und die Abtreibungsdebatte. In: Danneberg, Bärbel/Keller, Fritz/Machalicky, Aly/Mende, Julius (Hrsg.): Die 68er. Eine Generation und ihr Erbe. Wien: Döcker, S. 222–227.
Rousseau, Jean-Jacques (1975): Emil oder Über die Erziehung. Paderborn: Schöningh.
Roux, Susanna: PISA und die Folgen: Der Kindergarten zwischen Bildungskatastrophe und Bildungseuphorie. www.kindergartenpaedagogik.de/fachartikel/bildung-erziehung-betreuung/967 (Abfrage 04.04.2018).
Rundbrief für Kindergärtnerinnen (1941), Folge 2. Berlin: Selbstverlag der Nationalsozialistischen Volkswohlfahrt.
Sager, Christin (2008): Das Ende der kindlichen Unschuld. Die Sexualerziehung der 68er-Bewegung. In: Baader, Meike Sophia (Hrsg.): „Seid realistisch, verlangt das Unmögliche". Wie 1968 die Pädagogik bewegte. Weinheim und Basel: Beltz, S. 56–68.
Sauer, Edith: Schweißblätter. Gedankenfetzen zu Frauengeschichte in den fünfziger Jahren. In: Jagschitz, Gerhard/Mulley, Klaus Dieter (Hrsg.) 1988 – Die wilden fünfziger Jahre. St. Pölten: Niederösterreichisches Pressehaus, S. 42–53.
Schäfer, Gerd E. (2014): Was ist frühkindliche Bildung? Kindlicher Anfängergeist in einer Kultur des Lernens. Weinheim und Basel. Beltz Juventa.
Schäfer, Gerd E./Van der Beek, Angelika (2009): Die Reggio-Pädagogik in der Bildungstradition. In: Knauf, Helen (Hrsg.): Frühe Kindheit gestalten. Perspektiven zeitgemäßer Elementarbildung. Stuttgart: Kohlhammer, S. 47–59.
Scheipl, Josef/Seel, Helmut (1987): Die Entwicklung des österreichischen Schulwesens von 1750–1938. Graz: Leykam.
Scheutz, Martin (2014): Pater Kindergeneral und Janitscharenmusik. Österreichische Waisenhäuser der Frühen Neuzeit im Spannungsfeld von Arbeit, Erziehung und Religion. In: Ralser, Michaela/Sieder, Reinhard (Hrsg.): Die Kinder des Staates = Children of the state. Innsbruck, Wien und Bozen: Studien Verlag. (Zugl. ÖZG 25, H. 1–2), S. 41–81.
Schmaus, Margarete (1973): Bravheit und neurotische Hemmung. In: Meng, Heinrich (Hrsg.): Psychoanalytische Pädagogik des Kleinkindes. München: Reinhardt, S. 56–69.
Schmaus, Margarete (1974): Die Bildungsarbeit der Kindergärtnerin. München: Kösel.
Schmaus, Margarete/Schörl, Margarete (1978): Sozialpädagogische Arbeit im Kindergarten. München: Kösel.
Schmaus, Margarete/Schörl, Margarete (1968): Erneuerung der Glaubenserziehung im Kindergarten. München: Kösel.
Schmid, Pia (2014): Die bürgerliche Kindheit. In: Baader, Meike Sophia/Eßer, Florian/Schröer, Wolfgang (Hrsg.): Kindheiten in der Moderne. Eine Geschichte der Sorge. Frankfurt a. M.: Campus, S. 43–72.
Schmölz, Irene (1991): Antiautoritäre Erziehung und Klassenkampf. Pädagogische Konzepte der Kinderläden. In: Fischer-Kowalski, Marina (Hrsg.): Kindergruppenkinder. Selbstorganisierte Alternativen zum Kindergarten. Wien: Verlag für Gesellschaftskritik, S. 97–100.

Schwaabe, Christian (2010): Politische Theorie 1. Von Platon bis Locke. Stuttgart, Paderborn: UTB.

Schwendter, Rolf (1995): Stadtleben. Das Jahr 1968. War es eine kulturelle Zäsur? In: Sieder, Reinhard/Steinert, Heinz/Tálos, Emmerich (Hrsg.): Österreich 1945–1995. Gesellschaft, Politik, Kultur. Wien: Verlag für Gesellschaftskritik, S. 172–173.

Schwendter, Rolf (1998): Das Jahr 1968. War es eine kulturelle Zäsur? In: Danneberg, Bärbel/Keller, Fritz/Machalicky, Aly/Mende, Julius (Hrsg.): Die 68er. Eine Generation und ihr Erbe. Wien: Döcker, S. 198–214.

Seel, Helmut (2010): Einführung in die Schulgeschichte Österreichs. Innsbruck, Wien und Bozen: StudienVerlag.

Seydler, Richard Oskar (1867): Die Mittel der Kindergarten-Erziehung. Zweck, Bedeutung und Anwendung derselben. Wien: Pichler.

Seydler, Richard Oskar (1869): Das Wesen des Kindergartens. Vortrag, gehalten im Auftrage des Wiener Volkserziehungsvereins. Wien: Beck.

Seyrl, Monika (o.J.): Kre:ART - Kreativität und Innovation in Bildung. Verein Forum Reggio-Pädagogik Austria. www.reggio-paedagogik.at/willkommen/verein/ (Abfrage 25.02.2019).

Sieder, Reinhard (2014): Das Dispositiv der Fürsorgeerziehung in Wien. In: Ralser, Michaela/Sieder, Reinhard (Hrsg.): Die Kinder des Staates = Children of the state. Innsbruck, Wien und Bozen: StudienVerlag. (Zugl. ÖZG 25, H. 1–2), S. 156–193.

Simonic, Anton (1931): Kindergartenlehre. Schulbuch für Frauen-Oberschulen und verwandte Lehranstalten. Wien: Hölder-Pichler-Tempsky.

Simonic, Anton/Skalla, Lothar (1932): Kindergartenpädagogik. Ein Lern- und Arbeitsbuch für Kindergärtnerinnen-Bildungsanstalten. Im Verein mit einer Arbeitsgemeinschaft von Wiener Kindergärtnerinnen. Leipzig: Hölder-Pichler-Tempsky.

Smidt, Wilfried/Koch, Bernhard/Burkhardt, Laura/Endler, Victoria/Kraft, Stefanie (2017): Professionalisierung des pädagogischen Personals in Kindertageseinrichtungen in Österreich - Modelle, Befunde, Desiderate. In: Zeitschrift für Pädagogik H. 2, S. 121–138.

Sobota, Clemens Pia (1969): Fragen zur religiösen Erziehung des Kleinkindes. In: Unsere Kinder. Fachzeitschrift für Kindergärten, Horte und Heime H. 3, S. 71–74.

Soltendieck, Monika (1997): Österreich. In: Oberhuemer, Pamela/Ulich, Michaela (Hrsg.): Kinderbetreuung in Europa. Tageseinrichtungen und pädagogisches Personal; eine Bestandsaufnahme in den Ländern der Europäischen Union. Weinheim und Basel: Beltz Juventa, S. 215–229.

Soukop, Elisabeth (1980): Der Tagesablauf im Kindergarten. In: Unsere Kinder. Fachzeitschrift für Kindergärten, Horte und Heime H. 5, S. 97–109.

Spielhofer, Karin (1970): Dokumentation. Der bisherigen Tätigkeit des Wiener Kinderkollektivs. Wien und München: Jugend und Volk.

Spielhofer, Karin (1974): Kinderkollektiv kontra Kindergarten. Bilddokumentation des 2. Wiener Kinderkollektiv von Lotte Hassmann. Wien und München: Jugend und Volk.

Spielhofer, Thomas (1998): Ansichten eines Versuchskaninchens. In: Danneberg, Bärbel/Keller, Fritz/Machalicky, Aly/Mende, Julius (Hrsg.): Die 68er. Eine Generation und ihr Erbe. Wien: Döcker, S. 354–365.

Stachel, Peter (1999): Das österreichische Bildungssystem zwischen 1749 und 1918. In: Acham, Karl (Hrsg.): Geschichte der österreichischen Humanwissenschaften. Wien: Passagen-Verlag, S. 115–146.

Stanzel-Tischler, Elisabeth (2011): Begleitende Evaluation des Projekts „Frühe sprachliche Förderung im Kindergarten“. Fragebogenerhebung an Volksschulen sowie Interviews mit Eltern, Kindergartenpädagoginnen und Lehrpersonen. Graz: Leykam. www.bifie.at/wp-content/uploads/2017/05/BIFIE_Report_8_web.pdf (Abfrage: 08.07.2018).

Stanzel-Tischler, Elisabeth (2013): Frühkindliche Bildungsforschung in Österreich. In: Stamm, Margit/Edelmann, Doris (Hrsg.): Handbuch frühkindliche Bildungsforschung. Wiesbaden: Springer VS.

Steidl, Annemarie (2003): Auf nach Wien! Die Mobilität des mitteleuropäischen Handwerks im 18. und 19. Jahrhundert am Beispiel der Haupt- und Residenzstadt. Wien: Verlag für Geschichte und Politik.

Stocker, Karl (1995): Die 68er Bewegung in der Provinz. In: Sieder, Reinhard/Steinert, Heinz/Tálos, Emmerich (Hrsg.): Österreich 1945–1995. Gesellschaft, Politik, Kultur. Wien: Verlag für Gesellschaftskritik, S. 177–179.

Stoll, Martina (1995): Das Kind im Spannungsfeld zwischen Familie, Kindergarten und Arbeitswelt. In: Knapp, Gerald (Hrsg.): Kindergarten und Familie als Lebens- und Erfahrungsraum. „Politik für Kind-ge-Rechte Strukturen“. Wien und Köln: Böhlau, S. 77–95.

Stumpf, Hildegard (2015): Die wichtigsten Pädagogen. Wiesbaden: Marix.

Tandler, Julius (1927): Die Wiener Kindergärten. In: Frankowski, Philipp/Gottlieb, Karl. Die Kindergärten der Gemeinde Wien. Wien: Thalia, S. 5–6.

Tardos, Anna (2015): Das Kind ist ein Akteur seiner Entwicklung. In: Gilles-Bacciu, Astrid/Heuer, Reinhild (Hrsg.): Pikler. Ein Theorie- und Praxisbuch für die Familienbildung. Weinheim und Basel: Beltz, S. 29–34.

Textor, Martin: Qualität der Kindertagesbetreuung: Ziele des Netzwerks Kinderbetreuung der Europäischen Union. kindergartenpaedagogik.de/fachartikel/qualitaet-und-qualitaetssicherung/qualitaet-standards-forderungen-studien/360 (Abfrage: 07.12.2018).

Tietze, Wolfgang/Viernickel, Susanne (2016): Pädagogische Qualität in Tageseinrichtungen für Kinder. Ein Nationaler Kriterienkatalog. Weimar: Netz.

Tropper, Peter (2003): Von der katholischen Erneuerung bis zur Säkularisation. In: Leeb, Rudolf/Wolfram, Herwig (Hrsg.): Geschichte des Christentums in Österreich. Von der Spätantike bis zur Gegenwart, S. 281–360.

Unger, Petra (2018): Frauenwahlrecht. Demokratie und Frauenrechte. Wien: St. Nikolausstiftung Erzdiözese Wien.

UNICEF: Eine kurze Geschichte der Kinderrechte. www.unicef.de/informieren/ueber-uns/fuer-kinderrechte/kurze-geschichte-der-kinderrechte (Abfrage: 20.12.2018).

Universität Salzburg (2018): Masterstudiengang Elementarpädagogik. www.uni-salzburg.at/index.php?id=55181 (Abfrage: 31.05.2018).

Unsere Kinder (1962): Es wird sie interessieren … Aufgaben des Kindergartens. In: Unsere Kinder. Fachzeitschrift für Kindergärten, Horte und Heime H. 13, S. 13.

Unsere Kinder (1964): Goldenes Ehrenzeichen für Frau Sektionsrat Dr. Agnes Niegl. In: Unsere Kinder. Fachzeitschrift für Kindergärten, Horte und Heime H. 2, S. 3–5.

Veigl, Hans (1996): Die 50er und 60er Jahre. Geplantes Glück zwischen Motorroller und Minirock. Wien: Ueberreuter.

Verein für Kindergärten in Österreich (1882): Unser Programm. In: Zeitschrift für das Kindergartenwesen. Unter Berücksichtigung von Krippe, Bewahranstalt und Elementarklasse H. 1, S. 1–3.

Verein für Kindergärten in Österreich (Hrsg.) (1887): Geschichte der Kinderbewahranstalten und Kindergärten in Österreich. Wien: Karl Graeser.

Vereinigung österreichischer Kaufleute (1950): Die kluge Hausfrau. Kundenzeitschrift der Reichsorganisation der Kaufleute Österreichs 1950 (13).

Vereinigung österreichischer Kaufleute (1951): Die kluge Hausfrau. Kundenzeitschrift der Reichsorganisation der Kaufleute Österreichs 1951 (22).

Vereinigung österreichischer Kaufleute (1952): Die kluge Hausfrau. Kundenzeitschrift der Reichsorganisation der Kaufleute Österreichs 1952 (36).

Verordnungsblatt für den Dienstbereich des Ministeriums für Cultus und Unterricht Nr. 31 (26.05.1874). alex.onb.ac.at/cgi-content/alex?aid=vcu&datum=1874&size=45&page=151 (Abfrage: 25.02.2019).
Verordnungsblatt für den Dienstbereich des k.k. Ministeriums für Cultus und Unterricht Nr. 50 (31.07.1886). alex.onb.ac.at/cgi-content/alex?aid=vcu&datum=1886&size=45&page=197 (Abfrage: 25.02.2019).
Verordnungsblatt für den Dienstbereich des k.k. Ministeriums für Kultus und Unterricht Nr. 32 (03.07.1914). http://alex.onb.ac.at/cgi-content/alex?aid=dcv&datum=1914&page=547&size=45 (Abfrage: 25.02.2019).
Walter, Margarete (1974): Die Verwendung von Arbeitsmappen zur Schulvorbereitung im Kindergarten. In: Unsere Kinder. Fachzeitschrift für Kindergärten, Horte und Heime H. 3, S. 67–70.
Walter-Laager, Chatherine/Pölzl-Stefanec, Eva/Gimplinger, Christina/Mittischek, Lea (2018): Gute Qualität in der Bildung und Betreuung von Kleinstkindern sichtbar machen. Graz. static.uni-graz.at/fileadmin/_Persoenliche_Webseite/oberer_raffaela/schulung_20180309/Dokumente/Begleitheft_GQSM_Gute_Qualitaet_sichtbar_machen.pdf (Abfrage: 27.02.2019).
Weber, Werner (1991): Geschichte der Wiener Kindergruppen bis 1980. In: Fischer-Kowalski, Marina (Hrsg.): Kindergruppenkinder. Selbstorganisierte Alternativen zum Kindergarten. Wien: Verlag für Gesellschaftskritik.
Weinzierl, Erika (1975): Emanzipation? Österreichische Frauen im 20. Jahrhundert. Wien und München: Jugend und Volk.
Weiss, Heinz (2008): Das rote Schönbrunn. Der Schönbrunner Kreis und die Reformpädagogik der Schönbrunner Schule. Wien: echomedia.
Weiss, Heinz (2013): Demontage der Kinderfreunde – Eine Idee überlebt. In: Maier, Michaela (Hrsg.): Abgesang der Demokratie. Der 12. Februar 1934 und der Weg in den Faschismus. Wien: Verein für Geschichte der Arbeiterbewegung, S. 15–32.
Weiss, Heinz (2016): Otto Felix Kanitz. Vom jüdischen Klosterschüler zum Top-Roten der Zwischenkriegszeit. Wien: echomedia.
Weitlaner, Juliana (2017): Maria Theresia. Eine Kaiserin in Wort und Bild. Haselbach: Vitalis.
Werder, Lutz von (1974): Vorwort zur Werkausgabe von Otto Felix Kanitz. In: Kanitz, Otto Felix: Das proletarische Kind in der bürgerlichen Gesellschaft. Frankfurt a. M.: Fischer, S. 7–17.
Wertheimer, Joseph Ritter von (1858): Rückblicke. Zur Einweihung des neuen Hauses der israelitischen Kinderbewahranstalt in Wien. Wien: Sommer.
Wetzel, Gottfried/Itzlinger, Ursula/Krumm, Volker (1997): Struktur und Prozessqualität von Kindergärten – österreichspezifische Ergebnisse einer international vergleichenden Studie mit Deutschland, Spanien, Portugal und USA. kindergartenpaedagogik.de/fachartikel/qualitaet-und-qualitaetssicherung/qualitaet-standards-forderungen-studien/829 (Abfrage: 07.12.2018).
Wiesinger-Stock, Sandra (2016): Hannah Fischer – „Das Exil war meine Universität". Wien: Mandelbaum Verlag.
Wilderspin, Samuel (1828). Über die frühzeitige Erziehung der Kinder und die englischen Klein-Kinder-Schulen. Aus dem Englischen… von Josef Wertheimer. 2. Auflage. Wien: Gerold.
Wiltsche, Harald (2015/2016): Curiccula im Überblick. In: PH-Kärnten_on.line. Zeitschrift der pädagogischen Hochschule Kärnten – Viktor Frankl Hochschule H. 9, S. 41–44.

Winkelbauer, Thomas (2016): Die Habsburgermonarchie vom Tod Maximilians I. bis zum Aussterben der Habsburger in männlicher Linie (1519–1740). In: Winkelbauer, Thomas (Hrsg.): Geschichte Österreichs. Stuttgart: Reclam, S. 159–289.

Wolf, Maria A. (2014): Kinder als organisches Kapital des Staates. Aspekte einer Eugenisierung von Kindheit 1900–1938. In: Ralser, Michaela/Sieder Reinhard (Hrsg.): Die Kinder des Staates = Children of the State. Innsbruck, Wien und Bozen: StudienVerlag. (Zugl. ÖZG 25, H. 1–2), S. 117–127.

Wolfgruber, Gudrun (2013): Fremdbetreuung als Schutz? Zur Jugendwohlfahrt in der Ära des Roten Wien. In: Wolf, Maria (Hrsg.): Child Care. Kulturen, Konzepte und Politiken der Fremdbetreuung von Kindern. Weinheim und Basel: Beltz Juventa, S. 216–228.

Wolke, Christian Heinrich (1805): Kurze Erziehungslehre oder Anweisung zur körperlichen, verständlichen und sittlichen Erziehung. Leipzig: Voß.

Wunsch, Veronika (1986): Ein Kindergärtner im Kindergarten. Ersatz- und Ergänzungsfunktion eines männlichen Erziehers. In: Unsere Kinder. Fachzeitschrift für Kindergärten, Horte und Heime H. 6, S. 140.

Wurzbach, Constantin von (1857): Chimani, Leopold. In: Biogaphisches Lexikon des Kaiserthums Österreich. Wien: Zamarski, S. 342–343.

Zagorac, Diana (2008): Wie die Pädagogik zur Psychoanalyse kam. Psychoanalytische Pädagogik damals und heute. Marburg: Tectum-Verlag.

Zawrel, Friedrich (o.J.): Interview Friedrich Zawrel. http://gedenkstaettesteinhof.at/de/interviews/transscript/Friedrich-Zawrel (Abfrage: 25.02.2019).

Die Autorinnen

Heidemarie Lex-Nalis (†)
Koryphäe und Pionierin der Elementarpädagogik in Österreich – detaillierter Lebenslauf siehe Vorwort; Initiatorin der vorliegenden Publikation.

Katharina Rösler
Historikerin und Germanistin, Lehrende im Studiengang Sozialmanagement in der Elementarpädagogik und Leiterin des Zentrums für wissenschaftliches Schreiben an der Fachhochschule Campus Wien.

Juliana Albrecher, Ulrike Bleicher, Lisa Berger-Buchelt, Silvia Forstner, Andrea Groh, Daniela Krassnig, Tamara Pfeifer, Birgit Schwab, Elisabeth Sild, Bianca Stohwasser
Kindergartenpädagoginnen, Studierende bzw. Absolventinnen des Studiengangs Sozialmanagement in der Elementarpädagogik an der Fachhochschule Campus Wien, Mitwirkende in der Forschungsgruppe zur vorliegenden Publikation.